国家社科基金
后期资助项目

新出简牍与秦汉赋役制度研究

The Research of Taxes and Corvee System in Qin and Han Dynasties by Newly Unearthed Bamboo Slips

朱德贵 著

中国人民大学出版社
·北京·

国家社科基金后期资助项目
出版说明

后期资助项目是国家社科基金设立的一类重要项目,旨在鼓励广大社科研究者潜心治学,支持基础研究多出优秀成果。它是经过严格评审,从接近完成的科研成果中遴选立项的。为扩大后期资助项目的影响,更好地推动学术发展,促进成果转化,全国哲学社会科学工作办公室按照"统一设计、统一标识、统一版式、形成系列"的总体要求,组织出版国家社科基金后期资助项目成果。

全国哲学社会科学工作办公室

目　　录

第一章　绪　论 …………………………………………………… 1
　一、关于本课题的选题 …………………………………………… 1
　二、学术史回顾 …………………………………………………… 5
　三、研究方法 ……………………………………………………… 21
　四、史料来源 ……………………………………………………… 26
　五、主要观点 ……………………………………………………… 33

第二章　秦汉土地制度与田税征课 ……………………………… 39
　第一节　秦汉简牍中的《田律》及其立法宗旨 ………………… 39
　　一、秦汉《田律》的关系 ………………………………………… 43
　　二、土地立法 …………………………………………………… 46
　　三、农田水利立法 ……………………………………………… 53
　　四、畜牧立法 …………………………………………………… 60
　　五、农业生态保护 ……………………………………………… 64
　　六、农业税立法 ………………………………………………… 69
　第二节　岳麓秦简所见田税及其附加税的征课 ……………… 71
　　一、租禾稼 ……………………………………………………… 72
　　二、对拖欠田租及"入租贷不给"的规定 …………………… 78
　　三、刍稾税 ……………………………………………………… 86
　　四、臬税 ………………………………………………………… 89
　第三节　长沙走马楼西汉简牍所见"都乡七年垦田租簿" …… 93
　　一、"都乡七年垦田租簿"的内容 ……………………………… 94
　　二、田租的征收 ………………………………………………… 104
　第四节　长沙五一广场东汉简牍所见"度田"制度 …………… 109

第三章　秦汉商业的发展与商业税的征收 …… 117
第一节　岳麓秦简奏谳文书商业问题探讨 …… 117
一、秦商品交换 …… 118
二、市场管理 …… 126
三、商业纠纷的处理 …… 133
第二节　长沙五一广场东汉简牍所见商业问题探讨 …… 137
一、商品交换 …… 138
二、货币经济 …… 148
三、商业税的征收 …… 153
四、商业繁荣的原因 …… 155

第四章　新出秦简牍与财产税的征收 …… 165
第一节　岳麓秦简中有关"訾税"的史料 …… 167
第二节　"訾税"征收的对象和范围 …… 168
第三节　"訾税"征收的具体方式 …… 171
第四节　对隐匿"訾税"行为的审理程序 …… 185

第五章　新出简牍与秦汉"户赋"问题探讨 …… 195
第一节　学术史回顾 …… 195
第二节　"户税"、"户赋"和"户刍" …… 199
第三节　"户赋"的军事性质 …… 205
第四节　"户赋"与立户的关系 …… 207

第六章　新出简牍与秦汉人头税制度 …… 211
第一节　学术史回顾及问题的提出 …… 211
第二节　"赋"的含义及演变 …… 216
第三节　"算赋"其实就是卫宏所言之"赋钱" …… 226
一、"算赋"即按"算"征赋 …… 227
二、"赋钱"才是税目 …… 235
第四节　"口赋"并非"口钱" …… 240

第七章　新出简牍与"徭戍"制度 …… 245
第一节　岳麓秦简所见《徭律》分析 …… 246

目　录

　　一、学术史回顾及问题的提出 …………………………………… 246
　　二、秦律对"徭徒"档案的规定 ………………………………… 251
　　三、秦律对"徭徒"工作的范围及身份的规定 ………………… 256
　　四、秦律对"典"、"老"和"士五（伍）"服役的规定 ……… 260
　　五、秦律对"发徭"的规定 ……………………………………… 264
　　六、秦律对"委输传送"的规定 ………………………………… 266
　　七、秦律对"兴徭"管理者的规定 ……………………………… 268
　　八、"奴徭"与"吏徭" …………………………………………… 269
第二节　岳麓秦简所见《戍律》初探 ………………………………… 276
　　一、"取庸代戍"制度 …………………………………………… 278
　　二、"戍者月更"和"遣戍"制度 ………………………………… 285
　　三、"缮治城塞"制度 …………………………………………… 290
第三节　岳麓秦简课役年龄"小""大"问题 ………………………… 294
第四节　青岛土山屯木牍所见汉代"更赋"新探 …………………… 303
　　一、"罢癃钱"和"罢癃卒钱" …………………………………… 304
　　二、"更卒钱"、"过更卒钱"和"戍卒钱" ……………………… 312
　　三、木牍所反映的历史真相 …………………………………… 316

主要参考书目 ……………………………………………………… 321
后　　记 …………………………………………………………… 332

第一章 绪 论

秦汉赋役制度包括赋税和"徭戍"两种制度。赋税是"国家为了实现其职能，按照法律预先规定的标准，强行取得财政收入的一种手段，是国家凭借政治权力占有财源所发生的一种分配关系"，而"徭戍"则是"国家强迫'编户'从事的一种无偿劳动，是一种以力役形式出现的封建义务性的课派"①。这两种制度是秦汉政权赖以存在和巩固的基础。因此，在新出简牍层出不穷的当下，我们在前人研究的基础之上深入探讨这些问题，不仅有助于我们正确认识秦汉社会经济的历史演变，更有助于我们了解秦汉国家政权运行的内在动因。

一、关于本课题的选题

秦汉赋役制度史是一个古今中外学者热衷探讨的课题。学者们在这方面的研究成果真可谓汗牛充栋，不胜枚举。因此，倘若想在此领域有所创新和建树，从地下出土简牍着手，不失为一良策。可喜的是，近几年来，里耶秦简②、岳麓秦简、北大秦简、肩水金关汉简、地湾汉简、长沙五一广场东汉简牍等相继出土和刊布，为我们深入探讨秦汉赋役制度提供了直接而鲜活的史料依据。这些新出简牍材料涉及赋役者众多，其学术价值和研究意义巨大。

一是可以丰富秦汉赋役制度史研究的史料基础。在继《张家山汉墓竹简》《尹湾汉墓简牍》《长沙东牌楼东汉简牍》等之后，秦汉新出简牍又大

---

① 黄今言：《秦汉赋役制度研究》，南昌：江西教育出版社，1988年，第1页。
② 2002年8月9日，《中国文物报》发表了《龙山里耶出土大批秦代简牍》一文，即刻引起了学界的极大关注。经过数年的整理，湖南文物考古研究所分别于2012年和2017年公布了《里耶秦简》（壹）、《里耶秦简》（贰）。这两批简牍后又经陈伟先生领导的简牍研究团队的校释，先后出版了《里耶秦简牍校释》第一卷和第二卷，使这些简牍的释文更加科学和准确。参见湖南文物考古研究所编著：《里耶秦简》（壹），北京：文物出版社，2012年；湖南文物考古研究所编著：《里耶秦简》（贰），北京：文物出版社，2017年。

量陆续刊布，如《里耶秦简》（壹-贰）、《岳麓书院藏秦简》（壹-陆）、《肩水金关汉简》（壹-伍）、《地湾汉简》、《长沙尚德街东汉简牍》、《长沙五一广场东汉简牍》（壹-肆）等①。在这些新出简牍中，蕴含着丰富的秦汉赋役制度史研究的新史料。兹举两例，如《里耶秦简牍校释》（第一卷）载："迁陵卅五年貇（垦）田舆五十二顷九十五亩，税田四顷□□Ⅰ户百五十二，租六百七十七石。衛（率）之，亩一石五；Ⅱ户婴四石四斗五升，奇不衛（率）六斗。Ⅲ 8-1519 启田九顷十亩，租九十七石六斗。ＡⅠ都田十七顷五十一亩，租二百卌一石。ＡⅡ 贰田廿六顷卅四亩，租三百卅九石三。ＡⅢ 凡田七十顷廿廿二亩。●租凡九百一十。ＡⅣ 六百七十七石。B8-1519 背"② 这条史料可以使我们清晰地认识到秦税簿文书的形式和性质，也为我们探究秦田税征收的方式及税率问题提供了直接的证据。同时，里耶秦简中有些史料也透露了秦田亩附加税的征收方式。就秦"訾税"征收问题而言，新出秦简显然填补了秦"訾税"问题研究的史料空白。我们知道，在以往的传世文献及出土材料中，未见一条涉及秦"訾税"问题的史料。可喜的是，岳麓秦简披露了一份有关"匿訾"案件的法律文书。如《岳麓书院藏秦简》（叁）"识劫娩案"载："●问：匿訾（赀）税及室、肆，臧（赃）直（值）（简130）各过六百六十钱，它如辤（辞）（简131）。"③ 通过对这个"匿訾"案件的了解，我们可以还原秦"訾税"征收的若干历史真相，为探究我国古代财产税的历史起源意义重大。

二是可以深化秦汉赋役制度史的研究。秦汉赋役制度史是古今中外学

---

① 参见湖南文物考古研究所编著：《里耶秦简》（壹），北京：文物出版社，2012年；湖南文物考古研究所编著：《里耶秦简》（贰），北京：文物出版社，2017年；陈松长主编：《岳麓书院藏秦简（壹-叁）释文修订本》，上海：上海辞书出版社，2018年；甘肃简牍保护研究中心等编：《肩水金关汉简》（壹），上海：中西书局，2011年；甘肃简牍保护研究中心等编：《肩水金关汉简》（贰），上海：中西书局，2012年；甘肃简牍保护研究中心等编：《肩水金关汉简》（叁），上海：中西书局，2013年；甘肃简牍保护研究中心等编：《肩水金关汉简》（肆），上海：中西书局，2015年；甘肃简牍保护研究中心等编：《肩水金关汉简》（伍），上海：中西书局，2016年；甘肃简牍博物馆等编：《地湾汉简》，上海：中西书局，2017年；长沙市文物考古研究所编：《长沙尚德街东汉简牍》，长沙：岳麓书社，2016年；长沙市文物考古研究所等编：《长沙五一广场东汉简牍选释》，上海：中西书局，2015年；长沙市文物考古研究所等编：《长沙五一广场东汉简牍》（壹-贰），上海：中西书局，2018年；长沙市文物考古研究所等编：《长沙五一广场东汉简牍》（叁-肆），上海：中西书局，2019年。

② 陈伟主编：《里耶秦简牍校释》（第一卷），武汉：武汉大学出版社，2012年，第345-346页。

③ 陈松长主编：《岳麓书院藏秦简（壹-叁）释文修订本》，上海：上海辞书出版社，2018年，第153-154页。

者热衷探讨的问题，研究成果异常丰富。但由于史料阙如，有些问题一直争论不休。如秦的"徭戍"制度究竟如何？有哪些主要内容？由于云梦秦简只公布了一条秦《徭律》，极大地限制了中外研究者的视野。可喜的是，岳麓秦简最近又披露了7条《徭律》新史料①，这些史料填补了秦徭制研究的史料空白。至于"戍"制，新出《岳麓书院藏秦简》（肆）公布的3条《戍律》新史料，同样填补了以往秦汉徭役制度研究的史料空白。谢桂华曾说，汉代存在"以庸代戍"制度，但秦是否也存在相同的制度，因史料缺乏，不敢妄言②。庆幸的是，《岳麓书院藏秦简》（肆）披露的3条《戍律》史料解决了这一历史悬案。如《岳麓书院藏秦简》（肆）载："●戍律曰：下爵欲代上爵、上爵代下爵及毋（无）爵欲代有爵者戍，皆许之。以弱代者及不同县而相代，勿许。（简182/1414-1）【不当相代】而擅相代，赀二甲；虽当相代而不谒书于吏，其庸代人者及取代者，赀各一甲。（简183/1298）"③ 同时，另外两条史料分别就"戍者月更"、戍卒请假制度及戍卒的工作范围等问题做了全面而系统的法律规定。这些新史料无疑将成为我们深入了解和剖析秦"戍"制的第一手材料。再如，2019年7月，彭峪等在《山东青岛土山屯墓群四号封土与墓葬的发掘》一文中披露了汉哀帝时期的两份官文书，即《堂邑元寿二年要具簿》《元寿二年十一月见钱及逋簿》④。这两份文书首次揭示了汉代"更赋"的主要内容，为我们重新认识汉代徭役制度与"更赋"的关系提供了全新的史料依据。诸如此类的新史料还有很多，此不赘举。可见，这些新出简牍史料，使原本歧义纷争的问题得以解决，推动了秦汉经济史研究的进一步发展。

三是可以为当代国家财经制度改革提供历史经验借鉴。从广义上讲，赋役制度指的就是税收制度，是国家为了满足社会公共需要而对财富（包

---

① 具体史料，请参见本书第七章"新出简牍与'戍'制度"，此不赘引。
② 谢桂华：《汉简和汉代的取庸代戍制度》，载氏著《汉晋简牍论丛》，桂林：广西师范大学出版社，2014年，第146—168页。
③ 陈松长主编：《岳麓书院藏秦简》（肆），上海：上海辞书出版社，2015年，第128页。陈曼曼认为："此字（'者'）应该是'耆'。从字形上来看，此字下部所从应为旨，与简183'者'字作不同。从文意上来看，'以弱代者'不通，《睡虎地秦简·秦律十八种》简136：'大啬夫、丞及官啬夫有罪。居资赎责欲代者，耆弱相当，许之。'其中'耆弱相当'可以与此句对勘，'耆'即为强之意，以弱代强以及不同县而相代，不许。文意更加通畅。"参见陈曼曼：《读〈岳麓书院藏秦简（肆）〉札记一则》，简帛网站，2018年8月4日。根据上下文意，笔者认同这一解释。
④ 参见彭峪等：《山东青岛土山屯墓群四号封土与墓葬的发掘》，《考古学报》2019年第3期。

括活劳动）进行分配的制度，它具有无偿性、强制性和固定性三个特征。秦汉时期，为了确保国家机器的正常运转，必须建立军队和刑狱机构，设立行政机关，兴修水利工程等，这些都需要巨大的财力支持。因此，赋役就成为了保障国家机器正常运转的经济基础。

秦汉赋役制度既有可借鉴之处，亦有值得汲取的经验教训。如在赋税征收上，秦汉税率一直比较稳定。在秦代，据北大秦简《田书》记载，其税田率为"十二税一"①。在汉朝，自汉景帝实行"轻徭薄赋"政策以来，田租税率基本稳定在三十税一。在徭役征发方面，有些制度性规定也是值得借鉴的。如秦简牍载："繇（徭）律曰：岁与繇（徭）徒人为三尺券一，书其厚焉。节（即）发繇（徭），乡啬夫必身与典以券行之。田时先行富（简244/1241）有贤人，以闲时行贫者（简245/1242）……"② 这条材料说明，国家为了确保农业生产，在征发人力从事国家项目建设时，实行"田时先行富有贤人，以闲时行贫者"的政策，这体现了秦律对活劳动进行分配的人性化。

但是，在有些时期，尤其是王朝后期，统治者为了满足自己的私欲，实行超经济强制政策，土地兼并日益严重，农民纷纷破产流亡，严重影响国家对赋税的征课和徭役的征发。如反映西汉晚期哀帝时期的一枚木牍就很好地说明了这个问题。青岛土山屯西汉木牍《元寿二年十一月见钱及逋簿》载："元寿二年十一月见钱及逋薄•凡逋钱二百卌五万五千七百卌一"③ 这枚木牍反映了哀帝元寿二年（前1）堂邑县窘迫的财政状况。在县钱库中，现钱只有33 272钱，而拖欠未征缴的税款却达到了2 455 741钱④。同时，简牍也反映了西汉晚期百姓所承担的赋役负担已相当沉重。

正如《管子•权修》所说："取于民有度，用之有止，国虽小必安；

---

① 如北大秦简《田书》载："广十五步，从（纵）十六步，成田一畮。税田廿步，三步一斗，租六斗六升泰半升。"通过计算，此税田比例也为十二税一。韩巍：《北大秦简〈算书〉土地面积类算题初识》，载武汉大学简帛研究中心主办《简帛》（第八辑），上海：上海古籍出版社，2013年，第29-42页。但岳麓秦简也有材料证明，秦税田比例为"什一"的例证，具体情况见本书第二章第二节。

② 陈松长主编：《岳麓书院藏秦简》（肆），上海：上海辞书出版社，2015年，第149-150页。本段《徭律》释文以陈伟厘定为准。参见陈伟：《秦简牍校读及所见制度考察》，武汉：武汉大学出版社，2017年，第197页。

③ 参见彭峪等：《山东青岛土山屯墓群四号封土与墓葬的发掘》，《考古学报》2019年第3期。

④ 具体情况请参见本书第七章第四节的相关内容。

取于民无度，用之不止，国虽大必危。"① 因此，在当今国家财经体系现代化建设过程当中，我们应该充分借鉴古人的历史经验，做到"取于民有度，用之有止"。只有这样，社会经济才能发展，国家政权才能稳定。

二、学术史回顾

长期以来，秦汉赋役制度史是中外学者极为关注的热点问题，研究成果积淀深厚。由于本书的正文部分将对这些研究成果进行详细而全面的学术史回顾，笔者在此仅从宏观方面总结和评述一下现今中外学者在秦汉土地制度与土地税征课、商业的发展与商业税征课、财产税、人头税以及"徭戍"制度等方面取得的代表性成果。

（一）土地制度与土地税征课

土地制度与田税征课密切相关。在秦汉时期，国有土地所有制下的土地经营方式有屯田（军屯与民屯）、"假民公田"等形式。其中假民之公田，并非无偿授予。法律规定，但凡假田之民皆须向国家缴纳"假税"，这是"经营'公田'的基本形式"②。与此同时，秦汉时期还存在土地私有制及其他附属形式。林甘泉曾说："汉代的土地所有制存在三种基本形式：封建国家土地所有制、封建地主土地所有制和自耕农土地所有制。除此以外，还有奴隶主土地所有制和共同体土地所有制的残余。这三种基本土地所有制形式之间，并没有不可逾越的鸿沟，它们经常处于相互转化和此消彼长之中。"③ 这种观点显然与胡如雷等先生的看法一脉相承④。可以说，这是当时学界的主流观点。

然而，随着秦汉简牍的陆续刊布，学界又掀起了一股研究秦汉土地制度的浪潮。1978年，云梦秦简披露以后，杨宽和高敏等据此撰文认为，秦时授田制与名田宅制并存，土地私有制与土地国有制也同时存在。这一说法获得了学界广泛认同。2001年，《张家山汉墓竹简》公布以后，杨振红根据其中的材料阐述了她的观点。她认为："这套制度（名田宅制）在商鞅变法时确立，并作为基本的土地制度为其后的秦帝国和西汉王朝所继

---

① [清] 戴望：《管子校正·权修》，载国学整理社《诸子集成》（五），北京：中华书局，1954年，第7页。
② 黄今言：《秦汉赋役制度研究》，南昌：江西教育出版社，1988年，第109页。
③ 林甘泉主编：《中国封建土地制度史》（第一卷），北京：中国社会科学出版社，1990年，第186页。
④ 参见胡如雷：《中国封建社会形态研究》，北京：三联书店，1979年，第11—64页。继

承。它的基本内容是：以爵位划分占有田宅的标准，以户为单位名有田宅，田宅可以有条件地继承、转让和买卖……文帝以后由于国家不再为土地占有立限，使这套制度名存实亡，'名田制'仅仅作为土地登记的手段而存在。"① 对此，王彦辉在《论张家山汉简中的军功名田宅制度》一文中也表达了相似的观点②。

但是，于振波却提出了异议。于先生说："张家山汉简中的田宅制度是对秦制的继承与损益。名田制是以军功爵制为基础而在地广人稀的条件下制定的，随着爵制的轻滥，人口的增加和垦田扩展的趋缓，名田制开始面临自身无法克服的矛盾——合法的土地兼并。当名田制的田宅标准越来越脱离现实，又不能根据形势而变革时，占田过限的违法土地兼并也就不可避免了。文、景以后，名田制仍在实行，但没有根据现实需要及时做出调整，直到元、成时期，随着徙陵制度的终止和占田过限者不受约束地发展，名田制最终遭到破坏。名田制对魏晋以后的土地制度仍然有着深远的影响。"③

对于以上观点，张金光撰文指出："《二年律令》中所见土地制度的性质及其土地资源配置和运作方式，只能用土地国有制及国家授田制概念来表达。使用其他概念，诸如'名田宅'制、'赐田'制等，似乎不足以确切反映其土地制度的本质属性。"④ 这一观点显然与以上诸位先生不尽相同。2015 年臧知非撰文重新审视了这一问题。臧先生说："把'名田'解为'以名占田'，虽有其合理性，但是，用'名田制'概括秦汉土地制度，或者以名田代替授田，在训诂和史实上都有不足，不能反映国家分配土地的历史实质。'名田宅、臣妾、衣服以家次'明确了国家按照名籍、家次分配田宅、臣妾、衣服，其法律用语则是'行田''予田宇''受田'，编户民田宅是被动地向国家领取，名之为授田制才能反映国家力量在土地分配中的主导地位和编户民隶属于国家的历史属性，才能体现国家控制人口、土地的本质特征。"⑤ 显然，这一认识是比较稳妥的。这是因为授田

---

① 杨振红：《秦汉"名田宅制"说——从张家山汉简看战国秦汉的土地制度》，《中国史研究》2003 年第 3 期。

② 参见王彦辉：《论张家山汉简中的军功名田宅制度》，《东北师大学报》（哲学社会科学版）2004 年第 4 期。

③ 于振波：《张家山汉简中的名田制及其在汉代的实施情况》，《中国史研究》2004 年第 1 期。

④ 张金光：《普遍授田制的终结与私有地权的形成——张家山汉简与秦简比较研究之一》，《历史研究》2007 年第 5 期。

⑤ 臧知非：《"名田"与"授田"辨正——秦和西汉前期土地制度性质析疑》，《史学集刊》2015 年第 6 期。

制这一概念的外延更广,确实更能"反映国家力量在土地分配中的主导地位和编户民隶属于国家的历史属性"。最近,晋文也发文指出:"授田制应是土地国有制向私有制转化的一种形式……秦的授田虽然很少能看到有土地买卖和土地兼并现象,但……可以看出授田在家庭内部是允许部分继承和流转的,并存在着变相土地买卖。越来越多的研究已趋向于质疑或修正土地国有制论。"①

根据以上诸位贤哲的研究及简牍文本可知,秦及汉初的"田宅"一经授出,即可"有条件地继承、转让和买卖"②。换言之,秦及汉初的"授田制"确实是"土地国有制向私有制转化的一种形式"。

至于征税问题,中外学者取得了丰硕的成果③。尤其是近年来简牍文本的不断刊布,学界又掀起了一股研究浪潮。

2009年,杨振红在《龙岗秦简诸"田""租"简释义——结合张家山汉简看名田制的土地管理和田租征收》一文中详细分析和论证了"田籍""田程""程租""匿租"等问题。她说:"'程田'应为计算土地应缴纳的田租份额,份额的单位应就是简126和127中的'一程''二程'……(这些简文)应是针对乡部啬夫、部佐等乡部官吏征收田租制定的法律。"④ 但是,简牍中出现的"税田"究竟如何解释?杨振红并未给予解答。

2012年,于振波对此类"税田"简文做了分析。他指出:"秦国实行授田制,田租征收采取了寓'公田'于'私田'之中的办法,由田部官吏按照一定的比例(1/10)从各户田地中划出一部分作为'税田','税田'

---

① 晋文:《睡虎地秦简与授田制研究的若干问题》,《历史研究》2018年第1期。
② 杨振红:《秦汉"名田宅制"说——从张家山汉简看战国秦汉的土地制度》,《中国史研究》2003年第3期。
③ 参见高敏:《秦汉赋税制度考释》,载氏著《秦汉史论集》,郑州:中州书画社,1982年;黄今言:《秦汉赋役制度研究》,南昌:江西教育出版社,1988年;钱剑夫:《秦汉赋役制度考略》,武汉:湖北人民出版社,1984版;山田胜芳:《秦汉财政收入の研究》,汲古书院,1993年;彭浩:《张家山汉简〈算数书〉的"并租"与"启从(纵)"》,《考古》2002年第5期;叶玉英:《论张家山汉简〈算数书〉的经济史料价值》,《中国社会经济史研究》2005年第1期;李恒全等:《秦汉刍藁税征收方式再探》,《财贸研究》2007年第2期;臧知非:《说"税田":秦汉田税征收方式的历史考察》,《历史研究》2015年第3期;李恒全:《从新出简牍看秦田租的征收方式》,《中国经济史研究》2018年第2期;晋文:《睡虎地秦简与授田制研究的若干问题》,《历史研究》2018年第1期。
④ 杨振红:《出土简牍与秦汉社会》,桂林:广西师范大学出版社,2009年,第179—181页。

上的收获物作为'田租'全部上缴。这种田租属于分成租而非定额租。"① 但是,肖灿认为:"我们根据租率百分之百这一情况推断'税田'是由国家政府机构直接经营管理的农耕地,就是'公田'。"② 愚以为,于振波对秦"税田"的解释更为妥当。

2014年,笔者在《岳麓秦简所见"租禾"、"刍稾"税和"臬税"刍议》一文中对秦田租征收问题提出新的研究思路。我认为:"'租禾'税率指的是应征田亩之比率,既有什一之税,也有什二税一等,与传世文献记载不同。秦'租禾'征收办法主要是依据授田民缴纳租税品种情况而计算出所授之田应纳田亩数,即'度稼得租'。学界争论的按顷、按亩或按实物计征之说不能完全成立。"③

2015年以后,臧知非、晋文和李恒全等先生对秦汉田税征课的研究更为深入。如臧知非指出:"秦田税计算和征收以授田为基础,分为禾、刍、稾三种基本形态,分别计算:谷物计算采用'税田制',于五月将农户垦田的一部分划为'税田',秋后收取,用作田税;'税田'基本比例为十税一,具体实施因土地类别而异;刍、稾按顷计算,顷刍三石、稾二石……西汉继续实行田税分别计算、按户征收制度,但谷物税率为三十税一……东汉延续西汉谷物的计算和征收方式而有发展,每年五月'度田',根据土地质量,分为不同等级,确定田税额,秋后收取。"④ 2018年,晋文根据北大秦简提出了不同的看法。他说:"授田制应是土地国有制向私有制转化的一种形式。以往对'入顷刍稾''盗徙封,赎耐''部佐匿诸民田''封守''百姓不当老,至老时不用请'等等律文的解释,也大多存在误读。这些律文中的犯罪行为基本上都与土地所有权无关。秦及汉初的田租征收,实际有两个同时参照的租(税)率:一是税田占舆田的比例,即税田的亩数租率,这个租率是固定不变的;一是按农作物不同产量征收的级差租率,即产量租率,这个租率则是变化的……越来越多的研究已趋向于质疑或修正土地国有制论。"⑤ 其后,李恒全在《从新出简牍看秦田租

---

① 于振波:《秦简所见田租的征收》,《湖南大学学报》(社会科学版)2012年第5期。
② 肖灿:《从〈数〉的"舆(與)田""税田"算题看秦田地租税制度》,《湖南大学学报》(社会科学版)2010年第4期。亦可参阅陈松长等:《岳麓书院藏秦简的整理与研究》,上海:中西书局,2014年,第182—183页。
③ 参阅拙文《岳麓秦简所见"租禾"、"刍稾"税和"臬税"刍议》,《史学集刊》2014年第5期。
④ 臧知非:《说"税田":秦汉田税征收方式的历史考察》,《历史研究》2015年第3期。
⑤ 晋文:《睡虎地秦简与授田制研究的若干问题》,《历史研究》2018年第1期。

的征收方式》一文中指出:"秦存在按土地面积和按产量的一定比例征收田租的方式。前者是在总土地面积中,按一定税率计算出税田面积,其产量就是总土地面积的田租数;后者是在应纳税土地的总产量中,按一定税率,计算出应交纳的田租数。由于前者是后者的一种特殊形式,因此秦田租是按产量征收的分成税。秦禾田租率是1/10,枲田租率为1/15。"①

可见,学术界对秦汉土地制度和田税征课问题的研究已经相当深入了,有些结论已被学界广泛认同,或已接近历史事实。

(二)秦汉商业的发展与商业税的征收

长期以来,古今中外学者利用传世文献对秦汉商业及商业税的征收问题进行了深入研究,如吴慧的《中国古代商业史》②、张弘的《战国秦汉时期商人和商业资本研究》③、黄今言的《秦汉商品经济研究》④、高维刚的《秦汉市场研究》⑤以及温乐平的《战国秦汉消费经济研究》⑥等。其中,黄今言的《秦汉商品经济研究》在继承前人研究的基础上创获颇丰。臧知非对此评价说:"这无疑是一部高质量的学术著作,这不仅体现在以上所指出的方方面面,而且表现在对诸多问题的讨论上著者都有自己的见解,譬如秦汉商品生产的特征与局限问题、市场体系的层次结构、市场发育程度、个体小农与地主田庄商品生产的比重、货币功能及其原因等等,著者都有自己的看法,或者填补以往的空白,或者深化前人的认识,而所有这些又构成一个完整的研究体系。"⑦但是,随着简牍资料的陆续刊布,学界对秦汉商业及市租等问题又掀起了一股研究浪潮。

2007年,杨振红利用张家山汉简对简牍中的"市租"问题进行了探讨。她认为:"市租是商品交易税,商人通过占租即申报的方式,向主管官吏申报营业额,按法定税率交纳市租。"⑧同时,杨振红并不认同臧知非的观点。她进一步指出,市租并不包括田租,且"市租""质钱""园池

---

① 李恒全:《从新出简牍看秦田租的征收方式》,《中国经济史研究》2018年第3期。
② 参见吴慧:《中国古代商业史》,北京:中国商业出版社,1982年。
③ 参见张弘:《战国秦汉时期商人和商业资本研究》,济南:齐鲁书社,2003年。
④ 参见黄今言:《秦汉商品经济研究》,北京:人民出版社,2005年。
⑤ 参见高维刚:《秦汉市场研究》,成都:四川大学出版社,2008年。
⑥ 参见温乐平:《战国秦汉消费经济研究》,北京:中国农业出版社,2013年。
⑦ 臧知非:《自然经济与商品经济的互动——黄今言教授〈秦汉商品经济研究〉评介》,《中国经济史研究》2007年第1期。
⑧ 杨振红:《从张家山汉简看秦汉时期的市租》,载杨振红、井上彻编《中日学者论中国古代城市社会》,西安:三秦出版社,2007年,第50—67页。

入钱"等皆属皇室财政收入,与国家财政收入有别①。

2010年,陈松长又结合岳麓秦简对云梦秦简《关市律》进行了详细探讨。他认为,"赍租"是交付的税款,"质它稍入钱"是指"渐入之钱"②。

针对这种认识,2012年,陈伟在《关于秦与汉初〈入钱缿中〉律的几个问题》一文中提出了不同看法。陈伟在对云梦秦简《关市律》、张家山汉简《金布律》以及岳麓秦简《金布律》中涉及"入钱缿中"律进行了对比研究后认为,市租、赍钱、质钱等皆归入"它稍入钱"。同时,简牍中的"质钱"指的是"官府为大型交易提供质剂而收取的税金"③。简言之,陈伟的突出贡献在于对"入钱缿中"律的断读和理解。这种理解不仅极其有利于我们把握秦及汉初商业政策的本质,亦使我们清晰地了解到了秦汉官营和私营商业的经营情况。

在以上研究的基础上,2014年笔者在《岳麓秦简奏谳文书商业问题新证》一文中详细探讨了秦地方商业发展及市租征收等问题。我认为,秦官府尽管采取了抑商政策,但由于秦货币经济发达,所以地方商品市场较为繁荣。不仅如此,秦的市场管理也相当严格和规范。正如传世文献所载,秦商业税的征收采取的是严格的"占租"制度。宋杰④、王彦辉⑤、臧知非⑥、朱红林⑦、沈刚⑧等先生已有论述,此不赘引。

自从《岳麓书院藏秦简》(肆)公布以后,学界对其中一则有关"质

---

① 参见杨振红:《从张家山汉简看秦汉时期的市租》,第56页。但臧知非认为,《二年律令·金布律》中的市租包含田租。参见臧知非:《张家山汉简所见西汉矿业税收制度试析——兼谈西汉前期"弛山泽之禁"及商人兼并农民问题》,《史学月刊》2003年第3期。

② 陈松长:《睡虎地秦简"关市律"辨正》,《史学月刊》2010年第4期。2013年,郭浩也撰文指出,"它稍入钱"是指"渐入之钱",实乃承袭了陈先生之说。参见郭浩:《秦汉时期现金管理刍议——以岳麓秦简、居延汉简"稍入钱"为例》,《中国社会经济史研究》2013年第3期。关于"赍租"问题,陈松长在《岳麓书院藏秦简》(肆)一书中已做了更正,特此说明。

③ 陈伟:《关于秦与汉初〈入钱缿中〉律的几个问题》,《考古》2012年第8期。

④ 参见宋杰:《汉代的"平贾"》,《首都师范大学学报》(社会科学版)1998年第2期。

⑤ 参见王彦辉:《东周秦汉时期的工商政策与豪民兼并——兼论"以末致财,用本守之"》,《东北师大学报》(哲学社会科学版)1999年第3期。

⑥ 参见臧知非:《张家山汉简所见西汉矿业税收制度试析——兼谈西汉前期"弛山泽之禁"及商人兼并农民问题》,《史学月刊》2003年第3期。

⑦ 参见朱红林:《经济发展与战国秦汉之际法制建设的互动》,《吉林师范大学学报》(人文社会科学版)2014年第4期。

⑧ 参见沈刚:《新出秦简所见秦代市场与商人探讨》,《中国社会经济史研究》2016年第1期。

钱"的史料又展开了一轮讨论。如 2015 年，李力撰文反驳了陈伟关于"（质钱是）官府为大型交易提供质剂而收取的税金"的观点。他指出："关于秦汉律所见'质钱'现有的契税说与抵押（或担保）之钱说，均存在疑点，难以成立。'质钱'是秦汉律中债的一种担保方式。以《说文》'以物质钱'的解释为据，并参照文献所见南北朝时期有关质钱的记载，可以推测，秦汉律所见'质钱'是因官府（债权人）占有民（债务人）之物以保证其借贷而产生的，是官府在借贷期限届满时所收到的、由民交来的款项（本钱与子钱之和）。中国古代'以物为质'担保制度的出现，因此被提前到战国时期秦律之中。"① 但是，根据《岳麓书院藏秦简》（肆）中"黔首卖奴卑（婢）（简 200/1300）马牛及买者，各出廿二钱以质市亭（简 201/1301）"一句的理解，愚以为，陈伟的观点更为妥当。如《隋书·食货志》："凡货卖奴婢马牛田宅，有文券，率钱一万，输估四百入官，卖者三百，买者一百。"② 元代马端临《文献通考·征榷六》载："税契始于东晋，历代相承，史文简略，不能尽考。宋太祖开宝二年，始收民印契钱，令民典卖田宅输钱印契，税契限两月。"③ 据此，贺昌群并不认同马端临的看法。他说，契税应当始于东汉④。愚以为，上引《岳麓书院藏秦简》（肆）简 200/1300 和简 201/1301 强有力地证明，"契税"在秦时业已存在。

2016 年，王勇撰文又提出了"佣金"说。王先生说："质是秦汉时期进行奴婢、马牛等大型交易时签订的买卖契券，质钱则是在市亭立券时买卖双方交给官方之钱。但质钱并不同于契税，其性质更接近官府为买卖进行担保而收取的佣金。"⑤ 但根据《隋书》以及《文献通考》的记载，我认为，政府具有国家信用和强制排他性权力，向交易双方征收的"质钱"，应该为契税。

关于秦商业政策问题，王子今利用新出秦简对秦"抑商"政策做了系统梳理和研究。他认为："旧说商鞅变法即压抑商贾的地位，但是认真考察秦史，可知'抑商'政策在秦行政方针中并不占据特别重要的地位。

---

① 李力：《秦汉律所见"质钱"考辨》，《法学研究》2015 年第 2 期。
② 《隋书》卷二四《食货志》，北京：中华书局，1973 年，第 689 页。
③ ［元］马端临：《文献通考·征榷六》（影印本），北京：中华书局，1986 年。
④ 参见贺昌群：《贺昌群文集》（第 2 卷），北京：商务印书馆，2003 年，第 334 页。
⑤ 王勇：《岳麓秦简〈金布律〉关于奴婢、马牛买卖的法律规定》，《中国社会经济史研究》2016 年第 3 期。

'抑商'是'重农'的辅助策略。秦的'市'曾经相当繁荣，成为秦经济生活的重要构成。秦管理'市'的制度亦相当成熟。"① 我认为王先生的判断是正确的。

关于汉代的工商业及租税征收问题，林甘泉、黄今言等先生已有了深入的研究②。但随着汉简材料的不断披露，学界对两汉的工商业及租税征收等问题又有了新的认识。如张家山汉简公布以后，高敏、臧知非等先生对其中的《金布律》《关市律》进行了深入研究③。臧知非认为："西汉前期工商业主通过授田制度获得山川林泽等矿产资源的所有权，以'占租'的方式向国家交纳定额税。"至于汉代的市租问题，2019年7月，青岛土山屯墓出土了一批简牍材料，该材料证明，市租在汉代财政收入中占有极其重要的地位。如青岛土山屯147墓木牍载：

元寿二年十一月见钱及逋薄・凡逋钱二百卌五万五千七百卌一
见赋钱三万二千六十二
见税鱼钱千二百一十
●凡见钱三万三千二百七十二
……④

据此可知，在西汉哀帝元寿二年（前1），临淮郡堂邑县的财政总收入包含两个主项：一是"赋钱"；二是"税鱼钱"。在土山屯墓《堂邑元寿二年要具簿》还记录了堂邑县市租的全年收入。据该具簿载："一岁市租钱三百七十四万三千九百八十八。湖池税鱼一岁得钱廿九万九千九百廿三。"⑤ 笔者根据这批青岛土山屯墓出土的木牍已撰一文，详细探讨了西汉晚期商业及市租征缴等问题⑥。我们认为，西汉商业非常发达，市租收入应该是国家财政的重要组成部分，对地方政权有着极其重要的作用。

但东汉一朝的商业及市租问题，由于史料阙如，学术界取得的研究成果不多。随着《长沙走马楼五一广场东汉简牍》《长沙尚德街东汉简牍》

---

① 王子今：《秦"抑商"辨疑：从商君时代到始皇帝时代》，《中国史研究》2013年第3期。
② 参见林甘泉：《秦汉的自然经济与商品经济》，《中国经济史研究》1997年第1期；黄今言：《秦汉商品经济研究》，北京：人民出版社，2005年。
③ 参见高敏：《关于汉代有"户赋"、"质钱"及各种矿产税的新证——读〈张家山汉墓竹简〉》，《史学月刊》2003年第4期；臧知非：《张家山汉简所见西汉矿业税收制度试析——兼谈西汉前期"弛山泽之禁"及商人兼并农民问题》，《史学月刊》2003年第3期。
④ 彭峪等：《山东青岛土山屯墓群四号封土与墓葬的发掘》，《考古学报》2019年第3期。
⑤ 同上。
⑥ 参阅拙文《青岛土山屯木牍所见汉代"市租"初探》，待刊。

等简牍材料的陆续公布①，学界又开始关注东汉的商业及市租征收问题。如吴方浪、温乐平在《制度设计与身份认同：秦汉丝织品消费文化研究》一文中谈及了东汉商品经济的发展情况。2016年，笔者根据五一广场东汉简牍，亦在《长沙五一广场东汉简牍所见商业问题探讨》一文中探讨了东汉商业及市租征收问题②。我们认为，东汉商业不是走向衰败，而是相当发达。人们在商品交易时，使用的是货币而不是"改用绢帛"③。另外，东汉市租征收亦采取"占租"之制。

（三）新出秦简牍与财产税的征收

关于秦汉訾税问题，[日]平中苓次、吕思勉、高敏、黄今言、田泽滨以及于振波等专家对之进行了深入研究④。近期，王彦辉的研究成果尤为引人注目。2012年，王彦辉就汉代"訾算"和"以訾征赋"问题进行了详细探讨。王先生说："《汉书·景帝纪》所见'訾算'指的或许不是财产税，而是任官的资格限制……财产税的征收对象是正常税目以外的动产和不动产，总的趋势是课税范围不断扩大，王莽时期的'訾三十取一'是一种极端做法。东汉以后财产税的征收逐渐常态化，在'平赀'的基础上定额征税，但'平赀'的内容及税额不详。"⑤ 2015年，王彦辉又发表了一篇题为《秦简"识劫婉案"发微》的文章。王先生在文中认同秦已存在财产登记制度。王先生说："沛免其奴婢为庶人……在被放免之后'占家赀'证明财产登记制度的上限不会晚于战国末年；放出的贷款需要占赀，可证货币亦在财产登记之列。"⑥ 可见，王彦辉对秦是否存在"訾税"持

---

① 参见长沙市文物考古研究所等编：《长沙五一广场东汉简牍》（壹-贰），上海：中西书局，2018年；长沙市文物考古研究所编：《长沙尚德街东汉简牍》，长沙：岳麓书社，2016年。

② 参阅吴方浪、温乐平：《制度设计与身份认同：秦汉丝织品消费文化研究》，《江西社会科学》2018年第9期；拙文《长沙五一广场东汉简牍所见商业问题探讨》，《中国社会经济史研究》2016年第4期。

③ 秦晖：《汉"金"新论》，《历史研究》1993年第5期。

④ 参见平中苓次「居延漢簡と漢代の財産税」『立命館大學人文科學研究所紀要』第1号，1953年，第166-182页；永田英正「禮忠簡と徐宗簡について：平中氏の算賦申告書説の再檢討」『東洋史研究』第28卷，第2-3号，1969年12月，第14-35页；吕思勉：《秦汉史》，上海：上海古籍出版社，1983年，第532-535页；高敏：《秦汉赋役制度考释》，载氏著《秦汉史论集》，郑州：中州书画社，1982年，第96-99页；黄今言：《汉代的訾算》，《中国社会经济史研究》1984年第1期；田泽滨：《汉代的"更赋"、"赀算"与"户赋"》，《东北师大学报》（哲学社会科学版）1984年第6期；于振波：《汉代的家赀与赀家》，载卜宪群、杨振红主编《简帛研究2004》，桂林：广西师范大学出版社，2004年，第306-316页。

⑤ 王彦辉：《论汉代的"訾算"与"以訾征赋"》，《中国史研究》2012年第1期。

⑥ 王彦辉：《秦简"识劫婉案"发微》，《古代文明》2015年第1期。

审慎态度。

2016年，笔者在《岳麓秦简所见"訾税"问题新证》一文中认为，秦存在财产税。如岳麓秦简"识劫婉案"记载："●问：匿訾（赀）税及室、肆，臧（赃）直（值）各过六百六十钱……匿訾（赀），税直（值）过六百六十钱。"① 对以上简文无论如何句读，秦官府对财产征税的历史事实不容否定。笔者还对秦"訾税"征收的过程进行了分析。我认为："秦'訾税'征收大略分为四个步骤；一是确定征收对象；二是规定征收范围；三是以户为单位，按訾产折价之多寡计征'訾税'；四是设立专门机构，极力追缴拖欠官府的钱财。"②

2019年，贾丽英在《秦汉至三国吴的"訾税"变迁》一文中进一步深化了"訾税"问题的研究。她认为："岳麓书院藏秦简反映秦的赋税制度中已有针对普通吏民的訾税，后经两汉至三国吴始终未废。不过其征纳程序有一个逐步简化的过程。秦时通过自占家訾，以资财数额多少按比例为征。至汉以'算'为征收单位，王莽时期有短暂的'訾三十而取一'。西汉抽'算'的方式灵活，数额和次数不固定，东汉中后期才逐渐固定为万钱一算，每算120钱。东牌楼东汉简和走马楼三国吴简户籍简中的'訾'，是'訾算'的简称，为征收訾税而设。目前公布的材料显示分10个额度征收。汉武帝时的'以訾征赋'，吴简中的'户品出钱'均为据资产而征的税目，但不是訾税，它同秦汉史料中的'户刍'、'户赋'一样，性质上属户税。"③

总之，大量历史资料证明，秦汉"訾税"确乎存在，这是不容否定的历史事实。

（四）新出简牍与秦汉"户赋"问题

由于传世文献对秦汉"户赋"问题几乎无载，故高敏说："汉代是否有'户赋'这一税目，'尚难以判断，只得存疑候考！'"④ 但随着张家山汉简、里耶秦简等简牍史料的陆续刊布，学界同仁又再次将目光聚焦在这一问题的研究上。

2003年，高敏根据《二年律令》简429和简255撰文指出："可以肯

---

① 朱汉民、陈松长主编：《岳麓书院藏秦简》（叁），上海：上海辞书出版社，2013年，第160—161页。
② 参阅拙文《岳麓秦简所见"訾税"问题新证》，《中国经济史研究》2016年第4期。
③ 贾丽英：《秦汉至三国吴的"訾税"变迁》，《历史研究》2019年第2期。
④ 高敏：《秦汉史论集》，郑州：中州书画社，1982年，第109页。

定汉代的所谓'户赋',并不是什么新税目,而是把口钱、算赋的按人头收的'赋税'改为按户出税和把按顷亩入刍的刍税改为按户征收而已。因为征收方式的改变,故有'户赋'。"① 2005年,于振波针对高敏的研究提出了不同看法。于先生认为:"汉代的户赋与刍稾税都是对秦制的继承。户赋是诸多赋税中的一个单独税目,而非一户内各项赋税的总称。'卿爵'在免纳田租、刍稾税的同时,却要缴纳户赋。户赋按户征收……主要供应本县之需,与口钱、算赋、田租等等在性质上截然不同。"② 2007年,黄今言对于振波的"单独税目"说提出了质疑,他指出:"敛赋方式有按'口'、按'户'两种,按户征收的'户赋',非口算之外的独立赋目。'户赋'与'赀赋',二者不当混同。"③

湖南省文物考古研究所编《里耶秦简》正式发布后,李恒全根据其中的材料又对秦汉的"户赋"问题展开了讨论。他说:"户赋的基本形态是货币,户刍的基本形态是刍草。秦户赋可以折纳为实物征收;汉初户赋每年每户征收十六钱。秦汉户刍每年每户征收一石,可以折纳为钱征收。在征收数量上,户税远轻于人头税。汉初户税的征收对象为卿以下等级,是几种主要赋役的征发对象中等级覆盖范围最大的税种。秦汉户税自秦孝公十四年开始征收,约于汉宣帝时废除。"④

随后,朱圣明在《中国经济史研究》上发表了两篇文章探讨秦汉"户赋"问题。他认为:"在秦至汉初的国家赋税体系中,户赋是作为一种专门税目而存在的。其征课对象是五大夫爵位及其以下凡有立户者。它以户为单位,在秦朝征收实物茧、丝,每户纳茧六两,在汉初则转而征收钱币,每户上缴十六钱。户赋由各里在每年五月集中收取,上缴所属乡部,然后再由乡部统一交付到县廷。这一过程由乡部全权负责。乡里上缴的户赋在县道一级统一由县(道)少内负责管理调度,保障户赋在全县(道)内的正当使用,并向上级二千石官缴纳余下的户赋。"⑤ 2016年,朱圣明从"名田宅"制度入手,又撰文指出:"国家授田宅的前提是立户,民众为占有田宅而立户,立户便有了户赋的征收。换言之,官府以'名田宅'

---

① 高敏:《关于汉代有"户赋"、"质钱"及各种矿产税的新证——读〈张家山汉墓竹简〉》,《史学月刊》2003年第4期。
② 于振波:《从简牍看汉代的户赋与刍稾税》,《故宫博物院院刊》2005年第2期。
③ 黄今言:《从张家山竹简看汉初的赋税征课制度》,《史学集刊》2007年第2期。
④ 李恒全:《从出土简牍看秦汉时期的户税征收》,《甘肃社会科学》2012年第6期。
⑤ 朱圣明:《秦至汉初"户赋"详考——以秦汉简牍为中心》,《中国经济史研究》2014年第1期。

制度吸引并促使民众立户,进而征收户赋。户赋征收的对象为上到五大夫下至司寇、隐官为户主的民户(均含上、下限)。"①

与此同时,陈松长及邬文玲等撰文指出,秦汉存在"户赋"。如陈松长认为:"秦代不仅确有'户赋',而且还有很明确的有关征收'户赋'的时间和数量的具体规定,尤其是其中有关'刍''钱'的换算关系,给我们解读秦和汉初时期'户赋'的数量差异提供了新的材料。"②邬文玲在《里耶秦简所见"户赋"及相关问题琐议》一文中指出:"随着云梦睡虎地秦墓竹简和张家山汉简的公布,这一问题得到了解决。睡虎地秦简《法律答问》在解释何为'匿户'时提及'户赋',张家山汉简《二年律令·金布律》中则明确出现了'户赋'名目……"③我们认为,陈松长及邬文玲两位先生的观点是正确的。

2017年,笔者亦在《简牍所见秦及汉初"户赋"问题再探讨》一文中提出了自己的看法。我认为:"秦汉'户赋'并非'户税',亦非'户税'的组成部分。这批简文还显示,秦'户赋'征收的对象不是'五大夫爵及其以下凡有立户者'而是'泰(大)庶长以下'有立户权者。尤为重要的是,该律文中的'户刍'亦非一种与'户赋'并列的独立税目,而是官府征收'户赋'的多种物质形态之一。不仅如此,秦汉时期的'户赋'还与军事有着紧密的联系,是军备物资和军费的主要来源。"④

随后,晋文的《里耶秦简中的积户与见户——兼论秦代基层官吏的量化考核》⑤、薛洪波的《战国秦汉时代女性财产权问题再考察》⑥、臧知非的《汉代"户赋"性质、生成与演变——"户赋"源于田税说》⑦、贾丽英的《秦汉至三国吴的"訾税"变迁》⑧以及沈刚的《简牍所见秦代县级

---

① 朱圣明:《再谈秦至汉初的"户赋"征收——从其与"名田宅"制度的关系入手》,《中国经济史研究》2016年第3期。
② 陈松长:《秦代"户赋"新证》,《湖南大学学报》(社会科学版)2016年第4期。
③ 邬文玲:《里耶秦简所见"户赋"及相关问题琐议》,载武汉大学简帛研究中心主办《简帛》(第八辑),上海:上海古籍出版社,2013年,第215—228页。
④ 参阅拙文《简牍所见秦及汉初"户赋"问题再探讨》,《深圳大学学报》(人文社会科学版)2017年第4期。
⑤ 参见晋文:《里耶秦简中的积户与见户——兼论秦代基层官吏的量化考核》,《中国经济史研究》2018年第1期。
⑥ 参见薛洪波:《战国秦汉时代女性财产权问题再考察》,《中国经济史研究》2018年第1期。
⑦ 参见臧知非:《汉代"户赋"性质、生成与演变——"户赋"源于田税说》,《人文杂志》2019年第9期。
⑧ 参见贾丽英:《秦汉至三国吴的"訾税"变迁》,《历史研究》2019年第2期。

财政管理问题探讨》》①等文章或多或少地谈及了秦汉"户赋"问题。其中，以臧知非的研究最具代表性。臧知非认为："将'户赋'置于当时的赋役体系之中，从'生成'的层面探讨其由来和性质，'户'的等级性和'户赋'标准统一性的矛盾说明秦和西汉初期之'户赋'既非按'户'征收刍稾税和算赋的统称，亦非与田税、人口税并行的独立税种，而是田税的一部分，是授田制下之按'户'而'赋''顷刍稾'的特指，其原始税基是'田'而非'户，是文献习见的刍稾税的历史形态。"②这一观点值得重视。

概言之，学术界对秦汉"户赋"问题的讨论有进一步复杂化的趋势。"户赋"是一种单独税目吗？抑或为一种多税种之合称？还是田税的组成部分？如何解决这些分歧，我们只能期待更多出土简牍资料的面世。

（五）新出简牍与秦汉人头税制度

2011年，杨振红首先在《从出土"算"、"事"简看两汉三国吴时期的赋役结构——"算赋"非单一税目辨》一文中对秦汉"算赋"提出了质疑。杨先生指出："两汉三国吴时期，以'算'为单位向15岁至免老年龄的成年男女征发赋税和徭役。'算'不仅意味着有交纳赋税而且有服徭役的义务。算赋意为'以算课征赋税'，而非单一税目。算赋不仅包括每年120钱的人头税，还包括吏俸、转输、缮兵等各种杂税。赋役场合的'事'为动词，意为'服事'……'事'指有赋役义务的口数，包括7~14岁交纳口钱的口数和有'算'义务的口数，相当于后代的'课口'数……'算'指有'算'义务的口数，'事'和天长汉简的'事算'一样，指实际服'算'的口数。'算''事'簿籍按月统计、制作。"③根据金关汉简的记载，"算赋"的正式名称应该为"赋算"，与"事算"形成对应关系。我们认为，秦汉算赋确实不是一种单一税目，而是按"算"征赋之意。因此，杨振红的分析结论是正确的。

2017年，臧知非对此提出了不同意见。臧先生在《"算赋"生成与汉代徭役货币化》一文中指出："'算赋'在制度生成的层面，是'民不徭'之'赀'的结果，是授田制下编户民'事'义务的货币化，由'算事而赋'

---

① 参见沈刚：《简牍所见秦代县级财政管理问题探讨》，《中国经济史研究》2019年第1期。
② 臧知非：《汉代"户赋"性质、生成与演变——"户赋"源于田税说》，《人文杂志》2019年第9期。
③ 杨振红：《从出土"算"、"事"简看两汉三国吴时期的赋役结构——"算赋"非单一税目辨》，《中华文史论丛》2011年第1期。

演变为'算人而赋',发展为人口税。秦昭王的'十妻不筭'是免除其徭役而非'算赋'。高帝四年（前203）'初为算赋'是登记户籍、确定赋役。凤凰山'算簿'是因'事'定算、按'算'收钱的账簿,是徭役货币化的历史实践。7～14岁每年人'出口钱'23钱,15～56岁每年人'出赋钱'120钱的制度源于《周礼》国人野人的阶级差别、形成于元帝,是受田民由国家课役农演变为个体小农的历史体现,是中国古代赋役制度层累叠加的历史反映。"① 可见,臧知非认为,秦至西汉元帝之前不存在按丁口征赋的制度。"初为算赋"仅指"登记户籍、确定赋役"。

臧知非的文章发表以后,即刻引起了学术界的关注。2018年,晋文在《秦代确有算赋辨——与臧知非先生商榷》一文中指出："里耶秦简证实了秦人家庭中有多妾和蓄婢现象,并证实存在着一些和父母生活的直系家庭,为算赋是向妇女专门征收的赋提供了众多可信依据。再加上传世文献和张家山汉简的佐证,便构成了一条完整的证据链,更加证明了秦代确有算赋。"②

2019年,笔者在以上学者的研究基础上亦撰文对秦汉人头税问题进行了探讨。我认为："'口钱'是指儿童税,而'口赋'并非'口钱',它是成丁税和儿童税的合称。'算赋'中的'算'在秦汉文献中具有多种意思,我们应将之置于秦汉时人的语境中去思考它的真实含义。大量历史文献证明,秦统一之前,不存在所谓'算赋'之税目;统一之后,秦实行的是按丁口征赋和按户征赋的双轨征收之制。除此以外,我们认为,秦汉按成丁征收之'百二十钱'之'赋'应称之为'赋钱'。"③

（六）新出简牍与"徭戍"制度

自2008年荆州松柏木牍披露以后,袁延胜对其中的"南郡新傅簿""南郡免老簿""南郡罢癃簿"等官文书进行了系统分析。袁先生指出："傅,即傅籍,傅籍后即开始承担国家徭役……'正'即正丁,是正式的服役者。《史记索隐》引荀悦云:'傅,正卒也。'从各家的注释看,傅,就是指服徭役和兵役。'新傅',应为刚达到傅籍年龄的人。"④ 袁先生的这种判断基本是正确的,但"傅籍"并非"开始承担国家徭役"。这是因为,秦汉未"傅籍"者也必须承担部分徭役;另外,根据青岛土山屯西汉木牍的记载,秦汉"傅籍"者意味着"卒"身份的确定,亦即荀悦所言的

---

① 臧知非：《"算赋"生成与汉代徭役货币化》，《历史研究》2017年第4期。
② 晋文：《秦代确有算赋辨——与臧知非先生商榷》，《中国农史》2018年第5期。
③ 参阅拙文《秦汉简牍所见"算赋""口赋"再探讨》，《中国农史》2019年第2期。
④ 袁延胜：《荆州松柏木牍及相关问题》，《江汉考古》2009年第3期。

"傅，正卒也。"①

对此，2010年，杨振红在《徭、戍为秦汉正卒基本义务说——更卒之役不是"徭"》一文中提出了不同看法。她指出："秦汉时期的徭役兵役制度以丁中制为基础，制定了两种起役年龄标准——十五岁和'傅'年。十五岁以上未傅者和睆老，相当于后代的次丁，只须服'更'的劳役和部分正役——'徭'，不须服'屯戍'兵役。'傅'指著籍成为国家正式兵役和徭役的负担者，时称为'正''正卒'或'卒'，相当于后代的'丁'。正卒除每年服一个月的更的劳役外，还有两项基本义务，即一岁屯戍兵役（无论是戍边、戍卫京师或戍卫郡县），一岁'徭'的力役。秦及汉初两者均是以每年一个月、傅籍期间完成一年的方式服役，高后五年始实行戍卒岁更之制。材官骑士是从正卒中选拔出来的职业军人，平时居家，战时征调，每年集中训练一个月，可以冲抵'徭'。"② 笔者赞同杨振红的看法。但根据青岛土山屯木牍所记，愚以为，我们还应更多关注"罢癃睆老卒"。这是因为"罢癃睆老卒"不需承担"甲卒"和"更卒"之役；同时，"徭使"也不必承担"更卒"之劳役③。

关于"卒更"问题，2010年，陈伟在《简牍资料所见西汉前期的"卒更"》一文中指出："松柏47号木牍《南郡卒更簿》，所记大部分数据无误，其中一更以一月为期的表述可与传世文献相印证。将《南郡卒更簿》与张家山汉简《二年律令·史律》等文献联系起来推测，西汉前期普通卒更可能曾实行三更之制，即每隔两个月，就更一月。分析松柏木牍中的相关资料，可见各县更卒的人数与使大男中需要承担卒更任务的人数大致相当或相去不远，女性不存在充任卒更的可能。西汉早期卒更除民众外，五百石以下官吏和公大夫以下有爵者亦须承当。"④ 针对《南郡卒编更簿》，2011年，张金光亦撰文指出："《南郡卒编更簿》……是一个为实征徭役提供的理论预算性数据；此簿的基本属性是'编人'，即对县卒人员的分组编制。秦汉月更徭役制度不论采取何种编制，对于一个更卒个体而言，其年内践服更役之总量是不得超过一个月。"⑤ 愚以为，《南郡卒编

---

① 参阅拙文《青岛土山屯木牍所见汉代"徭役"制度新探》，待刊。
② 杨振红：《徭、戍为秦汉正卒基本义务说——更卒之役不是"徭"》，《中华文史论丛》2010年第1期。
③ 参阅拙文《青岛土山屯木牍所见汉代"徭役"制度新探》，待刊。
④ 陈伟：《简牍资料所见西汉前期的"卒更"》，《中国史研究》2010年第3期。
⑤ 张金光：《说秦汉徭役制度中的"更"——汉牍〈南郡卒编更簿〉小记》，《鲁东大学学报》（哲学社会科学版）2011年第2期。

更簿》确实具有徭役摊派预算性编制的意义。

  2012年，李恒全又提出了与杨振红不同的观点。他指出："天长纪庄木牍《算簿》所载算赋数与更役数重合，表明凡算赋交纳的对象，同时也是服更役的对象，凡算赋交纳的年龄段，同时也是服更役的年龄段，即汉代服更役的对象为十五岁至免老年龄之间的成年男女……汉代的傅籍属兵役性质，傅籍的对象限于成年男子；始傅的年龄，汉初为十七岁，汉景帝二年后为二十岁，汉昭帝后为二十三岁。"① 我们知道，汉代缴纳"赋算"的年龄是15岁，而服更役必须具备"卒"的身份。故凡"更卒"皆为"傅籍"之编户齐民，亦即"正卒"。

  为了解决董仲舒"已复为正"及"徭"的范围问题，2015年，王彦辉在《秦汉徭戍制度补论——兼与杨振红、廣瀬熏雄商榷》一文中提出了与以上学者不同的看法。王先生指出："'正'在涉及徭、戍的语境中有正卒、正籍等义项，但不能释董仲舒所言'已复为正'之'正'为正籍。材官骑士是从正卒中遴选出来的现役和预备役士兵，在役期间的具体职守包括军事操练、解运军粮物资、发屯参战等；预备役期间各执其业，参加年度春秋射，战时需要应征赴难。徭或徭役不能对应董仲舒讲的'一岁力役'；'徭'亦非专指'委输传送'；官吏的'徭'属于职事范畴，不宜用来讨论劳役性质的'力役'。"② 可见，王彦辉进一步深化了秦汉"徭戍"制度的研究。

  同年，孙闻博从"徭戍"的广义和狭义角度探讨了秦及汉初的"徭戍"制度。他说："秦汉的力役之征，以'徭戍'称之。'徭'有广、狭义之分。广义'徭'包括'奴徭''吏徭'等人身役使，特别对'小'年龄群体的役使，较后代突出。当时或存在以'傅'划分大、小的方式，'小'（或言广义一面）包括15岁以上的未傅籍群体。'行徭'一称，反映了'徭'多受差使而外出服役的特征。狭义'徭'、'戍'，集中指国家正役。秦及汉初，男子傅籍后一般每年服役30天，主要以'月为更卒'行徭，也因需临时兴发。'月为更卒'为傅籍者所从事的正役，仍应归入狭义'徭'的范畴。"③ 我们认为，根据秦汉"徭"的性质，"奴徭""吏徭"显

---

① 李恒全：《从天长纪庄木牍看汉代的徭役制度》，《社会科学》2012年第10期。
② 王彦辉：《秦汉徭戍制度补论——兼与杨振红、廣瀬熏雄商榷》，《史学月刊》2015年第10期。
③ 孙闻博：《秦及汉初"徭"的内涵与组织管理——兼论"月为更卒"的性质》，《中国经济史研究》2015年第5期。

然不是法律意义上之"徭";但"月为更卒"之役确实是傅籍后国家征发的正役。

综合而言,以上这些研究成果从不同角度对秦汉赋役制度进行了有益的探讨,为我们拓展这一领域的研究奠定了扎实的基础。但随着《里耶秦简》(壹-贰)、《岳麓书院藏秦简》(壹-陆)、《长沙五一广场东汉简牍》(壹-肆)、《肩水金关汉简》(壹-伍)、《地湾汉简》以及青岛土山屯木牍等新出简牍的陆续披露,我们迫切需要重新审视秦汉赋役制度研究中如下几个问题:其一,秦汉《田律》中所反映的土地制度究竟如何?田税又是如何征收的?其二,秦汉商业发展到了何种程度?商业税又是如何征收的?其三,秦时存在财产税吗?秦汉政府又采取了哪些征收措施?其四,"户刍"是"户赋"的一种吗?"户赋"的征收范围包括哪些?其五,秦汉人头税究竟包括哪些名目?"算赋"是一种单独的税目吗?其六,"奴徭""吏徭"可称之为法律意义上之"徭"吗?其七,秦是否存在"取庸代戍"之制?"戍者月更"和"遣戍"制度如何?秦课役年龄在法律上又是如何规定的?其八,汉代"更赋"究竟如何定义?与"徭戍"又有何种关系?我们认为,产生以上这些问题,一个原因可能是没有及时关注简牍史料,尤其是新出简牍的整理和利用,另一个原因可能是对简牍材料的理解各不相同。因此,我们有必要加强这方面的研究,深化和拓展秦汉经济史研究的新领域。

三、研究方法

吴承明曾说:"历史观和方法论是不可分的,在研究具体历史问题时,一切史学理论都可视为方法论:思维的方法或者论证的方法。"[1] 本书在马克思唯物史观指导下,主要采取考据法、历史比较法,并结合经济学、社会学等学科理论,对秦汉赋役制度史做些力所能及的分析和探讨。

历史考据法是在充分搜集资料的基础上,对历史资料进行分析、甄别和考证的研究方法。梁启超在《中国历史研究法》中说:"史料为史之组织细胞,史料不具或不确,则无复史之可言"[2]。因此考证史料就成为了历史学研究的基本功夫。这种基本功夫主要体现在"两重证据法"中,著名国学大师王国维曾指出:

---

[1] 吴承明:《经济史:历史观与方法论》,《中国经济史研究》2001年第3期。
[2] 梁启超:《中国历史研究法》,石家庄:河北教育出版社,2003年,第38页。

吾辈生于今日，幸于纸上之材料外，更得地下之新材料。由此种材料，我辈固得据以补正纸上之材料，亦得证明古书之某部分全为实录，即百家不雅训之言亦不无表示一面之事实。此二重证据法惟在今日始得为之。虽古书之未得证明者，不能加以否定；而其已得证明者，不能不加以肯定，可断言也。①

陈寅恪将王先生以上所提"二重证据法"概括为："一曰取地下之实物与纸上之遗文互相释证"；"二曰取异族之故书与吾国之旧籍互相补正"；"三曰取外来之观念，以固有之材料互相参证"②。我们认为，其第一、第二点对研究秦汉赋役制度史意义非常重大。

由于秦汉传世文献匮乏，"取地下之实物（如简牍和考古遗存等）"可以弥补正史记载之不足。但在使用这些"地下之实物"时，我们还有必要对之进行甄别和考证。如何甄别和考证呢？首要的方法便是充分利用"纸上之遗文"，即传世文献。如《岳麓书院藏秦简》（肆）载：

繇（徭）律曰：岁与繇（徭）徒人为三尺券一，书其厚焉。节（即）发繇（徭），乡啬夫必身与典以券行之。田时先行富（简 244/1241）有贤人，以闲时行贫者，皆月券书其行月及所为日数，而署其都发及县请。其当行而病及不存，（简 245/1242）署于券，后有繇（徭）而聂（躡）行之。节（即）券繇（徭），令典各操其里繇（徭）徒券来，与券，以异繇（徭）徒，勿征赘，勿令费日。（简 246/1363）其移徙者，辄移其行繇（徭）数徙所，尽岁而更为券，各取其当聂（躡）及有赢者日数，皆署新券以聂（躡）（简 247/1386）③

在这段秦《徭律》材料中，我们必须通过传世文献来印证如下几个问题：

一是"书其厚焉"。此"厚"究竟为何意？据《韩非子·有度》载：

---

① 王国维：《古史新证——王国维最后的讲义》，北京：清华大学出版社，1994年，第2-3页。
② 陈寅恪：《王静安遗书序》，载《王国维遗书》（第一册）（影印版），上海：上海古籍书店，1983年，第1页a-b。李锐说："虽然学界一直试图扩充'二重证据法'，但目前似乎还没有一个得到学界普遍承认的结论。"参见李锐：《"二重证据法"的界定及规则探析》，《历史研究》2012年第4期。
③ 陈松长主编：《岳麓书院藏秦简》（肆），上海：上海辞书出版社，2015年，第149-150页。本段《徭律》释文以陈伟厘定为准。参见陈伟：《秦简牍校读及所见制度考察》，武汉：武汉大学出版社，2017年，第197页。

"卑主之名以显其身，毁国之厚以利其家，臣不谓智。"又，《汉书·晁错传》载："塞下之民，禄利不厚，不可使久居危难之地。"① 可知，此"厚"乃指财富状况。

二是"田时先行富有贤人"。此"富有贤人"又如何理解？据《说文》载："贤，多才也。从贝臤声。"段玉裁《说文解字》说："贤，多财也。财各本作才……贤本多财之称，引伸之凡多皆曰贤。人称贤能、因习其引伸之义而废其本义矣。"可见，"贤"的本意乃指多财。换言之，"富有贤人"就是指财富丰厚之人。

三是"署其都发及县请"。何谓"都发"？据《汉书·郑吉传》载："吉既破车师，降日逐，威震西域，遂并护车师以西北道，故号都护。"颜师古曰："并护南北二道，故谓之都。都犹大也，总也。"又，《后汉书·光武帝纪》载："（建武二十一年）鄯善王、车师王等十六国皆遣子入侍奉献，愿请都护。"李贤注曰："都护，宣帝置，始以郑吉为之，秩比二千石。都，总也。言总护南北道。"② 据此，陈伟说："'都发'大概是指整体或大规模的征发。"③ 换言之，"署其都发及县请"，就是指大规模"发徭"必须向上级请示之意。

可见，传世文献对我们理解简牍史料意义重大。同时，简牍史料又可以弥补正史记载之不足。如高敏曾说，汉代确实存在财产税，但由于传世文献无载，秦是否存在财产税，未敢定论④。《岳麓书院藏秦简》（叁）"识劫婉案"载："●问：匿訾（赀）税及室、肆，臧（赃）直（值）（简130）各过六百六十钱，它如辤（辞）（简131）。"⑤ 这则简牍材料证实，汉承秦制并非虚言，同时也弥补了传世文献记载之不足。

历史比较法又称史学比较研究法，它包括纵向比较研究和横向比较研究两种方法。在本书中，我们更多采用的是纵向比较研究法。纵向比较研究法"有助于揭示人类历史总体发展以及他的各个方面前后上下的

---

① 《汉书》卷四九《晁错传》，北京：中华书局，1962年，第2286页。以下版本皆同。
② 《后汉书》卷一《光武帝纪》，北京：中华书局，1965年，第73页。以下版本皆同。
③ 陈伟：《秦简牍校读及所见制度考察》，武汉：武汉大学出版社，2017年，第201页。关于"县请"，陈伟认为，"县请"是指请示之意，笔者认同这种看法。参见陈伟《秦简牍校读及所见制度考察》第203页。
④ 参见高敏：《秦汉赋役制度考释》，载氏著《秦汉史论集》，郑州：中州书画社，1982年，第96—97页。
⑤ 陈松长主编：《岳麓书院藏秦简（壹－叁）释文修订本》，上海：上海辞书出版社，2018年，第153—154页。

变化的面貌，诸如政治、经济、文化以及各种制度的演变，靠断代研究不行，必须打破断代局限，进行上下比较研究"①。例如，我们在探讨秦代"以庸代戍"制度时，必须借助汉代的文献才能深入挖掘这一制度的本质内容。据《岳麓书院藏秦简》（肆）载："●戍律曰：下爵欲代上爵、上爵代下爵及毋（无）爵欲代有爵者戍，皆许之。以弱代者及不同县而相代，勿许。（简 182/1414-1）【不当相代】而擅相代，赀二甲；虽当相代而不谒书于吏，其庸代人者及取代者，赀各一甲。（简 183/1298）"② 由于秦文献对此鲜有记载，但汉代"取庸代戍"之史料却习见。如《肩水金关汉简》载：

田卒淮阳郡新平景里上造高千秋，年廿六，取宁平驷里上造胡部年廿四为庸丿（73EJT26：9）③

田卒贝丘庄里大夫成常幸，年廿七，庸同县厝期里大夫张收，年卅，长七尺☐（73EJT29：100）④

魏郡内黄北安乐里大夫程延，年五十五，庸同县同里张后来，年卅二，长七尺二寸，黑色（73EJT37：993）⑤

戍卒梁国杼秋东平里**士伍**丁延，年卅四，庸同县敬上里**大夫**朱定☐☐。⑥

与以上汉代史料做一比较，我们就可以正确理解秦简牍中爵位高低、以弱代强和"不同县而相代"等问题。此外，我们在应用历史比较法的时候，最好将之与历史文献考证法结合起来。鲁国尧说："'历史文献考证法'与'历史比较法'都是传统的方法，如今都应该珍重、继承、发扬。褒此抑彼，或只取其一，都有碍于学术发展……最佳方法，或者最佳方法之一是将'历史文献考证法'与'历史比较法'结合、融会。"⑦ 本书正

---

① 漆侠：《历史研究法》，保定：河北大学出版社，2003 年，第 87-88 页。
② 陈松长主编：《岳麓书院藏秦简》（肆），上海：上海辞书出版社，2015 年，第 128 页。陈曼曼认为，此字（"者"）应该是"耆"。
③ 甘肃简牍保护研究中心等编：《肩水金关汉简》（叁），上海：中西书局，2013 年，第 49 页。
④ 同上书，第 98 页。
⑤ 甘肃简牍保护研究中心等编：《肩水金关汉简》（肆），上海：中西书局，2015 年，第 83 页。
⑥ 甘肃简牍保护研究中心等编：《肩水金关汉简》（壹），上海：中西书局，2011 年，第 55 页。
⑦ 鲁国尧：《论"历史文献考证法"与"历史比较法"的结合——兼议汉语研究中的"犬马鬼魅法则"》，《古汉语研究》2003 年第 1 期。

是按照这一方法进行研究的。

除此以外，利用经济学和社会学等相关人文社会科学理论，对秦汉赋役制度进行研究也极为重要。吴承明曾说："历史学属于人文科学，并具有艺术（教育）功能。历史中也有一些普遍性、规律性的东西，但主要在人口、社会和经济的结构与组织方面，且不具永恒性。史无定法，自然科学、社会科学、人文和艺术的研究方法都可有选择地用于历史研究，尤其是用于考据和实证。"① 因此，从经济学和社会学理论出发，我们就可以有针对性地系统思考秦汉赋役制度演变的过程。如我们在考察秦汉"徭戍"制度演变时，就可以充分利用诺斯有关制度变迁的理论。诺斯说，历史上的经济变迁是"如下各种变化的结果：（1）人口数量和质量；（2）人类的知识存量，特别是人类用于控制自然的知识存量；（3）界定社会激励结构的制度框架"②。因此，我们在分析时，必须重点考察秦汉人口、技术和制度安排等因素对"徭戍"制度演变的影响。简言之，使用这些现代学科理论，可以使我们的思维更具系统性、逻辑性和思辨性。

当然，历史学研究还存在一个价值判断问题。一般来讲，历史学的价值判断有两种，即实证的和规范的。吴承明说："作实证判断时，应把所论事物或行为放在它产生或运作的具体历史条件下，即严格的历史主义，不可用今天的标准妄议古人。作规范分析时，则可以今天的历史知识和价值观为准，评议历史事件的潜在效应和长远后果，说明当时人的历史局限性。但要有足够的谦虚，因为我们的知识有限，下一代人也会指出我们所作判断的历史局限性。"③ 本书在"二重证据法"的基础上，尽量对秦汉赋役制度史中的诸多问题做出合乎逻辑的事实判断。并在这一判断基础上，再根据马克思主义唯物史观，深究其价值所在，力争做到史论有机结合，使研究上升至一定的理论高度。

概言之，在以上方法论的指导下，我们拟深入挖掘新出土的简牍资料，以秦汉赋税征收、徭役征发等为研究中心，对秦汉不同时期的赋役制度在国家治理中的运行情况进行必要的分析和探讨。

---

① 吴承明：《经济史：历史观与方法论》，《中国经济史研究》2001年第3期。
② [美]诺斯：《理解经济变迁过程》（钟正生等译），北京：中国人民大学出版社，2008年，第1页。
③ 吴承明：《经济史：历史观与方法论》，《中国经济史研究》2001年第3期。

四、史料来源

与明清史相比,秦汉史研究的史料相当奇缺,所以黄今言先生经常对我们说:"秦汉史研究依靠的是脑力劳动,明清史研究依靠的是体力劳动。"如此形象的比喻,确实不无道理。我们知道,秦汉史研究的基本史料就是"前四史",即《史记》《汉书》《后汉书》《三国志》,以及秦汉诸子文献。当然,我们还必须充分利用秦汉诸轶史的辑本资料,并"从经、子、集诸部书中广泛发掘史料,以订补正史的错误与不足"①。

尽管秦汉传世文献奇缺,但出土资料却异常丰富,如秦汉简牍、汉碑、画像砖、封泥等,这为深化秦汉史研究注入了新鲜的血液。近些年来,新出秦汉简牍资料又大量陆续出土和公布。围绕这些新出简牍,中外学者展开了热烈的讨论。何兹全曾说:"寻求新史料更是重要的,多一分材料,就多一分寻求历史真实的依据。依据越多,历史真实的可靠性就越大。寻求新史料,发现新史料是史学研究的头等大事。"② 本书在充分吸收和借鉴已有简牍学研究的基础上,结合前辈秦汉赋役制度史研究的成果,对近些年来新出简牍资料做了一些力所能及的分析和探讨。兹对其中重要的新出简牍做一简要概述。

(一) 湘西里耶秦简

2002年6月,在湘西龙山县里耶古城遗址一号井发现了大量秦简牍实物,总数达36 000多枚。据考证,这批简牍的时间"在秦始皇二十五年至秦二世二年之间,多为官府留下的档案文书,内容包括政令、各级政府之间的往来公文、司法文书、吏员簿、物品(含罚没财产)登记和转运、里程书、郡县设置、历谱、乘法表等,涉及秦的内史、南郡、巴郡、洞庭郡、苍梧郡等,其中洞庭郡等资料从未见诸文献记载,可补史籍之缺"③。从秦汉赋役制度上看,里耶秦简补史和证史的作用非常大。兹举两例说明,如关于秦户赋问题,里耶秦简载:"卅四年,启陵乡见户、当出户赋者志:☐Ⅰ见户廿八户,当出茧十斤八两。☐Ⅱ8-518"④ 可见,秦确实

---

① 周天游:《秦汉史研究概要》,天津:天津教育出版社,1990年,第10页。
② 何兹全:《简牍学与历史学》,载李学勤主编《简帛研究》(第一辑),北京:法律出版社,1993年,第2页。
③ 沈颂金:《湘西里耶秦简的价值及其研究》,《中国史研究动态》2003年第8期。
④ 陈伟主编:《里耶秦简牍校释》(第一卷),武汉:武汉大学出版社,2012年,第172页。

存在"户赋",且征收的方式亦有记载①。这条史料显然填补了秦史研究的史料空白。再如,关于秦刍藁税征收的问题,里耶秦简载:"田刍藁钱千一百卅四。元年二月癸酉朔辛巳,少内守疵受右田守□。Ⅰ令佐丁监。Ⅱ(简9-743)"②可见,这条史料又一次揭示了云梦秦简和《二年律令》所见之刍藁税折钱缴纳的历史真相。诸如此类的简牍史料很多,此不赘举。

迄今为止,湖南省文物考古研究所已公布了两批里耶秦简。2012年1月,第一批里耶秦简出版,即《里耶秦简》(壹)③。同时,武汉大学陈伟教授组织的简牍研究团队也对之进行了认真校勘,并于2012年1月出版了《里耶秦简牍校释》(第一卷)。2017年12月,湖南省文物考古研究所又公布了第二批简牍,即《里耶秦简》(贰)④。2018年12月,武汉大学陈伟教授主编的《里耶秦简牍校释》(第二卷)也随之刊布。综合而言,陈伟教授主编的《里耶秦简牍校释》(第一、二卷)更为科学、精准,其版本最佳。

(二)湖南大学岳麓书院藏秦简

2007年12月,湖南大学岳麓书院从香港古董商手中购买了一批濒临霉变的简牍。后经现代科学仪器的检测及考古学家如李学勤、胡平生、李均明、刘绍刚、陈伟、彭浩、张光裕和方北松等先生的鉴定,确定"这是一批十分珍贵的秦简,从形制、书体、内容等方面考察,应该系真品无疑。并认为,岳麓书院抢救这批国宝是文化史、学术史上一件重大的事件,功德无量。对这批秦简的保护研究,将对弄清秦汉法律的源头,对秦汉史的研究,对学术史的发展具有不可估量的意义"⑤。

从其内容上看,岳麓秦简包括《占梦书》、《数》书、奏谳文书和律令文书等内容。其中,在《数》书、奏谳文书和律令文书中蕴含丰富的秦赋

---

① 再如岳麓秦简载:"●金布律曰:出户赋者,自泰庶长以下,十月户出刍一石十五斤;五月户出十六钱,其欲出布者,许(简118/1287)之。十月户赋,以十二月朔日入之,五月户赋,以六月望日入之,岁输泰守。十月户赋不入刍而入钱(简119/1230)者,入十六钱。吏先为?印,敛,毋令典、老挟户赋钱。(简120/1280)"参见陈松长主编:《岳麓书院藏秦简》(肆),上海:上海辞书出版社,2015年,第107页。最近又有学者提出,秦汉"户赋"不是单独税目,应归入土地税。愚以为,大量历史事实证明,秦汉"户赋"是确乎存在的,详论见本书第五章。
② 陈伟主编:《里耶秦简牍校释》(第二卷),武汉:武汉大学出版社,2018年,第196页。也可参见湖南省文物考古研究所编著:《里耶秦简》(贰),北京:文物出版社,2017年,第31页。
③ 参见湖南省文物考古研究所编著:《里耶秦简》(壹),北京:文物出版社,2012年。
④ 参见湖南省文物考古研究所编著:《里耶秦简》(贰),北京:文物出版社,2017年。
⑤ 陈松长等:《岳麓书院藏秦简的整理与研究》,上海:中西书局,2014年,第20页。

役制度史新史料。这些新史料既可补充传世文献记载之不足，又可与其他秦汉出土简牍材料相互印证。如在云梦秦简《秦律十八种》中只有一条《田律》史料①，但岳麓书院藏秦简却发现了六份秦《田律》文书，这极大地深化了人们对秦汉土地制度和田税征课等问题的认识，拓展了学者们研究的视野。再如，在云梦秦简中，秦《徭律》也仅存一份文书②，但岳麓秦简却载有七份《徭律》文书③。这些新出简牍既可用传世文献加以印证，又可与其他简牍如《二年律令·徭律》等对读，从而极大地丰富了秦汉"徭戍"制度研究的史料基础，加深了人们对秦力役制度的认识。诸如此类的例子很多，请参阅本书的正文。正因为岳麓秦简史料价值如此之高，有学者指出，凡秦之法律制度，皆可从岳麓秦简中得到印证。尽管该论断有些武断，但从《岳麓书院藏秦简》的史料价值上看，也不无道理。

迄今为止，《岳麓书院藏秦简》已公布了6批简牍，即《岳麓书院藏秦简》(壹-陆)④。其中，《岳麓书院藏秦简》(壹-叁)后经陈松长等认真校勘，又重新刊布，即《岳麓书院藏秦简(壹-叁)释文修订本》⑤，这是最新校对的最优版本。

(三) 肩水金关汉简

1930年，瑞典考古学家贝格曼 (Folke Bergman) 在额济纳河流域考古发现了1万多枚汉简，其中肩水金关汉简达850余枚。据甘肃简牍保护研究中心介绍，在1972年至1974年间，甘肃省文物主管部门又组织发掘了"甲渠候官 (破城子)、第四隧和肩水金关遗址，再次获得了重大收获。其中前两处所出汉简八千四百多枚，分别于一九九〇年和一九九四年由文物出版社、中华书局以《居延新简——甲渠候官和第四隧》为名出版了释

---

① 参见睡虎地秦墓竹简整理小组编：《睡虎地秦墓竹简·田律》，北京：文物出版社，1990年，第19-22页。

② 参见睡虎地秦墓竹简整理小组编：《睡虎地秦墓竹简·徭律》，北京：文物出版社，1990年，第47页。

③ 分别参见陈松长主编：《岳麓书院藏秦简》(肆)，上海：上海辞书出版社，2015年，第116-117页、第118页、第119页、第119-120页、第149-150页、第150-151页、第152-153页。

④ 参见朱汉明、陈松长主编：《岳麓书院藏秦简》(壹)，上海：上海辞书出版社，2010年；朱汉明、陈松长主编：《岳麓书院藏秦简》(贰)，上海：上海辞书出版社，2011年；朱汉明、陈松长主编：《岳麓书院藏秦简》(叁)，上海：上海辞书出版社，2013年；陈松长主编：《岳麓书院藏秦简》(肆)，上海：上海辞书出版社，2015年；陈松长主编：《岳麓书院藏秦简》(伍)，上海：上海辞书出版社，2017年；陈松长主编：《岳麓书院藏秦简》(陆)，上海：上海辞书出版社，2020年。

⑤ 参见陈松长主编：《岳麓书院藏秦简(壹-叁)释文修订本》，上海：上海辞书出版社，2018年。

文简装本和图文精装本。而这次出版的《肩水金关汉简》将出版上述第三个地点所出汉简的所有简影和释文"①。这批新公布的简牍是继《居延汉简释文合校》《居延新简》《敦煌汉简》等之后又一大研究成果，为我们探讨秦汉史提供了极为丰富的第一手资料。

甘肃简牍保护研究中心等从2011年开始，连续公布了5批汉简，即《肩水金关汉简》（壹-伍）②。这5批汉简资料极大丰富了原有西北汉简，为拓展秦汉史研究带来了新的机遇。

（四）地湾汉简

1930年，瑞典考古学家贝格曼在西北地区进行考古时，发现了地湾汉简2 383枚、大湾汉简1 334枚。当时"地湾出简的数量仅次于破城子，占全部居延汉简的五分之一"③。在汉代，地湾是肩水都尉下辖肩水候官的驻地，是通往居延地区的交通要道④。《地湾汉简》整理者说："本书收录的简牍图版和释文是一九八六年对地湾遗址进行第二次考古发掘的收获。相隔前次贝格曼的发掘，已有五十六年时间……出土汉简七百多枚和其他各类遗物若干。"⑤ 这批新简牍的披露，是西北汉简研究的又一项重大成果。

我们发现，地湾汉简蕴含丰富的秦汉赋役制度史的资料。如《地湾汉简》载："七、制诏御史：前曰军在外，尚有繇赋事，今非大有繇赋。已五……（86EDT8：7）"⑥ "出赋钱六百，以给第六隧长马秋九月奉。九月丙辰获胡（86EDT8：10）"⑦ 又，"出赋钱五十，赋昭武久长里大女刘直君。户人（86EDT5H：53）"⑧ 这些新出简牍无疑丰富了秦汉赋役制度史研究的史料基础，加深了我们对秦汉"徭戍"和"赋"的认识。

---

① 甘肃简牍保护研究中心等编：《肩水金关汉简（壹）·前言》，上海：中西书局，2011年，第1页。肩水金关属汉代肩水都尉，在今甘肃省金塔县境内；北部的居延都尉在今内蒙古额济纳旗境内。

② 参见甘肃简牍保护研究中心等编：《肩水金关汉简》（壹），上海：中西书局，2011年；甘肃简牍保护研究中心等编：《肩水金关汉简》（贰），上海：中西书局，2012年；甘肃简牍保护研究中心等编：《肩水金关汉简》（叁），上海：中西书局，2013年；甘肃简牍保护研究中心等编：《肩水金关汉简》（肆），上海：中西书局，2015年；甘肃简牍保护研究中心等编：《肩水金关汉简》（伍），上海：中西书局，2016年。

③ 甘肃简牍博物馆等编：《地湾汉简·前言》，上海：中西书局，2017年，第1页。

④ 地湾遗址在今甘肃省金塔县境内，距肩水金关遗址仅500米。

⑤ 甘肃简牍博物馆等编：《地湾汉简·前言》，上海：中西书局，2017年，第4页。

⑥ 同上书，第114页。

⑦ 同上。

⑧ 同上书，第172页。

《地湾汉简》的公布和刊行，既倾注了岳邦湖、吴礽骧、任步云等前辈考古学家的心血，也是张德芳、王子今、孙家洲、杨振红、邬文玲、孙闻博、李迎春等专家学者集体智慧的结晶。目前，甘肃简牍博物馆等编的《地湾汉简》已于 2017 年 12 月由中西书局出版刊行。

（五）长沙五一广场东汉简牍

当今长沙市五一广场地处东汉时长沙郡的临湘。临湘是当时长沙郡的治所之地。据史载，王莽废除长沙国后，光武帝于公元 37 年，重建长沙郡。如《后汉书·郡国志》载："长沙郡十三城，户二十五万五千八百五十四，口百五万九千三百七十二。"① 当时，长沙郡下辖临湘、攸、茶陵、安城、酃、湘南（侯国）、连道、昭陵、益阳、下隽、罗、醴陵、容陵。从 1996 年开始，湖南考古工作者在五一广场多次发现了简牍。如 1996 年，长沙文物考古专家在五一广场发现了 10 万余枚的三国吴简；1998 年，在五一广场西北侧又发现了 200 多枚东汉中期的简牍；2002 年，在五一广场南侧发现了 2 100 多枚西汉简牍；2004 年又在五一广场南侧发现了 420 多枚东汉晚期的简牍。而本次"发掘的简牍位于东侧稍偏南位置……推测简牍数量在七千至一万枚之间"②。这就是有名的长沙五一广场东汉简牍。长沙五一广场东汉简牍整理者解释说："这批简牍中有一定数量的木牍及竹简，大多保存较好，且不少简牍上均有纪年，从初步清洗的部分简牍释文可知，该批简牍形成于东汉中期偏早，其中纪年简上有'章和''永元''元兴''延平''永初'等年号。其中最早者为汉章帝章和四年（实际是汉和帝永元二年，属年号延后现象），时当公元九○年；最晚者为汉安帝永初五年，时当一一二年……根据目前初步清理的简牍分析，简牍绝大多数为官文书，主要是下行文及上行文，亦见少量平行文及用于封缄文书的封检及函封、标识文书内容的楬（签牌）等。也有部分名籍及私人信函。简牍内容相当丰富，涉及当时的政治、经济、法律、军事诸多领域，其中大量的是当时使用的公文，有实效性。"③ 我们知道，相比西汉而言，东汉的历史文献更为稀少。五一广场东汉简牍的出土和公布无疑极大地丰富了东汉史研究的史料基础。就东汉赋役史研究而言，本书将进行初步探讨，如第二章第四节和第三章第二

---

① 《后汉书·郡国志》，第 3485 页。
② 长沙市文物考古研究所等编：《长沙五一广场东汉简牍选释·前言》，上海：中西书局，2015 年，第 1—5 页。
③ 同上书，第 7 页。

节，此不赘述①。

长沙五一广场东汉简牍先后两次出版刊行。2015年，长沙市文物考古研究所、清华大学出土文献研究与保护中心、中国文化遗产研究院和湖南大学岳麓书院四个单位合作出版了《长沙五一广场东汉简牍选释》②。2018年12月，长沙市文物考古研究所等又同时公布了《长沙五一广场东汉简牍》（壹）和《长沙五一广场东汉简牍》（贰）③。值得庆贺的是，2019年12月，期待已久的《长沙五一广场东汉简牍》（叁）和《长沙五一广场东汉简牍》（肆）④又出版刊行了。当然，《长沙五一广场东汉简牍》（壹-肆）的版本最优，但同时亦必须利用《长沙五一广场东汉简牍选释》一书，因为《选释》中有些简牍在《长沙五一广场东汉简牍》（壹-肆）中并无载入。

（六）其他新出简牍

除了以上介绍的简牍以外，还有北大秦简、松柏纪庄简牍、青岛土山屯西汉简牍、长沙走马楼西汉简牍和长沙尚德街东汉简牍等。

2010年，香港冯燊均国学基金会向北京大学捐赠了一批秦始皇时期的秦简。这批竹简涉及的内容极其广泛。据朱凤瀚等先生的研究，这批简牍大致包括《三十一年质日》《三十三年质日》《公子从军》《日书》《算书》《道里书》《制衣》《祠祝之道》《白囊》《隐书》《田书》，以及歌诗和记账等内容⑤。

其中，《田书》对我们研究秦田税征收问题意义重大。依照传统看法，秦实行的是"什一"之税，但《田书》记载的却与此不同。如北大秦简《田书》载："广十五步，从（纵）十六步，成田一畮。税田廿步，三步一斗，租六斗六升泰半升。"可见，15（步）×16（步）=240（平方步），其中税田20（平方步），那么，税田比例即为十二税一⑥。再如《田书》：

---

① 亦可参见拙文《长沙五一广场东汉简牍所见若干经济史料初探》，载杨振红、邬文玲主编《简帛研究》（2015年春夏卷），桂林：广西师范大学出版社，2015年，第153-184页；《长沙五一广场东汉简牍所见商业问题探讨》，《中国社会经济史研究》2016年第4期。
② 参见长沙市文物考古研究所等编：《长沙五一广场东汉简牍选释》，上海：中西书局，2015年。
③ 参见长沙市文物考古研究所等编：《长沙五一广场东汉简牍》（壹-贰），上海：中西书局，2018年。
④ 参见长沙市文物考古研究所等编：《长沙五一广场东汉简牍》（叁-肆），上海：中西书局，2019年。
⑤ 参见朱凤瀚等：《北京大学藏秦简牍概述》，《文物》2012年第6期。
⑥ 参见朱凤瀚等：《北京大学藏秦简牍概述》，《文物》2012年第6期；韩巍：《北大秦简〈算书〉土地面积类算题初识》，载武汉大学简帛研究中心主办《简帛》（第八辑），上海：上海古籍出版社，2013年，第29-42页。我们在《里耶秦简》（壹）中也可找到相似的旁证，如《里耶秦简》（壹）简8-1519。具体分析可参见本书正文部分。

"广百廿步,从(纵)百步,成田五十亩。税田千步,廿步一斗,租五石。(8-023)"① 这些材料无疑颠覆了已有的传统观点,其史料价值巨大②。

目前,北京大学出土文献研究所朱凤瀚、李零、韩巍和陈侃理等先生正在整理和研究这批简牍,尚未公开发行③。

2004年12月,松柏村民在清理鱼塘时发现一座古墓。荆州博物馆立即进行了抢救性发掘。据《湖北荆州纪南松柏汉墓发掘简报》介绍,这些"木牍上书写的内容主要有以下几类:一是遣书,记录部分随葬器物的名称与数量;二是各类簿册,包括南郡及江陵西乡等地的户口簿、正里簿、免老簿、新傅簿、罢癃(癃)簿、归义簿、复事算簿、见(现)卒簿、置吏卒簿等;三是叶(牒)书,记载秦昭襄王至汉武帝七年历代帝王在位的年数;四是令,主要是汉文帝颁布的部分律令;五是历谱,主要是汉武帝时期的历谱;六是周偃的功劳记录;七是汉景帝至汉武帝时期周偃的升迁记录及升调文书等公文抄件"④。其中,免老簿、新傅簿、罢癃(癃)簿、复事算簿、见(现)卒簿等为我们深入探讨秦汉徭役制度提供了第一手资料。

2016年至2017年,青岛市文物考古研究所等部门对土山屯墓群进行了系统发掘。2019年7月,彭峪等在《山东青岛土山屯墓群四号封土与墓葬的发掘》一文中披露了一批珍贵的西汉晚期的简牍。尤其是147号墓中出土的一枚汉哀帝元寿二年(前1)上计的木牍,尤为引人注目。整理者说:"上计文书牍的发现,是继尹湾汉墓、天长纪庄汉墓和松柏汉墓之后,墓葬出土的又一批上计文书牍,部分文书簿系首次发现。这批木牍内容详尽,文字清晰,书写工整,对研究汉代行政制度、土地制度、司法制度、武备制度等均具有十分重要的意义。"⑤

从赋役制度史研究上讲,这枚木牍中的《堂邑元寿二年要具簿》《元寿二年十一月见钱及逋簿》两份文书尤为重要。《堂邑元寿二年要具簿》包括堂邑县城面积、户口数、事算和复除数、甲卒数、更卒数、垦田租

---

① 韩巍:《北大秦简中的数学文献》,《文物》2012年第6期。
② 当然,秦税田比例确实也存在"什一"之税。如《岳麓书院藏秦简·数》:"禾舆田十一亩,【兑】(税)二百六十四步,五步半步一斗,租四石八斗,其述(术)曰:倍二【百六十四步为】……☐(简40/1654)"此类材料很多,此不赘举。
③ 参见朱凤瀚等:《北京大学藏秦简牍概述》,《文物》2012年第6期;韩巍:《北大秦简〈算书〉土地面积类算题初识》,载武汉大学简帛研究中心主办《简帛》(第八辑),上海:上海古籍出版社,2013年,第29-42页。
④ 荆州博物馆:《湖北荆州纪南松柏汉墓发掘简报》,《文物》2008年第4期。
⑤ 彭峪等:《山东青岛土山屯墓群四号封土与墓葬的发掘》,《考古学报》2019年第3期。

簿、市租等内容。《元寿二年十一月见钱及逋簿》记载了两部分内容：一是县库已有的赋钱和税鱼钱；二是逋簿，即拖欠未征缴上来的钱财，如"罢癃卒钱""罢癃钱""更卒钱""戍卒钱""过更卒钱""冬赋钱"等。这些财税名目在传世文献中鲜有记载，对我们重新认识如淳的"更有三品"说提供了直接的证据。《堂邑元寿二年要具簿》中的"复""事""事算""卒""罢癃卒""复除徭使""更卒"等计算程序，也是我们重新认识汉代徭役制度最为鲜活的历史依据。

2003年，湖南考古工作者在长沙市走马楼街东侧8号古井中发现了西汉武帝时期的万余枚简牍①。据长沙简牍博物馆副馆长马代忠介绍，这批简牍的内容为长沙王国官府文书档案。目前，我们所能见到的简牍文本为马代忠披露的《都乡七年垦田租簿》②。清华大学出土文献保护中心研究员李均明、中国社科院历史研究所研究员邬文玲、湖南大学岳麓书院教授陈松长等先生依托2017年度国家社科基金重大项目"长沙走马楼西汉简的整理与研究"，正在整理和研究这批简牍。

2011年，长沙市文物考古研究所在长沙市尚德街发掘了300多枚东汉简牍。据《长沙尚德街东汉简牍》整理者说："就形制而言，可以分为木简、木牍、封检、封缄（和封检的区别在于不带封匣）、名刺、签牌及异形简等多种；就内容而言，可以分为公文、私信、药方、杂文书、习字简等五大类。简牍所承载的信息十分珍贵，对研究东汉历史、文化、政治、经济、民俗等都有重要价值。"③从赋役制度史研究上看，这批新出东汉简牍对我们探讨商业和徭役制度提供了丰富的第一手材料。

如此多的新出简牍陆续刊布，既令人兴奋，又使人感到压力巨大。兴奋的是，我们可以利用更多的简牍材料来弥补秦汉史研究的史料缺陷；但如何将这些新出简牍融入赋役制度史研究当中，对我们来说压力巨大。因为简牍学研究既需要丰富的历史学知识，更需要扎实的考古学功底。

五、主要观点

本书在前辈学者及时哲研究的基础上，结合新出简牍和传世文献，对秦汉赋役制度史中的一些问题做了尝试性探讨。概而言之，有如下几点浅

---

① 参见宋少华：《万余枚西汉简牍惊现长沙走马楼》，《中国文物报》2004年2月18日。
② 参见马代忠：《长沙走马楼西汉简〈都乡七年垦田租簿〉初步考察》，载中国文化遗产研究院编《出土文献研究》（第十二辑），上海：中西书局，2013年，第213-222页。
③ 长沙市文物考古研究所编：《长沙尚德街东汉简牍·内容简介》，长沙：岳麓书社，2016年。

薄的认识：

第一，土地制度及田税征收问题。除了青川木牍、云梦秦简和张家山汉简等所披露的《田律》外，新近刊布的《岳麓书院藏秦简》（肆）又公布了6条《田律》文本。研究表明，这些《田律》反映了秦汉土地、农田水利、畜牧、生态保护和农业税等立法情况，并非学术界所公认的狭义上的农业观，它其实是指在农林牧副渔领域内，通过生产动植物产品的大农业观。其中，土地立法既维护了军功利益阶层的利益，也促进了自耕农经济的发展，巩固了国家政权的经济基础；在农田水利立法方面，秦汉官府保护授田民的利益，维护了私有产权；在畜牧立法方面，制定了严格的国有牲畜保护立法，而且对私人的马牛牲畜也以立法的形式予以保护。从秦汉《田律》可知，秦汉时期继承了殷周以来的自然资源可持续发展的思想，建立了比较完善的农业生态保护体系。当然，财税收入是确保国家政权正常运转的根基，因而秦汉《田律》也规定了田税征收的办法。

那么，秦田税又是如何征收的呢？《岳麓书院藏秦简》（肆）显示，秦田租的征收采取了"租禾稼"的方式。这种征税方式有如下几个步骤：一是按什一之率或十二税一，划定农户税田的面积；二是按一定的产量再确定税田的地块、亩产量及租税；三是根据征收田租的不同物质形态，规定了禾（湿禾、干禾）、粟及米等租税的换算方法。不仅如此，这批秦简还首次向世人展示了秦律规范和约束"有逋不入"田租者及其监管官吏的法律条文。同时，该批秦律还表明，秦官府不仅严厉禁止"租者自收入租"，更不容许"入租资不给"等损害国家利益的行为。

至于西汉田税征收问题，长沙走马楼西汉简中又披露了一份"都乡七年垦田租簿"的新史料[①]。这份垦田租簿不仅记录了一乡"提封"、"可垦不垦"、"群不可垦"和"垦田"的具体数字，而且还首次记载了西汉中期"都乡七年"应征田亩面积、总田租额和亩收田租之数据，其中对"出田"和"定入田"等也有具体的规定。这为我们深入探讨西汉"垦田租簿"的文书格式和内容提供了第一手材料。尤其值得一提的是，该份"垦田租簿"出现了传世文献和以往出土简牍未见记载的亩收田租额等方面的具体数字，这些新材料为我们解决汉代田租征收方式问题带来了新的契机。《都乡七年垦田租簿》显示，西汉中期田租征收的具体办法是，先确定税

---

① 参见马代忠：《长沙走马楼西汉简〈都乡七年垦田租簿〉初步考察》，载中国文化遗产研究院编《出土文献研究》（第十二辑），上海：中西书局，2013年，第213—222页。

田面积，然后依据粮食产量计征。

第二，秦汉商业的发展与商业税的征收。《岳麓书院藏秦简》（叁）也出现了一批有关秦商品交换、市场管理和商业纠纷等新材料。这批史料显示，秦商品交易种类丰富、货币经济发达，而且还出现了合伙经商的情况。岳麓秦简还披露了几则有关秦"列肆"的新史料，这在一定程度上弥补了传世文献记载之不足。特别值得一提的是，该批简文不但披露了秦"亭佐"及其管理职能方面的史料，而且还向世人展示了秦处理商业纠纷的详细过程，为学界深入探讨秦亭制和法制史问题提供了新的史料依据。

在如此发达的商业环境下，秦政府又是如何征收商业税的呢？《岳麓书院藏秦简》（肆）公布了一批较为完整的有关秦商业税征收的简文。研究表明，秦"质"钱并非"债的一种担保方式"，而是指官府按成交额对"买及卖马牛、奴婢"者征收的一种契税。如果黔首"买及卖马牛、奴婢它乡、它县"，还需同时满足两个前提条件：一是获得乡级政府核发的"质"书；二是取得县廷颁发的"传"。不仅如此，作为市场监管者的"市亭"还会勘验以上文书，并依法对交易双方征收"质"钱。所有这些有关"马牛、奴婢"等大型商品的交易，皆由秦"质律"所约束和规范。而此"质律"为以往秦文献所未载，属首次披露，它显然填补了秦法制史研究的史料空白[①]。

第三，秦汉财产税的征收。我们从《岳麓书院藏秦简》（叁）中可知，秦还存在征收"訾税（或曰财产税）"的历史真相。根据这批新简文的记载，"秦及汉初不存在财产税"的观点显然是不妥当的。同时，这批简牍也进一步证实了秦"訾算"并非"訾税"，"訾算"只是"訾税"征收的前提条件。研究还表明，秦"訾税"征收大略分为四个步骤：一是确定"訾税"征收的对象；二是规定"訾税"征收的范围；三是以户为单位，按訾产折价之多寡计征"訾税"；四是设立专门机构，极力追缴拖欠官府的钱财。《岳麓书院藏秦简》（叁）"识劫𡟰案"还向世人展示了"匿訾"案件的审理过程，这批简牍填补了秦汉隐匿"訾税"案件的史料空白，同时也有助于深化学术界对秦司法制度的认识。

第四，秦及汉初"户赋"征收的问题。《岳麓书院藏秦简》（肆）公布

[①] 由于篇幅所限制，关于秦"质钱"问题的讨论，参见拙文《岳麓秦简〈金布律〉中的几个问题》，载陈锋主编《中国经济与社会史评论》（2020年卷），北京：中国社会科学出版社，2020年。

了一份有关秦征收"户赋"的法律文书。这份新史料表明，秦汉"户赋"并非"户税"，亦非"户税"的组成部分。这批简文还揭示，秦"户赋"征收的对象不是"五大夫爵及其以下凡有立户者"，而是"泰（大）庶长以下"凡有立户权者。同时，该律文中的"户刍"亦非一种与"户赋"并列的独立税目，而是官府征收"户赋"的多种物质形态之一。不仅如此，秦汉时期的"户赋"还与军事有着紧密的联系，是军备物资和军费的主要来源。

第五，秦汉人头税问题。在秦汉经济史研究中，人头税问题是一项最为棘手且歧义纷纭的研究课题。由于古人在秦汉人头税问题上的混乱表述，致使后世学人莫衷一是。研究表明，"口钱"可指代儿童税，而"口赋"并非儿童税的代名词。"算赋"中的"算"在秦汉文献中具有多种意思，我们应将之置于秦汉时人的语境中去思考它的真实含义。大量历史文献证明，将"赋钱"称为成丁税更为妥当。除此以外，"更赋"也应纳入人头税，它其实是秦汉人头税税目中不可或缺的一个重要组成部分。

第六，秦汉"徭戍"制度。根据岳麓秦简《徭律》和前辈学者的研究成果可知，秦"徭"具有特定指向。秦"徭"之制是指官府强制傅籍之"黔首"服劳役的制度，我们绝不能将"徭"与"徭役"、"力役"与"兵役"等概念混淆。秦简中尽管出现了"徒隶行繇（徭）课"、"春城旦出繇（徭）者"和"行繇（徭）奴繇（徭）＝役"等有关"繇（徭）"的史料，但这些史料并不能证明秦"徒隶"所服之"徭"为秦法律意义上之"徭"。秦简所见"居吏柀使繇（徭）"等简文不是"吏徭"为秦法律意义上之"徭"的根据，"吏徭"也不是"职役"、"厮役"或"吏役"的代名词。秦"奴徭"和"吏徭"显然不是"徭"，这是因为，无论从广义还是狭义上理解，"奴徭"和"吏徭"皆不完全符合秦法律意义上之"徭"所必备的条件。

至于"戍"，《岳麓书院藏秦简》（肆）又公布了三则有关秦《戍律》的新史料。这些史料显示，秦时即已存在"取庸代戍"之制。按此制之规定，秦在"取庸代戍"方面无爵位高低之限制，但对"庸代人者"和"取代者"的身体强弱和籍贯做了严格的规定。不仅如此，该批《戍律》简文还揭示了秦"戍者月更"及"君子守官"代役的制度。尤为重要的是，该批简牍第一次向世人展示了秦戍卒请假销假制度的历史真相。当然，秦《戍律》亦对"缮治城塞"的人员构成、簿籍制作、负责官吏的职责及其连带责任等情况进行了严格的规定。

第七，关于课役年龄问题。《岳麓书院藏秦简》（肆）显示了秦"小男子（女子）"的年龄界限。一般认为，秦汉时期承担课役负担者的年龄分为两部分：一是1至14岁年龄段者。该部分年龄段者又分为"未使男（女）"——2至6岁、"使男（女）"——7至14岁；二是15岁至免老年龄段。这部分年龄段者又分为2个层次：15岁以上至睆老和免老。但岳麓秦简显示，秦"小"的年龄段为18岁以下，而非1至14岁。不仅如此，秦律对18岁以上及"未盈十八岁"者在承担法律责任及义务方面各不相同。因此，从这批新出秦简可知，秦"未盈十八岁"者为"小"，18岁以上者为"大"。同时，由于汉初实行严格的军功爵制，编户民爵位越高，其政治地位及经济待遇亦越高。所以，汉初《二年律令·傅律》才会规定，"不更以下子"20岁"始傅"，"大夫以上至五大夫及小爵不更以下至上造"22岁"始傅"，而高爵位诸如"卿以上子及小爵大夫以上"，则可以放宽到24岁"始傅"。

第八，最新公布的青岛土山屯西汉木牍首次披露了一些闻所未闻的财税名目，如"罢癃钱""罢癃卒钱""更卒钱""戍卒钱""过更卒钱"等。研究表明，汉代"更赋"实乃由"罢癃钱"、"罢癃卒钱"、"更卒钱"、"戍卒钱"和"过更卒钱"五部分组成。其中"罢癃钱"、"罢癃卒钱"和"过更卒钱"属官府固定征收的税目。从土山屯西汉木牍《堂邑元寿二年要具簿》和《元寿二年十一月见钱及逋簿》上看，"更卒"既是本郡县"一月一更"之役的承担者，也是"岁更"戍边之役的承担者。同时，汉代的徭役并非"更卒徭役"和"戍卒徭役"的合称，"更卒钱"实乃雇人服役一月的代役金。

以上观点既是基于新出简牍材料取得的，更是在前辈学者和当下时哲的研究基础上而获得的点滴认识。诸如黄今言、高敏、钱剑夫、王子今、杨际平、岳庆平、[日]山田胜芳、臧知非、王彦辉、杨振红、晋文、于振波、侯旭东、李恒全以及张荣强等先生的论著①，无论在理论抑或在研

---

① 秦汉赋役制度史一直以来就是中外历代学者热衷探讨的问题，如钱剑夫：《秦汉赋役制度考略》，武汉：湖北人民出版社，1984年；黄今言：《秦汉赋役制度研究》，南昌：江西教育出版社，1988年；高敏：《秦汉赋税制度考释》，载氏著《秦汉史论集》，郑州：中州书画社，1982年；杨际平：《杨际平中国社会经济史论集》（第1卷），厦门：厦门大学出版社，2016年；[日]山田胜芳：《秦汉财政收入の研究》，汲古书院，1993年；于振波：《简牍与秦汉社会》，长沙：湖南大学出版社，2012年；臧知非：《秦汉赋役与社会控制》，西安：三秦出版社，2012年；王彦辉：《秦汉户籍管理与赋役制度研究》，北京：中华书局，2016年；杨振红：《出土简牍与秦汉社会》（续编），桂林：广西师范大学出版社，2015年；侯旭东：《丞相、皇帝与郡国计吏：两汉上计制度变迁探微》，《中国史研究》2014年第4期；张荣强：《汉唐籍帐制度研究》，北京：商务印书馆，2010年。当然，此类研究成果还有很多，具体研究情况可参见本书各章之内容。为避免重复，此不赘述。

究结论上，皆为本书的深入研究打下了坚实的基础。

在理论框架上，本书参考了钱剑夫、黄今言等先生的论述框架。但由于秦汉赋役制度史研究的范围极为广泛，我们不可能面面俱到，只能从新出简牍中发现问题，并以此为切入点展开研究，所论当为前人未论或尚待新史料进一步补充和实证之问题。在研究结论上，本书在充分汲取了前人研究成果的基础上，以问题为线索，以新出简牍和传世文献为依据，做到言之有据，论之有理，既不落入俗套，又能有所创获。

当然，本书尚有很多不足之处。譬如，就目前新出简牍而言，我们尽管知道秦时业已存在财产税的征收制度，但征收的税率究竟是多少，由于史籍缺载，尚待新史料的补充和实证。再如，岳麓秦简披露了几则有关商业税的新史料，使我们能够清晰地认清简牍中"市租"含义，但"租如律"中的"律"有哪些详细的规定？针对"行商"和"坐贾"的征税原则又是什么？诸如此类的问题，由于史料阙如，尚有进一步讨论的余地。此外，由于笔者学识浅薄，书中所提观点或为一己之见，或存在舛错纰缪，敬请学界师长及同仁不吝赐教。

总而言之，学术研究是无止境的，随着时代的发展，新出史料将不断呈现在世人面前。因此，我们只有紧跟学术前沿，及时关注同行的学术成果，才能把握研究方向，使秦汉赋役制度史的研究走向深入。

第二章 秦汉土地制度与田税征课

中国古代土地制度经历了一个由公有制向私有制演变的过程。林甘泉曾说:"家族公社和农村公社的份地变为个体农民的私有土地,这是土地私有化的第一种途径。由奴隶制国家分封和赏赐的田邑变为贵族官僚的私有地产,这是土地私有化的第二种途径。前者是劳动者的私有制,后者是非劳动者的私有制。"[①] 自战国秦汉始,这两种土地私有制又被称为"自耕农土地所有制"和"地主土地所有制"。而国有土地所有制,与地主土地所有制相比,"虽然表现形式不同,但就阶级性而言,均属于地主阶级所占有"[②]。在这三种土地所有制当中,自耕农土地所有制和地主土地所有制与国家公权力的正常运行密切相关。这是因为从自耕农土地和地主土地所征之赋税,显然是保障国家行政权力和军事力量的主要财力来源[③]。

为了理清这种土地制度与赋税征课的关系,我们有必要从传世文献缺载的秦汉《田律》当中去寻找答案和根据。可喜的是,2015 年刊布的《岳麓书院藏秦简》(肆)中又披露了 6 则《田律》新史料[④],这些史料为我们深入探讨秦汉土地制度与赋税征课的关系带来了新的契机。

第一节 秦汉简牍中的《田律》及其立法宗旨

中国古代的农业历史悠久,至战国秦汉时期由于铁器的制造、牛耕的使用和耕作技术的进步,农业已经成为国民经济的主体。为了保障农业的

[①] 林甘泉:《中国封建社会土地制度史》,北京:中国社会科学出版社,1990 年,第 82 页。
[②] 胡如雷:《中国封建社会形态研究》,北京:三联书店,1979 年,第 11 页。
[③] 国有土地如果出租,国家也可征收"假税",参见黄今言:《秦汉赋役制度研究》,南昌:江西教育出版社,1988 年,第 103-126 页。
[④] 参见陈松长主编:《岳麓书院藏秦简》(肆),上海:上海辞书出版社,2015 年。

稳固发展，秦汉统治者非常重视农业立法，先后颁布了很多重要的农业法律文本，如青川木牍《更修为田律》、云梦秦简《田律》、岳麓秦简《田律》和《二年律令·田律》等。自这些法律文本陆续被整理和刊布以来，学者们高度重视对这些传世文献未见记载的《田律》的研究，这是因为秦汉《田律》问题牵涉到中国古代社会性质、土地制度和赋税征收等重大理论问题，围绕这些出土的《田律》，学界曾掀起了几次讨论高潮。

自20世纪70年代中期以来，由于湖北省云梦县睡虎地秦墓出土了大量简牍，其中就有较为完整的农业立法文书，即《睡虎地秦墓竹简·田律》。马非百、陈直、林剑鸣、刘海年和田昌五等先生首先对《睡虎地秦墓竹简》进行了讨论和研究①。以上诸位先生虽然在探讨《睡虎地秦墓竹简》法律文本的基础上涉及了《田律》问题，但没有进行专题性研究。

20世纪80年代，四川青川县郝家坪又发现了一批秦简，学界将之命名为《青川县出土秦更修田律木牍》②。青川《更修为田律》的出土又掀起了秦《田律》研究的高潮，众多学者对比《睡虎地秦墓竹简·田律》，对《更修为田律》进行了讨论与争讼，诸如于豪亮、杨宽、胡平生、罗开玉、张金光、刘序传、黄盛璋、田宜超、胡淀咸、罗镇岳、施伟青、魏天安、王云等先生分别就秦简《田律》的性质、内容、规制等问题进行了专题讨论③，但是

---

① 参见马非百：《云梦秦简中所见的历史新证举例》，《郑州大学学报》（哲学社会科学版）1978年第2期；陈直：《略论云梦秦简》，《西北大学学报》（哲学社会科学版）1977年第1期；林剑鸣：《从云梦秦简看秦代的法律制度》，《西北大学学报》（哲学社会科学版）1979年第3期；刘海年、张晋藩：《从云梦秦简看秦律的阶级本质》，《学术研究》1979年第1期；田昌五：《秦国法家路线的凯歌——读云梦出土秦简札记》，《文物》1976年第6期。

② 参见李昭和、莫洪贵、于采芑：《青川县出土秦更修田律木牍——四川青川县战国墓发掘简报》，《文物》1982年第1期。

③ 参见于豪亮：《释青川秦墓木牍》，《文物》1982年第1期；杨宽：《释青川秦牍的田亩制度》，《文物》1982年第7期；胡平生：《青川秦墓木牍"为田律"所反映的田亩制度》，载《文史》（第19辑），北京：中华书局，1983年，该文又收入《胡平生简牍文物论稿》，上海：中西书局，2012年，第113-118页；罗开玉：《秦在巴蜀的经济管理制度试析——说青川秦牍、"成亭"漆器印文和蜀戈铭文》，《四川师院学报》（社会科学版）1982年第4期；罗开玉：《青川秦牍〈为田律〉所规定的"为田"制》，《考古》1988年第8期；张金光：《论青川秦牍中的"为田"制度》，《文史哲》1985年第6期；刘序传：《从云梦秦简看秦代的经济立法》，《法学研究》1983年第6期；黄盛璋：《青川新出秦田律木牍及其相关问题》，《文物》1982年第9期；黄盛璋：《青川秦牍〈田律〉争议问题总议》，《农业考古》1987年第2期；田宜超、刘钊：《秦田律考释》，《考古》1983年第6期；胡淀咸：《四川青川秦墓为田律木牍考释——并略论我国古代田亩制度》，《安徽师范大学学报》（哲学社会科学版）1983年第3期；罗镇岳：《秦国授田制的几点辨析》，《求索》1985年第1期；施伟青：《也论秦自商鞅变法后的土地制度——与张金光同志商榷》，《中国社会经济史研究》1986年第4期；魏天安：《"阡陌"与"顷畔"释义辨析》，《河南大学学报》（哲学社会科学版）1989年第4期；王云：《关于青川秦牍的年代》，《四川文物》1989年第5期。

学者们对《更修为田律》中"更修"的理解、修改法律的根据和目的、阡陌封埒（埓）与田亩制度的关系等问题仍旧存在诸多分歧。

20世纪90年代，胡平生、张金光、罗开玉、袁林、黄维民和张建国等先生又进一步深化了秦汉田律问题的研究[1]，在某些问题上达成了共识，但是就青川秦牍《为田律》的适用地区和气候、田律中的"秦令"问题、田律与环境保护、田律与畜牧立法关系等问题仍聚讼不已。

21世纪以来，随着张家山汉墓竹简的陆续刊布[2]，秦汉《田律》的研究又进入了一个新阶段。学者们对秦简《田律》与汉初《二年律令·田律》问题进行了有益的对比性研究，如李均明、杨振红、于振波、臧知非、李恒全、黄家祥、宋国华、肖灿等先生利用《二年律令·田律》、岳麓秦简、里耶秦简和龙岗秦简等材料将秦汉《田律》问题的研究推向了高潮[3]。可以看出，尽管学者们就《田律》中的土地制度和田税征收方式等问题提出了不同看法，但在秦及汉初的授田制、土地买卖的条件等方面取得了一致的认识。

尤其值得一提的是，2015年12月陈松长主编的《岳麓书院藏秦简》（肆）一书中又披露了6则《田律》简文。周海峰首先对这几则《田律》进行了探讨，他主要谈了三个问题：一是"从岳麓秦简《田律》看法律文

---

[1] 参见胡平生：《云梦龙岗秦简考释校证》，载《简牍学研究》（第一辑），兰州：甘肃人民出版社，1997年，第56-70页；胡平生：《云梦龙岗六号秦墓墓主考》，《文物》1996年第8期；张金光：《青川秦牍〈更修为田律〉适用范围管见》，《四川文物》1993年第5期；罗开玉：《青川秦牍〈为田律〉研究》，载《简牍学研究》（第二辑），兰州：甘肃人民出版社，1997年，第26-35页；罗开玉：《青川秦牍〈为田律〉再研究》，《四川文物》1992年第3期；袁林：《秦〈为田律〉农田规划制度再释》，《历史研究》1992年第4期；黄维民：《〈田律〉——我国最早涉及环境保护的一部文献》，《西北大学学报》（哲学社会科学版）1991年第1期；张建国：《秦令与睡虎地秦墓竹简相关问题略析》，《中外法学》1998年第6期。

[2] 参见彭浩、陈伟、[日]工藤元男主编：《二年律令与奏谳书》，上海：上海古籍出版社，2007年。

[3] 参见李均明：《秦汉简牍文书分类辑解》，北京：文物出版社，2009年，第145-246页；杨振红：《月令与秦汉政治再探讨——兼论月令源流》，《历史研究》2004年第3期；于振波：《张家山汉简中的名田制及其在汉代的实施情况》，《中国史研究》2004年第4期；臧知非：《再谈汉代田税征收方式问题——兼答李恒全同志》，《江西师范大学学报》（哲学社会科学版）2001年第2期；臧知非：《西汉授田制度与田税征收方式新论——对张家山汉简的初步研究》，《江海学刊》2003年第3期；臧知非：《战国西汉"提封田"补正》，《史学月刊》2013年第12期；李恒全等：《对战国田税征收方式的一种新解读》，《中国社会经济史研究》2003年第6期；黄家祥：《四川青川出土秦"为田律"木牍的重要价值》，《四川文物》2006年第2期；宋国华：《析〈二年律令·田律〉"诸马牛到所"条——兼与曹旅宁先生商榷》，《法制与社会》2007年第2期；肖灿：《秦汉土地测算与数学抽象化——基于出土文献的研究》，《湖南大学学报》（社会科学版）2012年第5期。

本之抄录与编纂";二是"从岳麓秦简《田律》看秦代的授田制";三是"从岳麓秦简《田律》看秦田赋的缴纳"①。这一研究为我们进一步探讨岳麓秦简《田律》问题奠定了基础。然而,岳麓秦简《田律》有条材料比较特别,其文曰:"●田律曰:侍邮、门,期足以给乘传晦行求烛者,邮具二席及斧、斤、凿、锥、刀、瓮、籥,置梗(绠)井旁」,吏有(简109/1277)县官事使而无仆者,邮为饬,有仆,叚(假)之器,勿为饬,皆给水酱(浆)。(简110/1401)"② 在汉初《二年律令》中,该律却被划入了《行书律》,具体原因不明,尚有待新出简牍的证实。

综合以上前贤时哲的研究成果,我们可以看出,秦汉田律问题的研究尽管取得了骄人的成绩,但仍然存在如下几个方面的问题:第一,对《田律》的界定和理解问题。所谓《田律》,就是指农业的法律。然而,学界在探讨秦汉农业问题的时候,往往只讨论狭义的农业,这与秦汉时人的农业观迥然不同。高敏曾经在《秦汉时期的农业》一文中说:"农业,有广狭二义。广义的农业,应包括农、林、牧、副、渔;狭义的农业,则仅指粮食生产而言。"但是,高先生所研究的"农业,主要指后者",即狭义的农业③。那么,这种仅指粮食生产的农业观在学术界已成共识,如各高校《中国古代史》教材以及林甘泉主编的《中国经济通史·秦汉经济卷》等,这显然与秦汉《田律》所反映的农业观不同。第二,秦《田律》与汉《田律》的关系问题。我们发现,秦《田律》除了青川木牍和云梦睡虎地秦简有专门记载以外,龙岗秦简也有与以上两部法律相同的字词,钩稽这些材料有助于理解秦《田律》的制定时间及适用范围;同时,悬泉汉简也有与《田律》相同的材料④,这也有利于厘清秦《田律》与汉《田律》的继承和发展问题。第三,秦汉《田律》的立法宗旨问题。可以看出,秦汉《田律》在不同时期和地区既有继承也有变更,这些法律由政府颁布并且实施,它们对不同时期的社会具有哪些作用,前辈和时哲皆缺乏专门和系统的探讨。

因此,我们拟利用已有的出土秦汉材料并结合传世文献从秦汉《田律》所反映的时人农业观,分别就土地、农田水利、畜牧、生态保护和农

---

① 周海峰:《岳麓书院藏秦简〈田律〉研究》,载武汉大学简帛研究中心主办《简帛》(第十一辑),上海:上海古籍出版社,2015年,第101—110页。
② 陈松长主编:《岳麓书院藏秦简》(肆),上海:上海辞书出版社,2015年,第104页。
③ 参见高敏:《秦汉时期的农业》,载氏著《秦汉史探讨》,郑州:中州古籍出版社,1998年,第50页。
④ 参见胡平生、张德芳:《敦煌悬泉汉简释粹》,上海:上海古籍出版社,2001年。

业税等立法情况及其立法宗旨做一系统分析，旨在揭示秦汉《田律》的真实内涵及其法律功能。

一、秦汉《田律》的关系

《二年律令》中的"田律"很多承袭了秦律，且与农业生产的"月令"密切相关。故而杨振红说，秦汉律令中的"时禁"与传世文本记载的"月令"大体相同，虽然《二年律令》的内容比睡虎地秦简略显简单，但"可以看出它是承秦律而来"①。当然，"月令"以法律的形式强化了对农业生产的管理，其目的就是发展农业生产，稳固国家根基。有关农业立法的秦汉出土文献也不乏记载，如青川县出土的秦武王二年《更修为田律》②、云梦睡虎地秦简中的《田律》③、汉初的《二年律令·田律》和悬泉出土的西汉元始五年（5）《四时月令诏条》④ 等。

我们仅以《二年律令·田律》部分内容为例，对比青川木牍《更修为田律》、《睡虎地秦墓竹简·田律》和悬泉汉简《四时月令诏条》的相关记载，可以看出秦汉《田律》损益的一些情况：

第一，"除千（阡）佰（陌）之大草"。《二年律令·田律》："恒以秋七月除千（阡）佰（陌）之大草。（简246）"⑤ 而青川木牍《更修为田律》云："以秋八月，脩（修）封埒（埓），正疆畔，及癹千（阡）百（陌）之大草。"⑥可知，两部田律内容大致相同，不同之处在于：一是时间不同；二是《更修为田律》的法律规定更为详细，除了载明清除杂草的法律规定以外，还有"脩（修）封埒（埓），正疆畔"方面的内容。

---

① 杨振红：《月令与秦汉政治再探讨——兼论月令源流》，《历史研究》2004年第3期。
② 参见李昭和、莫洪贵、于采芑：《青川县出土秦更修田律木牍——四川青川县战国墓发掘简报》，《文物》1982年第1期；李学勤：《青川郝家坪木牍研究》，《文物》1982年第10期；李均明、何双全：《散见简牍合辑》简604，北京：文物出版社，1990年，第51页；陈伟主编：《秦简牍合集·郝家坪秦墓木牍》（释文注释修订本），武汉：武汉大学出版社，2016年，第227页。凡本书所引之青川郝家坪木牍皆出自陈伟主编的《秦简牍合集·郝家坪秦墓木牍》一书，特此说明。
③ 参见睡虎地秦墓竹简整理小组编：《睡虎地秦墓竹简》，北京：文物出版社，1990年，第19-22页。
④ 参见胡平生、张德芳：《敦煌悬泉汉简释粹》，上海：上海古籍出版社，2001年，第192-199页。
⑤ 彭浩、陈伟、[日]工藤元男主编：《二年律令与奏谳书》，上海：上海古籍出版社，2007年，第189页。
⑥ 参见陈伟主编：《秦简牍合集·郝家坪秦墓木牍》（释文注释修订本），武汉：武汉大学出版社，2016年，第227页。在《礼记·月令》中，却为六月份，即"（季夏之月）利以杀草"。参见[汉]郑玄注、[唐]孔颖达疏：《礼记正义》，载[清]阮元校刻《十三经注疏》（影印版），北京：中华书局，1980年，第1371页。

第二，"大除道及阪险"。《二年律令·田律》记载："九月大除（简246）道及阪险。（简247）"① 青川木牍《更修为田律》云："九月，大除道及阪险。"可见，《二年律令·田律》之记载与青川木牍《更修为田律》之记载完全一致②。

第三，"十月为桥，修波（陂）堤，利津梁"。《二年律令·田律》记载："十月为桥，修波（陂）堤，利津梁。（简247）"③ 青川木牍《更修为田律》云："十月为桥，脩（修）波堤，利津梁鲜草。"④ 这也与青川木牍《更修为田律》的记载基本相同⑤。悬泉汉简《四时月令诏条》季春月令四条记载："●修利堤防。●谓修【筑】堤防，利其水道也，从正月尽夏。"⑥ 该简文说明，在修建水利设施方面，青川木牍、《二年律令》和悬泉汉简的记载相似，证明它们之间有一定的继承性。

第四，"山泽"资源的保护。《二年律令·田律》记载："春夏毋敢伐材木山林，及进〈壅〉堤水泉，燔草为灰，取产䴖（麛）鷇卵㲋（鷇）；毋杀其绳重者，毋毒鱼。（简249）"⑦《睡虎地秦墓竹简·田律》却记为"不夏月，毋敢夜草为灰"⑧，亦即不到夏季之月，就是指三月⑨。另据悬

---

① 彭浩、陈伟、［日］工藤元男主编：《二年律令与奏谳书》，上海：上海古籍出版社，2007年，第189页。

② 而《礼记·月令》记载："（孟春之月）善相丘陵、阪险、原隰土地所宜，五谷所殖，以教道民，必躬亲之。"亦即一月份。参见［汉］郑玄注、［唐］孔颖达疏：《礼记正义》，载［清］阮元校刻《十三经注疏》（影印版），北京：中华书局，1980年，第1357页。

③ 彭浩、陈伟、［日］工藤元男主编：《二年律令与奏谳书》，上海：上海古籍出版社，2007年，第189页。

④ 在此材料中，"津"下还有一字，原整理者未释。《秦简牍合集·郝家坪秦墓木牍》（释文注释修订本）整理者释读为"隧"，笔者从之。参见陈伟主编：《秦简牍合集·郝家坪秦墓木牍》（释文注释修订本），武汉：武汉大学出版社，2016年，第235页。

⑤ 《国语·周语中》也记载："故《夏令》曰：'九月除道，十月成梁。'"韦昭注："夏令夏后氏之令，周所因也。"汪远孙注曰："小正皆夏记之书，夏令即夏正。"参见徐元浩：《国语集解》（王树民、沈长云点校），北京：中华书局，2002年，第63—65页。但《礼记·月令》云："（季春之月）修利堤防，道达沟渎，开通道路，毋有障塞。"所记为"季春之月"，即三月份。参见［汉］郑玄注、［唐］孔颖达疏：《礼记正义》，载［清］阮元校刻《十三经注疏》（影印版），北京：中华书局，1980年，第1363页。

⑥ 胡平生、张德芳：《敦煌悬泉汉简释粹》，上海：上海古籍出版社，2001年，第194页。

⑦ 彭浩、陈伟、［日］工藤元男主编：《二年律令与奏谳书》，上海：上海古籍出版社，2007年，第190页。

⑧ 参见睡虎地秦墓竹简整理小组编：《睡虎地秦墓竹简·田律》，北京：文物出版社，1990年，第20页。

⑨ 《礼记·月令》为："（仲夏之月）毋烧灰。"即五月份。参见［汉］郑玄注、［唐］孔颖达疏：《礼记正义》，载［清］阮元校刻《十三经注疏》（影印版），北京：中华书局，1980年，第1370页。

泉汉简《四时月令诏条》记载：

●敬授民时，曰：扬谷，咸趋南亩。

●禁止伐木。●谓大小之木皆不得伐也，尽八月。草木零落，乃得伐其当伐者。

●毋摘剿（巢）。●谓剿（巢）空实皆不得摘也。空剿（巢）尽夏，实者四时常禁。

●毋杀口虫。●谓幼少之虫，不为人害者也，尽九【月】。

●毋杀孡。谓禽兽、六畜怀任（妊）有胎者也，尽十二月常禁。

●毋夭蜚鸟。谓夭蜚鸟不得使长大也，尽十二月常禁。

●毋麑。●谓四足……及畜幼少未安者也，尽九月。

●毋卵。●谓蜚鸟及鸡口卵之属也，尽九月。

●毋聚大众。●谓聚民缮治也，尤急事若（?）追索口捕盗贼之属也，口下……追捕盗贼，尽夏。其城郭官室坏败尤甚者，得缮补口。

●毋筑城郭。●谓毋筑起城郭也，……三月得筑，从四月尽七月不得筑城郭。

●瘗骼狸（埋）骴。●骼谓鸟兽之口也，其有肉者为骴，尽夏。①

以上所引西汉平帝元始五年《四时月令诏条》中的"孟春月令十一条"及其法律解释，至少说明了如下几个问题：一是禁止伐木问题。上引《四时月令诏条》除了规定"禁止伐木"外，还进一步做了解释：一直到八月，大小树木皆不得砍伐，待到"草木零落"时才能"伐其当伐者"。这一点与《二年律令·田律》的记载基本一致。二是"燔草为灰"问题。在汉简中也有记载，如《居延新简》："□山林燔草为灰县乡所□□□☑"（E.P.T5：100）②。三是保护野生动物问题。《二年律令·田律》只记载了保护幼兽和有孕野兽的法律规定，而《四时月令诏条》则除了记载保护幼兽和有孕野兽的规定外，还对"摘剿""夭蜚鸟"等禽类动物的捕猎行为进行了法律约束③。

由此可见，《二年律令·田律》和悬泉汉简《四时月令诏条》基本继

---

① 胡平生、张德芳：《敦煌悬泉汉简释粹》，上海：上海古籍出版社，2001年，第192—193页。为节省篇幅，此处所引简文未按版图排列，特此说明。

② 甘肃省文物考古研究所等：《居延新简——甲渠候官与第四燧》，北京：文物出版社，1990年。

③ 参见胡平生：《敦煌悬泉置出土〈月令诏条〉研究》，载氏著《胡平生简牍文物论稿》，上海：中西书局，2012年，第295—306页。

承了秦《田律》的法律条文，而与《礼记·月令》的内容略有不同，那么，为何会有如此不同之记载呢？在上个世纪80年代，罗开玉在考察青川木牍《更修为田律》时，就对青川木牍《更修为田律》、《礼记·月令》、《吕氏春秋·十二纪》和《睡虎地秦墓竹简·田律》进行了比较研究，罗先生以为："在我国南方，冬季虽亦有下雪现象，但一般都很少很小，对沟渎、堤防、道路、封疆的影响不太大；夏季雨水集中，暴雨时至，往往冲毁沟渎、堤防、道路、桥梁、封疆等，秋季虽仍有雨水，然一般较小较缓，因此往往抓紧夏水之后、秋收之前这一段农闲时间，从事一些沟渎、堤防、道路、桥梁、封疆等的维修工作。青川木牍《为田律》有关八、九、十月月令的规定，正反映了这种节令。据此，我们可以确认《为田律》只适用于我国南方，从武王时秦国的版图看，则只有巴蜀地区。"① 愚以为，罗先生所言"《为田律》只适用于我国南方"，这是正确的。这是因为农业生产具有极强的区域特性，《礼记·月令》和《吕氏春秋·十二纪》所反映的情况基本上为中原地区农业生产的情况。

然而，由于时代限制，罗先生未能了解到《二年律令·田律》的规定。其实，根据前面的对比研究，我们可以清晰地看出，《二年律令·田律》基本承袭了青川木牍《更修为田律》之制，这是因为这两者皆出土于南方湿润地区。青川木牍《更修为田律》出土于四川青川地区，《二年律令·田律》出土于湖北江陵地区，皆属于南方农业区。然而，我们也看出了青川木牍《更修为田律》、《睡虎地秦墓竹简·田律》与《二年律令·田律》之间有两点细微之差别。一是从前引《二年律令·田律》和青川木牍《更修为田律》可知，有关巴蜀地区和荆州地区的农事相差一个月；二是《二年律令·田律》所记的时间更加宽泛，适合更多南方农业区的生产。

因此，《二年律令·田律》和悬泉汉简《四时月令诏条》基本继承了秦《田律》，只不过根据不同地区的气候条件对法律条文做了适当"更修"而已。

二、土地立法

秦汉时期，为了稳固国家机器运转的经济基础，官府非常重视土地立法。秦《田律》以李悝《法经》为蓝本，并对之进行了损益，即"商鞅传

---

① 罗开玉：《青川秦牍〈为田律〉研究》，载《简牍学研究》（第二辑），兰州：甘肃人民出版社，1998年，第31–44页。

授，改法为律"①。无论是李悝的"尽地力之教"②，还是商鞅的"僇力本业"③，其目的只有一个，即大力发展农业。正如《商君书·算地》所言："地大而不垦者，与无地者同……故为国之数，务在垦草。"④ 那么，秦及汉初的土地立法为何？其立法宗旨体现在哪些方面？秦和汉初的《田律》记载：

  1. 入顷刍稾，以其受田之数，无豤（垦）不豤（垦），顷入刍三石、稾二石（简8）。⑤

  2. ●田律曰：有皋，田宇已入县官，若已行，以赏予人而有勿（物）故，复（覆）治，田宇不当入县官，复畀之其故田宇。（简114/1276）黔首居田舍者毋敢〈酤（酤）〉酒，不从令者䙴（迁）之，田啬夫、吏、吏部弗得，赀各二甲，丞、令、令史各一甲。（简115/1400）⑥

  3. 入顷刍稾，顷入刍三石；上郡地恶，顷入二石；稾皆二石。令各入其岁所有，毋入陈，不从令者罚黄金四两。收（简240）入刍稾，县各度一岁用刍稾，足其县用，其余令顷入五十五钱以当刍稾。刍一石当十五钱，稾一石当五钱。（简241）刍稾节贵于律，以入刍稾时平贾（价）入钱。（简242）⑦

根据以上简文所反映的情况，秦及汉初均实行了"受田制"。例2情况比较特殊，它指的是国家没收罪犯之田宅的处理文书。其中"行"就是

---

① ［唐］长孙无忌等撰、刘俊文点校：《唐律疏议》，北京：中华书局，1983年，第2页。
② 《史记》卷七四《孟子荀卿列传》，北京：中华书局，1959年，第2349页。以下版本皆同。
③ 《史记》卷六八《商君列传》，第2230页。
④ 严万里校：《商君书》，载国学整理社《诸子集成》（五），北京：中华书局，1954年，第12—13页。
⑤ 睡虎地秦墓竹简整理小组编：《睡虎地秦墓竹简》，北京：文物出版社，1990年，第21页。
⑥ 陈松长主编：《岳麓书院藏秦简》（肆），上海：上海辞书出版社，2015年，第105—106页。通读简文，岳麓简中的"勿（物）故"当为"事故"解，而非"死亡"之意。如《墨子·号令》载："即有物故，鼓，吏至而止，夜以火指鼓所。"孙诒让解释说："物故，犹言事故，言有事故则击鼓也。"（孙诒让：《墨子间诂》，载国学整理社《诸子集成》（四），北京：中华书局，1954年，第365页）又，《南史·任昉传》："郡有蜜岭及杨梅，旧为太守所采，昉以冒险多物故，实时停绝，吏人咸以百岁年未之有也。"［唐］李延寿：《南史》，北京：中华书局，1975年，第1455页。
⑦ 彭浩、陈伟、［日］工藤元男主编：《二年律令与奏谳书》，上海：上海古籍出版社，2007年，第187—188页。

"行田"或"行田宅",也就是秦之授田制度①。但是,这种"受田制"有其特点:土地授出以后,即成为私有财产,百姓可以买卖。那么,秦汉官府是如何"受田"的?《田律》又是如何确立土地的所有权的?史料显示,秦代实行按爵位高低赏赐田宅制度。如《二年律令·户律》载:

> 关内侯九十五顷,大庶长九十顷,驷车庶长八十八顷,大上造八十六顷,少上造八十四顷,右更八十二顷,中更八十(简310)顷,左更七十八顷,右庶长七十六顷,左庶长七十四顷,五大夫廿五顷,公乘廿顷,公大夫九顷,官大夫七顷,大夫五顷,不(简311)更四顷,簪褭三顷,上造二顷,公士一顷半顷,公卒、士五(伍)、庶人各一顷,司寇、隐官各五十亩。不幸死者,令其后先(简312)择田,乃行其余。它子男欲为户,以受其杀田予之。其已前为户而毋田宅,田宅不盈,得以盈。宅不比,不得。(简313)②

可见,官府是按照侯爵、卿爵、大夫、小爵直至无爵位的"士五(伍)"和"庶人"之等级差品而授予田宅的③。田宅一经授出,即为私有财产,可以买卖。如《二年律令·户律》记载:"受田宅,予人若卖宅,不得更受。(简321)代户,贸卖田宅,乡部、田啬夫、吏留弗为定籍,盈一日,罚金各二两。(简322)"④ 这些法律条文规定,倘若"受田宅"后卖出,那么"不得更受",所依据的当然是官府有关田地买卖更名的记录,即"乡部、田啬夫、吏"等所登记的"定籍"⑤。

令人不解的是,秦汉《田律》中均不见土地交易的记载,仅《二年律令》中的"户律"和"置后律"(简387)略为提及了田宅交易之规定。

---

① 参见杨振红:《秦汉"名田宅制"说——从张家山汉简看战国秦汉的土地制度》,《中国史研究》2003年第3期。而且,这种土地一经授出,土地就可以"为子孙业耳"。参见《史记》卷七三《白起王翦列传》,第2340页。
② 彭浩、陈伟、[日]工藤元男主编:《二年律令与奏谳书》,上海:上海古籍出版社,2007年,第216—217页。
③ 如林甘泉在《中国封建社会土地制度史》中说:"(秦)……国家根据爵秩等级,分别赏给不同数量的田宅。"参见林甘泉:《中国封建社会土地制度史》,北京:中国社会科学出版社,1990年,第102页。
④ 彭浩、陈伟、[日]工藤元男主编:《二年律令与奏谳书》,上海:上海古籍出版社,2007年,第220—221页。
⑤ 这里的"定籍"指的是由官方书写并确立的法定文书。如《二年律令·户律》:"民大父母、父母、子、孙、同产、同产子,欲相分予奴婢、马牛羊、它财物者,皆许之,辄为定籍。(简337)"参见彭浩、陈伟、[日]工藤元男主编:《二年律令与奏谳书》,上海:上海古籍出版社,2007年,第225页。

接下来的问题是,这种"受田宅"的立法宗旨又体现在哪些方面呢?

第一,优待高爵位者,保护军功受益阶层①。汉高帝五年(前202)诏曰:"诸侯子在关中者,复之十二岁……且法以有功劳行田宅……"②而上引《二年律令》"受田宅"制度正好符合刘邦制诏之原意。法律规定,爵位越高,获得的田宅就越多,如"关内侯"授田九十五顷,"大庶长"九十顷,"驷车庶长"八十八顷,依次递减,直至一般百姓"士五(伍)、庶人各一顷",甚至犯有轻微罪行的"司寇、隐官"都可以获得"五十亩"田地。这种授予田宅的制度完全迎合了军功地主的意愿,贯彻了刘邦的"有功劳行田宅"的精神。

军功受益阶层不仅被授予了大量田宅,而且在很多方面可以获得政府的优待。如《二年律令·田律》记载:

>卿以下,五月户出赋十六钱,十月户出刍一石,足其县用,余以入顷刍律入钱。(简255)③

>卿以上所自田户田,不租,不出顷刍稾。(简317)④

简255说明,"卿以下"爵位的,亦即"五大夫"至"公士",每户五月只出"赋十六钱",十月只出"刍一石"。既然法律做如此规定,我们有理由推测,左庶长以上爵位者应当不需要缴纳如上赋税。简317则规定,"卿以上所自田户田",如果不租借他人耕种,就可以不用缴纳"刍稾"税⑤。很明显,这就是一种针对军功受益阶层的特殊优待政策。另外,《二年律令·赐律》显示,在赐酒食方面,汉初官府也规定了对高爵位者予以优待的法律。如《赐律》规定:"赐吏酒食,衡(率)秩百石而肉十二斤、酒一斗(简297)"⑥,其中赐"斗食令史"肉十斤,"佐史"八斤,"酒各一斗"(简297)。而二千石官吏则赐"糳(繄)粲、稬(糯)各一

---

① 这一提法采用了李开元之说,请参见李开元:《汉帝国的建立与刘邦集团——军功受益阶层研究》,北京:三联书店,2000年,第59-73页。
② 《汉书》卷一《高帝纪》,第54页。
③ 彭浩、陈伟、[日]工藤元男主编:《二年律令与奏谳书》,上海:上海古籍出版社,2007年,第193页。
④ 同上书,第218页。
⑤ "不租"为何意?朱绍侯解释曰:"不租"意为"不出租的土地"。参见朱绍侯:《从〈二年律令〉看汉初二十级军功爵的价值——〈二年律令〉与军功爵制研究之四》,《河南大学学报》(社会科学版)2003年第2期。
⑥ 彭浩、陈伟、[日]工藤元男主编:《二年律令与奏谳书》,上海:上海古籍出版社,2007年,第212页。

盛，酰、酱各二升，介（芥）一升（简298）"①；千石吏至六百石官吏，赐"食二盛，酰、酱各一升（简299）"；五百石以下官吏，则赐予"食一盛，酱半升。（简300）食一盛用米九升（简301）"；对于无爵位者，法律也规定："毋爵以和酒。（简302）"② 因此，军功受益阶层不仅政治地位高，而且享受很高的经济待遇。

第二，维护自耕农利益，巩固国家经济基础。秦汉《田律》在授予田宅之时，还规定了"顷入刍三石、稾二石"或"入顷刍稾，顷入刍三石"等向国家上交赋税的法律条文。这是国家政权赖以生存的经济基础。然而，高爵位者毕竟为数很少，"在汉代全部人口中，自耕农民占有很大比重"③。因此，"一夫百亩"④ 的自耕农就成为了国家赋税的主要贡献者。

既然自耕农是国家赋税的主要贡献者，那么，统治者就会极力维护自耕农的利益，以此来保障自耕农经济体的稳定性。李悝曾对自耕农有过一段经典的描述：

> 今一夫挟五口，治田百晦，岁收晦一石半，为粟百五十石，除十一之税十五石，余百三十五石。食，人月一石半，五人终岁为粟九十石，余有四十五石。石三十，为钱千三百五十，除社闾尝新春秋之祠，用钱三百，余千五十。衣，人率用钱三百，五人终岁用千五百，不足四百五十。不幸疾病死丧之费，及上赋敛，又未与此。此农夫所以常困，有不劝耕之心，而令籴至于甚贵者也。是故善平籴者，必谨观岁有上中下孰。上孰其收自四，余四百石；中孰自三，余三百石；下孰自倍，余百石。小饥则收百石，中饥七十石，大饥三十石。故大孰则上籴三而舍一，中孰则籴二，下孰则籴一，使民适足，贾平则止。小饥则发小孰之所敛，中饥则发中孰之所敛，大饥则发大孰之所敛，而粜之。故虽遇饥馑水旱，籴不贵而民不散，取有余以补不足也。行之魏国，国以富强。⑤

以上这段学者耳熟能详的史料至少说明了以下两个问题：一是自耕农经济自身的脆弱性。因为"一夫挟五口，治田百晦"的自耕农除去各种开

---

① 彭浩、陈伟、［日］工藤元男主编：《二年律令与奏谳书》，上海：上海古籍出版社，2007年，第213页。
② 同上书，第214页。
③ 唐长孺：《魏晋南北朝隋唐史三论》，武汉：武汉大学出版社，1993年，第1页。
④ 《汉书》卷二九《沟洫志》注引颜师古曰，第1678页。
⑤ 《汉书》卷二四《食货志》，第1125页。

销和上交国家赋税以外，所剩无几，所以自耕农"常困，有不劝耕之心"。二是针对自耕农的实际情况，官府应该"善平籴"，保护自耕农的利益，做到"取有余以补不足"。只有这样，才能"国以富强"，稳定国家政权之经济基础。再如，前216年秦颁布了"使黔首自实田"①的法律。这一法律不仅确立了秦土地私有制，而且促使了自耕农经济的不断扩大。西汉初期，由于秦末战争，出现了人口锐减、土地荒芜的景象。但是统治者仍旧执行"名田制"，进一步保护了自耕农和地主制经济，出现了"百姓无内外之繇，得息肩于田亩，天下殷富，粟至十余钱，鸣鸡吠狗，烟火万里"②的盛世。

那么，为什么官府要极力维护自耕农的利益呢？正如前文所论，其原因在于，"一夫挟五口，治田百晦"的自耕农是国家赋税和徭役的主要来源。这里面其实包含三层意思：

一是上交田租。汉初实行"什五而税一"之制，如《汉书·食货志》："汉兴……上于是约法省禁，轻田租，什五而税一，量吏禄，度官用，以赋于民。"③可见，"汉初采用了配额赋税，曾经用过的十五税一的税率，但不是定制"④。直至汉惠帝时期（前194），"什五而税一"之制才得以确立，如《汉书》卷二《惠帝纪》："减田租，复十五税一。"注引邓展说："汉家初十五税一，俭于周十税一也。中间废，今复之也。"⑤然而，在文帝前元十二年（前168），为了发展自耕农和地主制经济，官府推行了"三十税一"的轻田租政策，如文帝下诏曰："道民之路，在于务本……其赐农民今年租税之半。"⑥所谓"租税之半"就是指"十五税一"之半，亦即"三十税一"。如光武帝时期曾下诏曰："顷者师旅未解，用度不足……其令郡国收见田租三十税一，如旧制。"⑦由此可知，从文帝时期至汉末，"三十税一"之制已经成为汉代田租征收的常制。

二是缴纳田亩附加税。毋庸置疑，自耕农是田亩附加税的主要承担者，如上引《二年律令》简240中的"刍稾"税是按照田亩面积征收，"一夫百亩"之自耕农必须"入顷刍稾，顷入刍三石"，只有这样，才能保

---

① 《史记》卷六《秦始皇本纪》裴骃《集解》引徐广曰，第251页。
② 《史记》卷二五《律书》，第1242页。
③ 《汉书》卷二四《食货志》，第1127页。
④ 马大英：《汉代财政史》，北京：中国财政经济出版社，1983年，第29—30页。
⑤ 《汉书》卷二《惠帝纪》，第85、87页。
⑥ 《汉书》卷四《文帝纪》，第124页。
⑦ 《后汉书》卷一《光武帝纪》，第50页。

证军国之需，维护国家政权的经济基础。

除此以外，自耕农还得上交户税，即"户出赋十六钱"（《二年律令》简240）。而人头税也是必须缴纳的。如《汉旧仪》载："算民年七岁至十四出口赋钱，人二十三。二十钱以食天子，其三钱者，武帝加口钱以补车骑马（逋税）。"① 可见，民七岁至十四岁还得上交人头税二十三钱，其中"二十钱以食天子"，而其余三钱则是"武帝加口钱以补车骑马"之费。

三是承担徭役和兵役。自耕农还是国家徭役和兵役的最主要来源。如《汉官旧仪》载："民年二十三为正，一岁而以为卫士，一岁为材官骑士，习射御骑驰战阵。八月，太守、都尉、令、长、相、丞、尉会都试，课殿最。水处为楼船，亦习战射行船。边郡太守各将万骑，行障塞烽火追虏。置长史一人，掌兵马。丞一人，治民。当兵行，长史领。置部尉、千人、司马、候、农都尉，皆不治民，不给卫士。材官、楼船年五十六老衰，乃得免为民，就田里。"② 因此，二十三岁以上的成年男子必须接受为期两年的军事训练，"一岁而以为卫士，一岁为材官骑士"，其间还要进行各种考课。成年男子只有到了五十六岁因年老体衰而准予"免为民，就田里"。当然，秦汉时期，还存在各种徭役的形式。如《汉书》卷七《昭帝纪》载："三年以前逋更赋未入者，皆勿收。"三国时期的如淳注曰："更有三品，有卒更，有践更，有过更。古者正卒无常人，皆当迭为之，一月一更，是谓卒更也。贫者欲得顾更钱者，次直者出钱顾之，月二千，是谓践更也。天下人皆直戍边三日，亦名为更，律所谓徭戍也。虽丞相子亦在戍边之调。不可人人自行三日戍，又行者当自戍三日，不可往便还，因便住一岁一更。诸不行者，出钱三百入官，官以给戍者，是谓过更也。律说，卒践更者，居也，居更县中五月乃更也。后从尉律，卒践更一月，休十一月也。《食货志》曰：'月为更卒，已复为正，一岁屯戍，一岁力役，三十倍于古。'此汉初因秦法而行之也。后遂改易，有谪乃戍边一岁耳。逋，未出更钱者也。"可见，这些徭役的主要承担者为一家一户的自耕农③。

---

① ［汉］卫宏著、［清］孙星衍辑、周天游点校：《汉官六种》，北京：中华书局，1990年，第82页。

② 同上书，第48页。

③ 关于秦汉徭役制度研究的情况，请参考黄今言：《秦汉赋役制度研究》，南昌：江西教育出版社，1988年；高敏：《秦汉史论集》，郑州：中州书画社，1982年；钱剑夫：《秦汉赋役制度考略》，武汉：湖北人民出版社，1984年。

总之，自耕农不仅是国家财政收入的主要贡献者，而且还承担着维护国家军事安全和基础建设的重任。如此种种，正是国家极力维护自耕农利益的用意之所在。

三、农田水利立法

秦汉时期，随着生产力的提高，农田水利建设获得了巨大发展。作为一种激励机制的法律显然对农田设施的保护和水利设施的建设起了很大作用。如秦汉《田律》载：

4. （秦武王）二年（前309）十一月己酉朔朔日，王命丞相戊（茂）、内史匽氏、民臂脩（修）为《田律》：田广一步，袤八则，为畛。晦（亩）二畛，一百（陌）道。晦（亩）为顷，一千Ⅰ（阡）道。道广三步。封高四尺，大称其高；埒（埒）高尺，下厚二尺。以秋八月，脩（修）封埒（埒），正疆畔，及癹千（阡）百（陌）之大草。九月，Ⅱ大除道及阪险。十月为桥，脩（修）波堤，利津梁鲜草。虽非除道之时，而有陷败不可行，辄为之。章手。Ⅲ四年二月不除道者：壹Ⅰ□二日，壹Ⅱ□九日，壹Ⅲ□一日，壹Ⅳ□一日，贰Ⅱ□一日，贰Ⅲ丹一日，贰Ⅳ章一日，参Ⅱ辰一日。参Ⅲ凡□田□□……贰Ⅰ章手。参Ⅳ（《郝家坪秦墓木牍》）①

5. 盗侵巷术、谷巷、树巷及豤（垦）食之，罚金二两。（简245）田广一步，袤二百卌步为畛，亩二畛，一佰（陌）道；百亩为顷，十顷一千（阡）道，道广二丈。恒以秋七月除千（阡）佰（陌）之大草；九月大除（简246）道及阪险；十月为桥，修波（陂）堤，利津梁。虽非除道之时而有陷败不可行，辄为之。乡部主邑中道，田主田（简247）道。道有陷败不可行者，罚其啬夫、吏主者黄金各二两。盗侵飤道，千（阡）佰（陌）及堑土（之），罚金二两（简248）。②

青川木牍《更修为田律》说明，随着时代的变化，秦武王二年（前309）下令修改《田律》，具体指的是如下两个方面：一是规定田地的面积

---

① 陈伟主编：《秦简牍合集》（释文注释修订本）（肆），武汉：武汉大学出版社，2016年，第227页。

② 彭浩、陈伟、[日] 工藤元男主编：《二年律令与奏谳书》，上海：上海古籍出版社，2007年，第189页。

和田间小道设置；二是"十月为桥，脩（修）波堤"。至于《二年律令·田律》中的"盗侵巷术"，整理小组认为："巷，《说文》：'里中道。'术，《说文》：'邑中道。'"当然，《墨子·旗帜》也有相关记载，如"巷术周道者，必为之门，门二人守之，非有信符，勿行，不从令者斩"①。而"谷巷"，整理小组曰："疑指溪水旁的小路。""树巷"，顾名思义，就是指树木间的小路。"畛"指的就是"田间起分界作用的小道。《楚辞·大招》王逸注：'田上道也。'"所谓"阪险"，《吕氏春秋·孟春》注曰："阪险，倾危也。"②那么，关于"十月为桥"又如何理解？据《国语·周语》记载："九月除道，十月成梁。"③焦天然认为："'九月除道，十月成梁'多见诸先秦与秦汉文献中……青川秦牍、张家山汉简、悬泉置壁书等出土文献也可见相关内容规定。虽然律令与传世月令表述方式相差很大，但内容大体相同。"④可见，"修波（陂）堤，利津梁"与青川木牍《更修为田律》完全相同，其意思也很明了⑤。至于"田主田道"，整理小组认为："上'田'字，官名，此处应指田典。"关于"□□□□□及□上，罚金二两"，彭浩等在《二年律令与奏谳书》一书中根据红外线影像和原来的版图，认为其释文应该是："盗侵飤道，千（仟）佰（陌）及堑土（之）。"⑥愚以为，彭浩等人以上的解释和校补很好地解决了《二年律令·田律》这段史料中多处令人困惑的问题，为研究者深入探讨秦汉《田律》问题奠定了基础。

根据以上所引《二年律令·田律》及其矫正释文可知，当时的官府非常重视农田水利立法，其立法宗旨主要体现在如下几个方面：

（一）保护农田道路，维护私有产权

农田是农业生产的基础。战国秦汉以来，不断开疆拓土，修筑农田水利设施，使大量"不可田"之田和"不可垦（垦）"之地成为粮食生产的主要农业区。农田设施的保护历代以来就受到重视。如齐顷公十年（前

---

① 孙诒让进一步解释说："周道，详备城门篇，言巷术通周道者。"参见［清］孙诒让：《墨子间诂·旗帜》，载国学整理社《诸子集成》（四），北京：中华书局，1954年，第345页。
② ［汉］高诱注：《吕氏春秋·孟春纪》，载国学整理社《诸子集成》（六），北京：中华书局，1954年，第4页。
③ 徐元诰：《国语集解》（王树民、沈长云点校），北京：中华书局，2002年，第65页。
④ 焦天然：《"九月除道，十月成梁"考——兼论秦汉月令之统一性》，《四川文物》2013年第1期。
⑤ 参见彭浩、陈伟、［日］工藤元男主编：《二年律令与奏谳书》，上海：上海古籍出版社，2007年，第190页。
⑥ 同上。

589），晋国人"令齐东亩"①。再如，秦孝公十二年（前350），"为田开阡陌"②。可见，"阡陌"就是农田分界之道路，商鞅"为田开阡陌封疆"的意图就在于：重新规划农田划界的道路，进而使"赋税平"。这种农田及其道路保护思想必然会纳入法律约束之下。

  秦已有了完备的农田道路保护之法律。如从上引青川木牍《更修为田律》可知，每亩田必须修筑"二畛"和一条"百（陌）道"，一百亩须筑一条"千（阡）道"。而且规定了具体宽度，即"道广三步"，封高"四尺"，高度须与面积一致；埒高"一尺"，土基"厚二尺"。而《二年律令·田律》同样也有类似之记载。如其《田律》载："田广一步，袤二百卌步为畛，亩二畛，一佰（陌）道；百亩为顷，十顷一千（阡）道，道广二丈。"与青川木牍《更修为田律》不同的是，《二年律令·田律》用"二百卌步"代替了"则"的计量单位；《二年律令·田律》是"百亩为顷，十顷一千道，道广二丈（简246）"，而青川木牍《更修为田律》则是"百亩为顷，一千（阡）道，道广三步"。显然，以上这些规定皆是保护农田道路的具体法律条文。除此以外，《二年律令·田律》还制定了里和邑道路的保护措施。这是因为这些道路还具有众多功能，如农田作业、农作物输送和军事行动等。

  上引《二年律令·户律》简320-322还显示，秦汉官府制定了严格的田宅买卖之法律。这就涉及田地私有产权界定的问题。关于这个问题，青川木牍《更修为田律》和《二年律令·田律》皆提到了田亩疆界问题。如秦睡虎地秦简《法律答问》载："'盗徙封，赎耐。'可（何）如为'封'？'封'即田千佰。顷半（畔）'封'（也），且非是？而盗徙之，赎耐，可（何）重也？是，不重。（简64）"所谓"封"，整理者认为："封，地界，《周礼·封人》注：'畿上有封，若今时界矣。'"③可见，一顷田地的道路称之为"封"，如果私自移动田界，侵犯农民产权，须判为"赎耐"。除此以外，我们还可从《建宁二年（169年）王未卿买地铅券》等买地券中窥其一斑，该墓券不仅注明了买卖时间、买卖双方的地址和姓

---

① 《史记》卷三二《齐太公世家》，第1497页。《集解》注引服虔曰："欲令齐陇亩东行。"
② 《史记》卷五《秦本纪》，第203页。张守节《正义》注曰："南北曰阡，东西曰陌。按：谓驿塍也。疆音疆。封，聚土也。疆，界也；谓界上封记也。"司马贞《索隐》也注引《风俗通》曰："南北曰阡，东西曰陌。河东以东西为阡，南北为陌。"
③ 睡虎地秦墓竹简整理小组编：《睡虎地秦墓竹简·田律》，北京：文物出版社，1990年，第108页。

名，而且还记载了田地面积、价值以及旁证之人。再如《光和元年（178年）曹仲成买地铅券》也特别注明了出售田地之四周划界，即"田东比胡奴、北比胡奴、（背）西比胡奴、南尽松道"①。由此可知，时人早就知道，若要使契约达成，必须清晰产权之边界。

所以，汉初的晁错曾说："臣闻古之徙远方以实广虚也，相其阴阳之和，尝其水泉之味，审其土地之宜，观其中木之饶，然后营邑立城，制里割宅，通田作之道，正阡陌之界……"② 可以说，晁错"通田作之道，正阡陌之界"正是汉初官府保护农田道路的又一有力证据。

（二）保护水利设施，修筑陂堤桥梁

水和土是传统农业生产两个密不可分的必备要素，在我国古代主要以引水灌溉来改良贫瘠之劣质土地。如《尚书·吕刑》记载："禹平水土，主名山川。稷降播种，农殖嘉谷。"③ 可见，我们的祖先早就知道先治理水土，然后才能"农殖嘉谷"。又，《诗经·大雅》云："乃疆乃理，乃宣乃亩，自西徂东，周爰执事。"④ 由于岐周地处渭水流域，西高东低，故而"自西徂东"，向东排水。再如《诗经·陈风》载："彼泽之陂，有蒲与荷。"毛亨注曰："陂，泽障也。"⑤ 也就是说，在河畔修筑"泽障"，以利防洪和灌溉农田。春秋时期的楚国修筑了当时最大的水利灌溉工程——芍陂。《水经·沘水》注引曰："沘水所出，北至寿春，入芍陂。"⑥ 战国时期，随着生产力的提高，修建了很多著名的水利工程，如引漳十二渠、都江堰和郑国渠等。其中尤以秦的成绩显著，汪家伦等说："在几十年的时间内，秦相继建成了两大灌溉工程，为成都平原和关中经济区的形成奠定了基础，进而强有力地支持了秦皇朝的统一大业。"⑦ 迄止汉代，官府大力开凿漕渠，"引渭穿渠起长安"，"渠下民田万余顷，又可得以溉田：此

---

① 参见［日］池田温：《中国历代墓券略考》，载《东洋文化研究所纪要》1981年第86号，第193—265页。
② 《汉书》卷四九《晁错传》，第2288页。
③ ［唐］孔颖达：《尚书正义·吕刑》，载［清］阮元校刻《十三经注疏》（影印版），北京：中华书局，1980年，第248页。
④ ［汉］郑玄笺，［唐］孔颖达疏：《毛诗正义·大雅》，载［清］阮元校刻《十三经注疏》（影印版），北京：中华书局，1980年，第510页。
⑤ ［汉］郑玄笺，［唐］孔颖达疏：《毛诗正义》，载［清］阮元校刻：《十三经注疏》（影印版），北京：中华书局，1980年，第379页。
⑥ ［北魏］郦道元注，杨守敬、熊会贞疏，段熙仲点校，陈桥驿复校：《水经注疏》，南京：江苏古籍出版社，1989年，第2668页。
⑦ 汪家伦、张芳：《中国农田水利史》，北京：农业出版社，1990年，第68页。

损漕省卒，而益肥关中之地"①。

  法律和月令是保障水利建设事业顺利发展的手段之一。如《礼记·月令》载："（季春之月）命司空曰，时雨将降，下水上腾。循行国邑，周视原野，修利堤防，导达沟渎，开通道路，毋有障塞。"可见，时人就对"修利堤防"有了清晰的认识，并以"令"的形式予以颁布，此处需要说明的是，《礼记·月令》中的"修利堤防，导达沟渎"是在三月份，与"悬泉置月令诏条"是一致的。如《敦煌悬泉汉简释粹·季春令四条》载："●开通道路，毋有【障塞】。●谓开通街巷，以□□便民，□□□从正月尽四月。"②而青川木牍《更修为田律》和《二年律令·田律》却记载为"十月为桥，脩（修）波堤，利津梁鲜草"，其中原因，前文已分析，此不赘述。秦汉时期，随着灌溉农业区的进一步扩大和农田水利建设的蓬勃发展，保护水利设施的立法也就显得尤为重要了。

  从前引《田律》可知，在修建水利工程时，还必须考虑"利津梁"。

  首先，我们来论证秦汉"河津"的问题。从先秦典籍来看，"津"早已有之，如《左传·昭公四年》载："周武有孟津之誓。"③《左传·昭公十七年》："九月丁卯，晋荀吴帅师涉自棘津，使祭史先用牲于洛。"④又，《汉书》卷二八《地理志》："道河积石，至于龙门……又东至于盟津。"颜师古注引曰："盟读曰孟。孟津在洛阳之北，都道所凑，故号孟津。孟，长大也。"⑤在黄河两岸，津渡不下三十余，著名的有成皋津、仓亭津、杜氏津、卷津、风陵津、汾阴津、采桑津、平原津、五社津、小平津和白马津等。因此，秦汉时期，官府在修建引水工程和津渡的时候，"要考虑到河流的水位、流速以及两岸地势等条件"⑥。除此以外，重要的津渡还准备了楼船。如《太平御览》卷五百九十一《文部》载："武帝幸河东，祠后土，顾帝京，欣然中流，与群臣宴饮，上欢甚，乃自作《秋风辞》……泛楼船兮济汾河，横中流兮扬素波。箫鼓鸣兮发棹歌，欢乐极兮哀情多。"⑦由此可知，有些津渡备楼船供皇帝游乐。

---

① 《史记》卷二九《河渠书》，第1409—1410页。
② 胡平生、张德芳：《敦煌悬泉汉简释粹》，北京：中华书局，2001年，第194页。
③ 杨伯峻注：《春秋左传注》（修订本），北京：中华书局，2009年，第1250页。
④ 同上书，第1389页。此为著名的"棘津"。
⑤ 《汉书》卷二八《地理志》，第1534—1535页。
⑥ 王子今：《秦汉交通史稿》（增订本），北京：中国人民大学出版社，2013年，第78页。
⑦ ［宋］李昉等：《太平御览·文部》（影印本），北京：中华书局，1963年，第2659页。

其次，修建水利工程时，桥梁的修筑与保护也是重要工作。秦汉时期，修建了众多桥梁，如长安有名的"渭三桥"，《史记》卷一〇《孝文本纪》载："昌至渭桥，丞相以下皆迎。"司马贞《索隐》引《三辅故事》说："咸阳宫在渭北，兴乐宫在渭南，秦昭王通两宫之间，作渭桥，长三百八十步。"还有"横桥"，亦即"中渭桥"，如《三辅黄图》卷六引《三辅旧事》："秦造横桥，汉承秦制，广六丈三百八十步，置都水令以掌之，号为石柱桥。"①此桥相当于现在十三点八米宽，令人惊叹！《史记》卷一〇二《张释之冯唐列传》云："顷之，上行出中渭桥有一人从桥下走出，乘舆马惊。于是使骑捕，属之廷尉。释之治问。曰：'县人来，闻跸，匿桥下，久之，以为行已过，即出，见乘舆车骑，即走耳。'"此处的"中渭桥"就是"横桥"，可见，"中渭桥"下能隐匿一个人，此桥定当不小。尤其值得一提的是，西门豹在修建水利工程"十二渠"时，还筑了"十二渠桥"，如《史记》卷一二六《滑稽列传》："西门豹即发民凿十二渠，引河水灌民田，田皆溉……至今皆得水利，民人以给足富。十二渠经绝驰道，到汉之立，而长吏以为十二渠桥绝驰道，相比近，不可。欲合渠水，且至驰道合三渠为一桥。邺民人父老不肯听长吏，以为西门君所为也，贤君之法式不可更也。长吏终听置之。"西门豹令民开凿"十二渠"，且每渠筑一桥，长吏以为"十二渠桥绝驰道"，欲"合三渠为一桥"，"邺民人父老不肯听长吏"，最终"听置之"。此外，还有著名的便门桥、泾桥等。在秦汉时期，梁桥、浮桥、拱桥和索桥都已经存在，甚至出现了铁索桥②。

津渡的管理与保护古已有之。如《左传·昭公二十四年》载："冬十月癸酉，王子朝用成周之宝珪沉于河。甲戌，津人得诸河上。"③此谓津渡管理者为"津人"。战国秦汉时期，专司津桥者称为"津吏""守津吏""津令""津史""津卒"等。如《吴越春秋·阖闾内传》："（椒丘䜣）过淮津，欲饮马于津；津吏曰：'水中有神……君勿饮也。'"④《战国策·秦策五》："司空马去赵，渡平原。平原津令郭遗劳而问……平原令曰……"⑤

---

① 何青谷：《中国古代都城资料选刊·三辅黄图校释》，北京：中华书局，2005年，第353页。
② 参见王子今：《秦汉交通史稿》（增订本），北京：中国人民大学出版社，2013年，第83-92页。
③ 杨伯峻注：《春秋左传注》（修订本），北京：中华书局，2009年，第1452页。
④ ［东汉］赵晔：《吴越春秋》，济南：齐鲁书社，2000年，第23页。
⑤ ［西汉］刘向集录，范祥雍笺证，范邦瑾协校：《战国策笺证》，上海：上海古籍出版社，2006年，第466页。

可知，平原津令就是平原令，相当于秩六百石的县令。又，《后汉书·段颎传》："尝告守津吏曰：'某日当有诸生二人，荷担问颎舍处者，幸为告之。'"① 所谓"守津吏"就是指"津吏"。《长沙东牌楼东汉简牍》载有"津史"（简78A）②，其职责在于管理津渡的各项事务，相当于"津吏"，简牍和传世文献常见的津关律、津市律等与此不无关系。长沙东牌楼简牍中还出现了"津卒"，如《长沙东牌楼东汉简牍》简130载："出钱·雇东津卒五人四月直☐。"

可见，津卒与简牍常见的"邮卒""田卒""漕卒"等类似，属于准军事化行列。到了唐代，已经有了比较完备的津渡制度。如《新唐书·百官志四下》："上津置尉一人，掌舟梁之事。府一人，史二人，津长四人。下津，尉一人，府一人，史二人，津长二人。永徽中，废津尉，上关置津吏八人。永泰元年，中关置津吏六人，下关四人，无津者不置。"③

当然，秦汉官府也重视桥梁的管理与维护。《隶续》卷11《武都太守耿勋碑》记载："汉武都太守、右扶风茂陵耿君讳勋字伯玮……西部道桥掾下李禔也。"④ 可见，桥梁管理者名曰"道桥掾"，专司桥梁督造维修事宜。在汉碑中还有"领道"，见《隶释》卷15《蜀郡属国辛通达李仲曾造桥碑》⑤。稽查传世文献，我们还知道，汉代官府将桥梁管理与维修作为考核官吏的一个项目。如《史记·高祖功臣侯者年表》："元朔三年（前126），侯臧坐为太常，南陵桥坏，衣冠车不得度，国除。"⑥ 可见，太常孔臧因为"南陵桥坏，衣冠车不得度"而被废除侯国封地。再如《汉书》卷一六《高惠高后文功臣表》载："元鼎五年（前112），侯石封嗣，九年，太始四年，坐为太常行幸离宫道桥苦恶，大仆敬声系以谒闻，赦免。"⑦ 由于"道桥苦恶"，太常靳石也受到了责罚。

---

① 《后汉书》卷八二《段颎传》，第2719页。
② 参见长沙市文物考古研究所、中国文物研究所编：《长沙东牌楼东汉简牍》，北京：文物出版社，2006年。
③ [宋]欧阳修、宋祁：《新唐书》卷四九《百官志四下》，北京：中华书局，1975年，第1321页。
④ [宋]洪适：《隶释·隶续》卷11《武都太守耿勋碑》，北京：中华书局，1986年，第392—393页。
⑤ 参见[宋]洪适：《隶释·隶续》卷15《蜀郡属国辛通达李仲曾造桥碑》，北京：中华书局，1986年，第159页。
⑥ 《史记》卷一八《高祖功臣侯者年表》，第899—900页。
⑦ 《汉书》卷一六《高惠高后文功臣表》，第606页。

四、畜牧立法

在我国北部、西北部和东北部，畜牧业尤为发达，"龙门、碣石北多马、牛、羊、旃裘、筋角"[1]；"天水、陇西、北地、上郡与关中同俗，然西有羌中之利，北有戎翟之畜，畜牧为天下饶"[2]。此后，中原地区的畜牧业也有了一定程度的发展。如并州"畜宜五扰，谷宜五种"。所谓"五扰"，颜师古注曰："马、牛、羊、犬、豕。"[3] 豫州也"畜宜六扰，其谷宜五种"，颜师古注曰："马、牛、羊、豕、犬、鸡也。谓之扰者，言人所驯养也。"[4] 迄止秦汉时期，这些畜牧区和半农半牧区仍然是畜牧业发达地区，政府为了管理这些关乎军事和民生的畜牧业，制定了一系列法律法规。《二年律令·田律》载：

> 6. 诸马牛到所，皆毋敢穿穽，穿穽及［置它机］，穿穽及置它机能害人、马牛者，虽未有杀伤也，耐为隶臣妾。杀伤马牛，与盗同法。杀人，（简251）弃市。伤人，完为城旦舂。（简252）马、牛、羊、彘豤食人稼穑，罚主金马、牛各一两，四彘豤若十羊、豤当一牛，而令抟稼偿主。县官马、（简253）牛、羊，罚吏徒主者。贫不能赏（偿）者，令居县官；□□城旦舂、鬼薪白粲也，笞百，县官，县官皆为赏（偿）主，禁毋牧豤。（简254）[5]

但在睡虎地秦简《田律》中，畜牧立法却不见记载，这是因为睡虎地秦简中已经专门制定了一部畜牧法规，即《厩苑律》[6]。上引《二年律令·田律》中的"穽"指的是陷阱，至于"及"，彭浩等的《二年律令与奏谳书》认为："这几句释文应改作'皆毋敢穿穽及置它机能害人、马牛者，虽未有杀伤也，耐为隶臣妾。'"[7] 简文中的"抟"又作何解？彭浩等的《二年律令与奏谳书》引《淮南子·要略》"览取抟掇"高诱注曰：

---

[1]《史记》卷一二九《货殖列传》，第3254页。
[2] 同上书，第3262页。
[3]《汉书》卷二八《地理志》，第1542页。
[4] 同上书，第1540页。
[5] 彭浩、陈伟，［日］工藤元男主编：《二年律令与奏谳书》，上海：上海古籍出版社，2007年，第192页。
[6]《龙岗秦简》中有许多畜牧立法条文，但其是否为《田律》中的内容，目前尚不能确定。
[7] 彭浩、陈伟，［日］工藤元男主编：《二年律令与奏谳书》，上海：上海古籍出版社，2007年，第192页。

"挤，取也。"① 根据以上学者们对《二年律令·田律》中的畜牧立法的解释，我们认为这些简文的立法宗旨主要体现了如下几个方面：

（一）保护马牛牲畜，维护公私财产

从以上《二年律令·田律》来看，秦汉政府畜牧立法保护的对象既包括公家的畜牧业，也包括私人牧养的牲畜。而"马牛"属于官府重点保护对象，故而《二年律令·田律》单设律文予以颁布。简251说明，马牛出入之地，禁止"穿穽及置它机"，违者重罚。云梦睡虎地秦简也颁布了保护公家马牛的法律条文。如《睡虎地秦墓竹简·厩苑律》载：

> 将牧公马牛，马【牛】死者，亟谒死所县，县亟诊而入之，其入之其弗亟而令败者，令以其未败直（值）赏（偿）之……其大厩、中厩、宫厩马牛（也），以其筋、革、角及其贾（价）（简17）钱效，其人诣其官。其乘服公马牛亡马者而死县，县诊而杂买（卖）其肉，即入其筋、革、角，及索（索）入其贾（价）钱。钱（简18）少律者，令其人备之而告官，官告马牛县出之。今课县、都官公服牛各一课，卒岁，十牛以上而三分一死；不【盈】（简19）十牛以下，及受服牛者卒岁死牛三以上，吏主者、徒食牛者及令、丞皆有罪。内史课县，大（太）仓课都官及受服者。（简20）②

由此可知，秦对官府的马牛管理非常严格。这是因为"马牛"不仅是国家的战备物资，而且还能满足人们耕作和运输的需要。如《后汉书·马援传》载："马者甲兵之本，国之大用。"③又，《盐铁论·未通》载："农夫以马耕载……师旅数发，戎马不足，牸牝入阵，故驹犊生于战地。"④当然，"牛"除了能"入阵"外，更是关乎国家兴衰的重要物资。如《风俗通义·佚文》载："牛乃耕农之本，百姓所仰，为用最大，国家之为强弱也。"⑤因此，结合《二年律令·田律》中的畜牧立法和上

---

① 彭浩、陈伟、[日]工藤元男主编：《二年律令与奏谳书》，上海：上海古籍出版社，2007年，第192-193页。至于"豶"，整理小组认为："豶，疑读为'彀'。又，《广雅·释兽》：豶也。即牡猪。"

② 睡虎地秦墓竹简整理小组编：《睡虎地秦墓竹简》，北京：文物出版社，1990年，第24页。

③ 《后汉书》卷二四《马援传》，第840页。

④ [汉]桓宽：《盐铁论》，载国学整理社《诸子集成》（七），北京：中华书局，1954年，第17页。

⑤ [汉]应劭撰，王利器校注：《风俗通义校注》，北京：中华书局，1981年；也可参见[唐]欧阳询、汪绍楹校：《艺文类聚》卷第八十五《百谷部》，上海：上海古籍出版社，1965年，第1446页。

引秦简《厩苑律》法律条文，它们至少说明了以下几个问题：

第一，法律规定，官府的马牛由县级以上机构负责，即"亟谒死所县，县亟诊而入之"。那么，县级以上机构当包括"大厩、中厩、宫厩"三个不同系统。所谓"大厩"，《汉书·百官公卿表》云："太仆，秦官，掌舆马，有两丞。属官有大厩、未央、家马三令，各五丞一尉。"① 又，《续汉书·百官志二》载："右属太仆。本注曰：旧有六厩，皆六百石令，中兴省约，但置一厩。"其实，"大厩"在其他简牍中也有一例。如《敦煌悬泉汉简释粹》简 II 0214（2）：556 载："制曰：下大司徒、大司空，臣谨案：令曰：未央厩、骑马、大厩马日食粟斗一升、叔（菽）一升。"② 可见，"大厩"属太仆，是"六厩"之一；"中厩"指的也是厩苑管理部门，如《秦封泥集》中有"中厩马府"③、"中厩将马"④ 和"中厩丞印"⑤ 等。从传世文献来看，"中厩"的官吏还有军事指挥权。如《史记·高祖功臣侯者年表》载："（戴敬侯秋彭祖）以中〔厩〕令击豨，侯，千二百户。"⑥ 直至东汉，中厩还是归属于太仆管辖。如《后汉书·吕强传》载："归之陛下，岂有公私？而今中尚方敛诸郡之宝，中御府积天下之缯，西园引司农之臧，中厩聚太仆之马，而所输之府，辄有导行之财。"⑦ 所谓"宫厩"，早在战国时期就已存在，如《曾侯乙楚墓》中有"宫厩之新官驷"（143）、"宫厩尹之騮为左飞（騑）"（175）、"宫厩之马"（207）和"宫厩尹一马"（210）等。由此可见，掌管"宫厩"的称为"宫厩尹"，主马政⑧。

秦律对县级主管畜牧的机构也有规定。如上引《睡虎地秦墓竹简·厩苑律》云："今课县、都官公服牛各一课（简 19）……内史课县，大（太）仓课都官及受服者。（简 20）"由此可见，秦畜牧业直接主管单位为"县"，"县"接受"内史"考课；而"大（太）仓"考课"都官及受服者"。

---

① 《汉书》卷一九《百官公卿表》，第 729 页。
② 胡平生、张德芳：《敦煌悬泉汉简释粹》，北京：中华书局，2001 年，第 5 页。
③ 参见周晓陆、路东之：《陕西金石文献汇集：秦封泥集》，西安：三秦出版社，2000 年，第 191 页。
④ 同上书，第 190 页。
⑤ 同上书，第 188 页。
⑥ 《史记》卷一八《高祖功臣侯者年表》，第 962 页。
⑦ 《后汉书》卷七八《吕强传》，第 2532 页。
⑧ 如《史记》卷九五《樊郦滕灌列传》："（灌婴）军于燕西，所将卒斩楼烦将五人，连尹一人。"司马贞的《索隐》注引苏林曰："'楚官也。'案：《左传》'莫敖、连尹、宫厩尹'是。"

第二，保护马牛牲畜，维护私有财产权利。秦律规定，严禁盗马，违者必究。如《睡虎地秦墓竹简·封诊式》载："盗马 爰书：市南街亭求盗才（在）某里曰甲缚诣男子丙，及马一匹，骓牝右剽；缇覆（复）衣，（简21）帛里莽缘领褎（袖），及履，告曰：'丙盗此马、衣，今日见亭旁，而捕来诣。'（简22）"① 可见，即使被盗之马"右剽"，盗马贼还是被"求盗""捕来诣"，接受官府的审判。前引《睡虎地秦墓竹简·厩苑律》甚至还规定，死亡之马牛，其肉及其他物"县亟诊而入之"，如果其肉腐烂，"令以其未败直（值）赏（偿）之"。而且规定"乘服公马牛亡马者而死县"，"县诊而杂卖（卖）其肉，即入其筋、革、角，及索（索）入其贾（价）钱"。至于"牛"，《睡虎地秦墓竹简·厩苑律》载："以四月、七月、十月、正月肤田牛。卒岁，以正月大课之，最，赐田啬夫壶酉（酒）束脯，为旱〈皂〉者除一更，赐牛长日三旬；殿者，（简13）谇田啬夫，罚冗皂者二月。其以牛田，牛减絜，治（笞）主者寸十。有（又）里课之，最者，赐田典日旬；殿，治（笞）卅。（简14）"② 此简说明，官府对耕牛的保护采取课考之制。如果课考成绩为"最"，则"赐田啬夫壶酉（酒）束脯，为旱〈皂〉者除一更，赐牛长日三旬"；如果官府耕牛瘦了，则"治（笞）主者寸十"。甚至在最基层的"里"也实行考课制度。考课为"最"者，"赐田典日旬"；"殿"者，"治（笞）卅"。

（二）严禁违法放牧，保护农田稼稿

前引《二年律令·田律》简253说明，私人所有的"马、牛、羊、彘豝食人稼稿"，牲畜所有者处罚金"马、牛各一两，四彘豝若十羊、豝当一牛"，同时还必须向农田主人赔偿被毁坏之庄稼。如若为公家"马、牛、羊"，则"罚吏徒主者。贫不能赏者，令居县官；□□城旦舂、鬼薪白粲也，笞百"，并由"县官"负责赔偿损坏庄稼。最后，法律还严格禁止官府"牧豝"。

前文已述，《二年律令·田律》大部分承袭秦律，我们再结合秦律对以上畜牧立法做进一步分析。据《龙岗秦墓竹简》简99记载："马、牛、羊食人【稼】□□□□□□□十（简99/95/94/243）……令□（简

---

① 睡虎地秦墓竹简整理小组编：《睡虎地秦墓竹简》，北京：文物出版社，1990年，第151页。

② 同上书，第22页。

244/222/95/34）稼偿主。（简 162/84/96/232）"① 这显然是"关于马、牛、羊食人稼禾、折算赔偿的律文"②。再如《龙岗秦墓竹简》简 111："☑马、牛、羊、犬、彘于人田☑。"③《龙岗秦简》整理者认为，该简文是"关于马、牛、羊、犬、彘进入他人田园，损坏他人稼禾或财物的律文"④。此说可从。另外，法律还对私人违法放牧者给予严惩。如《龙岗秦墓竹简》简 102 载："没入私马、牛、【羊、驹】、犊、羔县、道官。☑"⑤ 由于该简文上文残缺，是何种原因导致私人牲畜被没收，不得而知。

五、农业生态保护

由于《田律》中反映的是广义上的农业立法，所以林业、渔业和野生动植物保护等自然成为了秦汉法律关注的焦点。如秦汉《田律》载：

7. 春二月，毋敢伐材木山林及雍（壅）堤水。不夏月，毋敢夜草为灰，取生荔、麛䴇（卵）鷇，毋☑☑☑☑☑（简4）毒鱼鳖，置穽罔（网），到七月而纵之。唯不幸死而伐绾（棺）享（椁）者，是不用时。邑之䜣（近）皂及它禁苑者，麛（简5）时毋敢将犬以之田。百姓犬入禁苑中而不追兽及捕兽者，勿敢杀；其追兽及捕兽者，杀（简6）之。河（呵）禁所杀犬，皆完入公；其他禁苑杀者，食其肉而入皮。（简7）⑥

8. 禁诸民吏徒隶，春夏毋敢伐材木山林，及迸〈壅〉堤水泉，燔草为灰，取产麢（麛）䴇（鷇）；毋杀其绳重者，毋毒鱼。（简249）⑦

以上就是秦汉《田律》中出现的自然生态保护立法，前文已做了解

---

① 陈伟主编：《秦简牍合集·龙岗秦墓简牍》（释文注释修订版），武汉：武汉大学出版社，2014 年，第 55 页。
② 中国文物研究所、湖北省文物考古研究所编：《龙岗秦简》，北京：中华书局，2001 年，第 106 页。
③ 同上。也可参见陈伟主编：《秦简牍合集·龙岗秦墓简牍》（释文注释修订版），武汉：武汉大学出版社，2014 年，第 58 页。
④ 中国文物研究所、湖北省文物考古研究所编：《龙岗秦简》，北京：中华书局，2001 年，第 108 页。
⑤ 陈伟主编：《秦简牍合集·龙岗秦墓简牍》（释文注释修订版），武汉：武汉大学出版社，2014 年，第 56 页。
⑥ 睡虎地秦墓竹简整理小组编：《睡虎地秦墓竹简·田律》，北京：文物出版社，1990 年，第 20 页。
⑦ 彭浩、陈伟、［日］工藤元男主编：《二年律令与奏谳书》，上海：上海古籍出版社，2007 年，第 190 页。

释，此不赘述。那么，以上《田律》为什么会将林业、渔业和野生动植物等囊括其中呢？很显然，这有其历史的传统。我国古人一直就有将"山泽"连用之惯例。如《史记·五帝本纪》载："益主虞，山泽辟。"① 《史记·孝文本纪》："帝加惠：令诸侯毋入贡，弛山泽……"② 又，《汉书·食货志》："地有遗利，民有余力，生谷之土未尽垦，山泽之利未尽出也，游食之民未尽归农也。"③ 所谓"山泽之利"既有林业资源，也包括渔业和野生动植物资源。尽管这些资源一直以来就为国家所占有，百姓不得侵占，但也偶有"弛山泽之禁"，还利于民的情况。

前引秦汉《田律》中的林业、渔业和野生动植物保护等立法之宗旨大体反映在如下几个方面：

（一）严禁滥砍滥伐，防止水土流失

秦汉《田律》说明，在春夏时节，禁止"吏民"上山砍伐树木，其目的在于防止水土流失，即"进〈壅〉堤水泉"。

那么，为什么《田律》中会出现禁止滥砍滥伐的法律规定呢？这就需要从人们对林业的认识及木材的用途谈起。远古至秦汉时期，我国先人就知道如何利用山林中的木材，如殷商甲骨文中常见"柏"④、"杜"⑤、"桑"⑥ 和"栗"⑦ 等记载。从西周至春秋时期，人们对林业的认识进一步加深，如《诗经》中常见记载的树木有桐、柳、榆、杨、柞、檀、桧、柏、桑和松等⑧。战国至西汉初期，人们对林业有了系统的认识，如《尔雅》中就有专门解释林业的专篇《释木》⑨。两汉时期，人们对木材的用

---

① 《史记》卷一《五帝本纪》，第43页。
② 《史记》卷一〇《孝文本纪》，第432页。
③ 《汉书》卷二四《食货志》，第1130—1131页。
④ 参见郭沫若主编、胡厚宣总编辑、中国社会科学院历史研究所编：《甲骨文合集》31800，北京：中华书局，1978—1982年。以下版本皆同。
⑤ 参见郭沫若主编、胡厚宣总编辑、中国社会科学院历史研究所编：《甲骨文合集》40749。
⑥ 参见郭沫若主编、胡厚宣总编辑、中国社会科学院历史研究所编：《甲骨文合集》10058.1，除此以外，《甲骨文合集》还有28条有关"桑"的记载。
⑦ 参见郭沫若主编、胡厚宣总编辑、中国社会科学院历史研究所编：《甲骨文合集》36745和39691.1。
⑧ 参见［汉］郑玄笺、［唐］孔颖达疏：《毛诗正义》，载［清］阮元校刻《十三经注疏》（影印版），北京：中华书局，1980年。
⑨ 参见［晋］郭璞注、［宋］邢昺疏：《尔雅注疏》，载［清］阮元校刻《十三经注疏》（影印版），北京：中华书局，1980年，第2636-2637页。根据学者考证，《尔雅》成书于战国至西汉时期。

途有了更加细致的了解。如《论衡·状留篇》载:"枫桐之树,生而速长,故其皮肌不能坚刚。树檀以五月生叶,后彼春荣之木,其材强劲,车以为轴。"① 因此,人们对木材特性的认识不断深化,主要是基于其不同的使用价值考虑的。

秦汉时期,由于修建陵墓、宫殿、住宅、水利设施等需要大量木材,因此林木砍伐极为普遍。如秦始皇帝死后,"葬始皇郦山。始皇初即位,穿治郦山……树草木以象山","关中计宫三百,关外四百余"②。两汉时期,权贵们苟营私门,多蓄财货,"缮修第舍,连里竟巷"③。百姓也利用山中木材修建住宅。如《汉书·地理志》载:"天水、陇西,山多林木,民以板为室屋。"④ 同样,修建水利工程和"道桥"也消耗大量林材。如武帝时期,"自河决瓠子后二十余岁……而下淇园之竹以为楗"⑤。又,《后汉书·南蛮西南夷列传》载:"(光武帝时期)诏长沙、合浦、交址具车船,修道桥,通障溪,储粮谷。"⑥ 因此,针对权贵"缮修第舍"和宫殿问题,时人极力抨击这种伐木建宫舍之风气。如《盐铁论·散不足》就云:"宫室奢侈,林木之蠹也。器械雕琢,财用之蠹也。"⑦

当然,人们的交通工具也是由林木制成的。先秦时期,造船主要以优质竹木为原料,如"刳木为舟,剡木为楫"⑧,"方舟设泭,乘桴济河"⑨。可见,独木舟和竹筏是当时主要的交通工具。至秦汉时期,交通工具更加先进,出现了木制"楼船"等。如《史记·平准书》载:"治楼船,高十余丈。"⑩ 当吕嘉和建德反叛时,皇帝"令罪人及江淮以南楼船十万师往讨之"⑪。秦汉时期的木制船舶已经很大了,"当时常用船的宽度不超过5

---

① [汉]王充:《论衡》,载国学整理社《诸子集成》(七),北京:中华书局,1954年,第139页。
② 《史记》卷六《秦始皇本纪》,第265、256页。
③ 《后汉书》卷七八《曹节传》,第2526页。
④ 《汉书》卷二八《地理志》,第1644页。
⑤ 《汉书》卷二九《沟洫志》,第1682页。
⑥ 《后汉书》卷八六《南蛮西南夷列传》,第2836页。
⑦ [汉]桓宽:《盐铁论》,载国学整理社《诸子集成》(七),北京:中华书局,1954年,第35页。
⑧ [唐]孔颖达正义:《周易正义·系辞》,载[清]阮元校刻《十三经注疏》(影印版),北京:中华书局,1980年,第87页。
⑨ 徐元诰:《国语集解·齐语》(王树民、沈长云点校),北京:中华书局,2002年,第234页。
⑩ 《史记》卷三〇《平准书》,第1436页。
⑪ 《史记》卷一一三《南越列传》,第2974页。

米，少数特殊的大船可能宽达 8 米左右。至于长度，前面提到几只汉代船模的长宽比为 5 至 7，以此推算当时常用船只的长度为 20 米左右，载重约五百斛至六百斛。少数大船可能要更大些"①。

生产工具，如锄头、耕犁等有木制成分；生活必需品大部分也来源于林木，如厨柜、衣柜、卧床、炊饮和取暖等。尤其值得一提的是，战国秦汉时期，人们书写的材料就是竹木制成的，我们称之为"竹简"和"木牍"，当时使用量之大令人惊叹，如秦始皇每天批阅奏章"以衡石量书"②。

另外，战国秦汉时期，社会上时兴厚葬，所用棺木不但精良，而且数量庞大。曾侯乙墓所用木材惊人，"室外壁和隔墙均用六块长方木料垒成。整个木撑共享成材木料约 380 立方米"；"主棺分内外两层。外棺长 3.2、宽 2.1、高 2.19 米。棺身为十根铜立柱嵌十块同样高度的木板构成，固定于底板（木板）四周的铜框上"；"内棺长 2.49、宽 1.27、高 1.32 米"③。云梦秦简《田律》还规定："唯不幸死而伐绾（棺）享（椁）者，是不用时。（简 5）"因此，对林业的保护还是有灵活性的，亦即百姓若有人死亡，可以伐木为棺，而不用遵循"时禁"之令。文献所见汉代的棺材更加精美和华丽，甚至一般贵族也使用"檽梓梗楠"。如《后汉书·王符传》载："今京师贵戚，郡县豪家，生不极养，死乃崇丧。或至金缕玉匣，檽梓梗楠，多埋珍宝偶人车马，造起大冢，广种松柏，庐舍祠堂，务崇华侈"④。

由此可见，战国秦汉时期，人们生产和生活所消耗之林木不可谓不大，故时人感叹："斩伐林木亡有时禁，水旱之灾未必不繇此也。"⑤ 因而，《田律》严格禁止"亡有时禁"的滥砍滥伐林木，违者严惩不贷。

（二）保护野生动物，禁止滥捕滥杀

上引简文说明，法律禁止捕杀幼小的野生动物和毒鱼，即禁止"取产麛（麑）鷇卵鷇（彀）"。同时，法律规定"毋杀其绳重者"和"毋毒鱼"。

先秦时期，古人就有禁止捕杀幼兽、保护动物的言论。如《礼记·王制》曰："不麛、不卵、不杀胎、不殀夭、不覆巢。"郑玄注曰："重伤未

---

① 上海交通大学造船史话组：《秦汉时期的船舶》，《文物》1977 年第 4 期。
② 《史记》卷六《秦始皇本纪》，第 258 页。
③ 随县擂鼓墩一号墓考古发掘队：《湖北随县曾侯乙墓发掘简报》，《文物》1979 年第 7 期。
④ 《后汉书》卷四九《王符传》，第 1637 页。
⑤ 《汉书》卷七二《贡禹传》，第 3075 页。

成物。夭，断杀。少长曰夭。"至于"不覆巢"，郑氏注曰："覆，败也。"① 又，《礼记·月令》载："（孟春之月）乃修祭典，命祀山林川泽，牺牲毋用牝，禁止伐木，毋覆巢，毋杀孩虫、胎夭飞鸟，毋麛毋卵。"其中"毋杀孩虫、胎夭飞鸟"一句，郑玄注曰："为伤萌幼（幼）之类。"②

至秦朝，动物的保护问题已经上升至法律层面，如前引《睡虎地秦墓竹简·田律》简 4-7 做了详细规定。同时，《龙岗秦墓竹简》中也有大量禁止捕杀野生动物的法律规定。如《龙岗秦墓竹简》载："诸禁苑为叜（壖），去垣卅里，禁毋敢取叜（壖）中兽，取者□罪□盗禁中【兽】。囗（简 27/12/12/274）"③ 又，"诸禁苑有叜（壖）者，□去叜（壖）廿里□，毋敢毒〖杀鱼〗，敢毒杀【鱼】□囗（简 28/19/19/207A）"④。

正如前引《二年律令·田律》简 249 一样，汉代也继承秦制，禁止"取产麛（麛）鷇卵瀔（鷇）"。同时，官府也规定"毋杀其绳重者"和"毋毒鱼"。如《淮南子·时则训》载："（孟春之月）禁伐木，毋覆巢、杀胎夭，毋麛，毋卵，毋聚众、置城郭，掩骼薶骴。"⑤ 又，《淮南子·主术训》曰："故先王之法，畋不掩群，不取麛夭，不涸泽而渔，不焚林而猎。豺未祭兽，罝罦不得布于野；獭未祭鱼，网罟不得入于水；鹰隼未挚，罗网不得张于溪谷；草木未落，斤斧不得入山林；昆虫未蛰，不得以火烧田。孕育不得杀，鷇卵不得探，鱼不长尺不得取，豕不期年不得食。是故草木之发若蒸气，禽兽之归若流泉，飞鸟之归若烟云，有所以致之也。"⑥

秦汉时期，由于人口的增加和生产力的不断进步，人们逐渐加大了向自然界索取生活、生产必需品的力度，因此，林业和动植物资源遭到不同程度的破坏。秦汉《田律》正是从保护这些人类赖以生存的资源出发，制定了严格的林业自然资源保护法，其目的就是维护自然生态环境的可持续发展。

---

① [汉]郑玄注、[唐]孔颖达疏：《礼记正义》，载[清]阮元校刻《十三经注疏》（影印版），北京：中华书局，1980 年，第 1333 页。

② 同上书，第 1357 页。

③ 陈伟主编：《秦简牍合集·龙岗秦墓简牍》（释文注释修订版），武汉：武汉大学出版社，2014 年，第 27 页。

④ 同上书，第 28 页。

⑤ [汉]高诱注：《淮南子》，载国学整理社《诸子集成》（七），北京：中华书局，1954 年，第 70 页。

⑥ 同上书，第 147 页。《汉书》卷六《武帝纪》第 211 页也载："（汉武帝）巡于北边，见群鹤留止，以不罗罔，靡所获献。"三国如淳注曰："时春也，非用罗罔时，故无所获也。"

六、农业税立法

西汉初期，由于长期的战乱，"大城名都散亡，户口可得而数者十二三"①。这些情况的出现客观上为国家控制大量的土地提供了条件，继而建立在授田制基础之上的自耕农经济也获得了发展。因此，唐长孺说："以两汉四百年而言，自耕农所占比重是有起伏的，西汉前期最多，武帝以后随着土地兼并的加剧，自耕农数字也就相应减少。"② 很显然，至西汉中后期，由于土地兼并严重，地主制经济迅速壮大，如灌夫"陂池田园，宗族宾客为权利，横颍川"③；张禹则"内殖货财，家以田为业。及富贵，多买田至四百顷，皆泾、渭溉灌，极膏腴上贾"④；刘康也"多殖财货……私田八百顷，奢侈恣欲，游观无节"⑤。毋庸置疑，自耕农经济的破坏，严重影响了国家的财政收入。

上引史实证明，秦汉时期的国有土地所有制、地主土地所有制和自耕农土地所有制有一个变化发展的过程。那么，建立在国有土地所有制、地主土地所有制和自耕农土地所有制基础之上的农业税收法律法规又如何？秦及汉初《田律》载：

9. 入顷刍稾，以其受田之数，无垦（垦）不垦（垦），顷入刍三石、稾二石。刍自黄檾及荝束以上皆受之。入刍稾，相（简8）输度，可殹（也）。（简9）⑥

10. ●田律曰：租禾稼、顷刍稾，尽一岁不賸（毕）入及诸贳它县官者，书到其县官，盈卅日弗入及有逋不（简106/1278）入者，赀其人及官啬夫、吏主者各一甲﹂，丞、令、令史各一盾。逋其入而死、亡有罪毋（无）后不可得者，有（又）令官啬（简107/1282）夫、吏代偿。（简108/1283）⑦

11. ●田律曰：毋令租者自收入租，入租贳者不给，令它官吏助之。不如令，官啬夫、吏赀各二甲，丞、令、令史弗得（简173/

---

① 《史记》卷一八《高祖功臣侯者年表》，第877页。
② 唐长孺：《魏晋南北朝隋唐史三论》，武汉：武汉大学出版社，1992年，第1页。
③ 《汉书》卷五二《灌夫传》，第2384页。
④ 《汉书》卷八一《张禹传》，第3349页。
⑤ 《后汉书》卷四二《济南安王康传》，第1431页。
⑥ 睡虎地秦墓竹简整理小组编：《睡虎地秦墓竹简·田律》，北京：文物出版社，1990年，第21页。
⑦ 陈松长主编：《岳麓书院藏秦简》（肆），上海：上海辞书出版社，2015年，第103页。

1224）及入租賞不給，不令它官吏助之，赀各一甲。（简 174/J45）①

12. 入顷芻稾，顷入芻三石；上郡地恶，顷入二石；稾皆二石。令各入其岁所有，毋入陈，不从令者罚黄金四两。收（简 240）入芻稾，县各度一岁用芻稾，足其县用，其余令顷入五十五钱以当芻稾。芻一石当十五钱，稾一石当五钱。（简 241）芻稾节贵于律，以入芻稾时平贾（价）入钱。（简 242）②

例 10 主要涉及了"租禾"问题。秦官府是如何"租禾"的呢？《岳麓书院藏秦简·数》提供了大量的直接证据，如其简文曰："租禾。税田廿四步，六步一斗，租四斗，今误券五斗一升，欲奭【步数】，几可（何）步一斗？曰：四步五十一分步卅六└一斗└其（简 14/0817+1939）以所券租数为法，即直（置）與田步数，如法而一步，不盈步者，以法命之。（简 15/0816）"③ 对于此问题，第二节将详细探讨，此处从略。例 9、例 10 和例 12 表明，"芻稾"税是按顷亩面积征收的，但"足其县用"后必须折钱缴纳④。例 11 则规定了"入租賞者不给"的处置办法。

针对秦汉土地税的问题，学界前贤时哲已取得了丰硕的研究成果⑤。但以上新材料表明，秦汉田税的征收问题尚有进一步探讨的余地，其具体的征收办法，下文将有详细的论证⑥。总之，田税是秦汉政权财政收入的主要来源，而"芻稾"税又是军国所需之重中之重。因此，秦汉政府必然会制定严格的法律以确保国家财税收入，巩固政权之经济基础。

---

① 陈松长主编：《岳麓书院藏秦简》（肆），上海：上海辞书出版社，2015 年，第 125 页。例 10 和例 11 是《岳麓书院藏秦简》（肆）中的《田律》，这两则史料将在第二节讨论，此不赘述。

② 彭浩、陈伟、［日］工藤元男主编：《二年律令与奏谳书》，上海：上海古籍出版社，2007 年，第 187—188 页。

③ 陈松长主编：《岳麓书院藏秦简（壹—叁）释文修订本》，上海：上海辞书出版社，2018 年，第 84 页。

④ 正因为如此，秦简官文书中常出现"芻稾钱"之记载，如《里耶秦简》（贰）9-743 载："田芻稾钱千一百卅四。元年二月癸酉朔辛巳，少内守疵受右田守□。Ⅰ令佐丁监。Ⅱ"参见陈伟主编：《里耶秦简牍校释》（第二卷），武汉：武汉大学出版社，2018 年，第 196 页。

⑤ 参见高敏：《秦汉赋税制度考释》，载氏著《秦汉史论集》，郑州：中州书画社，1982 年；黄今言：《秦汉赋役制度研究》，南昌：江西教育出版社，1988 年；钱剑夫：《秦汉赋役制度考略》，武汉：湖北人民出版社，1984 年；山田胜芳：《秦汉财政收入の研究》，汲古书院，1993 年；李恒全等：《秦汉芻稾税征收方式再探》，《财贸研究》2007 年第 2 期；臧知非：《说"税田"：秦汉田税征收方式的历史考察》，《历史研究》2015 年第 3 期；晋文：《睡虎地秦简与授田制研究的若干问题》，《历史研究》2018 年第 1 期；李恒全：《从新出简牍看秦田租的征收方式》，《中国经济史研究》2018 年第 2 期。

⑥ 参阅本章的第二节和第三节。

概言之，《田律》记载了秦汉时期的土地、农田水利、畜牧、生态保护和农业税等立法情况，其立法宗旨主要体现在如下几个方面：

第一，土地立法不仅维护了军功利益阶层的利益，也促进了自耕农经济的发展，巩固了国家政权的经济基础。

第二，在农田水利立法方面，秦汉官府保护授田民的利益，维护了私有产权。尤其值得一提的是，为了发展农业，秦汉各级政府极其重视保护水利设施和修筑陂堤桥梁。

第三，在畜牧立法方面，政府不仅制定了严格的国有牲畜保护立法，而且对私人的马牛牲畜也以立法的形式予以保护。

第四，从秦汉《田律》可知，秦汉时期继承了殷周以来的自然资源可持续发展的思想，建立了比较完善的农业生态保护体系。一是严禁滥砍滥伐，防止水土流失；二是保护野生动物，禁止滥捕滥杀。

第五，当然，财税收入是确保国家政权正常运转的根基，因而秦汉《田律》也规定了田税征收的办法，其中"刍稾"税又是关乎军国生存和发展的关键所在，故而秦汉《田律》有特别之规定。

可见，秦汉《田律》所反映的农业观并非学术界所公认的狭义上的农业观，它其实是指在农林牧副渔领域内，通过生产动植物产品的大农业观。尤其值得一提的是，秦汉《田律》特别强调在从事农业生产时应注意维护人与自然的和谐。另外，古人的"本末"思想也是当今学者热衷讨论的一个热点问题，然"本"之范围的界定尤为重要，因为正确的农业观是深入探讨"本末"思想的基础和前提。

第二节 岳麓秦简所见田税及其附加税的征课

秦汉《田律》是国家的正式制度安排，而国家又是合法暴力及其游戏规则的垄断者。无论是"无文字记载的习俗，还是有文字写成的宪法演变，都有两个目的：一是界定形成产权结构的竞争与合作的基本规则，这能使统治者租金最大化；二是在第一个目标框架中降低交易费用以使社会产出最大，从而使国家税收增加"①。秦文献显示，秦官府为了使"租金

---

① [美]道格拉斯·诺斯：《经济史中的结构与变迁》(陈郁、罗华平等译)，上海：上海三联书店，1994年，第24页。

最大化"实行了授田制,这种授田制的实质"与其说是为了保证各家农民有一块赖以生活的份地,不如说是为了强制农民垦种荒地,增加国家的赋税收入"①。因此,农民一旦获得了国家授予的"份地",即拥有该块土地的产权,不仅可以自由买卖,还可以转让②。同时,这种授田民户的增加又为国家提供了源源不断的税源和可役使的劳动力。最近刊布的岳麓秦简证实,秦官府制定了严格的田租征课制度③。那么,秦"租禾稼"是如何征收的?"刍藁"税征收的具体办法又如何?是否存在"稾税"和"稾程"?诸如此类的问题,一直困扰着史学界。可喜的是,秦简的陆续刊布为我们揭开这些谜团带来了新的契机。

一、租禾稼

秦汉田租在国家财政收入中占有重要地位,它不仅是国家政权的基础,更是军事安全的可靠保障。然而,由于历史文献对秦汉田租征收问题语焉不详,学者们就这一问题一直歧义纷纭。大体说来,主要存在如下几种观点:一是按顷征收说④;二是按田亩计征说⑤;三是定额征收说⑥;四是分成租学说⑦。尤其值得一提的是,近期臧知非、晋文和李恒全等先生又掀起了一股研究浪潮,提出了许多值得借鉴的观点⑧。毋庸置疑,以

---

① 林甘泉:《中国封建社会土地制度史》,北京:中国社会科学出版社,1990年,第15页。
② 愚以为,正因为秦土地可以买卖,随着时间的推移,农户实际占有土地有多有寡,并非始终是"授田百亩"。据岳麓秦简披露的新史料可知,秦立户之民"识"仅有田20亩。如《岳麓书院藏秦简》(叁)简文曰:"沛(简115)以三岁时为识取(娶)妻;居一岁为识买室,贾(价)五千钱;分马一匹、稻田廿亩,异识。识从军,沛死。(简116)"可见,即使秦民仅拥有土地20亩,也必须"从军"服役。
③ 参见高敏:《秦汉赋税制度考释》,载氏著《秦汉史论集》,郑州:中州书画社,1982年;黄今言:《秦汉赋役制度研究》,南昌:江西教育出版社,1988年;钱剑夫:《秦汉赋役制度考略》,武汉:湖北人民出版社,1984年;李恒全等:《秦汉刍藁税征收方式再探》,《财贸研究》2007年第2期。
④ 参见臧知非:《汉代田税征收方式与农民田税负担新探》,《史学月刊》1997年第2期。
⑤ 参见李恒全:《战国秦汉经济问题考论》,南京:江苏人民出版社,2012年,第105-143页。
⑥ 参见韩连琪:《先秦两汉史论丛》,济南:齐鲁书社,1994年,第468-480页。
⑦ 参见于振波:《秦简所见田租的征收》,《湖南大学学报》(社会科学版)2012年第5期;李恒全:《从新出简牍看秦田租的征收方式》,《中国经济史研究》2018年第2期。
⑧ 参见臧知非:《说"税田":秦汉田税征收方式的历史考察》,《历史研究》2015年第3期;晋文:《睡虎地秦简与授田制研究的若干问题》,《历史研究》2018年第1期;李恒全:《从新出简牍看秦田租的征收方式》,《中国经济史研究》2018年第2期。杨振红对秦田租的征收问题亦提出了许多有益的建议,参见杨振红:《出土简牍与秦汉社会》(续编)"第五章 秦汉时期的田租征收",桂林:广西师范大学出版社,2015年,第119-141页。

上学者的研究成果为我们深入探讨秦田租征收问题奠定了坚实的基础。根据新近披露的岳麓秦简之记载，我们认为秦采取了"租禾稼"的征收制度。如秦简载：

1. ●田律曰：租禾稼、顷刍稾，尽一岁不膚（毕）入及诸贳它县官者，书到其县官，盈卅日弗入及有逋不（简106/1278）入者，赀其人及官啬夫、吏主者各一甲⌐，丞、令、令史各一盾。逋其入而死、亡有罪毋（无）后不可得者，有（又）令官啬（简107/1282）夫、吏代偿。（简108/1283）①

2. ●田律曰：毋令租者自收入租，入租贳者不给，令它官吏助之。不如令，官啬夫、吏赀各二甲，丞、令、令史弗得（简173/1224）及入租贳不给，不令它官吏助之，赀各一甲。（简174/J45）②

3. 度稼得租。（《为吏治官及黔首》简11）③

从例1"租禾稼、顷刍稾"一语来看，"租"和"顷"皆用作动词，表示田税和刍稾税的征收方式是不同的④。而例3中的"租"却是一名词，表示租税之意。那么，秦官府究竟是如何"租禾稼"的呢？为了解决这一问题，先让我们回顾一下岳麓秦简的记载：

4. 租禾。税田廿四步，六步一斗，租四斗，今误券五斗一升，欲哭【步数】，几可（何）步一斗？曰：四步五十一分步卅六⌐一斗⌐其（简14/0817＋1939）以所券租数为法，即直（置）舆田步数，如法而一步，不盈步者，以法命之。（简15/0816）⑤

5. 租误券。田多若少，楮（籍）令田十亩，税田二百卌步，三步一斗，租八石。●今误券多五斗，欲益田。其述（术）曰：以八石

---

① 陈松长主编：《岳麓书院藏秦简》（肆），上海：上海辞书出版社，2015年，第103页。
② 同上书，第125页。
③ 陈松长主编：《岳麓书院藏秦简（壹-叁）释文修订本》，上海：上海辞书出版社，2018年，第43页。
④ 公元前408年，秦就实行了"初租禾"政策。参见《史记》卷十五《六国年表》，第798页。同时，在岳麓秦简中也有一例可资佐证，如《为吏治官及黔首》载："度稼得租。（简11正）"参见朱汉民、陈松长主编：《岳麓书院藏秦简》（壹），上海：上海辞书出版社，2010年，第113页。
⑤ 陈松长主编：《岳麓书院藏秦简（壹-叁）释文修订本》，上海：上海辞书出版社，2018年，第84页。根据例4，愚以为，"禾兑（税）田卅步"应断句为："禾。兑（税）田卅步……"此之"禾"，指的就是"租禾"。

五斗为八百（简 11/0939）①

6. 禾兑（税）田卅步，五步一斗，租八斗，今误券九斗，问几可（何）步一斗？得曰：四步九分步四而一斗。述（术）曰：兑（税）田为贾（实），九斗（简 12/0982）为法，除，贾（实）如法一步。（简 13/0945）②

7. 禾舆田十一亩，【兑】（税）二百六十四步，五步半步一斗，租四石八斗，其述（术）曰：倍二【百六十四步为】……☒（简 40/1654）③

以上简文主要是用于指导当时地方官吏征税的，其中的算题"是根据实际情况设计的，有重要的史料价值"④。因此，据这些简文可知，秦官府采取了如下两个征税的步骤：

第一步就是确定应税田亩面积。例 4 中的"租禾"指的就是田租征收，其应征田租之土地为"税田廿四步"，亦即 24 平方步⑤。那么，此处"税田廿四步"又是如何确定的呢？

其一，根据不同田地的形状，采取不同的计算方法。由于地形不同，计算田亩面积的方法亦不同，如秦简中就出现多种计算土地面积的方法：

（1）矩形土地面积的计算。如岳麓秦简载："甲（田）广三步四分步三，从（纵）五步三分步二，成田廿一步有（又）四分步之一。（简 53/0764）"⑥ 又，"☒【田】广十五步大半半步，从（纵）十六步少半半〖步〗，成田〖一亩〗卅二步卅六分步五。述（术）曰：同母，子相从，以分子相乘。（简 54/0829）"⑦

（2）等腰梯形土地面积的计算。岳麓秦简中之"箕田"就是等腰梯形

---

① 陈松长主编：《岳麓书院藏秦简（壹-叁）释文修订本》，上海：上海辞书出版社，2018年，第 83-84 页。

② 同上书，第 84 页。

③ 同上书，第 88-89 页。何谓"舆田"？彭浩解释说："舆田是指登记在图、册上的土地，也就是符合受田条件者得到的土地。"参见彭浩：《谈秦汉数书中的"舆田"及相关问题》，载武汉大学简帛研究中心主办《简帛》（第六辑），上海：上海古籍出版社，2011 年，第 21-28 页。

④ 于振波：《秦简所见田租的征收》，《湖南大学学报》（社会科学版）2012 年第 5 期。

⑤ 秦之一步为六尺，如《史记》卷六《秦始皇本纪》："始皇推终始五德之传……数以六为纪，符、法冠皆六寸，而舆六尺，六尺为步，乘六马。"又，秦一尺合有大约 23 厘米。凡文中所引之"步"若与"斤"、"升"、"斗"和"石"等计量单位相关联时，应该"指面积，亦即平方步"。参见陈松长等：《岳麓书院藏秦简的整理与研究》，上海：中西书局，2014 年，第 50 页。

⑥ 陈松长主编：《岳麓书院藏秦简（壹-叁）释文修订本》，上海：上海辞书出版社，2018年，第 92 页。

⑦ 同上。由于篇幅所限，具体的计算方法及过程请参阅陈松长等：《岳麓书院藏秦简的整理与研究》，上海：中西书局，2014 年，第 22-88 页。

之田。如其简文曰："箕田曰：并舌墥（踵）步数而半之，以为广，道舌中丈劈（彻）墥（踵）中，以为从（纵），相乘即成积步。（简64/0936）"①

（3）圆形土地面积的计算。简文将此种形状之田称为"周田"，如"周田述（术）曰：周乘周，十二成一；其一述（术）曰，半周〖乘〗半径，田即定，俓（径）乘周，四成一；半径乘周，二成一。（简65/J07）"②

由此可见，基层官吏在征税时首先必须了解和熟悉各种形状土地面积的计算方法。秦律将这种计算税田的方法称为"程田"。如龙岗秦简云："程田以为臧（赃），与同灋（法），田一町，尽□盈□希☒。（简133）"③据此，彭浩解释说："测算'税田'的程，称为'程'。程是达到某一单位产量（可以是容量、体积）的田亩数，即一个计租单位。这样，税田的面积和应纳之租与对应的'程'就是一种比例关系。"④ 因此，"程田"在田税征收过程中是极其重要的一个步骤。因为只有如此，才能将应税田亩面积精确到"步"，最终达到打击地方官吏"匿田"或"匿租"的目的。

其二，根据"程田"的方法及"什一（或什二）"之率，确定"税田"的面积。从上引例5可知，"黔首"有"田十亩"，合计2 400平方步，那么，其税田面积就是上引例5中的"二百卌"平方步。例7中亦说明，"黔首"有田"十一亩"，合计2 640平方步，其税田面积为"二百六十四"平方步。在这里，秦田租是按农户所拥有总田亩面积之十分之一征收的，即"什一"之税⑤。但是，我们在北大秦简《田书》中却发现了按"十二税一"之率计算税田面积的情况。如《田书》载："广百廿步、从（纵）百步，成田五十亩。税田千步，廿步一斗，租五石。（简8-023）"再如北大秦简载："广廿四步，从（纵）廿步，成田二。税田卌步，四步一斗，租一石。（简8-007）"又，"广廿四步，从（纵）卅步，成田三畮。税田

---

① 陈松长主编：《岳麓书院藏秦简（壹-叁）释文修订本》，上海：上海辞书出版社，2018年，第93-94页。

② 同上书，第94页。

③ 陈伟主编：《秦简牍合集·龙岗秦墓简牍》，武汉：武汉大学出版社，2014年，第77页。

④ 彭浩：《谈秦汉数书中的"舆田"及相关问题》，载武汉大学简帛研究中心主办《简帛》（第六辑），上海：上海古籍出版社，2011年，第21-28页。

⑤ 但作为田亩附加税之"枲"税，其租率为十五分之一，而非什一之税。岳麓秦简《数》载："舆田租枲述（术）曰：大枲五之，中枲六之，细七之，以高乘之为（实），直（置）十五，以一束步数乘之为法，胥（实）如法得。（简16/0900）"陈松长等对此解释说："《数》所记种枲的舆田租税率为十五分之一。"参见陈松长等：《岳麓书院藏秦简的整理与研究》，上海：中西书局，2014年，第53页。

六十步，五步一斗，租一石二斗。（简 8-033）"① 韩巍为此解释说："竹简卷八亦分上下两栏，上栏形式与卷七上栏相同，下栏则为田租的计算，包括税田面积、税率和田租数额。税田面积均为上栏所记亩数的十二分之一……"② 因此，我们认为，秦税田面积计征之率应当在"什一"至"十二税一"之间。当然，这部分应税田亩之收获物应全部上交国家，而其余田亩所产粮食悉归"黔首"所有③。

第二步就是在确定应税田地面积后，再根据税田亩产量而计征租税。上引简文例 4 至例 7 中"六步一斗"、"三步一斗"、"五步一斗"和"五步半步一斗"等既是不同应税土地之产量，又是上交国家之田租④。

例 4 表明，该"黔首"实际拥有土地面积为 240 平方步（秦制为 1 亩），按田亩总面积之"什一"之率，其应税田亩面积为 24 平方步。从"六步一斗，租四斗"即可知其亩产量和每亩田租：

亩产量：$\frac{240}{6} \times 1 = 40$（斗）

每亩田租：$\frac{240}{24} \times 4 = 40$（斗）

可见，该块土地亩产量为 4 石。那么，24 平方步之田租就是简文所言之"四斗"。同理，例 6 中之"禾兑（税）田卅步，五步一斗，租八斗"表明，这些税田之产量和田租均为 4.8 石/亩。税田 40 平方步，则"租八斗"。从例 7 中之数字亦可算出其产量和田租为 4.36 石/亩。其税田"二百六十四步"，则"租四石八斗"。不难看出，由于土地地力不同，亩产量及每亩田租亦不相同⑤。

上引例 1 至例 7 中的田税计征的换算办法又可称为"取禾程"。如岳

---

① 韩巍：《北大秦简中的数学文献》，《文物》2012 年第 6 期。
② 同上。
③ 从上引秦简中之确定应税田亩面积的办法可知，田租"取'什一'之率在秦国历史上的一定范围和时间内确实存在过"。参阅陈松长等：《岳麓书院藏秦简的整理与研究》，上海：中西书局，2014 年，第 57 页。但肖灿等认为，秦之税田为国有之公田，笔者认为此观点恐不确。这是因为，既然"税田为国有之公田"，则秦何以要制定严格的"程田""程租"等法律来确定田租？又有何必要花费高昂的征税成本来征收田税？这不仅与《龙岗秦简》所记之律文扞格不符，在逻辑上更是解释不通！肖灿等的观点，请参见陈松长等：《岳麓书院藏秦简的整理与研究》，上海：中西书局，2014 年，第 180-181 页。
④ 其中的"步"意为平方步。
⑤ 一般而言，秦汉粮食亩产量大约 4 石。参阅拙文《长沙走马楼西汉简牍所见"都乡七年垦田租簿"及其相关问题分析》，《中国社会经济史研究》2015 年第 2 期。

麓秦简载:"取禾程述(术):以所已干为法,以生者乘田步为胥(实),胥(实)如法一步。(02/0887)"① 又,"取禾程,三步一斗,今得粟四升半升,问几可(何)步一斗?得曰:十一步九分步一而一斗。为之述(术)曰:直(置)所得四升(05/0388)半升者,曰半者倍为九,有(又)三□之为廿七,以为法。亦直(置)所取三步者,十而五之为三百,即除廿七步而得一步。"② 可见,秦在征收田税时,用不同的方法征收"生者"和"已干"之禾。其换算方法是:"生者"/"已干"之禾=禾田步数③。该例还表明,如果以"粟"为缴纳物,则"一斗"粟为田"十一步九分步一",而非3平方步。因此,由于征收之物有干、湿、粟和米之分,秦官府又制定了"耗程"。如岳麓秦简云:"耗程。以生为胥(实),实如法而成一。今有禾,此一石春之为米七斗,当益禾几可(何)?其得曰:益禾四斗有(又)七分(09/0809)斗之二∟,为之述(术)曰:取一石者,十之,而以七为法∟。它耗程如此。(10/0802)"④ 其大意是讲,如果缴纳之物为禾,必须计算禾换成米(脱壳之粟)后之消耗数。此例为"一石"禾,若"春之为米七升",则当增加多少"禾"?根据计算,当增加之禾为:$14\frac{2}{7}-10=4\frac{2}{7}$(斗)⑤。当然,这种换算的标准在岳麓秦简中也有详细的记载。如其简文曰:"粲(粱)千石为稻八百卅三石三斗少半斗。稻千石为粲(粱)千二百石。(简112/0791)"⑥ 又,"米一升为毇(毇)十分升八。米一升为叔(菽)、荅、麦一升半升。以粟求稗,卅〈廿〉七之,五十而成一。以稗求粟,五十之,卅〈廿〉七而成一。(简96/0987)"⑦ 此类例子较多,在此不备举。

可见,秦田租征收有一定的"程式"和标准。其一,根据"程田"的方法按"什一"或"什二"之率划定税田之面积。其二,再根据"禾程"确定税田的地块、产量及租税。其三,根据农户缴纳物之不同,依据"取

---

① 陈松长主编:《岳麓书院藏秦简(壹-叁)释文修订本》,上海:上海辞书出版社,2018年,第82页。

② 同上书,第90页。

③ 参见陈松长等:《岳麓书院藏秦简的整理与研究》,上海:中西书局,2014年,第51页。

④ 陈松长主编:《岳麓书院藏秦简(壹-叁)释文修订本》,上海:上海辞书出版社,2018年,第91页。

⑤ 参见陈松长等:《岳麓书院藏秦简的整理与研究》,上海:中西书局,2014年,第52页。

⑥ 陈松长主编:《岳麓书院藏秦简(壹-叁)释文修订本》,上海:上海辞书出版社,2018年,第101页。

⑦ 同上书,第100页。

禾程"和"秏程"来计征不同形态之租税。因此，在土地数目不变的前提下，为了节省征税成本，官府则会按已有的各农户税田之标准量来征收来年之田租。

二、对拖欠田租及"入租赁不给"的规定

农业是"天下之本"，务本之民"勤身从事而有租税之赋"①，这种"租税之赋"又与国家政权之稳定休戚相关。因此，秦官府严厉禁止黔首"有逋不入"田租的违法行为。根据前引例1和例2可知，岳麓秦简《田律》披露了有关农户拖欠田租及"入租赁不给"等方面的历史信息。

第一，规定了上交田租的时间，禁止黔首"有逋不入"田租。秦在"租禾稼、顷刍稾"时，规定一年之内必须缴清租税及"诸赁它县官"之官有钱财。如果"尽一岁不毕（毕）入"，则移书至其"县官"，并责令其"卅日"内将田租上交入库。如果出现"盈卅日弗入及有逋不入"的现象②，法律则对以下三类人分别给予程度不同的处罚：

一是对拖欠田租者（亦即著籍之黔首）赀罚"一甲"。

二是对负责田租征收的"官啬夫、吏主者"赀罚"各一甲"。

三是对连带责任者"丞、令、令史"赀罚"各一盾"。

但如果出现拖欠国家田租者死亡或"亡有罪毋后不可得"的情况，则"令官啬夫、吏代偿"。此处所言之"官啬夫"通常指的是乡啬夫（或曰诸官系统中之"田官"等"吏啬夫"）③，"吏（或曰吏主者）"指的是具体负责田租征收之官吏。

可见，秦每年征收田租一次，但容许拖欠30天。一旦"盈卅日弗入"，则拖欠田租者及相关官吏皆受不同程度的处罚。法律还规定，拖欠田租者死亡或"亡有罪毋后不可得"，则负责官吏必须代为偿还所欠租税。

---

① 《史记》卷一○《文帝本纪》，第428页。

② 简文中之"逋"，其意有二：一是拖欠官府的钱财。如《汉书》卷七《昭帝纪》："三年以前逋更赋未入者，皆勿收。"（第229页）又，《后汉书》卷一《光武帝纪》："（更始元年）初，光武为舂陵侯家讼逋租于尤，尤见而奇之。"（第5页）二是逃亡。如云梦秦简《法律答问》简164："可（何）谓'逋事'及'乏繇（徭）'？律所谓者，当繇（徭），吏、典已令之，即亡弗会，为'逋事'；已阅及敦（屯）车食若行到繇事（徭）所乃亡，皆为'乏繇事（徭）'。"又，《岳麓书院藏秦简（肆）》简240/1228："·兴律曰：当为求盗，典已戒而逋不会阅及已阅而逋若盗去亭一宿以上，赀二甲。"参见陈松长主编：《岳麓书院藏秦简》（肆），上海：上海辞书出版社，2015年，第147页。

③ 参见裘锡圭：《啬夫初探》，载氏著《古代文史研究新探》，南京：江苏古籍出版社，1992年，第431页。

第二，"毋令租者自收入租"①。秦律何以要制定如此之法律？愚以为，秦官府制定"毋令租者自收入租"的法律，其主要目的就是打击"匿田""匿租"的犯罪行为。

正如前文所言，秦在征收田租时制定了一定的程式，如基于"什一（或什二）"之率基础之上的税田划分标准、一定的亩产量和亩纳田税额等。这类推行全国的标准程式不仅有利于规范基层官吏在田租征收过程中的行为，而且还可以抑制和打击偷税漏税的现象。如龙岗简牍秦律规定：

8. 不遗程、败程租者☐，不以败程租之。☐（简 125/116A/116/215）②

9. 诈（诈）一程若二程☐☐☐☐☐（简 128A/111/111/231A）

10. 人及虚租希程者，☐城旦舂；☐☐☐☐（简 129/132/132/226A）

11. 程田以为臧（赃），与同灋（法），田一町，尽☐盈☐希☐（简 133/117/117/190）

12. ☐希其程率；或稼☐（简 134/106B/106B/177B）③

13. 租不能【实】，☐☐轻重于程，町失三分，☐（简 136/140/140/171）

14. 分以上，直其所失臧（赃）及所受臧（赃），皆与盗同☐（简 137/121/121A/204）

15. 上然租不平而劾者，☐☐☐☐租☐☐☐（简 141A/133/133/225A）

16. 皆以匿租者，诈（诈）毋少多，各以其☐（简 142/141A/141A/170A）

17. ☐☐不到所租☐【直】，虚租而失之，如☐（简 143）

18. 租者、监者诈（诈）受租、所【监】☐☐☐☐（简 144A/128A/128A/218A）

19. 坐其所匿税臧（赃），与灋（法），没入其匿田之稼。☐（简 147/122/122/202）

---

① 此处所言之"租者"，指的就是应纳田租（或其他税目）之人。
② 陈伟主编：《秦简牍合集·龙岗秦墓简牍》，武汉：武汉大学出版社，2014年，第72页。以下仅标注简号。
③ 至于"程率"中"率"，《秦简牍合集·龙岗秦墓简牍》整理者疑为"克"。参见上书，第78页。本文从《龙岗秦简》整理者之说。

20. 其所受臧（赃），亦与盗同灋（法）；遗者罪减焉（简 148/138/138/197）一等，其故☒（简 149/101/101/残 7③）

21. 租者且出以律，告典、田典，典、田典令黔首皆智（知）之。及☒（简 150/137/137/196）写律予租☒（简 177/154/154/残 8③）

22. 田及为詐（诈）伪【写田】籍，皆坐臧（赃），与盗☐☒（简 151）

23. ☒☐者租匿田☒（简 165/153/153/78A）

24. ☒以上，失租廿石☒（简 187/149/149/残①）

以上这些律文说明，如果农户"自收入租"，则农户或负责官吏有可能隐报、瞒报税田面积及其租税。其中最关键的就是，由于税田是从农户所拥有的总田亩面积中抽取的，农户有可能将产量最低的土地划为税田，这将直接损害国家的利益。甚至有一些负责官吏"受臧"而庇护违法农户。因此，官府才会制定如上打击"匿田""匿租"的法律条文。兹逐一分析如下：

例8中的"遗程、败程租"其实包含三种意思：一是"程租"。据简文可知，"程租"指的是"国家规定的每个单位面积土地应当交纳田租的定量"①。二是"遗程租"。所谓"遗程租"，《龙岗秦简》整理者解释说："遗程租，漏逃应缴田租的份额。"② 愚以为，这种解释符合秦田租征收的程式。三是"败程租"。此处之"败"究竟为何意？《说文》曰："败，毁也。"③《诗经·大雅·民劳》曰："无俾正败。"郑玄《笺》云："败，坏也。"④ 可见，"败程租"就是指破坏或违反田租征收的标准程式。

例9至例10说明，当时不仅存在以欺骗的手段隐瞒田租，更有"虚租希程者"。此处之"虚租"，应当指"收缴田税有虚数"⑤ 之意，而非"发放口粮"⑥。"希程"指的是农户缴纳的田租未达到国家规定的"租程"

---

① 中国文物研究所、湖北省文物考古研究所编：《龙岗秦简》，北京：中华书局，2001年，第114页。

② 同上。

③ [汉]许慎：《说文解字》，北京：中华书局，1963年，第144页。

④ [汉]郑玄笺、[唐]孔颖达疏：《毛诗正义·大雅》，载[清]阮元校刻《十三经注疏》（影印版），北京：中华书局，1980年，第548页。

⑤ 中国文物研究所、湖北省文物考古研究所编：《龙岗秦简》，北京：中华书局，2001年，第116页。

⑥ 刘国胜：《云梦龙岗简牍考释补正及其相关问题的探讨》，《江汉考古》1997年第1期。

标准。律文对"虚租希程者"皆处以"□城旦舂"之罪。

例11中的"程田",前文已分析,此不赘述。

例12说明,国家是按一定"程率"征收田租的。此"程率"就是依据田亩的贫瘠程度,征收不同之租税,如前文所分析之亩收田租额等。

例13和例14可以缀合为一简。其大意是说,官吏监督农户上交之租税与应纳租税额不符,且每"町失三分"时,则必须分别测度其因违法而造成损失之价值以及官吏受贿之价值。在此基础上依"盗律"定其罪,亦即简文所云"与盗同□(法)"。此处之"与盗同□(法)"指的就是云梦秦简《法律答问》中的律文。如其简文曰:"'害盗别徼而盗,驾(加)罪之。'●可(何)谓驾(加)罪?●五人盗,臧(赃)一钱以上,斩左止。有(又)黥以为城旦;不盈五人,盗过六百六十钱,黥劓(劓)以为城旦;不盈六百六十到二百廿钱,黥为城旦;不盈二百廿以下到一钱,迁(迁)之。求盗比此。"① 可见,官府就是依此律按违法官吏所损租税及所"臧(赃)"价值之大小来裁定其罪责的。

例15大意是讲,农户或官吏在监督农户上交田租时,不依法律程式称量而致使国家租税之收入出现减损的情况。

例16中之"匿租者"或有两意:一是农户有意隐匿租税;二是官民合谋而隐匿田租。这两种行为皆可称之为"詐(诈)租",无论隐匿田租为多少,各以其所匿之价定罪。

例17的大意是说,如果农户所缴纳之租税未达到国家规定的数额,隐瞒虚报而致使国家租税出现损失的情况。

例18则特别规定了"租者、监者"两类人的法律责任。此处之"租者"指的是应纳租税之农户;"监者"则指监管农户缴纳租税之官吏。

例19大意是讲,农户隐匿租税,"与盗同法",应没收其"匿田之稼"。这里其实有两点需注意:一是隐匿田租之罪适应于"盗律";二是除了以"盗律"定其罪外,还应当没收其匿田之全部收获物。

例20大意是说,官吏在征收田租时收受贿赂,则"与盗同法";若属工作失误而致国家租税受损,则罪减一等。但负责官吏如果故意而为,则不得减罪。由于该简文漫漶不清,具体所定何罪,不得而知。

从例21可知,"县官"在征收田租时,应向其下级机构传达田租征收

---

① 睡虎地秦墓竹简整理小组编:《睡虎地秦墓竹简》,北京:文物出版社,1990年,第120页。

的法律，亦即简文所言之"令黔首皆知之"。另外，各级负责税收的基层官吏还须传抄这些律文。

例22尤为重要，因为该例首次出现了"田籍"。此"田籍"指的是"官府对各户占有土地情况所做的登记，这是官府收取租税的主要依据，因此，不论民户向官府申报田地时故意隐瞒，还是有关官员没有如实登记，都要受到严惩"①。因此，官吏"誈（诈）伪【写田】籍"而隐瞒了农户田亩之总数，这必将影响国家租税的收入。秦律规定其为"坐臧（赃）"之罪，且"与盗同法"。

例23中的"租"后当有一逗号，否则其文意不明。此例主要讲的是有关"匿田"的法律规定，但简文残缺，具体为何，不得而知。

从例24可知，秦律对"失租"行为的定罪进行了量化，如简文所言"失租廿石☐"即可为证。

可见，上引龙岗秦简例8至例24中的法律条文大致反映了如下历史史实：一是依据"田籍"划定应税田亩面积。正如前文所论，此"田籍"就是用于登记农户所拥有的土地数量的簿籍。这种簿籍应详细登记了农户拥有的土地总面积、应税田亩面积以及各块土地的亩产量等数据。二是官府根据颁布的"程田"和"程租"的标准征收田租，打击"匿田"和"匿租"行为。三是法律对"租者"和"监者"在征收田租中的责任皆做了明确的界定，防止农户与官吏合谋"诈租"。可见，秦田租的征收有一套严格的程序，严厉禁止农户和官吏在征收过程中的"失租"和"匿租"等危害国家利益的行为。正因为如此，岳麓秦简才规定"毋令租者自收入租"。

第三，"入租賨不给"问题。此律文中之"租賨"应包含两个方面的内容，即黔首应纳田租及向官府所借之钱粮。

农户在年成不好或遇到天灾人祸时，往往入不敷出，故而"入租賨不给"便不可避免。不仅如此，秦之黔首向官府借贷的情况亦非常普遍。如岳麓秦简载：

25. ……刍稾积五岁以上者以賨，黔首欲賨者，到收刍稾时而责（债）之，黔首莫欲賨，賨而弗能索（索）者，以（简386/0518）黔首入租賨刍【稾】☐☐☐☐☐卖，毋（无）衡石斗甬（桶）以县米，令里☐☐者，☐☐☐☐☐☐（简387/0610）☐石（？）斗甬（桶）▎，里量（？）以☐☐☐☐为☐☐☐县官衡石斗甬（桶）☐县

---

① 于振波：《简牍所见秦名田制蠡测》，《湖南大学学报》（社会科学版）2012年第5期。

(?) □□□□□□及刍 (?) □（简388/0667）□斗甬（桶）焉，毋夺黔首时，内史布当用者。（简389/0664）①

26. 泰上皇时内史言：西工室司寇、隐官、践更多贫不能自给糧（粮）。议：令县遣司寇入禾，其县毋（无）禾（简329/0587）当贳者，告作所县偿及贷。西工室伐幹沮、南郑山，令沮、南郑听西工室致。其入禾者及吏移西（简330/0638）工室。

●二年曰：复用。（简331/0681）

●内史言：蘩卒从破赵军⌊，长挽粟徒壹夫身贫毋（无）粮，贳县官者，死军，为长（简332/0749）

▎内史郡二千石官共令　第丁（简333/0351）②

从例25之"令"的内容上看，黔首可以借贷"积五岁以上"的"刍稾"。这些借出之陈年"刍稾"必须在"黔首入租贳"时偿还。由于简文残缺不全，具体的偿还过程不明。但其中尤为重要的一点是，官府在追缴黔首所欠"租贳"时，特别强调了"毋夺黔首时"。可见，秦官府对农业生产是极其重视的，并未采取"急农与役农的政策"③。例26则说明，秦官营手工业中的"司寇、隐官、践更"以及为军队转输粮食者皆需自带粮食，官府不予廪给。由于官府手工业中的"司寇、隐官、践更多贫不能自给糧（粮）"，所以法律规定"司寇"必须"入禾"④。如果其户籍所在之县"毋（无）禾当贳"，则"告作所县偿及贷"。"西工室"在"沮、南郑"两地伐"幹"时⑤，"令沮、南郑听西工室致"⑥。律文又规定，如果要"入禾"，则必须移书于"西工室"。最后该令文又举了一个实例来说明这一法律条文。如其简文云，"蘩"县之兵卒攻破赵军时，转输粮食的

---

① 陈松长主编：《岳麓书院藏秦简》（肆），上海：上海辞书出版社，2015年，第223-224页。

② 同上书，第204-205页。

③ 唐启宇：《中国农史稿》，北京：农业出版社，1985年，第200页。

④ 秦"司寇"与"隶臣妾"不同，"司寇"是可以立户的，如里耶秦简云："成里户人司寇宜。☐Ⅰ下妻㛄。☐Ⅱ8-1027"（参见陈伟主编：《里耶秦简牍校释》（第一卷），武汉：武汉大学出版社，2012年，第264页），既然可立户，其就有权利获得国家授田，《二年律令·户律》载："公士一顷半顷，公卒、士五、庶人各一顷，司寇、隐官各五十亩。（简312）"因此，"司寇、隐官"在官府"公作"时必须自备粮食。"践更"者其实就是一般的授田民，官府当然更不会廪给了。

⑤ 所谓"幹"，指的是"制作弓箭的材料"。参见陈松长主编：《岳麓书院藏秦简》（肆），上海：上海辞书出版社，2015年，第227页。

⑥ 此处之"致"指的是一种文书形式，相当于通知书。

"壹夫"由于"身贫毋粮",曾"貣县官"。这就说明,秦授田民从事官府"公作"时皆需自备粮食,只有当"不能自给糧(粮)"时才能向官府借贷。

这些"貣县官者"皆需按时偿还,如果出现"入租貣者不给"的情况,则负责官吏必须"助之"。换言之,当"貣县官者"无力缴清租税时,负责官吏必须代为偿清,否则"官啬夫、吏赀各二甲"。由岳麓秦简《田律》简173/1224 和简174/J45 可知,下达"它官吏助之"的官吏为县级"丞、令、令史",若这些官吏"不令它官吏助之",则"赀各一甲"。因此,当黔首"入租貣不给"时,相关官吏有责任代为补交其"不给"之"租貣"。

那么,官府又是如何监管征税的呢?县令作为国家税收征管的主要代理人,与乡啬夫等形成了一种新的委托-代理关系①。通过这种委托-代理关系,秦官府有力保障了国家财政赋税的收入。史料表明,秦官府为了降低征税的代理成本,通过"引入会计制度来监督代理人"②。我们可以从云梦秦简中之《效律》窥其一斑:

  27. 至计而上廥籍内史。入禾、(简175)发屚(漏)仓,必令长吏相杂以见之。刍稾如禾。(《效》简176)③

  28. 计用律不审而赢、不备,以效赢、不备之律赀之,而勿令赏(偿)。(《效律》简50)④

  29. 计校相繆(谬)殹(也),自二百廿钱以下,谇官啬夫;过二百廿钱以到二千二百钱,赀一盾;过二千二百钱以上,赀一甲。人户、马牛一,赀一盾;自二以上,赀一甲。(《效律》简56)⑤

  30. 计脱实及出实多于律程,及不当出而出之,直(值)其賈(价),不盈廿二钱,除;廿(《效律》简58)二钱以到六百六十钱,

---

① 我们发现,在秦征收田租的律文中并未出现一则有关处罚郡守及以上官吏的法律。愚以为,秦郡守及以上官吏为游戏规则的制定者,而县级以下机构为秦税务行政的重心,属于考核和审计之对象。

② [冰岛]思拉恩·埃格特森:《经济行为与制度》(吴经邦等译),北京:商务印书馆,2007年,第43页。这种制度在秦汉时期又被称为"上计",具体研究情况请参阅高敏:《秦汉上计制度述略》,载氏著《秦汉史探讨》,郑州:中州古籍出版社,1998年,第174-195页;侯旭东:《丞相、皇帝与郡国计吏:两汉上计制度变迁探微》,《中国史研究》2014年第4期。

③ 睡虎地秦墓竹简整理小组编:《睡虎地秦墓竹简》,北京:文物出版社,1990年,第59页。

④ 同上书,第75页。

⑤ 同上书,第76页。

赀官啬夫一盾；过六百六十钱以上，赀官啬夫一甲，而复（《效律》简59）责其出殴（也）。（《效律》简60）①

31. 度禾、刍稾而不备十分一以下，令复其故数；过十分以上，先索以稟人，而以律论其不备。（《效》简167）②

由此可见，当时"凡属国家财物和皇室财产，不论其属于'内史'还是属于'大内'主管，都有相应的财物登记簿籍，当时谓之'计账'"③，如例27中的"廥籍"就属于这种会计账簿④。但例28至例31却有稍许不同，它们是关于官府对相关会计账簿审计的律文。

例28大意是说，如果审核会计账簿后发现其不符合法律之规定而致使计簿有出入的，则按"效赢、不备之律赀之"。

例29是讲，若相关官吏对会计账簿进行审计发现误差时，则按所误之价值大小对责任官吏进行处罚。法律规定，所误"二百廿钱以下"，"谇官啬夫"⑤；"过二百廿钱以到二千二百钱"，则"赀一盾"；"过二千二百钱以上"，则"赀一甲"。如果在登记人口和马牛会计账簿时，误差一户或马牛一头，则"赀一盾"；误差"二以上"，则"赀一甲"。

例30同样表明，会计登记必须符合一定的律文和程式（亦即"律程"）。对于不合"律程"的情况，法律规定按其价值之大小定罪，如"不盈廿二钱"，则免罪；"廿二钱以到六百六十钱"，则"赀官啬夫一盾"；"过六百六十钱以上"，则"赀官啬夫一甲"。不仅如此，该律文还对销账制度做了规定，如法律禁止"不当出而出之"，如是，则按其销账之金额令其赔偿。

例31则对征收刍稾税问题进行了详细规定，正如其律文所言，在称量"禾、刍稾"时，误差不足"十分一以下"的，则必须补足所缺之数；

----

① 睡虎地秦墓竹简整理小组编：《睡虎地秦墓竹简》，北京：文物出版社，1990年，第76页。

② 同上书，第58页。

③ 高敏：《秦代的经济立法原则及其意义》，载氏著《秦汉史探讨》，郑州：中州古籍出版社，1998年，第45页。

④ 在此有必要补充说明一下"廥籍"与"仓籍"的区别。《说文》曰："廥，刍稾之藏。从广会声。"至于"仓"，《说文》解释说："谷藏也。仓黄取而藏之，故谓之仓。从食省，口象仓形。凡仓之属皆从仓。"可见，这两者是有明显区别的。

⑤ 裘锡圭曾说："秦律把仓啬夫、库啬夫、田啬夫等各种负责某一方面事物的啬夫总称为官啬夫，与官啬夫相对的是县啬夫或大啬夫。郑文指出秦律的官啬夫相当于《管子》的吏啬夫，这是很精辟的见解。"参见裘锡圭：《啬夫初探》，载氏著《古代文史研究新探》，南京：江苏古籍出版社，1992年，第431页。

超过"十分以上"的，则"先索以稟人，而以律论其不备"。

可见，上级主管部门在征税过程中与其下辖机构存在诸多信息不对称，具体负责官吏则有可能会出现"匿租"等道德风险问题。因此，上级主管部门通过会计账簿的审计，既可以降低税收行政的费用，又能提高征税的行政效率。综合以上分析可知，这批《岳麓书院藏秦简》新出史料大略反映了如下历史真相：

一是田租征收的方式。秦"租禾稼"采取的步骤有：其一是按什一（或什二）之率，划定农户税田的面积；其二是按一定的产量再确定税田的地块、亩产量及租税；其三是根据征收田租的不同物质形态，规定了禾（湿禾、干禾）、粟及米等租税的换算方法。

二是法律规定了上交田租的时间，严厉禁止黔首"有逋不入"田租。岳麓秦简显示，秦每年征收田租一次，但容许拖延30天缴纳。一旦农户"盈卅日弗入及有逋不入"，则"赀其人及官啬夫、吏主者各一甲"，连带责任者"丞、令、令史"则赀罚"各一盾"。如果"逋其入而死、亡有罪毋后不可得"，则责任官吏"官啬夫、吏"必须代为偿还。

三是"毋令租者自收入租"。秦颁布此律的目的在于抑制和打击"匿田""匿租"等违法行为。大量秦简证实，秦官府制定了严格的"程田"和"程租"的法律条文。官府只有严格执行这些法律，才能抑制和打击官吏在征收过程中"失租"和"匿租"等危害国家利益的行为。也只有如此，秦官府才能有效监管"租者"和"监者"，防止农户或官民合谋"诈租"。

四是"入租贳不给"问题。秦律规定，黔首一旦出现"入租贳不给"的问题，则负责官吏必须代为补交"租贳"。如果"官啬夫、吏"不"助之"，则"赀各二甲"。而"丞、令、令史"等上级机构"不令它官吏助之"，亦受赀罚之罪，即"赀各一甲"。

三、刍稾税

秦时除了"租禾"外，还征收刍稾税，这是因为刍和稾为当时牛马的主要饲料，在军国事务中居于重要的地位。如《商君书·去强》云："强国知十三数：……马、牛、刍稾之数。"① 《史记·秦始皇本纪》载：

---

① 蒋礼鸿：《商君书锥指》，北京：中华书局，1986年，第34页。

第二章　秦汉土地制度与田税征课　　　　　　　　　　· 87 ·

"（秦）郡县转输菽粟刍藁……咸阳三百里内不得食其谷。用法益刻深。"①又，《汉书·主父偃传》记载，秦皇帝派蒙恬将兵攻胡，却地千里，以河为境，然后发天下丁男以守北河，"使天下飞刍挽粟"②。诸如此类的记载，史书中不胜枚举。那么秦是如何征收刍藁税的？新出岳麓秦简和里耶秦简为我们拨开了困扰学界弥久的迷雾。如秦简载：

32. 刍一石十六钱，藁一石六钱，今刍藁各一升，为钱几可（何）？得曰：五十分钱十一，刍一升百分钱十六，藁一升百分钱。（简 73/0973）六，母同，子相从。（简 74/0941）③

33. 藁石六钱，一升得百分钱六乚，刍石十六钱，一升得百分【钱十六】☐（简 75/1839）④

34. 田刍藁钱千一百卅四。元年二月癸酉朔辛巳，少内守疵受右田守☐。Ⅰ令佐丁监。Ⅱ（简 9-743）⑤

例 32-33 表明，当时刍一石十六钱，而藁一石仅六钱。尽管这是个算题，但其与现实刍藁税也不会相差得太离谱，基本就在其上下浮动。汉初的《二年律令·田律》记载了刍藁税折钱缴纳的情况，其文曰："刍一石当十五钱，藁一石当五钱。"⑥ 这一点与岳麓秦简基本相同，只是数量有别，岳麓秦简是"刍一石十六钱，藁一石六钱"。同时，这也说明岳麓秦简中《数》所记载的租税数目以及反映的事实与秦的历史基本吻合。

例 34 中的《里耶秦简》（贰）简 9-743 则说明，秦地方政府在实际征收过程中，刍藁税一般"足其县用"后，可以以货币的方式缴纳。

汉代承袭了秦刍藁税这种实物和钱并征之制。如汉初之《二年律令·田律》载："入顷刍藁，顷入刍三石；上郡地恶，顷入二石；藁皆二石。令各入其岁所有，毋入陈，不从令者罚黄金四两，收入刍藁，县各度一岁用刍藁，足其县用，其余令顷入五十五钱以当刍藁。刍一石当十五钱，藁

---

① 《史记》卷六《秦始皇本纪》，第 269 页。
② 《汉书》卷六四《主父偃传》，第 2800 页。
③ 陈松长主编：《岳麓书院藏秦简（壹-叁）释文修订本》，上海：上海辞书出版社，2018 年，第 96 页。
④ 同上。
⑤ 陈伟主编：《里耶秦简牍校释》（第二卷），武汉：武汉大学出版社，2018 年，第 196 页。也可参见湖南省文物考古研究所编：《里耶秦简》（贰），北京：文物出版社，2017 年，第 31 页。
⑥ 张家山二四七号汉墓竹简整理小组：《张家山汉墓竹简（二四七号墓）》（释文修订本），北京：文物出版社，2006 年，第 165 页。

一石当五钱。"①

当然，简牍表明，秦汉刍税分为两种："户刍"和"田刍"。如里耶秦简载："户刍钱六十四。卅五年。☐（8-1165）"又，"☐十一月☐刍钱三【百】☐。（8-559）"②笔者估计"☐刍钱三百☐"前的缺字当为"户"字。所谓"田刍"就是指按照应征田亩面积征收的刍税，如本文前面所论之事实；"户刍"就是按户征收的刍税。从里耶秦简来看，"户刍"显然征收的是钱③。到了汉初，不仅有"户刍"和"田刍"，甚至还出现了"田稿（槀）"，但始终未见"户稿（槀）"之称谓。如《江陵凤凰山西汉简牍》载：

平里户刍廿七石

田刍四石三斗七升

凡卅一石三斗七升

八斗为钱

六石当稿

定廿四石六斗九升当食（？）

田稿二石二斗四升半

刍为稿十二石

凡十四石二斗八升半

稿上户刍十三石

田刍一石六斗六升

凡十四石六斗六升

二斗为钱

一石当稿

定十三石四斗六升给当☐

田稿八斗三升

刍为稿二石

---

① 张家山二四七号汉墓竹简整理小组：《张家山汉墓竹简（二四七号墓）》（释文修订本），北京：文物出版社，2006年，第165页。与秦一样，"刍槀"税征收的是实物。如《里耶秦简牍校释》（第二卷）简9-2284载："卅三年四月辛丑朔丙寅，貳春乡守吾敢言之：令曰以二尺Ⅰ牒疏书刍槀、荔石数，各别署积所上，会五月朔Ⅱ日廷。问之，毋当令者。敢言之（正）。五月庚辰日中，佐胥以来，囷发。吾手（背）"参见陈伟主编《里耶秦简牍校释》（第二卷），武汉：武汉大学出版社，2018年，第452页。

② 陈伟主编：《里耶秦简牍校释》（第一卷），武汉：武汉大学出版社，2012年，第179页。

③ 当然，如上引《里耶秦简牍校释》（第二卷）简9-743所记，秦田刍槀税也可折钱缴纳。

凡二石八斗三升。①

由上引简文可知，汉初"户刍"是可以纳钱的，这应该是承继了秦"户刍"之制。总之，至西汉中后期和东汉，由于军国的需求，刍稿（稾）税一直存在。如《汉书·贡禹传》："农夫父子暴露中野，不避寒暑，挃中杷土，手足胼胝，已奉谷租，又出稿税，乡部私求，不可胜供。"② 又，《汉书·赵充国传》载："边兵少，民守保不得田作。今张掖以东粟石百余，刍稾束数十。转输并起，百姓烦扰。"③ 东汉时期，由于天灾人祸，政府经常减免"刍稾"税。如光武帝时期，"复博、奉高、嬴勿出元年租、刍稿"④；顺帝时期下诏曰："（永建六年）连年灾潦，冀部尤甚。……其令冀部勿收今年田租、刍稿。"⑤

四、枲税

秦除了"租禾"和征收"刍稾"税以外，还征收"枲税"。岳麓秦简向世人展示了秦征收"枲税"的历史真相。如《岳麓书院藏秦简》（贰）载：

> 35. 舆田租枲述（术）曰：大枲五之，中枲六之，细【枲】七之，以高乘之为羃（实），直（置）十五，以一束步数乘之为法，羃（实）如法得。（16/0900）⑥

> 36. 租枲述（术）曰：置舆田数，大枲也，五之，中枲也，六之，细枲也，七之，以高乘之为羃（实），左置十五，以一束步数乘十（17/1743）⑦

> 37. 枲五之，中枲六之，细枲七之。（36/1652）⑧

> 38. 枲【舆】田六步，大枲高六尺，七步一束，租一两十七朱

---

① 湖北省文物考古研究所编：《江陵凤凰山西汉简牍》，北京：中华书局，2012年，第104页。
② 《汉书》卷七二《贡禹传》，第3075页。
③ 《汉书》卷六九《赵充国传》，第2979—2980页。师古在《汉书·萧何传》中注曰："稿，禾秆也。"
④ 《后汉书》卷九七《祭祀志》，第3170页。
⑤ 《后汉书》卷六《顺帝纪》，第258页。
⑥ 陈松长主编：《岳麓书院藏秦简（壹—叁）释文修订本》，上海：上海辞书出版社，2018年，第85—86页。
⑦ 同上书，第86页。
⑧ 同上。根据前文可知，"枲五之"当为"大枲五之"。

（铢）七分朱（铢）一。(19/0835)①

39. 枲舆田五十步，大枲高八尺，六步一束，租一斤六两五朱（铢）三分朱（铢）一。(20/0890)

40. 大枲田三步少半步，高六尺，六步一束，租一两二朱（铢）大半朱（铢）。(21/0849)②

41. 大枲田三步大半步，高五尺，尺五两，三步半步一束，租一两十七朱（铢）廿一分朱（铢）十九。(22/0888)③

42. 枲舆田，周廿七步，大枲高五尺，四步一束，成田六十步四分步三，租一斤九两七朱（铢）半朱（铢）。(23/0411)④

43. 枲舆田七步半步，中枲高七尺，八步一束，租二两十五朱（铢）。(24/0826)⑤

44. 细枲舆田十二步大半步，高七尺，四步一束，租十两八朱（铢）有（又）十五分朱（铢）四。(25/0837)⑥

45. 细枲田一步少半步，高七尺，尺七两，五步半步一束，租十九束〈朱〉（铢）百六十五分朱（铢）一。(26/0844)⑦

46. 枲舆田九步少半步，【细】枲高丈一尺，三步少半步一束，租十四两八朱（铢）廿五分朱（铢）廿四。(27/0475)⑧

47. 枲税田卅五步，细枲也，高八尺，七步一束，租廿二斤八两。(28/1651)⑨

48. 今枲兑（税）田十六步，大枲高五尺，五步一束，租五斤。今误券一两，欲羡步数，问几可（何）一束？得曰：四步八十一分七十 (29/0788)⑩

49. 枲兑（税）田十六步，大枲高五尺，三步一束，租八斤五两八朱（铢）。今复租之，三步廿八寸当三步有（又）百九十六分步

---

① 陈松长主编：《岳麓书院藏秦简（壹-叁）释文修订本》，上海：上海古籍出版社，2018年，第86页。
② 同上书，第87页。
③ 同上。
④ 同上。
⑤ 同上。
⑥ 同上书，第88页。
⑦ 同上。
⑧ 同上。
⑨ 同上。
⑩ 同上书，第84页。

(32/0841)①

50. ☑☑☑自乘，☑☑一束步数乘之为羃（实），以所得寸数自乘也，为法，羃（实）如法得一步。大枲五 （35/0387）②

51. 大枲高五尺，枲程八步一束，今☑ （37/2172）③

52. 为枲生田，以一束两数为法，以一束步数乘十五，以两数乘之为羃（实），实如法一步。覡枲步数之述（术），以税田乘（38/0952）④

何谓"枲"？《说文》曰："枲，麻也。"又，《汉书·地理志》载："岱畎丝、枲、铅、松、怪石。"颜师古注曰："枲，麻属也。"⑤ 可见，"枲"是一种麻类植物。在古代，这种枲是制作弓箭弦、鞋和绳索等军民用品的主要原材料⑥。如《居延汉简释文合校》记载：

■枲索五丈☑ （63.16）

终古三☑☑☑☑☑终古部枲绳（67.39A）

……官枲履一两…… （217.30）

☑枲☑弦☑十二枚当以遣罢卒今☑ （264.30A）

……枲长弦四直百…… （326.6）

……枲长弦…… （332.7）

……枲履一两…… （332.19）

在云梦秦简中，我们发现"枲"还可以用来制作"褐衣"。如《睡虎地秦墓竹简·金布律》91简云："为幏布一，用枲三斤。为褐以禀衣；大褐一，用枲十八斤，直（值）六十钱；中褐一，用枲十四斤，直（值）卌六钱；小褐一，用枲十一斤，直（值）卅六钱。已禀衣，有余褐十以上，输大内，与计偕。都官有用☑☑☑☑其官，隶臣妾、舂城旦勿用。"⑦ 可见，当时的枲除了用于弓箭弦、鞋和绳索之制作外，还可以用来制作"褐

---

① 陈松长主编：《岳麓书院藏秦简（壹-叁）释文修订本》，上海：上海古籍出版社，2018年，第82页。
② 同上书，第83页。
③ 同上书，第87页。
④ 同上书，第85页。
⑤ 《汉书》卷二八《地理志》，第1526页。
⑥ 同时，枲的果实（麻籽）也是一种可食用的粮食。
⑦ 睡虎地秦墓竹简整理小组编：《睡虎地秦墓竹简》，北京：文物出版社，1990年，第41页。这条简文还透露了一条有关秦时"枲"价格的信息，即当时一斤枲大概在3.27钱至3.33钱。

衣"。所谓"褐衣",其实是一种粗布衣服,是普通百姓或囚徒日常之服装。《史记·平原君虞卿列传》载:"民褐衣不完,糟糠不厌。"① 又,《史记·季布栾布列传》云:"髡钳季布,衣褐衣,置广柳车中,并与其家僮数十人,之鲁朱家所卖之。"②可见"枲"在军民两方面的作用都很大。正因为如此,官府对"枲税"的征收工作也非常重视。接下来,我们具体分析一下秦官府征收"枲税"的程序问题。

从上引例35-52可知,秦征收"枲税"的步骤有三:一是确定应税土地面积;二是按照"枲"的不同品种,设定固定程式,亦即"大枲五之,中枲六之,细〖枲〗七之";三是确定"枲"的高度和"枲程"③。我们试举3例如下:

在例38中,"(枲)租一两十七朱(铢)七分朱(铢)一"是如何计算出来的?具体来说,它需要的条件有三:一是应税面积"枲【舆】田六步";二是"枲"的大、中、细及高度,亦即"大枲高六尺";三是"枲程",即"七步一束"。例38的"枲税"税额计算过程如下:

$$(6 \times 5 \times 6) \div (15 \times 7) = \frac{12}{7} (两),即 1 两 17 铢又 \frac{1}{7} 铢 ④$$

可见,例35-37所规定的"租枲术"非常重要,它们规定了"大枲五之,中枲六之,细〖枲〗七之"的固定程式,这是计算"枲税"的前提条件。

同理,在例39中,"(枲)租七斤四两三束〈朱〉(铢)九分朱(铢)五"的计算也必须具备以上各项条件。只有如此,我们才能准确计算出"枲税"的税额:

$$(50 \times 5 \times 8) \div (15 \times 6) = \frac{200}{9} (两),即 1 斤 6 两 5 铢又 \frac{1}{3} 铢 ⑤$$

例42比较特殊,因为在此题中"枲舆田"是圆形的,所以我们必须掌握圆形土地面积的计算方法。陈松长和肖灿注解说:"已知圆形田周长二十七步,据《数》简J07'周田述(术)曰:周乘周,十二成一。'计算

---

① 《史记》卷七六《平原君虞卿列传》,第2369页。
② 《史记》卷一〇〇《季布栾布列传》,第2729页。
③ 枲税的征收税率为十五分之一,即"直(置)十五"。
④ 参见陈松长等:《岳麓书院藏秦简的整理与研究》,上海:中西书局,2014年,第53-54页。
⑤ 参见上书,第54页。

得面积为 $27 \times 27 \times \frac{1}{12} = 60 \frac{3}{4}$（平方步），此处相当于用了'周三径一'的原则。"① 在此基础上，并结合"租槀述（术）"、槀的高度和槀程，我们就可以获得"槀税"的税额：

$$\left(60 \frac{3}{4} \times 5 \times 5\right) \div (15 \times 4) = \frac{405}{16}（两），即 1 斤 9 两 7 铢又 \frac{1}{2} 铢②$$

因此，从以上例子可知，秦官府在具体征税操作过程中，必然采取如下几个关键步骤：

第一，按照"置十五"的税率，确立"槀田（或槀舆田）"的面积。在百姓所有土地中，划定一定的应税之"槀田"（按 $\frac{1}{15}$ 的比率），即可获得上引"槀【舆】田六步""槀舆田五十步""大槀田三步少半步"等应税土地面积。

第二，规定"槀税"的固定程式，即"大槀五之，中槀六之，细〖槀〗七之"。

第三，测量"槀"的高度。我们认为，征税官吏不可能每株槀都测量，其依据的只是大略估算而已，否则征税成本过大。

第四，根据产量，确定"槀程"。如在上引"大槀高五尺，槀程八步一束，今□（37/2172）"中，"槀程八步一束"即是。体现在其他例中之"槀程"有"七步一束"、"六步一束"以及"三步半步一束"等。

概言之，秦"租禾"是按照一定的法定程式征收的，如"禾程"和"耗程"等。征收之"禾"既包括"生者"（湿禾），也包括"已干（干禾）"之禾。至于"租禾"之税率，秦既有什一之税率，也有什二之税率，我们不能概而论之。关于田亩附加税，新出秦简不但揭示了"刍稾税"折钱缴纳的历史真相，而且还披露了有关"槀税"和"槀程"的史料，为学者们深入探讨一些问题提供了第一手材料。

第三节　长沙走马楼西汉简牍所见"都乡七年垦田租簿"

秦汉时期，垦田面积和田租数量等是各级地方政府"上计"的主要内容，它们不仅关系到国家的经济命脉，而且还与统治者治国理政和维护政

---

① 陈松长等：《岳麓书院藏秦简的整理与研究》，上海：中西书局，2014年，第54页。
② 同上。

权之稳定密切相关。因此,"垦田"和"田租"等问题一直以来就是学者们热衷讨论的问题,如傅筑夫、林甘泉、赵俪生、高敏、钱剑夫、马大英、黄今言、杨际平和[日]山田胜芳等先生分别就秦汉时期的垦田和田租等问题进行过热烈讨论①。但对其中一些重要问题仍未取得一致的认识,诸如汉代乡级垦田面积是如何统计的?"以命令田不出租"如何理解?乡级官府又是如何征收田租的?可喜的是,首次由马代忠披露的长沙走马楼西汉简牍"都乡七年垦田租簿"对于解决上述问题带来了新的契机②。本文拟结合传世文献和其他汉简等材料,仅就汉代乡级"垦田租簿"的文书内容和田租征收办法等问题做一分析。

一、"都乡七年垦田租簿"的内容

秦汉时期,"簿籍之体式逐渐与书檄分离,账簿、名册之类已明显划分出记载不同要素的若干栏目,主项居于主要位置"③,正所谓"人入名籍,物录簿书"④。据《史记·张释之冯唐列传》载:"上问上林尉诸禽兽簿……"⑤ 又,《汉书·食货志》云:"(洛阳薛子仲、张长叔、临菑姓伟等)因与郡县通奸,多张空簿……"唐代颜师古注云:"簿,计簿也。"⑥可见,当时的"簿"具有会计账簿的功能。官府根据"簿"的这种不同功能和作用,规定了各种不同形式"簿"的文书格式,如"禽兽簿""谷出

---

① 参见傅筑夫:《中国封建社会经济史》(第二卷),北京:人民出版社,1982年,第1—47页;林甘泉:《中国封建社会土地制度史》,北京:中国社会科学出版社,1990年,第144—171页;赵俪生:《中国土地制度史》,武汉:武汉大学出版社,2013年,第47—68页;高敏:《秦汉史论集》,郑州:中州书画社,1982年,第58—120页;钱剑夫:《秦汉赋役制度考略》,武汉:湖北人民出版社,1984年,第8—46页;马大英:《汉代财政史》,北京:中国财政经济出版社,1983年,第25—45页;黄今言:《秦汉赋役制度研究》,南昌:江西教育出版社,1988年,第38—126页;杨际平:《从东海郡〈集簿〉看汉代的亩制、亩产与汉魏田租额》,《中国经济史研究》1998年第2期;[日]山田胜芳:《秦漢財政收入の研究》,东京:汲古书院,1993年,第27—136页;[日]山田胜芳:《張家山第二四七号漢墓竹简「二年律令」と秦漢史研究》,《日本秦漢史學會會報》3号,2002年,第45—68页。当然,除了这些代表性的研究成果外,还有臧知非和李恒全等就汉代田租征收方式问题的讨论,参见臧知非:《西汉授田制度与田税征收方式新论——对张家山汉简的初步研究》,《江海学刊》2003年第6期;李恒全:《汉代田税百亩征收说确难成立——与臧知非先生再商榷》,《江西师范大学学报》(哲学社会科学版)2001年第6期。
② 参见马代忠:《长沙走马楼西汉简〈都乡七年垦田租簿〉初步考察》,载《出土文献研究》(第十二辑),上海:中西书局,2013年,第213—222页。马代忠在文中首次就"都乡七年垦田租簿"中的简文释读、武帝时期平均亩产等问题进行了有益之探讨。
③ 李均明:《秦汉简牍文书分类辑解》,北京:文物出版社,2009年,第247页。
④ 吴昌廉:《居延汉简所见"簿"、"籍"述略》,《简牍学报》1980年第7期。
⑤ 《史记》卷一〇二《张释之冯唐列传》,第2752页。
⑥ 《汉书》卷二四《食货志》,第1183页。

第二章　秦汉土地制度与田税征课

入簿""钱出入簿""日作簿""校簿""集簿""计簿"等。我们发现，在传世文献和以往简牍材料中，唯独不见"垦田租簿"之记载。可喜的是，长沙走马楼西汉简牍披露了一份西汉中期乡级"垦田租簿"，如其简文载：

【上栏】

●都乡七年垦田租簿

垦田六十顷二亩租七百九十六石五斗七升半率斗三升奇十六石三升一斗半

凡垦田六十顷二亩租七百九十六石五斗七升半

出田十三顷四十五亩半租百八十四石七斗临湘蛮夷归义民田不出租

出田二顷六十一亩半租卅三石八斗六升乐人婴给事柱下以命令田不出租

【下栏】

凡出田六十顷七亩租二百一十八石五斗六升

定入田四十三顷九十五亩租五百七十八石一斗半

提封四万一千九百七十六顷七十亩百七十二步

其八百一十三顷卅九亩二百二步可垦不垦

四万一千一百二顷六十八亩二百一十步群不可垦

可见，这份档案材料完整再现了西汉中期乡级"垦田租簿"的文书格式和内容。简文分为上下两栏，上栏以"●都乡七年垦田租簿"为标题，依次记录了"都乡七年垦田"的总面积及总租税收入、免田租之项目；下栏则记录了总免税垦田面积及田租总数、租税收入总面积及租税总收入、"提封"总面积、"可垦不垦"面积和"群不可垦"面积等。为了正确理解西汉中期"垦田租簿"的内容，我们首先必须注意该份档案文书的以下几个主项：

第一，标题"●都乡七年垦田租簿"。何谓"都乡"？前辈学者对之歧义纷纭，有"城内街市"说①、"城市附近之乡"说②和"城市之乡"说③等。我们认为，产生这一歧义的根本原因在于"都乡之制，前史不载"④。但根据新出简牍所反映的"都乡"，裘锡圭的研究值得重视。裘先生指出：

---

① 参见陈直：《居延汉简研究》，北京：中华书局，2009年，第77页。
② 参见孙钺：《中国历代官制讲座》，《文史知识》1985年第4期。
③ 参见高敏：《秦汉都亭考略》，载氏著《秦汉史探讨》，郑州：中州古籍出版社，1998年，第224—240页。
④ [宋]欧阳修：《欧阳修全集·集古录跋尾》，北京：中国书店，1986年，第1140页。

"古代称县治所在之乡为都乡，其它非县治所在之乡为离乡。"① 愚以为，这一论断是正确的。一般而言，"县治所在之乡"的户口和人口数显然多于"离乡"。如安徽天长西汉墓出土之木牍载：

　●户凡九千一百六十九少前　　　　　　　　　（1）
　　口四万九百七十少前　　　　　　　　　　　　（2）
　●东乡户千七百八十三口七千七百九十五　　　　（3）
　　都乡户二千三百九十八口万八百一十九　　　　（4）
　　杨池乡户千四百五十一口六千三百廿八　　　　（5）
　　鞠（？）乡户八百八十口四千五　　　　　　　（6）
　　垣雍北乡户千三百七十五口六千三百五十四　　（7）
　　垣雍东乡户千二百八十二口五千六百六十九②　（8）

该《户口簿》显示，"都乡"的户口和人口数皆大于"东乡"、"杨池乡"、"鞠（？）乡"、"垣雍北乡"和"垣雍东乡"。那么，秦汉时期的"都乡"有哪些行政功能呢？据《续汉书·百官志》载："乡置有秩、三老、游徼。本注曰：有秩，郡所署，秩百石，掌一乡人。其乡小者，县置啬夫一人。皆主知民善恶，为役先后，知民贫富，为赋多少，平其差品。三老掌教化。凡有孝子顺孙，贞女义妇，让财救患，及学士为民法式者，皆扁表其门，以兴善行。游徼掌徼循，禁司奸盗。又有乡佐，属乡，主民收赋税。"③ 可见，乡级机构设置有"有秩（或啬夫）"、"三老"、"游徼"和"乡佐"等，主要负责"教化"、"禁司奸盗"和赋税征收等工作④。

---

① 裘锡圭：《啬夫初探》，载氏著《古代文史研究新探》，南京：江苏古籍出版社，1992年，第437页。里耶秦简中也有"都乡"之简文，朱湘蓉说："都乡主当是官职名。秦汉官制中未见都乡主，但都乡可指行政区划名。"参见朱湘蓉：《从敦煌汉简看里耶简文书词语的训释》，《敦煌学辑刊》2006年第3期。蔡万进在探讨天长纪庄西汉木牍时云："在一县之中设一都乡，秦汉时期应是常制（《户口簿》记东阳县亦有'都乡'）。"参见蔡万进：《天长纪庄木牍〈户口簿〉及相关问题》，《中国史研究》2012年第1期。
② 纪春华等：《安徽天长西汉墓发掘简报》，《文物》2006年第11期。当然，从该墓葬出土的"算簿"来看，"都乡"所上交的赋钱也是最多的。
③ 注引《汉官》曰："乡户五千，则置有秩。"注引《风俗通》曰："啬者，省也。夫，赋也。言消息百姓，均其役赋。"
④ 秦汉时期，"乡户五千，则置有秩"（孙星衍等辑：《汉官六种》，北京：中华书局，1990年，第8页），而一些规模较小之乡则仅设"啬夫"。上引简文中的"都乡户二千三百九十八"，不及五千，故而有可能设有"乡啬夫"一职。西北汉简就载有"都乡啬夫"，如《居延汉简释文合校》81.10、181.2A、181.10、213.28A和213.44A；在《居延新简》中有E.P.F22：1、E.P.F22：21和E.P.F22：29等。

第二章　秦汉土地制度与田税征课

至于"都乡七年垦田租簿"中之"七年",整理者认为:"汉武帝元朔和元狩并无七、八、九等年数,而长沙国王刘庸在位二十八年,因此,此份文书的时间当为刘庸之纪年。"① 由此可知,此"七年"指的是西汉长沙王刘庸七年,亦即汉武汉元狩元年(前122)。

第二,"都乡七年垦田租簿"记录了两个主项("垦田"和"租")的内容。我们首先来了解一下"垦田"的情况。如在前引"都乡七年垦田租簿"中,"垦田六十顷二亩"、"提封四万一千九百七十六顷七十亩百七十二步"、"其八百一十三顷卅九亩二百二步可垦不垦"和"四万一千一百二顷六十八亩二百一十不群不可垦"是当时簿书不可或缺的文书要件。《汉书·地理志》中的一段话能够帮助我们很好地认识这些文书要件。

> 本秦京师为内史,分天下作三十六郡……故自高祖增二十六,文、景各六,武帝二十八,昭帝一,讫于孝平,凡郡国一百三,县邑千三百一十四,道三十二,侯国二百四十一。地东西九千三百二里,南北万三千三百六十八里。提封田一万万四千五百一十三万六千四百五顷,其一万万二百五十二万八千八百八十九顷,邑居道路,山川林泽,群不可垦,其三千二百二十九万九百四十七顷,可垦不可垦,定垦田八百二十七万五百三十六顷。民户千二百二十三万三千六十二,口五千九百五十九万四千九百七十八。②

以上这段话分别记录了西汉孝平帝时期"郡国"、"县邑"、"道"、"侯国"、"提封田"、"群不可垦"、"可垦不可垦"和"定垦田"等具体而详细的情况。其中,"提封田"、"群不可垦"、"可垦不可垦"和"定垦田"就与上引"●都乡七年垦田租簿"所记项目相同③。

"提封田"一般指的是土地面积之总数。《汉书·刑法志》:"一同百里,提封万井"。李奇注曰:"提,举四封之内也。"再如彭浩先生在解释张家山汉简《算数书》"直(置)提封以此为之"时说:"提封,亦称提封田。《汉书·地理志下》:'提封田一万万四千七百百一十三万六千四百五顷',师古曰:'提封者,大举其封疆也。'又,《匡衡传》注:提封,举其

---

① 长沙简牍博物馆等:《2003 年长沙走马楼西汉简牍重大考古发现》,载中国文物研究所编《出土文献研究》(第七辑),上海:上海古籍出版社,2005 年,第 61 页。
② 《汉书》卷二八《地理志》,第 1639—1640 页。
③ 其中的"定垦田"指的是剔除"出田"后实际应征田租之田亩面积。

封界内之总数。"① 但有学者认为，在秦汉出土文献中的"田提封"指的是应税田亩面积。如秦简载：

> ……田提封计……（简 8-488）②

> 田五十五亩，租四石三斗而三室共叚（假）之，一室十七亩，一室十五亩，一室廿三亩，今欲分其租。述（术）曰：以田提封数☐（简 47/0842）法，以租乘分田，如法一斗，不盈斗者，十之，如法得一升。（简 48/0757）③

据此，魏永康认为："此处又有'田提封计'，可知'提封田'并不是一个固定称谓，因此有理由认为'提封'如清人所说的连绵词，即'总计'之意。"④ 按照魏先生的说法，"田提封数"是指可耕土地面积之和。我认为，此说值得商榷。这是因为"群不可垦"是"提封田"的组成部分。由上引《汉书·地理志》可知，"群不可垦"之土地包括"邑居道路，山川林泽"。换言之，在当时的技术条件下，"群不可垦"是指不可开垦的土地。

"可垦不可垦"指的是可开垦但尚未开垦之土地。束江涛认为："当时，国家运用提封田法测算和计量全国土地，区分为'不可垦地''可垦而未垦地'和'可垦地'再授予基层农民。"⑤ 愚以为，此观点可从。

"定垦田"当然指的是已开垦且用于耕作的土地。就征税而言，臧知非指出："'定垦田'的目的是定田税，从中正反映了西汉和战国征税方式的一致性。"⑥ 从最新出土的岳麓秦简来看，这个观点是正确的。

另一个主项就是"租"。前引"垦田租簿"就依次登记了应征田亩、田租总数和各分项的情况，这正好可以与《里耶秦简》所记载的账簿做一对比。如里耶秦简载：

> 迁陵卅五年豤（垦）田舆五十二顷九十五亩，税田四顷☐☐ I

---

① 彭浩：《张家山汉简〈算数书〉注释》，北京：科学出版社，2001年，第126-127页。亦可参见许道胜：《提封词源考》，《湖南大学学报》（社会科学版）2009年第4期。
② 陈伟主编：《里耶秦简牍校释》（第一卷），武汉：武汉大学出版社，2012年，第167页。
③ 陈松长主编：《岳麓书院藏秦简（壹-叁）释文修订本》，上海：上海古籍出版社，2018年，第106页。
④ 魏永康：《里耶秦简所见秦代公田及相关问题》，《中国农史》2015年第2期。
⑤ 束江涛：《岳麓书院藏秦简和张家山汉简所见"租误券"研究》，《湖北社会科学》2019年第1期。
⑥ 臧知非：《汉代田税征收方式与农民田税负担新探》，《史学月刊》1997年第2期。

户百五十二，租六百七十七石。衡（率）之，亩一石五；Ⅱ
户婴四石四斗五升，奇不衡（率）六斗。Ⅲ 8-1519
启田九顷十亩，租九十七石六斗。AⅠ
都田十七顷五十一亩，租二百卌一石。AⅡ
貣田廿六顷卅四亩，租三百卅九石三。AⅢ
凡田七十顷卅二亩。●租凡九百一十。AⅣ
六百七十七石。B8-1519 背①

可以看出，此份文书与"都乡七年垦田租簿"略有不同。此处除了"垦田"和"田租"两项以外，还记录了税田数、户数。与西汉中期"都乡七年垦田租簿"不同的是，此份文书既平均户数之田租，也平均田亩之租税。如秦始皇三十五年（前212），迁陵县"狠（垦）田舆"5 295 亩，田租677 石，那么，税田肯定是451 亩多。由此可计算出每亩田租数额：1.5 石/亩。又，当时迁陵县有152 户，每户租额为：4.453 9 石/户。可见，秦汉时期，官府在制作这类文书时，有将田租按户或按田亩面积平均的习惯。但我们不能由此而认为，秦汉是按户征收田税的，详细情况，请见下文分析。

第三，田租免征范围。前引"都乡七年垦田租簿"计有两种人属于免征田租范围：一是"蛮夷归义民田不出租"；二是"乐人婴给事柱下以命令田不出租"。

首先，我们来分析一下"蛮夷归义民田不出租"的情况。肖之兴解释说，"归义"指的是"汉朝中央政府给予边疆少数民族首领的一种封号"②。愚以为，肖先生之观点值得商榷。根据长沙走马楼西汉简牍所见"都乡七年垦田租簿"的记载，"归义"不仅包括首领，而且还包括"民"。上引"归义民"在先秦两汉时期的传世文献及出土材料中均不见记载。但与此相反，归义侯（王）却常见文献记载，如"归义楼剿王"③、"归义越侯"④、"归义羌侯杨玉"⑤ 和"归义粤侯"⑥ 等。我们认为，归顺

---

① 陈伟主编：《里耶秦简牍校释》（第一卷），武汉：武汉大学出版社，2012年，第345-346页。
② 肖之兴：《试释"汉归义羌长"印》，《文物》1976年第7期。
③ 《史记》卷二〇《建元以来侯者年表》，第1044页。
④ 《史记》卷一一三《南越列传》，第2975页。
⑤ 《汉书》卷六九《赵充国传》，第2973页。
⑥ 《汉书》卷九五《南粤传》，第3857页。

汉朝的少数民族就是"归义民"。如悬泉汉简《归义羌人名籍》记载：

> 归义垒渠归种羌男子奴葛。（II 0114（2）：180）
> 归义聊槛良种羌男子芒东。（II 0114（2）：181）
> 归义垒甬种羌男子潘朐。（II 0114（3）：423）
> 归义垒卜苁种羌男子狼颠。（II 0114（3）：459）
> 归义聊藏耶苁种羌男子东怜。
> 归义聊卑为苁种羌男子唐尧。
> 归义聊卑为苁种羌男子虢当。
> 归义垒卜苁种羌男子封芒。
> 归义槛良种羌男子落虢。
> ■右槛良种五人。（II 0214（1）：1-6）①

在此，需要特别指出的是，"归义民"属于国家优抚的对象。其中，免征田租是汉代官府宽宥少数民族的政策之一。如文献记载：

> 时有巴郡阆中夷人，能作白竹之弩，乃登楼射杀白虎。昭王嘉之，而以其夷人，不欲加封，乃刻石盟要，复夷人顷田不租，十妻不筭，伤人者论，杀人者得以倓钱赎死。②

> 至高祖为汉王，发夷人还伐三秦。秦地既定，乃遣还巴中，复其渠帅罗、朴、督、鄂、度、夕、龚七姓，不输租赋，余户乃岁入賨钱，口四十。③

> 汉连兵三岁，诛羌，灭南越，番禺以西至蜀南者置初郡十七，且以其故俗治，毋赋税。④

> 先是含洭、浈阳、曲江三县，越之故地，武帝平之，内属桂阳。民居深山，滨溪谷，习其风土，不出田租。⑤

> 和帝永元十三年，巫蛮许圣等以郡收税不均，怀怨恨，遂屯聚反叛。⑥

这几则史料大致反映了如下历史事实：一是秦所并之"蛮夷"需缴纳

---

① 胡平生、张德芳：《敦煌悬泉汉简释粹》，上海：上海古籍出版社，2001年，第166页。
② 《后汉书》卷八六《板楯蛮夷传》，第2842页。
③ 同上。
④ 《史记》卷三〇《平准书》，第1440页。
⑤ 《后汉书》卷七六《卫飒传》，第2459页。
⑥ 《后汉书》卷八六《南蛮传》，第2841页。

赋税。如"及秦惠王并巴中,以巴氏为蛮夷君长",规定:"其君长岁出赋二千一十六钱,三岁一出义赋千八百钱。其民户出幏布八丈二尺,鸡羽三十鏃。"① 前引"巴郡阆中夷人"因为射杀了为害一方的"白虎"而得到了秦昭襄王的嘉奖,故而"复夷人顷田不租,十妻不筭"。李贤注曰:"优宠之,故一户免其一顷田之税,虽有十妻,不输口筭之钱。"② 也就是说,"板楯蛮夷"此时仅享有"户免其一顷田之税"的优待,其余田亩仍需纳税。而且,此种宽宥政策仅限"巴郡阆中夷人"之地区。二是汉时免征"蛮夷"之田租已成常制。汉高祖为汉王时,"复其渠帅罗、朴、督、鄂、度、夕、龚七姓,不输租赋",但还需按户缴纳"賨钱"。西汉中期,汉在"番禺以西至蜀南"地区"置初郡十七","以其故俗治,毋赋税"。所以,黄今言说:"在少数民族地区实行初郡无赋税,带有政治上的安抚性质,目的是稳住那里的政治统治,但也是当时民族政策的一个体现,有利于民族关系的发展。"③ 其实,时至武帝时期,除了"初郡无赋税"外,其他地区的少数民族也"不出田租",上引"临湘蛮夷归义民田不出租"就是明证。

倘若官府"增其租赋",蛮夷必然"杀乡吏,举种反叛"④。和帝永元十三年(101),因为"巫蛮许圣等以郡收税不均,怀怨恨,遂屯聚反叛"。所以,顺帝永和元年(136),尚书令虞诩就一语道破了其中的奥秘:"自古圣王不臣异俗,非德不能及,威不能加,知其兽心贪婪,难率以礼。是故羁縻而绥抚之,附则受而不逆,叛则弃而不追。先帝旧典,贡税多少,所由来久矣。今猥增之,必有怨叛。计其所得,不偿所费,必有后悔。"⑤

其次,"乐人婴给事柱下以命令田不出租"。就汉代减免田租问题,黄今言将之总结为九种类型:一曰"出于军事目的而减免";二曰"在少数民族地区或新设郡县的减免";三曰"皇帝巡幸所过之处的减免";四曰"皇帝家乡的减免";五曰"国有大典或出现所谓'祥瑞'的减免";六曰"'寇乱'地区的减免";七曰"劝课农桑的减免";八曰"灾荒性的减免";

---

① 《后汉书》卷八六《南蛮传》,第2841页。
② 《后汉书》卷八六《板楯蛮夷传》,第2842页。臧知非认为,此处中的"算"并非算赋。参见臧知非:《"算赋"生成与汉代徭役货币化》,《历史研究》2017年第4期。
③ 黄今言:《秦汉赋役制度研究》,南昌:江西教育出版社,1988年,第74页。
④ 《后汉书》卷八六《南蛮传》,第2833页。
⑤ 同上。

九曰"对贫困户的减免"①。但唯独不见"以命令田不出租"的情况。那么,该如何理解上引简文中的"乐人婴给事柱下以命令田不出租"的问题?

何谓"乐人"?据《楚国历史文化辞典》载:"信阳长台关楚墓竹简记有'乐人之器'。'乐人'当为乐官名。《仪礼·燕礼》'乐人悬',贾公彦疏:'天子有大司乐并有乐师之官。'这种乐官专为国君、朝廷及贵族进行军旅、外交、婚丧、祭祀、飨宴等活动司乐。"② 笔者拟在此处仅就乐人在"祭祀"方面的重要性做一说明。高祖时期,叔孙通"因秦乐人制宗庙乐"③。如《汉书·礼乐志》载:

> 大祝迎神于庙门,奏《嘉至》,犹古降神之乐也。皇帝入庙门,奏《永至》,以为行步之节,犹古《采荠》、《肆夏》也。乾豆上,奏《登歌》,独上歌,不以管弦乱人声,欲在位者遍闻之,犹古《清庙》之歌也。《登歌》再终,下奏《休成》之乐,美神明既飨也。皇帝就酒东厢,坐定,奏《永安》之乐,美礼已成也。又有《房中祠乐》,高祖唐山夫人所作也。周有《房中乐》,至秦名曰《寿人》。凡乐,乐其所生,礼不忘本。高祖乐楚声,故《房中乐》楚声也。孝惠二年,使乐府令夏侯宽备其箫管,更名曰《安世乐》。④

由此可见,"乐人"在祭祀礼仪上不可或缺。因为在祭祀的每一环节,乐人都要演奏不同的音乐,如迎神时演奏《嘉至》;当皇帝步入庙门时演奏《永至》;献上"脯羞之属"时演奏《登歌》;《登歌》奏毕,演奏《休成》之乐,意即"美神明既飨";当皇帝"就酒东厢",就演奏《永安》,至此,"美礼已成"。至武帝时期,"郊祀之礼"也得以确立,"祠太一于甘泉,就乾位","祭后土于汾阴,泽中方丘"⑤。显然,汉代人的生活离不开"乐人"。正是因为"乐人"的地位和身份不一般,故而在"都乡七年垦田租簿"中有免征"乐人"之田租的规定。

"给事柱下"又指何意?据《汉书·张汤传附子安世传》载:"(张安世)用善书给事尚书,精力于职,休沐未尝出。"颜师古注曰:"于尚书中

---

① 黄今言:《秦汉赋役制度研究》,南昌:江西教育出版社,1988年,第73—78页。
② 石泉主编:《楚国历史文化辞典》,武汉:武汉大学出版社,1996年,第116页。
③ 《汉书》卷二二《礼乐志》,第1043页。
④ 同上。
⑤ 同上书,第1045页。

给事也。给，供也。"① 又，《汉书·李延年传》："（李延年）坐法腐刑，给事狗监中。"师古注曰："掌天子之狗，于其中供事也。"② 可见，"给事"就是指供职或供事之意。杨鸿年也说："给事就是供事，在尚书中供事的就叫做给事尚书，在狗监中供事的就叫做给事狗监中。"③ 那么，"柱下"又作何解释？《后汉书·何敞传》载："（永元之际）幸汉德未衰，大臣方忠，袁、任二公正色立朝，乐、何之徒抗议柱下……国家危矣。"在"柱下"条注引《汉官仪》曰："侍御史，周官也，为柱下史，冠法冠。"李贤解释说："乐恢为司隶，何敞为御史，并弹射纠察之官也。"④ 毋庸置疑，"柱下史"与监察相关，在"柱下"中做事的当然就叫作"给事柱下"了。

因此，根据正史的记载及简文上下文之语义，此"乐人婴给事柱下"当指籍贯在该都乡且名叫"婴"的乐人，而非一类人。

最后是"以命令田不出租"。在汉代，"以命令田不出租"当有专门登记之账簿。如张家山汉简《二年律令·户律》简331-332载："民宅园户籍、年细籍、田比地籍、田合籍、田租籍，谨副上县廷，皆以箧若匣匮盛，缄闭，以令若丞、（简331）官啬夫印封，独别为府，封府户。（简332）"⑤ 按："田合籍"在《张家山汉墓竹简（二四七号墓）》中释为"田命籍"⑥。此条法律将"田比地籍、田合籍、田租籍"等三个簿籍种类并列在一起，说明它们是密切关联的。简文中"以命令田不出租"显然与"田命籍"有关。

概而言之，这份西汉中期"都乡七年垦田租簿"的文书内容与江陵凤凰山汉简中的"市阳租"簿不同，它其实包含两个主项：垦田和田租。一方面，"垦田租簿"分别记录"垦田"、"可垦不垦"、"群不可垦"和"提封"的详细数据，而且还分上下栏分别登记了总租额、亩收田租、"凡出田"和"定入田"的租额情况。尤其值得一提的是，该份文书还提到了两种免征田租的人："蛮夷归义民"和"乐人婴给事柱下"。另一方面，从这

---

① 《汉书》卷五九《张汤传附子安世传》，第2647页。
② 《汉书》卷九三《李延年传》，第3725-3726页。
③ 杨鸿年：《汉魏制度丛考》，武汉：武汉大学出版社，1985年，第43页。
④ 《后汉书》卷四三《何敞传》，第1487-1488页。
⑤ 彭浩、陈伟、[日]工藤元男主编：《二年律令与奏谳书》，上海：上海古籍出版社，2007年，第223页。
⑥ 张家山二四七号汉墓竹简整理小组：《张家山汉墓竹简（二四七号墓）》（释文修订本），北京：文物出版社，2006年，第54页。

份文书中的"垦田"、"租"、"率"、"奇"、"出田"、"凡出田"和"定入田"等账簿主项来看，西汉中期"垦田租簿"的登记和编制是有严格规定的。

二、田租的征收

由于正史中仅记载了田租税率的情况，致使后来无法了解秦汉田租的具体征收办法。迄今为止，学术界对之有四种不同的看法：一是按产量征税①；二是定额田租税②；三是按田亩和产量相结合的方式征收③；四是按田亩征收④。那么，西汉中期的田租究竟是如何征收的呢？在讨论汉代田租征收的具体办法之前，我们有必要厘清"垦田"、"税田"、"取程"及税率等问题：

一是"垦田"与"税田"。上引"都乡七年垦田租簿"中对应征田亩面积和亩收租额有确切之记载：

    垦田六十顷二亩，租七百九十六石五斗七升半，率斗三升奇十六石三斗一升半。⑤

    凡垦田六十顷二亩，租七百九十六石五斗七升半。

此处应征税的"垦田"面积为"六十顷二亩"⑥，征收的总田租额为"七百九十六石五斗七升半"⑦。简文中的"率"指的是平均之意，亦即：

---

① 参见劳榦：《秦汉史》（再版），台北："中华文化出版事业委员会"，1955年，第135页。
② 参见魏良弢：《西汉"三十税一"和"献费"初探》，《南京大学学报》（哲学·人文科学·社会科学）1980年第3期；臧知非：《西汉授田制度与田税征收方式新论——对张家山汉简的初步研究》，《江海学刊》2003年第6期。
③ 参见高敏：《秦汉赋税制度考释》，载氏著《秦汉史论集》，郑州：中州书画社，1982年，第62页；黄今言：《秦汉赋役制度研究》，南昌：江西教育出版社，1988年，第88页。
④ 参见李恒全：《也谈西汉田税的征收方式问题——与臧知非先生商榷》，《江西师范大学学报》（哲学社会科学版）2000年第1期。
⑤ 此处"奇十六石三升一斗半"有误，实为"奇十六石三斗一升半"。倘若为"奇十六石三升一斗半"，则无法得出总田租额"七百九十六石五斗七升半"；但如果为"奇十六石三斗一升半"，则与租簿所记之总租额相符。笔者怀疑，此乃垦田租簿登记者笔误所致。
⑥ 根据这份租簿，"垦田"为征税之田，而"可垦不垦"和"群不可垦"不在征税范围之内。
⑦ 陈梦家考证说："西汉时既有十升为一斗，十斗为一斛的量器，也有六升为一斗的量器，前者用以计算大石，后者用以计算小石。"参见陈梦家：《关于大小石、斛》，载氏著《汉简缀述》，北京：中华书局，1980年，第151页。

$$\frac{7\,965.75\,斗}{6\,002\,亩}=1.327\,182\,6\,斗/亩$$

正因为如此，简文中才有"率斗三升"之记载，也就是每亩一斗三升之田租。而"奇"指的是每亩一斗三升之后的小数，亦即 0.027 182 6 斗/亩①。"十六石三斗一升半"又是如何计算得出的呢？请看如下计算过程：

$$6\,002\,亩 \times 0.027\,182\,6\,斗/亩 = 163.149\,965\,2\,斗$$

可见，"奇"后的数目恰好为"十六石三斗一升半"。所以，"率斗三升"乘以"六十顷二亩"加上"六十顷二亩"乘以"0.027 182 6 斗/亩"正好为总田租数"七百九十六石五斗七升半"（即 7 965.75 斗）。用数学表示如下：

$$(6\,002\,亩 \times 1.3\,斗/亩)+(6\,002\,亩 \times 0.027\,182\,6\,斗/亩)$$
$$=7\,802.6\,斗+163.149\,965\,2\,斗=7\,965.749\,9\,斗$$

与上引秦始皇三十五年迁陵县田租文书不同的是，这份西汉时期的"都乡七年垦田租簿"只记录了"垦田"总面积，而并未记载"税田"之面积，更未记载每户应纳田租之数额。当然，我们不能由此而认为，西汉田租也是按户或"垦田"征收的。我们认为，当时官府应是按照一定的税率，在"垦田"中确定一部分"税田"，然后再根据亩产量确定田租税额。

"税田"的确定。如何确定税田面积？为了弄清楚这个问题，我们首先必须清楚当时的田租税率。西汉初期，汉高祖"约法省禁，轻田租，什五而税一"②，这是相对于秦"收泰半之赋"③ 而言的。文帝二年（前178）曾下诏"赐天下民今年田租之半"④，十二年，文帝又感叹"农民甚苦"⑤，"下诏赐民十二年租税之半"⑥。这说明，文帝时期田租税率已从"什五而税一"降至"三十税一"了。"三十税一"之制"实肇端于文帝初

---

① 杨际平通过对东海郡《集簿》的分析后认为，当时田租为亩收 3 升上下。参见杨际平：《从东海郡〈集簿〉看汉代的亩制、亩产与汉魏田租额》，《中国经济史研究》1998 年第 2 期。愚以为，杨先生之结论与"都乡七年垦田租簿"所记亩收田租额相差悬殊，或许与所处地区和生产力有关。
② 《汉书》卷二四《食货志》，第 1127 页。
③ 同上书，第 1126 页。
④ 《汉书》卷四《文帝纪》，第 118 页。
⑤ 同上书，第 124 页。
⑥ 《汉书》卷二四《食货志》，第 1135 页。

年，只是文帝时尚未形成定制"①。景帝元年（前156）"除田半租"，亦即"三十税一"。至此，西汉"三十税一"之田租税率未曾改变。汉代实行"三十税一"的田租制度，其目的在于劝农重本，维护国家政权的经济基础。如汉文帝于前元十二年（前168）下诏曰："道民之路，在于务本。朕亲率天下农，十年于今，而野不加辟，岁一不登，民有饥色，是从事焉尚寡，而吏未加务也。吾诏书数下，岁劝民种树，而功未兴，是吏奉吾诏不勤，而劝民不明也。且吾农民甚苦，而吏莫之省，将何以劝焉？其赐农民今年租税之半。"② 可见，文帝从吏治和政策上采取了很多"务本"措施，但还是"野不加辟"，"民有饥色"。那么，"何以劝焉"？只有实行"三十税一"政策，减轻农民的负担，才能使农民务本，从而稳定农业，巩固国家之经济基础。自此以后，西汉"三十税一"政策未曾改变。

上引"都乡七年垦田租簿"属西汉武帝时期的文书，其田租税率当然是"三十税一"。当时"都乡""凡垦田六十顷二亩"（6 002亩），税率为$\frac{1}{30}$，那么税田就是200.066 7亩。

二是"取程"和亩制问题，即计算每亩租税额及每亩产量问题。张家山汉简《算数书》载：

  税田　税田廿四步，八步一斗，租三斗。今吴券三斗一升，问几何步一斗。得曰：七步卅七分步廿三而一斗。术（術）曰：三斗一升者为法，十税田，令如法一步。③

  取程　取程十步一斗，今干之八升，问几何步一斗。问得曰：十二步半步一斗。术（術）曰：八升者为法，直（置）一升步数而十之，如法一步……④

正如"取程十步一斗"一样，在"税田"中，"八步一斗"即是"取程"。它是每亩租税额，也是单位亩产量。那么，此处的亩制又如何理解呢？是大亩还是小亩？陈梦家说："小徐本《说文》曰'秦田二百四十步为一亩'，应是秦始皇统一天下后制。"⑤ 陈先生的观点正确吗？先让我们

---

① 高敏：《秦汉赋税制度考释》，载氏著《秦汉史论集》，郑州：中州书画社，1982年，第61页。
② 《汉书》卷四《文帝纪》，第124页。
③ 彭浩：《张家山汉简〈算数书〉注释》，北京：科学出版社，2011年，第71页。
④ 同上书，第77页。
⑤ 陈梦家：《亩制与里制》，《考古》1966年第1期。

第二章 秦汉土地制度与田税征课

回顾一下如下文献：

> 二年十一月己酉朔朔日，王命丞相戊（茂）、内史匽氏、民臂脩（修）为《田律》：田广一步，袤八则，为畛。晦（亩）二（或为"一"）畛，一百（陌）道。晦（亩）为顷，一千Ｉ（阡）道。道广三步。封高四尺，大称其高；埒（埒）高尺，下厚二尺……①

可见，在秦武王二年（前309）更修为《田律》时，国家实行的是"袤八则，为畛"的田亩制度②。胡平生考证阜阳汉简时说："卅步为则。"③ 那么，"八则"就是二百四十步。汉承秦制，亩制也是二百四十步为亩。但有学者根据《盐铁论》的记载，推测汉初为"百步为亩"的小亩制。如《盐铁论·未通》载："御史曰：古者制田百步为亩，民井田而耕，什而籍一，义先公而后已，民臣之职也。先帝哀怜百姓之愁苦，衣食不足，制田二百四十步而一亩，率三十而税一。"④ 事实果真如此吗？据张家山汉简《算数书》载：

> 启广　田从（纵）卅步，为启广几何而为田一亩？曰：启【广】八步。术（術）曰：以卅步为法，以二百卌步为实。启从（纵）亦如此。（简159）⑤
>
> 少广　救（求）少广之术曰……即楮（藉）直（置）田二百卌步亦以一为若干，以为积步，除积步，如法得从（纵）一步。不盈步

---

① 陈伟主编：《秦简牍合集·郝家坪秦墓木牍》（释文注释修订本），武汉：武汉大学出版社，2016年，第227页。

② 于振波依据《说文解字注》之解释认为，秦实施"二百四十步为亩"之制当始于秦孝公十二年（前350）。参见于振波：《简牍与秦汉社会》，长沙：湖南大学出版社，2012年，第14-18页。又，《说文》曰："晦，六尺为步，步百为晦。"段玉裁解释说："秦田二百四十步为晦，秦孝公之制也，商鞅开阡陌封疆。则邓展曰：古百步为晦，汉时二百四十步为晦。按汉因秦制也。"[汉]许慎著，[清]段玉裁注：《说文解字注》十三篇下"田部"，上海：上海古籍出版社，1981年，第695-696页。愚以为，于先生的判断或许有据，因为青川木牍《更修为田律》所记内容就是更改以前的田制，其中就包括"二百四十步为亩"的制度，因此，这一制度当实施于秦孝公时期，而最终确立于秦武王二年（前309）。

③ 胡平生：《青川秦墓木牍"为田律"所反映的田亩制度》，载《文史》（第19辑），北京：中华书局，1983年。这里需要说明的是，简牍中"晦（亩）二畛"或许有衍文，当为"晦（亩）一畛"。只有"晦（亩）一畛"，才能与文献记载的秦汉时期的田亩制度相契合。

④ 王利器校注：《新编诸子集成（第一辑）·盐铁论校注（定本）》，北京：中华书局，1992年，第191页。

⑤ 张家山二四七号汉墓竹简整理小组：《张家山汉墓竹简（二四七号墓）》（释文修订本），北京：文物出版社，2006年，第153页。

者，以法命其分。有（又）曰：复（简165）之，即以广乘从（纵），令复为二百卅步田一亩……（简166）①

由此可知，《盐铁论·未通》中"古者制田百步为亩"实为西周之亩制，而非汉初的制度②。张家山汉简进一步证明了汉初承袭了秦的"二百四十步"为亩的制度。关于这一点，邓展的解释是正确的，如邓展说："九夫为井，三夫为屋。夫百畮，于古为十二顷。古百步为畮，汉时二百四十步为畮，古千二百畮，则得今五顷。"③

三是平均粮食产量问题。上引"都乡七年垦田租簿"为汉武帝时期的官方文书，田租税率肯定为"三十税一"。由此，我们可以计算出"都乡"地区的粮食亩产量。根据"都乡七年垦田租簿"之记载，"都乡"可征税之田有200.0667亩，总田租额为796.57499石，平均粮食产量为：

$$7\,965.75\text{斗} \div 200.066\,7\text{亩} = 39.815\,4\text{斗/亩}$$

由此观之，当时"都乡"地区的粮食亩产为4石左右④。现在的问题是，这一产量是否符合当时的实际情况呢？据《淮南子·主术训》记载："中田之获，卒岁之收，不过亩四石。"针对这则史料，吴慧分析说："《淮南子》所述是南方的水田……大亩十亩，中等条件每年产四十石，亩产四石。"⑤ 因此，《淮南子·主术训》记载的南方亩产量正好与地处南方之长沙国"都乡七年垦田租簿"所记大体一致，这说明了这则史料是可信的。另外，《史记》卷二九《河渠书》载："五千顷故尽河堧弃地，民茭牧其中耳，今溉田之，度可得谷二百万石以上。"可知，$2\,000\,000$石$/500\,000$亩$=4$

---

① 张家山二四七号汉墓竹简整理小组：《张家山汉墓竹简（二四七号墓）》（释文修订本），北京：文物出版社，2006年，第154页。
② 马大英也认为，"汉初田制仍旧沿用周秦时代的老办法"，"六尺为步，步百为畮"。马先生对这两种亩制做过计算比较，汉初"六尺为步，步百为畮"之亩等于275.23平方米，"只相当于现制市亩的41.28%"；而"制田二百四十步而一亩"之亩是西汉武帝时期施行的，一汉亩等于"660.55平方米，相当于现制市亩的99.08%。或者说，和现制市亩基本相当"。参见马大英：《汉代财政史》，北京：中国财政经济出版社，1983年，第26页。
③ 《汉书》卷二四《食货志》注引邓展曰，第1140页。
④ 宁可说："汉代量制有大石小石两种，一小石当大石六斗，一大石当一·六六六小石。从有关文献及考古材料看，当时通行的是大石。"参见宁可：《有关汉代农业生产的几个数字》，《北京师院学报》（社会科学版）1980年第3期。因此，此处之"石"应为"大石"，因为它符合一石十斗、一斗十升之制，且与后文分析和计算之结果一致。
⑤ 吴慧：《中国历代粮食亩产研究》，北京：农业出版社，1985年，第115页。

石/亩，这进一步证实汉代粮食产量为每亩 4 石左右①。总之，在西汉中期，都乡"垦田"平均亩收 1.327 182 6 斗的田租和每亩 4 石的产量是可信的。

在理解了以上问题以后，现在我们再来总结一下西汉中期田租征收的具体办法。根据上引"都乡七年垦田租簿"之记载，汉代田租征收大致分为如下几个步骤：

第一，确定应征田租的田亩数。在乡级"垦田租簿"所记载的三类土地（"垦田"、"可垦不可垦"和"群不可垦"）当中，只有从"垦田"中划定出的"税田"面积才是应征田租的面积。即如前述"税田"之计算方法：

$$6\,002\ 亩 \times \frac{1}{30} = 200.066\,7\ 亩（此即税田面积）$$

第二，"取程"及平均产量。正如前文所述，"取程"这一步至关重要，它是田税征收的主要依据，不可或缺。

第三，在此基础上，再剔除"出田"面积及其租额，最终确立该年实际上交之田租额。

总之，长沙走马楼西汉简牍所见"都乡七年垦田租簿"文书首次记录了西汉中期一乡之"垦田"、"可垦不垦"、"群不可垦"和"提封"的面积，而且还反映了当时应征田亩之总租额、亩收租额、"蛮夷归义民田不出租"、"以命令田不出租"和"定入田"之田租等历史事实。这批简牍为我们了解西汉中期"垦田租簿"的文书形式及内容提供了第一手崭新的材料。

第四节　长沙五一广场东汉简牍所见"度田"制度

长期以来，由于史料记载不详，学术界对东汉光武帝时期的"度田"问题存在两种截然不同的观点：一是以朱绍侯为代表的"度田失败"说。朱先生说，光武帝时期的"度田"，由于农民和豪强地主的反对，"给东汉

---

① 宁可认为，此处《淮南子·主术训》和《史记》卷二九《河渠书》所记亩制皆为大亩，"一大亩收四石，折成小亩，合一亩收一·六六六石"，两者所记皆为水稻田之产量。参见宁可：《有关汉代农业生产的几个数字》，《北京师院学报》（社会科学版）1980 年第 3 期。

王朝以极大的震动。刘秀面对这种局势，在对豪强地主妥协让步的前提下软硬兼施，把反抗平息下去；同时不得不取消度田"①。二是以高敏为代表的"度田成功"说②。根据长沙五一广场东汉简牍的记载，高敏等先生之说成立。但是，东汉"度田"政策持续了多久？具体执行"度田"的为何人？产生纠纷又是如何解决的？由于传世文献和以往出土材料均无记载，故而这些问题一直困扰着学术界。可喜的是，最新刊布的长沙五一广场东汉简牍填补了这方面的史料空白。如其简文记载：

> 1. 元兴元年六月癸未朔六日戊子，沮乡别治掾伦叩头死罪，敢言之。伦以令举度民田。今月四日，伦将力田陈祖、长爵番仲、小史陈冯、黄虑及蔡力度男子郑尤、越襲、张昆等□田；力别度周本、伍设昭田。其日昏时，力与男子伍纯争言斗，力为纯所伤，凡创四所。輙将祖、仲诣发所，逐捕纯，不得。盖力与亭长李道并力逐捕纯，必得为故。伦职事无状，惶恐叩头死罪死罪，敢言之。
> ●檄即日起贼廷（J1③：264-294A）
> 邮行（J1③：264-294B）③

以上史料是我们迄今为止所见唯一一条有关东汉和帝元兴元年（105）"度田"的材料。这条史料至少反映了如下历史史实：

第一，东汉光武帝时期施行的"度田"政策至少延续至和帝时期。

---

① 朱绍侯：《中国古代史》，福州：福建人民出版社，1985年，第348-349页。朱绍侯的《中国古代史》作为全国高校历史学专业教材，影响比较大。当然，朱先生之说深受前辈名家的影响，如著名历史学家郭沫若和范文澜等皆持"度田"失败说，具体参见郭沫若：《中国史稿》（第2册），北京：人民出版社，1963年，第131页；范文澜：《中国通史简编》（第2编），北京：人民出版社，1958年，第139-140页。

② 参见高敏：《秦汉魏晋南北朝史论考》，北京：中国社会科学出版社，2004年，第49-65页；也可参见高敏："度田"斗争与光武中兴》，《南都学坛》1996年第1期。当然，还有学者从不同角度探讨了东汉的"度田"问题。如曹金华：《刘秀"度田"史实考论》，《史学月刊》2001年第3期；臧知非：《刘秀"度田"新探》，《苏州大学学报》（哲学社会科学版）1997年第2期；孟素卿：《谈谈东汉初年的度田骚动》，载中国秦汉史研究会编《秦汉史论丛》（第3辑），西安：陕西人民出版社，1986年，第246-253页；袁延胜：《东汉光武帝"度田"再论——兼论东汉户口统计的真实性问题》，《史学月刊》2010年第8期；[日]小嶋茂稔：《建począ度田政策始末考（上）：後漢の建國期における國家と社會》，《山形大學紀要》（社會科學）第33卷1号，2002年，第1-21页；[日]小嶋茂稔：《建武度田政策始末考（下）：後漢の建國期における國家と社會》，《山形大學紀要》（社會科學）第33卷2号，2003年，第1-37页。以上学者皆赞同高说。

③ 侯旭东不仅对该木牍中的个别文字进行了重新厘定，而且还对其中的"度田"问题进行了分析。请参见侯旭东：《湖南长沙五一广场东汉简J1③：264-294考释》，载北京大学中国古代史研究中心编《田余庆先生九十华诞颂寿论文集》，北京：中华书局，2014年，第113-119页。原文参见黄朴华等：《湖南长沙五一广场东汉简牍发掘简报》，《文物》2013年第6期。

第二章　秦汉土地制度与田税征课　　　　　　　　　·111·

《后汉书·光武帝纪》载:"(建武十五年)六月……诏下州郡检核垦田顷亩及户口年纪,又考实二千石长吏阿枉不平者。"① 这是光武帝于建武十五年(39)以制诏形式下令"度田",其目的主要是"检核垦田顷亩"和登记"户口年纪"。又,《甘肃武威旱滩坡东汉墓》刊布的简文也说明,光武帝建武十九年(43)仍执行了"度田"政策。如旱滩坡东汉简牍载:

　　乡吏常以五月度田七月举畜害匿田三亩以上坐。　简 14
　　□吏召无匿人□□□□痛言团☑。　　　　　　　简 15
　　建武十九年正月十四日己亥下。②　　　　　　　简 16

正因为武威旱滩坡东汉墓出土简牍中存在"建武十九年"之纪年,李均明和刘军因而断定这次出土的 16 枚简文"为东汉初年物"③。也就是说,光武帝建武十九年"度田"并未因"大姓及兵长"④ 的反对而终止。令人感兴趣的是,旱滩坡东汉简 14 还揭露了传世文献和以往出土材料未见记载的历史真相:一是乡吏执行"度田",这一点得到了长沙五一广场东汉简牍的印证;二是"以五月度田";三是"七月举畜害"⑤;四是"度田"后,发现"匿田三亩以上"就有罪。可见,这几枚旱滩坡东汉简牍不仅说明了光武帝建武十九年存在"度田"的情况,而且还为我们探讨东汉"度田"的执行人、时间以及"度田不实"等问题提供了第一手材料。

最重要的是,上引长沙五一广场东汉简牍表明,至东汉和帝元兴元年官府依旧执行"以令举度民田"的政策。至于和帝以后是否还存在"度田",由于史文简缺,不得而知。但笔者推测,这种制度关乎国家财政收入和政权稳定,故而有其连续性,东汉甚至东晋皆有"度田"。如东晋孝武太元二年(377)曾下令"除度田收租之制,王公以下口税三

---

① 《后汉书》卷一《光武帝纪》,第 66 页。
② 武威地区博物馆:《甘肃武威旱滩坡东汉墓》,《文物》1993 年第 10 期。
③ 李均明、刘军:《武威旱滩坡出土汉简考述——兼论"挈令"》,《文物》1993 年第 10 期。
④ 《后汉书》卷一《光武帝纪》,第 67 页。
⑤ 关于"畜害",《二年律令·田律》有详细之记载:"马、牛、羊、彘豖食人稼穑,罚主金马、牛各一两,四彘豖若十羊、豖当一牛,而令拚(?)稼偿主。县官马、(简 253)牛、羊,罚吏徒主者。(简 254)"以上就是《二年律令·田律》中的畜牧立法。至于"彘",整理小组认为:"彘",疑读为"豰",《广雅·释兽》:"彘,豰也"。即"牝猪"。关于"拚",整理小组认为是"拚(?)",彭浩等主编的《二年律令与奏谳书》引《淮南子·要略》"览取拚掇"高诱注曰:"拚,取也。"见彭浩、陈伟、[日]工藤元男主编:《二年律令与奏谳书》,上海:上海古籍出版社,2007年,第 192-193 页。很显然,"畜害"指的就是牲畜对农田或农作物造成的损害。

斛，唯蠲在役之身"①。因此，东晋孝武太元二年之前一段时间曾贯彻过"度田收租之制"。

第二，乡官执行"度田"的具体工作。东汉和帝时期的"度田"由"乡别治掾"领导，其下有"力田"、"长爵"和"小史"等小吏。长沙五一广场东汉简牍中的"乡别治掾"，《简报》作者以为："或指县廷派驻诸乡的掾职。"② 结合武威旱滩坡东汉简牍简14之记载，"乡别治掾"应当为"乡吏"，是乡一级"度田"的主管者。"力田"作为一种职官，始于吕后时期，如《汉书·高后纪》载："元年（前187）春正月，诏曰：'……初置孝弟力田二千石者一人。'"唐代颜师古注曰："特置孝弟力田官而尊其秩，欲以劝厉天下，令各敦行务本。"③ 当然，例1中的"力田"非"二千石者"，它指的是乡官，正如《后汉书·显宗孝明帝纪》所载："夏四月丙辰，诏曰：'……怀柔百神，惠于鳏寡……三老、孝悌、力田人三级。'"李贤注曰："三老、孝悌、力田，三者皆乡官之名。"④ "长爵"指的是高爵，如《汉书·贾谊传》载："今西边北边之郡，虽有长爵不轻得复……"张晏注曰："长爵，高爵也。虽受高爵之赏，犹将御寇，不得复除逸豫也。"⑤ 木牍中的"小史"指的是乡中的小吏。在正史中，关于"小史"的记载颇多，如"永少为长安小史"⑥、"青为小史"⑦ 和"下至贱更小史"⑧ 等。这些低级小吏，一般主管文书事宜。如《史记》卷八七《李斯列传》载："（李斯）年少时，为郡小吏。"注引《索隐》曰："乡小史。刘氏云'掌乡文书'。"但是，卜宪群推测："秦汉时代乡一级已经不再设'史'或其他专门掌管文书的人。"⑨ 恐误。今证之以例1中的简牍材料，东汉乡一级机构明确设有"小史"。

例1中的"力田陈祖、长爵番仲、小史陈冯、黄虑及蔡力"等乡官在"乡别治掾"的领导下具体负责"度田"工作，上引旱滩坡东汉简牍简14

---

① 《晋书》卷二六《食货志》，北京：中华书局，1974年，第792页。以下版本皆同。
② 长沙市文物考古研究所：《湖南长沙五一广场东汉简牍发掘简报》，《文物》2013年第6期。
③ 《汉书》卷三《高后纪》，第95—97页。
④ 《后汉书》卷二《显宗孝明帝纪》，第96页。
⑤ 《汉书》卷四八《贾谊传》，第2240—2241页。
⑥ 《汉书》卷八五《谷永传》，第3443页。
⑦ 《后汉书》卷四五《张酺传》，第1530页。
⑧ 《后汉书》卷一二〇《舆服志》，第3666页。
⑨ 卜宪群：《从简帛看秦汉乡里的文书问题》，《文史哲》2007年第6期。

也进一步证明了"乡吏"负责"度田"的历史真相。

第三,"度田"纠纷。例1中,小史"力"负责检核男子"伍"的垦田顷亩,结果"纯争言斗,力为纯所伤,凡创四所"。那么,产生纠纷的原因何在?愚以为,产生"度田"纠纷的原因主要有二:一是乡吏如实检核出了普通百姓或豪民大姓所匿之田,遭遇了田主反抗;二是官吏欺诈,"度田不实"。一般百姓倘若隐匿田地,乡中官吏与亭长就可以将之"并力逐捕"。如若官吏诈巧,"度田不实",又将如何处置呢?先让我们回顾一下如下几则史料:

> (建武十六年)秋九月,河南尹张伋及诸郡守十余人,坐度田不实,皆下狱死。①
>
> (鲍永)坐度田事不实,被征,诸郡守多下狱。②
>
> (王元)初拜上蔡令,迁东平相,坐垦田不实,下狱死。③
>
> (牟长)少习欧阳尚书,不仕王莽世。建武二年,大司空弘特辟,拜博士,稍迁河内太守,坐垦田不实免。④
>
> (建武十六年)时诸郡太守坐度田不实,世祖怒,杀十余人,然后深悔之。⑤

可见,河南尹张伋及诸郡守、鲍永、王元以及牟长等皆因"度田不实",或"下狱死",或"坐垦田不实免",或被斩杀,足见官府打击"度田不实"之严厉。那么,光武帝是如何知道这些官吏在"度田"时"多为诈巧,不务实核"的呢?这是因为东汉政府建立了一套从中央到地方较为完备的行政监察制度⑥。

在中央,秦郡守隶属于丞相,地方各郡皆由御史监察。西汉初期,"省监郡御史",后来"又以丞相东曹掾出督",最后演变成了中央监察地方之"刺史制度"⑦。武帝初置刺史之时,刺史以"六条问事"⑧,"传车州

---

① 《后汉书》卷一《光武帝纪》,第66页。李贤注引《东观记》曰:"刺史太守多为诈巧,不务实核,苟以度田为名,聚人田中,并度庐屋里落,聚人遮道啼呼。"
② 《后汉书》卷二九《鲍永传》,第1020页。
③ 《后汉书》卷一三《隗嚣传》,第531页。
④ 《后汉书》卷七九《牟长传》,第2557页。
⑤ 《后汉书》卷一〇八《五行志》,第3359页。
⑥ 参见杨宽:《战国秦汉的监察和视察地方制度》,《社会科学战线》1982年第2期。
⑦ 严耕望:《中国地方行政制度史——秦汉地方行政制度》(严耕望史学著作集),上海:上海古籍出版社,2007年,第271页。
⑧ 刺史"六条问事",参见《汉书》卷一九《百官公卿表》,第742页。

内，匪有定镇，及于岁尽，诣都奏事"，"稍后，但岁终奏事如故"①。但是至东汉中兴之后，刺史职权发生了改变②。此时之刺史不但监察州郡，而且总揽军政和民政之大权。毋庸置疑，刺史已逐渐地方行政官化了，故而汉灵帝时期，"改刺史，新置牧"③。

值得一提的是，东汉司隶校尉、御史中丞和尚书令是中央主典监察之重要机构。如应劭《汉官仪》曰："司隶校尉纠皇太子，三公以下，及旁州郡国无不统。"④ 蔡质《汉仪》云："（司隶校尉）职在典京师，外部诸郡，无所不纠。"⑤《隶释·隶续》卷九《司隶校尉鲁峻碑》载："延熹七年（164）二月丁卯，拜司隶校尉董督京辇，掌察群寮。"⑥《后汉书》卷二十七《宣秉传》："建武元年（25），拜（宣秉为）御史中丞。光武特诏御史中丞与司隶校尉、尚书令会同并专席而坐，故京师号曰'三独坐'。"⑦ 可以说，"三独坐"不仅担负着协助皇帝统治国家之职责，而且还"掌察群寮"，"无所不纠"。

在地方，州郡负责监察县乡者主要为督邮等。汉代"督邮主要负责基层社会的监察工作。在两汉史籍中督邮又称'都吏'，有关督邮之记载不胜枚举，主要有'郡督邮'，有监察王的'督邮舍'，有'五部督邮'，而且在三辅也设立督邮，如'京兆督邮'，由于督邮一职在基层检举、稽核工作中作用很大，因此受到政府重视，地位特别高，史称'督邮、功曹，郡之极位'"⑧。有关东汉"督邮"等核实田亩的问题，《长沙东牌楼东汉简牍》所记之"（灵帝）光和六年（183）监临湘李永例督盗贼殷何上言李建与精张诤田自相和从书"给我们带来了一些历史信息。该份文书显示，官府核查"李建与精张诤田"案有具体之步骤：一是"民大男李建"向中

---

① 严耕望：《中国地方行政制度史——秦汉地方行政制度》（严耕望史学著作集），上海：上海古籍出版社，2007年，第284页。
② 参见上书，第290页。
③ 《后汉书》卷八《孝灵帝纪》，第357页。
④ [清] 孙星衍等辑：《汉官六种·汉官仪》（周天游等点校），北京：中华书局，1990年，第148页。
⑤ [清] 孙星衍等辑：《汉官六种·汉官典职仪式选用》（周天游等点校），北京：中华书局，1990年，第208页。
⑥ [宋] 洪适：《隶释·隶续》卷九《司隶校尉鲁峻碑》，北京：中华书局，1986年，第101页。
⑦ 《后汉书》卷二七《宣秉传》，第927页。第二年，宣秉迁为司隶校尉，"务举大纲"，"百僚敬之"。
⑧ 参见拙著《汉简与财政管理新证》，北京：中国财政经济出版社，2006年，第287页。

部督邮掾举劾;二是中部督邮掾在听取"李建"自言后,发出"檄"文;三是监临湘"李永"收到"檄"后,指派督盗贼"殷何"前往调查和处理;四是督盗贼"殷何"最后形成"解"文,再送交给监临湘"李永"①。

那么,"中部督邮"、"监临湘"和"督盗贼"在核查这起"诤田"案中存在何种关系?结合传世文献之记载可知,"中部督邮"和"监临湘"皆属于督邮系统②。如《续汉书·百官志》"郡"条载:"郡守其监属县,有五部督邮,曹掾一人。"由此可知,"中部督邮"下辖"监临湘"③,"督邮掾"或"督邮"指的就是"督邮书掾"④。而督盗贼"不仅有'职主兵卫,防非常,故居则巡察,出则导从'的职能,此处还显示其主导调查解决民事纠纷的职能"⑤。不难看出,此处之"中部督邮"、"监临湘"和"督盗贼"等在"李建与精张诤田自相和从书"中主要起"实核"之作用。由此可见,东汉已形成了一整套中央至地方的较完善的监察体制,这为中央监察者和皇帝了解下情提供了制度保障。正因为有了这套制度,光武帝才能知晓"刺史太守"等各级官吏有无"度田不实"⑥的情况,才能保障"度田"政策的顺利执行。

光武帝"检核垦田顷亩"⑦,执行了严格的"度田"政策,致使东汉早中期出现了一股吏治清明之风。如大将吴汉就曾责备其妻"何多买田宅乎",俟后"尽以分与昆弟外家"⑧。光武帝"以禹功高",封邓禹为"高密侯",但邓禹经常"教养子孙","不修产利",结果光武帝"益重之"⑨。因此,"由于'度田''检籍'与打击不法地方官之后,出现了户口增加、生产发展、豪强收敛和清廉勤政成风的政治局面与社会经济状况,于是就汇集成了光武中兴之世,也为明、章、和诸帝统治时期的社会安定与经济

---

① 参见王素:《长沙东牌楼东汉简牍选释》,《文物》2005年第12期。
② 参见严耕望:《中国地方行政制度史——秦汉地方行政制度》(严耕望史学著作集),上海:上海古籍出版社,2007年,第138-143页。
③ 裘锡圭:《读〈长沙东牌楼七号古井(J7)发掘简报〉等文小记》,载《湖南省博物馆馆刊》(第3辑),长沙:岳麓书社,2006年,第342页。
④ 《后汉书》卷八二《高获传》"急罢三部督邮"下注引《续汉书》曰:"监属县有三部,每部督邮书掾一人。"(第2711页)
⑤ 庄小霞:《东牌楼东汉简牍所见"督盗贼"补考》,《南都学坛》2010年第3期。
⑥ 《后汉书》卷一《光武帝纪》"度田不实"条下李贤注引《东观记》曰,第66页。
⑦ 《后汉书》卷一《光武帝纪》,第66页。
⑧ 《后汉书》卷一八《吴汉传》,第683页。
⑨ 《后汉书》卷一六《邓禹传》,第605页。

发展奠定了基础"①。

  总之，光武帝严惩了一批阻挠"度田"改革的"大老虎"，震慑了隐匿田亩的贵族官僚和乡里的豪民大姓，为基层的"度田"工作打下了基础。但依然存在因"度田"而打伤"度田"小吏的情况。长沙五一广场东汉简牍第一次为我们展示了一幅东汉和帝时期处理"度田"纠纷案件的真实历史场景，因此，这些史料就显得弥足珍贵了。

---

① 高敏：《"度田"斗争与光武中兴》，《南都学坛》1996年第1期。

第三章　秦汉商业的发展与商业税的征收

　　秦汉是中国古代商品经济兴盛的时期。长期以来，学术界极为重视秦汉商业及商税问题的研究，如吴慧、黄今言、王子今、吴荣曾、冷鹏飞、臧知非、晋文、张弘、高维刚等学者在这方面就做出了杰出的贡献[①]。可喜的是，《岳麓书院藏秦简》、《里耶秦简》以及《长沙五一广场东汉简牍》等新材料的陆续披露，又为我们拓展和深入研究秦汉商业及商税等问题创造了有利的条件[②]。

第一节　岳麓秦简奏谳文书商业问题探讨

　　由于史料阙如，秦商业史研究中有不少问题至今无法取得突破性进展。上个世纪 70 年代以来，随着云梦睡虎地秦简的发现，国内掀起了一股研究秦史的热潮。学者们从传世文献和秦简中挖掘了部分秦商业史史料，分别就秦商品生产、商品交换、市场结构和商品消费等方面进行了有

[①] 参见黄今言：《秦汉商品经济研究》，北京：人民出版社，2005 年；王子今：《秦"抑商"辨疑：从商君时代到始皇帝时代》，《中国史研究》2016 年第 3 期；吴慧：《中国商业通史》（第 1 卷），北京：中国财政经济出版社，2004 年；张弘：《战国秦汉时期的商人和商业资本研究》，济南：齐鲁书社，2003 年；冷鹏飞：《中国古代社会商品经济形态研究》，北京：中华书局，2002 年；高维刚：《秦汉市场研究》，成都：四川大学出版社，2008 年；吴荣曾：《从秦简看秦国商品货币关系发展状况》，《文物》1978 年第 5 期；晋文：《桑弘羊评传》，南京：南京大学出版社，2011 年；臧知非：《"事末利及怠而贫者举以为收孥"试析——兼谈秦的"抑末"政策》，《徐州师范学院学报》（哲学社会科学版）1983 年第 3 期。

[②] 朱汉民、陈松长主编：《岳麓书院藏秦简》（叁），上海：上海辞书出版社，2013 年；陈松长主编：《岳麓书院藏秦简》（肆），上海：上海辞书出版社，2015 年；陈松长主编：《岳麓书院藏秦简》（伍），上海：上海辞书出版社，2017 年；长沙市文物考古研究所等编：《长沙五一广场东汉简牍》（壹-贰），上海：中西书局，2018 年。

益的探讨。2013 年 6 月由朱汉民和陈松长整理的《岳麓书院藏秦简》（叁）出版刊行①，又为秦商业史研究注入了新的活力。本书拟利用最新刊布的《岳麓书院藏秦简》（叁）县级"奏谳文书"并结合其他秦简材料，就秦商品交换、市场管理和商业纠纷等几个问题做一深入探讨，旨在揭示秦商业特别是秦县乡地方商业发展的历史真相。

一、秦商品交换

根据《岳麓书院藏秦简》（叁）反映的史实，我认为，秦县级商品交换较为活跃，主要表现在如下几个方面：

第一，交易的商品种类丰富。与百姓生活密切相关的产品如布料、衣服、被子、棺材和刀具等皆有出售，甚至"城旦赤衣"和兵器也可以买到，如《岳麓书院藏秦简》（叁）记载：

  1. ……●材曰：已（已）有棺列，不利⌐。空列，故材列⌐。十余岁时，王室置市（简 067）府，夺材以为府。府罢，欲复受，弗得。乃往九月辪（辞）守感。感令亭贺曰：毋（无）争者鼠（予）材。走马喜（简 068）争，贺即不鼠（予）材。材私与喜谋：喜故有棺列，勿争。材巳（已）治盖，喜欲，与喜，贸（"贸"前有三字空白）。喜（简 069）曰：可。……（简 069）（芮盗卖公列地案）②

  2. ……●去疾⌐，号曰：号乘轺（简 047）之醴阳，与去疾买铜钖冗募乐一男子所，载欲买（卖）。得。它如窂……（简 048）（猩、敞知盗分赃案）③

  3. ……魏伐刑杀安等，置赤衣死（尸）所，盗取衣器，去买（卖）行道者所。以钱买布补【袍】☒（简 163）有母、妻、子，在魏（魏）。即买大刀，欲复以盗杀人，得钱材（财）以为用，亡之魏（魏）……（魏盗杀安、宜等案）④

  4. ……●魏，晋人，材犷（伉）。端买城旦赤衣，以盗杀人⌐……

---

① 朱汉民、陈松长主编：《岳麓书院藏秦简》（叁），上海：上海辞书出版社，2013 年。本文均以陈松长主编的《岳麓书院藏秦简（壹-叁）释文修订本》为准，参见陈松长主编：《岳麓书院藏秦简（壹-叁）释文修订本》，上海：上海辞书出版社，2018 年。
② 陈松长主编：《岳麓书院藏秦简（壹-叁）释文修订本》，上海：上海辞书出版社，2018 年，第 146 页。
③ 同上书，第 144 页。
④ 同上书，第 159 页。

(简 166)（黥盗杀安、宜等案）①

5. ……以私印封，起室把诣于赠，幸其㫅（肯）以威賫（贷）学钱，即盗以买（简 227）□衣被兵，去邦亡荆。……（简 228）（学为伪书案）②

可见，各种商品都有交易，"从秦汉商品构成来说，秦汉时期进入流通领域、用以交换的商品大致有以下几种：专业化生产的商品，地主田庄的剩余产品（包括租佃制经营的剩余产品）转化为商品，农民的部分生产资料、生活资料转化为商品，各地土特产品的加工转化等"③。尽管以上观点没有错误，但是学者所用以论证之材料基本出自汉代文献，明确而鲜活的秦文献很少。因此，以上所列简文可以丰富有关秦商品交易品种的史料基础，概而言之，大致有如下几个方面：

一是手工业制品的交易，如例 1 中的棺材、例 2 中的"铜钖"、例 3 中的"大刀"和例 5 中的"兵器"等。我们发现，这些在其他秦简中也有相关记载。如《睡虎地秦墓竹简·金布律》："县、都官以七月粪公器不可繕者，有久识者靡之。其金及铁器入以为铜。都官输大内，内受买（卖）（简 86）之……（简 87）"④ 可见，"大内"可以将这些"铜"在市场上变卖。再如《睡虎地秦墓竹简·司空》简 148 载："城旦舂毁折瓦器、铁器、木器，为大车折耧（輮），辄治（笞）之。直（值）一钱，治（笞）十；直（值）廿钱以上，孰（熟）治（笞）之，出其器。"据此可知，瓦器、铁器和木器等在市场中也可以按照一定的价格进行买卖。甚至连马牛车所用的润滑油和修缮车辆使用的黏合剂"胶"也有买卖。如《睡虎地秦墓竹简·司空》："官有金钱者自为买脂、胶，毋（无）金钱者乃月为言脂、胶，期（简 128）赣。（简 129）"

二是布料和衣服的交易，如例 3-5 中就分别记录了布料、囚衣、衣服和被子的交易情况。睡虎地秦简也有类似的交易事例，如《睡虎地秦墓竹简·法律答问》简 11："甲盗钱以买丝，寄乙，乙受，弗智（知）盗，

---

① 陈松长主编：《岳麓书院藏秦简（壹-叁）释文修订本》，上海：上海辞书出版社，2018年，第 159 页。
② 同上书，第 167 页。
③ 林甘泉：《中国经济通史·秦汉经济卷》，北京：经济日报出版社，1999 年，第 514-515 页。
④ 睡虎地秦墓竹简整理小组编：《睡虎地秦墓竹简》，北京：文物出版社，1990 年，第 40 页。以下仅注简号，特此说明。

乙论可（何）殹（也）？毋论。"这是一则有关用赃款购买"丝"的案例。再如《睡虎地秦墓竹简·金布律》载："为橐布一，用枲三斤。为褐以稟衣；大褐一，用枲十八斤，直（值）六十钱；中褐一，用枲十四斤，直（值）卌六钱；小褐一，用（简91）枲十一斤，直（值）卅六钱。已稟衣，有余褐十以上，输大内，与计偕。（简92）"可见，织布用的原料"枲"以及百姓穿的各类"褐"衣皆明码标价，显然也能够在市场中买卖。

三是粮食、牛马肉、猪、鸡等生活必需品的交易事例也屡见记载。如《睡虎地秦墓竹简》载：

有稟叔（菽）、麦，当出未出，即出禾以当叔（菽）、麦，叔（菽）、麦贾（价）贱禾贵，其论可（何）殹（也）？当赀一甲。（简153）（法律答问）

畜鸡离仓。用犬者，畜犬期足。猪、鸡之息子不用者，买（卖）之，别计其钱。（简63）（仓律）

其大厩、中厩、宫厩马牛殹（也），以其筋、革、角及其贾（价）（简17）钱效，其人诣其官。其乘服公马牛亡马者而死县，县诊而杂买（卖）其肉，即入其筋、革、角，及索（索）入其贾（价）钱。（简18）（厩苑律）

上引简153中的"叔（菽）、麦贾（价）贱禾贵"即为豆和麦价格低廉而谷子价格昂贵，说明粮食可以按价买卖。当时的粮食价格如何？《睡虎地秦墓竹简·司空》简143记载："毄（系）城旦舂，公食当责者，石卅钱。"可见，一石粮食价值为"卅钱"。上引简63记载了猪、鸡等"息子不用者，买（卖）之"，由此可见，秦市场中肯定有买卖小鸡和小猪的情况。而上引简17-18则说明，秦官府所饲养的马牛如果死亡，牛马肉应该全部卖掉，并将所卖钱尽数上交官府。

第二，交易的媒介为货币。傅筑夫说："铜钱的历史虽正式从秦代开始，但是秦始皇'行钱'的这年，他就死去了，铸造出来的铜钱数量是不可能很多的，秦始皇死后，就立刻进入了大混乱时期，更没有给秦王朝留下在此铸钱和'行钱'的时间。"[①] 然而，我们从岳麓秦简的简文了解到，秦的货币经济非常发达。如《岳麓书院藏秦简》（叁）载：

6. ……先受私钱二千以为购￢，得公购备￢……（简020）死

[①] 傅筑夫：《中国封建社会经济史》（第二卷），北京：人民出版社，1982年，第489页。

辠（罪）购四（简021）万三百廿乚；群盗盗杀人购八万六百卌钱乚。（简022）（癸、琐相移谋购案）①

7. ……有（又）曰：它邦人（简036）□□□盗，非吏所兴，毋（无）什伍将长者捕之，购金二两。（简037）（尸等捕盗疑购案）②

8. ……●敢讞（谳）之：江陵言：公卒芮与大夫材共盖受棺列，吏后弗鼠（予）乚。芮买（卖）其分肆士（简062）五（伍）朵地直（值）千，盖二百六十九钱。以论芮乚。（简063）（芮盗卖公列地案）③

9. ……方前顾（雇）芮千，巳（已）尽用钱买渔具。（简075）（芮盗卖公列地案）④

10.【敢讞（谳）】之：十八年八月丙戌，大女子婉自告曰：七月为子小走马义占家訾（赀）。义当□大夫建、公卒（简108）昌士五（伍）积乚、喜、乚遗钱六万八千三百，有券，婉匿不占吏为訾（赀）乚。婉有市布肆一乚，舍客室一乚。（简109）（识劫婉案）⑤

11. ……沛（简115）以三岁时为识取（娶）妻；居一岁为识买室，贾（价）五千钱，分马一匹、稻田廿亩，异识。（简116）（识劫婉案）⑥

12. ……●建乚、昌乚、积乚、喜乚、遗曰：故为沛舍人，【沛】织（贷）建等钱，以市贩，共分赢。市（简123）折，建负七百乚，昌三万三千乚，积六千六百乚，喜二万二千乚，遗六千。（简124）（识劫婉案）⑦

以上就是我们在《岳麓书院藏秦简》（叁）中所见货币交易的几则材料，概有如下几个方面：

一是土地、房屋等交易以铜钱为媒介。例8分别记载了土地和店铺建

---

① 陈松长主编：《岳麓书院藏秦简（壹-叁）释文修订本》，上海：上海辞书出版社，2018年，第141页。
② 同上书，第143页。
③ 同上书，第145页。
④ 同上书，第147页。
⑤ 同上书，第151页。
⑥ 同上书，第152页。
⑦ 同上书，第153页。

筑物的价格，即"地直（值）千，盖二百六十九钱"；例9说明了一些手工业制成品的交易情况，"买渔具"费用一千钱；例11讲的是，"沛"为"识"购买房子，费用为五千钱。前引例2-5中的衣服、被子、大刀等也使用货币进行交易①。

二是借贷以货币为媒介。例9说明"方"贷款给"芮"一千钱，"芮"却用来购买渔具了；例12讲的是，"沛"贷款给"建"等做生意，但皆亏损，如"建负七百┕，昌三万三千┕，稷六千六百┕，喜二万二千┕，遗六千"。我们稽查《睡虎地秦墓竹简》中的相关史料，也发现了与借贷相关的几条史料，如"有罪以赀赎及有责（债）于公（《司空》简133）"、"居赀赎责（债）（《司空》简136、137、139、141、144和145）"、"百姓有责（债）（《法律答问》简148）"、"赍责（债）在外（《为吏之道》13参）"、"公有责（债）百姓未赏（偿）（《金布律》简76）"和"其责（债）毋敢喻（逾）岁（《金布律》简81）"。因此，我们可以断言，秦不仅公私和民间借贷兴盛，而且还建立了有关借贷方面的完善的法律制度。

三是购赏等也使用货币为支付手段。例6说明，秦法律规定，"死罪"购赏金额为40 320钱，而"群盗盗杀人"购赏金额为80 640钱。该简文意思是说，"琐"等人原本缉捕了抢劫杀人犯，但贪图"死罪"奖赏，答应将犯人移交给"癸"等，而"癸"先付给"琐"等人2 000钱，其余款项等拿到官府"群盗盗杀人"购赏金额80 640钱以后再支付。

例7也是购赏案例，只不过支付的媒介为黄金，如"购金二两"。如《睡虎地秦墓竹简·法律答问》："甲告乙贼伤人，问乙贼杀人，非伤殴（也），甲当购，购几可（何）？当购二两。（简134）捕亡完城旦，购几可（何）？当购二两。（简135）夫、妻、子五人共盗，皆当刑城旦，今中〈甲〉尽捕告之，问甲当购○几可（何）？人购二两（简136）"可见，秦法律规定，购赏金额一般为黄金二两，即例7所云"购金二两"。关于购赏，《睡虎地秦墓竹简·法律答问》有详细的法律规定：

> 甲捕乙，告盗书丞印以亡，问亡二日，它如甲，已论耐乙，问甲当购不当？不当（简138）。有秩吏捕阑亡者，以畀乙，令诣，约分

---

① 当然，秦也存在"布"币，如《睡虎地秦墓竹简·金布律》："布袤八尺，福（幅）广二尺五寸。布恶，其广袤不如式者，不行。（简66）"此处说明，铜钱和布都可以作为货币使用，兑换的比率也有记载，如《睡虎地秦墓竹简·金布律》："钱十一当一布。其出入钱以当金、布，以律。（简67）"

第三章　秦汉商业的发展与商业税的征收

购，问吏及乙论可（何）殹（也）？当赀各二甲，勿购（简139）。"盗出朱（珠）玉邦关及买（卖）于客者，上朱（珠）玉内史，内史材鼠（予）购。"●可（何）以购之？其耐罪以上，购如捕它罪人；赀罪，不购（简140）。或捕告人奴妾盗百一十钱，问主购之且公购？公购之之。（简141）①

由此可知，秦为了维持社会治安，不惜重金悬赏和缉捕罪犯。简138-141列举了各种情况下缉捕罪犯赏赐的条件，如简140规定，将珠玉盗卖给外邦的，应将珠玉上交给内史，只有这样才能获得官府的赏赐；捕获罪犯应判处耐刑以上的，捕获者也可以得到奖赏。

秦军功赏赐也使用铜钱或黄金为标准，如《睡虎地秦墓竹简·法律答问》："'广众心，声闻左右者，赏。'将军材以钱若金赏，毋（无）恒数。（简52）"除了赏赐军功以货币为手段以外，秦各级官吏考核的奖惩也以货币为衡量标准，如《睡虎地秦墓竹简·效律》："……十分一以到不盈（简12）五分一，直（值）过二百廿钱以到千一百钱，谇官啬夫；过千一百钱以到二千二百钱，（简13）赀官啬夫一盾；过二千二百钱以上，赀官啬夫一甲。百分一以到不盈十分一（简14），直（值）过千一百钱以到二千二百钱，谇官啬夫；过二千二百钱以上，赀官啬夫（简15）一盾。（简16）"②该段简文规定，官吏管理财产出现误差应按照一定误差数量给予不同惩罚，如果误差超过220钱至1 100钱的，"官啬夫"应该受到斥责，误差超过1 100钱至2 200钱的，应该罚"官啬夫一盾"等。

另外，秦赋敛征收基本以货币为准。如《睡虎地秦墓竹简·金布律》："官府受钱者，千钱一畚，以丞、令印印。不盈千者，亦封印之。……（简64）"③此处"千钱一畚"指的就是"箕敛"。如《史记·张耳陈馀列传》载："外内骚动，百姓罢敝，头会箕敛，以供军费，财匮力尽，民不聊生。"④可见，官府还征收人头税"以供军费"。上引秦简《金布律》简64说明，秦以1 000钱当"一畚"，"畚"即盛装税款的畚箕。

秦货币经济如此发达，货币管理自然很严格。如《睡虎地秦墓竹简·封诊式》："□□【爰】书：某里士五（伍）甲、乙缚诣男子丙、丁及新钱

---

① 睡虎地秦墓竹简整理小组编：《睡虎地秦墓竹简》，北京：文物出版社，1990年，第125-126页。
② 同上书，第71页。
③ 同上书，第35页。
④ 《史记》卷八九《张耳陈馀列传》，第2573页。

百一十钱、容（镕）二合，告曰：'丙盗铸此钱，丁佐铸。（简 19）甲、乙捕索（索）其室而得此钱、容（镕），来诣之。'（简 20）"① 这段话的意思是说，男子丙、丁私自铸钱，被士伍甲、乙两人拘捕，并将男子丙、丁及其私自所铸 110 新钱和钱范一并送交官府。可见，秦官府是严格禁止民间私自铸钱的。

秦官府对货币的使用也进行了法律规定，如《睡虎地秦墓竹简·金布律》："……乃发用之。百姓市用钱，美恶杂之，勿敢异。（简 65）……贾市居列者及官府之吏，毋敢择行钱、布；择行钱、布者，列伍长弗告，吏循之不谨，皆有罪。（简 68）"② 由此可知，无论钱币"美恶"，百姓都必须使用，"勿敢异"。而且法律还规定：市场中的商贾和"官府之吏"对市场中流通的钱和布不能进行选择，倘若选择，管理市场的"列伍长弗告，吏循之不谨，皆有罪"。这是秦官府利用法律手段强力推行钱币流通的措施，极大地维护了金融货币市场的稳定。

第三，合伙经商。岳麓秦简表明，秦还存在合伙经商的情况。如《岳麓书院藏秦简》（叁）中的"芮盗卖公列地案"：

> 13. ……●视狱：十一月己丑，丞暨劾曰：闻主市曹（简 064）臣史，隶臣更不当受列，受棺列，买（卖）。问论。●更曰：芮、朵谓更：棺列旁有公空列，可受。欲受，（简 065）亭佐驾不许芮、朵⌐。更能受，共。更曰：若（诺）。（简 066）③

> 14. ……材弗言贺。即擅窃治盖。以为肆，未歊（就），芮谓材：与芮共。不共，且辭（辞）争。（简 070）④

以上两则材料就是说，公卒"芮"和士伍"朵"皆来竞争这处铺子，但是分管市场的亭佐"驾"却没有答应他们的要求。亭佐可能会让隶臣"更"来经营，故而"芮""朵"就与隶臣"更"商量合伙经营这处商铺。后来，"材"擅自在空地上建筑店铺，尚未竣工时，"芮"就对"材"说："你与我共同经营这家铺子，若不同意，我就要争讼。"稽查所有有关秦的传世文献和出土材料，结果表明，《岳麓书院藏秦简》（叁）中的"芮盗卖

---

① 睡虎地秦墓竹简整理小组编：《睡虎地秦墓竹简》，北京：文物出版社，1990 年，第 151 页。

② 同上书，第 35—36 页。

③ 陈松长主编：《岳麓书院藏秦简（壹-叁）释文修订本》，上海：上海辞书出版社，2018 年，第 146 页。

④ 同上。

公列地案"是迄今为止所见较为典型的反映秦合伙经商的史料①。

由此可见,《岳麓书院藏秦简》(叁)揭露了秦合伙经商的历史真实面目,为我们深入探讨秦的商品经济提供了第一手原始材料,确为一批弥足珍贵的研究秦商业史的史料。

那么,秦商业在重农抑商政策的主导下何以还如此发达?我们知道,秦自商鞅变法以来,实行严格的重农抑商政策。如《商君书·外内》载:"民之内事,莫苦于农,故轻治不可以使之。奚谓轻治?其农贫而商富,故其食贱者钱重;食贱则农贫,钱重则商富;末事不禁,则技巧之人利,而游食者众之谓也。故农之用力最苦,而赢利少,不如商贾、技巧之人。"② 据此,阎守诚认为:"商鞅是最早明确提出'重农抑商'口号的人,他的基本思想是要稳定并保证农业有足够的劳动力。"③ 这一说法亦得到了新出简牍资料的佐证。如湘西里耶秦简载:"城父繁阳士五(伍)枯取(娶)贾人子为妻,戍四岁☐。(8-466)"④ 这里记载的就是秦汉"七科谪"思想之一。如《史记·秦始皇本纪》载:"三十三年,发诸尝逋亡人、赘婿、贾人略取陆梁地,为桂林、象郡、南海,以谪遣戍。"又,张晏在《汉书·武帝纪》"发天下七科谪"条目下注曰:"吏有罪一,亡(人)〔命〕二,赘婿三,贾人四,故有市籍五,父母有市籍六,大父母有市籍七,凡七科也。"⑤ 正因为"城父繁阳士五(伍)枯取(娶)贾人子为妻",所以他才会谪"戍四岁"⑥。

导致秦汉抑商政策的原因是多方面的,诸如农战思想及国家的军事政策导向等。从政治学意义上讲,当某一事物发展超出政府预期时,政府就会采取打压政策,就如现今之房地产禁令一样。秦的商业政策亦当如是。

尽管如此,秦官府还是非常鼓励和重视发展一些对国家或皇室有利的

---

① 江陵凤凰山西汉木牍中有一份《中䑠共侍约》之文书,或曰此为合伙经商,或曰与徭役有关。因有争议,故不宜征引。
② 蒋礼鸿:《新编诸子集成(第一辑)·商君书锥指·外内》,北京:中华书局,1986年,第128—129页。
③ 阎守诚:《重农抑商试析》,《历史研究》1988年第4期。
④ 陈伟主编:《里耶秦简牍校释》(第一卷),武汉:武汉大学出版社,2012年,第161页。
⑤ 《汉书》卷六《武帝纪》,第205页。
⑥ 笔者在此赞同沈刚的观点。沈先生云:"(秦代)奖励耕战是商鞅以来秦国国力强大、吞并其他国家的基础。因而尽管政府离不开市场,但也仅仅将其作为保障国家收益的一个手段,绝不会因此而提高商人的地位,造成社会风气转向,使之冲击到早已塑造起来、深入人心的耕战政策传统。"参见沈刚:《新出秦简所见秦代市场与商人探讨》,《中国社会经济史研究》2016年第1期。

商贸行业。如《史记·货殖列传》载:"乌氏倮畜牧,及众,斥卖,求奇缯物,间献遗戎王。戎王什倍其偿,与之畜,畜至用谷量马牛。秦始皇帝令倮比封君,以时与列臣朝请。"① 就是说,秦乌氏县有位叫"倮"的大商人,非常富有,甚至"畜至用谷量马牛",结果,秦始皇帝"令倮比封君"。由于乌氏倮从戎王处"用谷量马牛",而牛马对秦王朝的农战至关重要,因此"秦始皇帝令倮比封君"当然就不足为奇了。又,《史记·货殖列传》载:"而巴(蜀)寡妇清,其先得丹穴,而擅其利数世,家亦不訾。清,寡妇也,能守其业,用财自卫,不见侵犯。秦皇帝以为贞妇而客之,为筑女怀清台。夫倮鄙人牧长,清穷乡寡妇,礼抗万乘,名显天下,岂非以富邪?"② 可见,"巴寡妇清"也是一位大商人,"家亦不訾",而且"能守其业,用财自卫",获得了秦始皇的客遇。

总之,秦基层社会商业如此之发达,一方面反映了基层民众崇富的普遍心理。司马迁曾说:"凡编户之民,富相什则卑下之,伯则畏惮之,千则役,万则仆,物之理也。"③ 可见,财富的多寡对百姓的影响至深,正所谓"用贫求富,农不如工,工不如商,刺绣文不如倚市门"④。另一方面,官府也鼓励百姓依法经商,尤其鼓励有利于国家和皇室的商业行为。

二、市场管理

秦市场建制较早,且形成了一定的规制。秦献公七年(前378),"初行为市"⑤;商鞅变法时期,"令既具,未布,恐民之不信,已乃立三丈之木于国都市南门"⑥。同一时期,秦已存在"军市"。如《商君书·垦令》载:"令军市无有女子;而命其商,令人自给甲兵,使视军兴;又使军市无得私输粮者,则奸谋无所于伏,盗输粮者不私稽,轻惰之民不游军市。"⑦ 至秦惠文王二十七年(前311),"成都县本治赤里街,若徙置少城。内城营广府舍,置盐铁市官并长、丞;修整里阓,市张列肆,与咸阳

---

① 《史记》卷一二九《货殖列传》,第3260页。
② 同上。
③ 同上书,第3274页。
④ 同上。
⑤ 《史记》卷六《秦始皇本纪》,第289页。
⑥ 《史记》卷六八《商君列传》,第2231页。
⑦ 蒋礼鸿:《新编诸子集成(第一辑)·商君书锥指·垦令》,北京:中华书局,1986年,第15—16页。

同制"①。当然，秦也如他国一样建立了"关市"制度，如《商君书·垦令》中就有"重关市之赋"②。《三辅黄图》还记载了秦"直市"存在的史料③。

出土秦简也有市场建制的记载。如《封诊式》载："自昼甲见丙阴市庸中，而捕以来自出。（简18）"整理者认为，"市庸"，就是指"市场中所雇佣的人"④；又，《封诊式》云："市南街亭求盗才（在）某里曰甲缚诣男子丙，及马一匹，骓牝右剽。（简21）"这里的"市南"指的就是"市场之南"，"街亭"指的是"城市内所设的亭"⑤。以上材料皆说明，秦市场建制较早，且名目还很多。

那么，秦市场是如何设置的呢？黄今言说："秦汉时期对市场的建设颇为重视，且逐渐走向健康和完善。当时的城市市场一般有圜、阛、列肆、隧、廛市楼等建筑设施。"⑥ 这一论断是符合历史事实的。现根据《岳麓书院藏秦简》（叁）所反映的市场设置情况，笔者仅就"列肆"的设置和市场管理中的"亭长""亭佐"等问题做一论述。

（一）"肆"和"列"的设置

"肆"和"列"就是指市场中的商铺，亦即"吏坐市肆行列之中"⑦。如《岳麓书院藏秦简》（叁）载：

15. 识为沛隶。沛为取（娶）妻，欲以肆、舍客室鼠（予）识。后弗鼠（予），为买室，分马一匹，田廿亩，异识⌐。沛死，（简133）识后求肆、室。媛弗鼠（予），识恐谓媛：且告媛匿訾（赀）。媛以故鼠（予）肆、室。肆、室直（值）过六百六十钱。得。皆审。（简134）（识劫媛案）⑧

16. ……材诧（简070）【……喜】（缺06）辟（辞）贺，贺不鼠

---

① （晋）常璩著、任乃强校注：《华阳国志校补图注·蜀志》，上海：上海古籍出版社，1987年，第128页。
② 蒋礼鸿：《新编诸子集成（第一辑）·商君书锥指·垦令》，北京：中华书局，1986年，第17页。
③ 何清谷：《三辅黄图校释》，北京：中华书局，2005年，第116页。
④ 睡虎地秦墓竹简整理小组编：《睡虎地秦墓竹简》，北京：文物出版社，1990年，第150页。
⑤ 同上。
⑥ 黄今言：《秦汉商品经济研究》，北京：人民出版社，2005年，第170页。
⑦ 《史记》卷三〇《平准书》注引《索隐》曰，第1442页。
⑧ 陈松长主编：《岳麓书院藏秦简（壹－叁）释文修订本》，上海：上海辞书出版社，2018年，第154页。

（予）材、芮，将材、芮，喜言感曰：皆故有棺肆，弗鼠（予），擅治盖相争。（简071）（芮盗卖公列地案）①

17. ……材私与喜谋：喜故有棺列，勿争。（简069）（芮盗卖公列地案）②

18. ……●芮曰：空列地便利，利与材共。（简073）（芮盗卖公列地案）③

例15是有关官府审讯结果的记录。这份法律文书大意是讲，"沛"为其隶臣"识"娶妻，后意欲分店铺和房屋给他，未果，但却分给了他"马一匹，田廿亩"。"沛"死后，"识"要求拥有店铺和房屋，"沛"的后妻"婉"并不认同，拒绝了"识"对店铺和房屋的诉求。于是，"识"就恐吓"婉"说："我要告发你隐匿财产税。"由于"婉"担心"识"去官府告发，故而将店铺和房屋给了"识"，店铺和房屋价值超过六百六十钱。且"识"是被缉捕归案的，而非自首。例16说明的是官府的店铺，亦即"官肆"。这两则材料中的店铺就是指秦市场中的"肆"。

关于"肆"，《岳麓书院藏秦简》（叁）"识劫婉案"中的"肆"为销售布匹之固定场所。据"识劫婉案"记载："婉有市布肆一└，舍客室一└。（简109）"④ 在先秦文献中，"肆"和"次"皆是指买卖同类商品的地方。如《左传·襄公三十年》载："伯有死于羊肆。"杨伯峻注曰："卖羊之街。"⑤ 汉代戴德在《大戴礼记》中说："与小人游，贷乎如入鲍鱼之次，久而不闻，则与之化矣。"⑥ 此处的"次"就是指买卖鲍鱼的市场。在汉代文献中又称之为"市肆"。如《汉书·食货志》云："是以圣王域民，筑城郭以居之，制庐井以均之，开市肆以通之，设庠序以教之，士农工商四民有业。"颜师古注曰："市，列也。"⑦ 自此以后，"市肆"常常见诸文献记载。如《汉书·食货志》载："山川园池市肆租税之入。"⑧ 又，《后汉书·王充传》曰："（王充）家贫无书，常游洛阳市肆，阅所卖书，一见辄

---

① 陈松长主编：《岳麓书院藏秦简（壹-叁）释文修订本》，上海：上海辞书出版社，2018年，第147页。
② 同上书，第146页。
③ 同上书，第147页。
④ 同上书，第15页。
⑤ 杨伯峻：《春秋左传注》，北京：中华书局，1981年，第1117页。
⑥ 黄怀信：《大戴礼记汇校集注》，西安：三秦出版社，2005年，第607页。
⑦ 《汉书》卷二四《食货志》，第1117-1119页。
⑧ 同上书，第1127页。

第三章　秦汉商业的发展与商业税的征收 · 129 ·

能诵忆,遂博通众流百家之言。"①

例17和例18中的"列"指的也是店铺。同样的简文还有很多,如前引例1、例16以及《岳麓书院藏秦简》(叁)简067、简069、简073、简074等。前引例1是一份县廷侦办案件时对涉案人"材"的供述记录。这段简文的大意是讲,有个爵位较高的大夫"材"有处棺材铺("棺列"),然而位置不佳。棺材铺边还有一处公家的铺子,原本是"材"的店铺,十几年前,由于官府要设立管理市场的治所,故而被征用。现在官府治所弃而不用,于是,"材"又想重新拥有此处店铺,结果未得到。于是,"材"在去年九月向太守"感"提出归还原本属于他的铺子。太守命令管理市场的亭长"贺"说,倘若没有其他人来竞争这处店铺,就将这处铺子归还给"材"。但是,爵位为"走马"的"喜"来竞争这处铺子,亭长"贺"就没有将店铺给"材"。于是"材"与走马"喜"私下合计说:你原本就有一处棺材铺,就不要争了。"材"说:等我建好店铺后再与你交换。最后,走马"喜"答应了"材"的要求。可见,前引例1所讲的店铺在简文中都称为"列"。

至于"列",其意义与"肆"类同。有关先秦时期的"列",传世文献鲜见记载,故而吴慧在《中国古代商业史》(第二册)中仅举出了司马迁《史记》中有关桑弘羊的一个例子。如《史记·平准书》云:"县官当食租衣税而已,今弘羊令吏坐市列肆,贩物求利,亨弘羊,天乃雨。"《索隐》曰:"谓吏坐市肆行列之市。"② 当然,汉代文献不乏记载。如《汉书·食货志》云:"而商贾大者积贮倍息,小者坐列贩卖,操其奇赢,日游都市。"颜师古注曰:"行卖曰商,坐贩曰贾,列者,若今市中卖物行也。"③我们还发现在汉初的《二年律令》中也有"列"。如《二年律令》简260载:"市贩匿不自占租,坐所匿租臧(赃)为盗,没入其所贩卖及贾钱县官,夺之死(列)。死(列)长、伍人弗告,罚金各一斤。"彭浩等主编的《二年律令与奏谳书》一书认为:"死(列)字,原释文作'列',现据图版改为死(列)。"整理者解释说:"本简的'列长'当为后者,即市之列肆长。"④《二年律令》简260表明,在汉初不仅有"列",而且还有"列"

---

① 《后汉书》卷四九《王充传》,第1629页。
② 吴慧:《中国古代商业史》(第二册),北京:中国商业出版社,1983年,第34页。
③ 《汉书》卷二四《食货志》,第1132—1133页。
④ 彭浩、陈伟、[日]工藤元男主编:《二年律令与奏谳书》,上海:上海古籍出版社,2007年,第196—197页。

之管理者"列长"。由此可见，《岳麓书院藏秦简》（叁）有关"列"的记载丰富了秦商业史研究的史料，加深了人们对秦市场设置和管理的认识。

另外，除了前引《岳麓书院藏秦简》（叁）中出现的有关"肆"和"列"等以外，我们在睡虎地秦简中也见到此类记载。如《睡虎地秦墓竹简·金布律》云："贾市居列者及官府之吏，毋敢择行钱、布；择行钱、布者，列伍长弗告，吏循之不谨，皆有罪。（简68）"又，《汉书·韩延寿传》载："又置正、五长。"颜师古注曰："正若今之乡正、里正也。五长，同伍之中置一人为长也。"可见，"贾市居列者"就是"市肆中的商贾"①，而"列伍长"则正是"同伍之中置一人为长"之意。这种"列伍长"设置与上引《二年律令》简260是一样的，这进一步说明了汉代承袭了秦的市场管理制度。

（二）"亭长"和"亭佐"

前文已探讨了秦市场中的"肆"和"列"等设置问题，那么，秦市场之组织管理又如何？《岳麓书院藏秦简》（叁）表明，市场组织管理者为"亭长"和"亭佐"等各级官吏。如《岳麓书院藏秦简》（叁）中的"芮盗卖公列地案"载："（芮等对更说）棺列旁有公空列，可受。欲受，（简065）亭佐驾不许芮、朵┗。更能受，共。（简067）"可见，秦市场管理中"亭佐"的权力还是很大的。

那么，秦汉时期，"亭"有何作用？它的性质如何？目前学术界存在三种典型之观点：一是宫崎市定的"乡、聚、亭"相同说②；二是王毓铨的"徼循防盗"说③；三是周振鹤的"监察区"说④。尤其是俞伟超⑤、裘锡圭⑥和苏卫国⑦等先生从秦陶文、瓦当等出土实物考证了秦"亭"的市场管理功能，为我们深入探讨这一问题奠定了基础。可喜的是，《岳麓书院藏秦简》（叁）给世人展示了秦亭管理市场的鲜活史料。这批新史料所反映的有关秦"亭"制的简文说明，秦"亭"不仅具有负责社会治安的

---

① 睡虎地秦墓竹简整理小组编：《睡虎地秦墓竹简》，北京：文物出版社，1990年，第36页。
② 参见宫崎市定：《关于中国聚落形体的变迁》，载刘俊文主编《日本学者研究中国史论著选译》（第4卷），北京：中华书局，1992年，第1-28页。
③ 参见王毓铨：《汉代的"亭"与"乡"、"里"不同性质不同行政系统说——"十里一亭"、"十亭一乡"辩证》，《历史研究》，1954年第2期。
④ 参见周振鹤：《从汉代"部"的概念释县乡亭里制度》，《历史研究》1995年第5期。
⑤ 参见俞伟超：《汉代的"亭""市"陶文》，《文物》1963年第2期。
⑥ 参见裘锡圭：《战国文字中的市》，《考古学报》1980年第3期。
⑦ 参见苏卫国：《秦汉乡亭制度研究》，哈尔滨：黑龙江人民出版社，2010年。

作用，而且还有管理市场的功能。

岳麓秦简显示，"亭长"和"亭佐"直接负责解决市场纠纷的工作，如前引例1中记载之亭长"贺"接受太守"感"的指令处理商铺经营纠纷的事例即可为证，其简文曰："（太守）感令亭贺曰：'毋（无）争者鼠（予）材。'"（简068）意思是说，太守"感"命令亭长"贺"：店铺若无竞争者，就由"材"来经营①。

前引例13记载了"亭佐"的管理职能，简文表明，官府店铺旁边有块原本属于"材"的空地（"官列旁有公空列"），亭佐"驾"就有权决定其使用权，即如简文"亭佐驾不许芮、朵。更能受，共"，后来隶臣"更"单独与亭佐"驾"申请要承租这块"公空列"，亭佐"驾"同意了，即"更即自言驾，驾鼠（予）更"（简066）。

以上材料表明，秦市场中"亭"具有如下职能：一是处理商业纠纷。二是管理店铺的承租权。三是在产生纠纷时，直接接受太守的领导。

在此，必须说明的是，由于传世文献和以往出土简牍涉及秦"亭"制的史料奇缺，学者们主要关注两汉"亭"的性质、职官及作用等问题，缺乏对秦"亭"制中有关市场建制的深入探讨。因此，有必要在此补充说明一下出土文献中的秦"亭"制问题。秦"亭"之最高行政长官称为"亭长"、"校长"或"亭啬夫"，其下属机构有"亭佐""求盗"等，具体负责"亭"的社会治安和市场管理。如《睡虎地秦墓竹简·效律》："其他冗吏、令史掾计者，及都仓、库、田、亭啬夫坐其离官（简52）……"《睡虎地秦墓竹简·封诊式》："爰书：某亭校长甲、求盗才（在）某里曰乙、丙缚诣男子丁，斩首一，具弩二、矢廿……（简25）"再如里耶秦简载：

尉敬敢再拜（拜）谒丞公：校长宽以迁陵船徒卒史Ⅰ【酉阳，酉阳】□□【船】□元（沅）陵，宽以船属酉阳校长徐。今司空Ⅱ□□□□□丞公令吏徒往取之，及以书告酉阳令Ⅲ来归之。盗贼事急，敬已遣宽与校长囚吾追求盗Ⅳ8-167＋8-194＋8-472＋8-1011发田官不得者。敢再拜（拜）谒之。8-167背＋8-194背＋8-472

---

① 岳麓秦简还提供了一则材料，可以纠正《汉书》中的一个错误，亦即"郡守"是何时改为"太守"的？据《汉书》卷五《景帝纪》记载："秋七月，更郡守为太守，郡尉为都尉。"因此，学界一直认为，"太守"一称谓始于景帝时期。而《岳麓书院藏秦简》（叁）中的"芮盗卖公列地案"载："二月辛未，大守令曰：问，芮买（卖），与朵别贾（价）地，且（简063）吏自别直？别直以论状何如，勿庸报。（064）"可见，秦时就已经存在"太守"之称谓了，并非始于景帝时期。

背+8-1011背①

此处的"校长"与《睡虎地秦墓竹简·封诊式》简25中所记载的"校长"同属于"亭"之长官,负责缉拿盗贼等工作。当然,湘西里耶秦简记载"校长"的简文还有简8-472、简8-489、简8-537、简8-565、简8-1011、简8-1738、简8-1997、简8-2163和简8-2366。我们发现,里耶秦简中丝毫未见"亭啬夫"和"亭长"之称谓,笔者估计,这可能和"亭"设置的地点有关。如果"亭"设在边鄙地区,那么,缉拿盗贼和社会治安的任务较重,故而官府统一称之为"校长",而设在城市或内陆地区中的"亭",有可能多叫为"亭啬夫"或"亭长"。

秦"亭"下辖的属吏有"亭佐"和"求盗"等。前引《岳麓书院藏秦简》(叁)中的亭在处理商业纠纷时,可以在太守"感"的直接命令下行使职权,可见其管理市场的权限之大。可惜,在以往的出土秦简中均未见"亭佐",但汉代文献有两处明确的记载,如《后汉书·赵孝王良传》注引《东观记》曰:"乾私出国,到魏郡邺、易阳,止宿亭,令奴金盗取亭席,金与亭佐孟常争言,以刃伤常,部吏追逐,乾藏逃,金绞杀之,悬其尸道边树。国相举奏,诏书削[中丘]。"② 这里的"亭佐孟常"就是一位负责亭中事务的官吏,结果被一奴隶"金"杀死,"国相举奏,诏书削中丘"。再如《后汉书·陈寔传》云:"(陈寔)少作县吏,常给事厮役,后为都亭佐。"当然,这里所记录的是"都亭佐",但大略与"亭佐"职务相当。有关"都亭",可以参见高敏的《秦汉"都亭"考略》一文③。因此,《岳麓书院藏秦简》(叁)中出现的"亭佐"可以弥补文献记载之不足,是研究秦"亭"制的重要史料,也可以说,它填补了秦"亭"制研究的史料空白。

关于"求盗",前引《睡虎地秦墓竹简·封诊式》中的"市南街亭求盗(简21)"说明秦一般在市场南部设立"亭","亭"中负责缉拿的人员称为"求盗"。里耶秦简也有"求盗"的材料。如里耶秦简载:

□□将其求盗诣廷,会庚午旦,唯毋失期。(8-1252)④
敢告尉:以书到时,尽将求盗、戍卒枲(操)衣、器诣廷,唯毋

---

① 陈伟主编:《里耶秦简牍校释》(第一卷),武汉:武汉大学出版社,2012年,第101页。
② 《后汉书》卷一四《赵孝王良传》,第559页。
③ 参见高敏:《秦汉史探讨》,郑州:中州古籍出版社,1998年,第224-240页。
④ 陈伟主编:《里耶秦简牍校释》(第一卷),武汉:武汉大学出版社,2012年,第300页。整理者说,"将"前面一字疑为"首"字。

第三章　秦汉商业的发展与商业税的征收　　·133·

遗。（8-1552）①

　　人叚校长。☐Ⅰ二人求盗。☐Ⅱ二人门。☐Ⅲ二人佐它人偕载粟沅☐Ⅳ（9-623）②

　　☐人求盗。☐Ⅰ三人门☐Ⅱ二人与☐☐☐偕载粟沅陵五日☐Ⅲ十人与佐畸偕载粟门浅四月☐☐Ⅳ（9-1479）③

　　●兴律曰：当为求盗，典已戒而逋不会阅及已阅而逋若盗去亭一宿以上，赀二甲。（简240/1228）④

关于"求盗"，《史记·高祖本纪》载："高祖为亭长，乃以竹皮为冠，令求盗之薛治之。"裴骃《集解》注引应劭曰："求盗者，旧时亭有两卒，其一为亭父，掌开闭扫除；一为求盗，掌逐捕盗贼。"又，岳麓秦简载："廿五年五月丁亥朔壬寅……盗盗杀伤走马（简031）好☐☐☐部（？）中（？）。即（？）令（？）狱（？）史（？）骚（？）、求盗尸等十六人追。（简032）"⑤ 可见，"求盗"是秦"亭"在边鄙或内陆地区普遍设立的一个负责具体缉拿罪犯的职能部门。一般来讲，"亭"设"校长（或叚校长）"一人，"求盗"二人，看门者二人或三人不等。岳麓秦简《兴律》说明，"求盗"必须按时"会阅"，或即使"已阅"，但"求盗"不遵守法律而故意离开"亭一宿以上"，则"赀二甲"。

由此可见，秦汉时期的市亭有一套严格的管理制度，正如黄今言所说："秦汉时期，在城区市场中设置有专门的市署，即管理机构和吏员。按照当时的制度规定：市场吏员中，有市令、长、丞、市吏、市啬夫、市掾等，具体负责市场的管理事务。"⑥

三、商业纠纷的处理

据《岳麓书院藏秦简》（叁）的记载，商业纠纷产生以后，商业主体往往告诸官府，并由官府裁决。《岳麓书院藏秦简》（叁）中的"芮盗卖公列地案"揭示了秦官府处理商业纠纷的法律程序。

---

① 陈伟主编：《里耶秦简牍校释》（第一卷），武汉：武汉大学出版社，2012年，第356页。
② 陈伟主编：《里耶秦简牍校释》（第二卷），武汉：武汉大学出版社，2018年，第165页。
③ 同上书，第316页。
④ 陈松长主编：《岳麓书院藏秦简》（肆），上海：上海辞书出版社，2015年，第147页。
⑤ 陈松长主编：《岳麓书院藏秦简（壹—叁）释文修订本》，上海：上海辞书出版社，2018年，第142页。
⑥ 黄今言：《秦汉商品经济研究》，北京：人民出版社，2005年，第173页。

秦商业纠纷审理程序与其他案件审理程序一样，大致包括向上级简略陈述案情及上级批复、县廷勘查案情以及终审和判决等几个过程①，现据《岳麓书院藏秦简》（叁）中的"芮盗卖公列地案"举例说明如下：

（1）向上级简略陈述案情及上级批复（揭发阶段）。首先是江陵县向其上级郡太守陈述大致案情："江陵言：公卒芮与大夫材共盖受棺列，吏后弗鼠（予）└。芮买（卖）其分肆士（简062）五（伍）朵，地直（值）千，盖二百六十九钱。以论芮└。（简063）"②公卒"芮"将店铺卖给了士伍"朵"，地价1 000钱，房屋值269钱，由于这次交易触犯了法律，江陵县故而要以律令论处"芮"。江陵县的上级太守批复曰："二月辛未，大守令曰：问：芮买（卖），与朵别贾（价）地，且（简063）吏自别直，别直以论状何如，勿庸报。鞫审，灙（谳）（简064）。"③"二月辛未"，即始皇二十二年（前225）二月二十六日，郡太守批复说，倘若"芮"是按照官府对地的估价出售店铺给士伍"朵"的，可暂且不报，等审理清楚后再呈报。

（2）县廷勘查案情（原审阶段）。第一，案件举劾。县丞首先举劾。如"芮盗卖公列地案"载："●视狱：十一月己丑，丞暨劾曰：闻主市曹（简064）臣史，隶臣更不当受列，受棺列，买（卖）。问论。（简065）"④县丞"暨"听闻主市曹丞"史"的报告后，提请处罚不该经营且买卖店铺的隶臣"更"。第二，实地调查并笔录涉案人员的口供。"芮盗卖公列地案"中涉案人员大致有七人，他们分别是："更"、"材"、"芮"、"方"、"驾"、"贺"和"索"。第三，审讯嫌疑犯公卒"芮"。县廷审讯"芮"之辞曰："芮后智（知）材不得受列，弗敢居，是公（简080）列地殹（也）。可（何）故给方曰巳（已）受，盗买（卖）于方？巳（已）尽用钱，后挠益贾（价），欲令勿取。方弗取，有（又）弗（简081）环（还）钱，去往渔，是即盗给人买（卖）公列地，非令。且以盗论芮，芮可

---

① 岳麓书院藏秦简整理小组认为，根据秦奏谳文书可知，秦案件审理程序应包括：1. 揭发（"劾"和"告"）。2. 侦查（在外调查、刺探、盘问等）。3. "廷审"（庭审）。4. 主文。5. 附记。6. 奏谳书结尾。7 吏议。其中原审和本审阶段皆有侦查和"廷审"行为。参见岳麓书院藏秦简整理小组：《岳麓书院藏秦简〈为狱等状四种〉概述》，《文物》2013年第5期。
② 陈松长主编：《岳麓书院藏秦简（壹-叁）释文修订本》，上海：上海辞书出版社，2018年，第145页。
③ 同上书，第145-146页。
④ 同上书，第146页。

（何）以解└?（简082）"① 其大致意思是说，"材"知道公家的摊位不能经营后，"芮"却骗"方"将摊位卖给他，事发后，又故意抬高价格想逼"方"退出经营以平息事态，但"芮"已经将"方"给的钱花光且无力偿还。官府认为，"芮"欺骗别人并盗卖公家铺子和土地，涉嫌非法，将以盗罪惩处"芮"，问"芮"有何申诉。"芮"申诉说："诚弗受，朵姊（简082）孙故为兄妻，有子└。兄死，孙尚存。以方、朵终不告芮，芮即给买（卖）方；巳（已）用钱，毋（无）以赏（偿）。上即以（简083）芮为盗买（卖）公地，辠（罪）芮，芮毋（无）以避。毋（无）它解。它如前。（简084）"② 可见，芮否认经营了摊位。芮说，以为原来是"芮"已故哥哥妻子及"朵"的姐姐"孙"不会控告他，所以才敢诈骗"方"，并将"方"给的钱挥霍殆尽，无力偿还，官府既然要以盗卖公家财产问罪于他，他无话可说。

（3）终审和判决（本审、主文和结尾）。终审时，"芮"已收押在监，故狱史"豬"首先汇报了情况："芮、方并贾（价），豬以芮不（简084）【……问：……费六百】（缺简07）九钱"。其次，案件勘查报告："【……费六百】（缺简07）九钱，买（卖）分四百卅五尺，直（值）千钱。它如辤（辞）。（简085）"③ 这里记载了"芮"建筑店铺所支出的费用以及盗卖后的收入情况。最后，案件审理结论："芮不得受列，擅盖治公地，费六百九（简085）钱，□……地积（？）四百卅五尺，……千四百，巳（已）受千钱，尽用。后环（还）二百└。地臧（赃）直（值）千（简086）钱。得（简087）。"④ 审理结论显示，"芮"盗卖店铺价值1 000钱，但"芮"在公家地上建筑店铺所费大致为609钱，由于简文漫漶不清，"芮"购买土地费用不得而知。

庭审后判决结果为："狱巳（已）断，令黥芮为城旦。（简087）"⑤ 由此可以看出，县廷判决的结果是根据"芮"盗钱多少而定的，即盗钱1 000－建筑店铺费用－购买土地费用＝盗钱最后数量。根据秦律对盗罪的规定：

---

① 陈松长主编：《岳麓书院藏秦简（壹-叁）释文修订本》，上海：上海辞书出版社，2018年，第147-148页。
② 同上书，第148页。
③ 同上。
④ 同上。
⑤ 同上。

"害盗别徼而盗,驾(加)罪之。"●可(何)谓"驾(加)罪"?●五人盗,臧(赃)一钱以上,斩左止,有(又)黥以为城旦;不盈五人,盗过六百六十钱,黥劓(劓)以为城旦;不盈六百六十到二百廿钱,黥为城旦;不盈二百廿以下到一钱,罢(迁)之。求盗比此。①

简文大意是说,五人以上的群盗,且赃款为1钱者,判处斩去左足并"黥以为城旦"。而不足五人的盗罪,赃款超过660钱,判处"黥劓(劓)以为城旦";赃款在660至220钱的,判处"黥为城旦";赃款在220至1钱者,处以流放之处罚。既然"黥芮为城旦",估计"芮"盗之赃款在660至220钱之间。

可见,秦在审理商业纠纷时,办案人员积极调查取证,并采取严格的现场勘查及审理程序。该案的审理结果显示了秦法律制度的完善和判决的公正。

综合以上分析可知,《岳麓书院藏秦简》(叁)披露了秦商品交换、市场管理和商业纠纷等方面的新史料。我们发现秦的地方市场中出现了各类商品,诸如衣服、棺材等,甚至兵器和囚衣也成了交易的商品。材料显示,秦在商品交换、购赏、借贷等方面大量使用铜钱和黄金,说明秦货币经济很发达。《岳麓书院藏秦简》(叁)中还出现了秦合伙经商的史料,且这种合伙经商的成员没有身份限制,隶臣也可以竞争商铺。常出现在汉文献中的"列",在岳麓秦简中也出现了,它弥补了中国商业史的史料记载之不足。

该批秦简还显示,秦"亭"不仅负责社会治安和官府的邮驿等事务,而且还具有市场管理的功能。尤其是传世文献和以往出土材料未见记载的秦"亭佐"的披露,为困扰学界弥久的秦汉"亭"制问题的讨论提供了新的证据。

重要的是,《岳麓书院藏秦简》(叁)揭示了秦商业纠纷的审理过程,这是以往文献所未曾见过的。它具体包括县廷执法部门向上级简略陈述案情及上级批复、县廷勘查案情以及终审和判决等几个程序。《岳麓书院藏秦简》(叁)表明,秦在判决这起纠纷案时,严格依据秦律的规定,彰显了秦律的公平和公正。

---

① 睡虎地秦墓竹简整理小组编:《睡虎地秦墓竹简》,北京:文物出版社,1990年,第120页。

第二节 长沙五一广场东汉简牍所见商业问题探讨

秦汉时期是中国古代商业发展的兴盛时期,无论在商品生产、商业形态还是在货币经济等方面,秦汉商业的发展皆呈现出与以往不同之特色。因此,全面探讨这一时期的商业问题,"不仅有助于加深对当时社会经济结构的认识,揭示商品经济与地主制下自然经济的关系",而且还有助于我们"探讨秦汉商品经济的发展规模、运行方式和基本规律"[①]。正因为如此,秦汉商业问题一直以来就是中外学术界研究的热点问题。如钱穆、何兹全、吴慧、傅筑夫、林甘泉、黄今言、杨际平、冷鹏飞、高维刚、张弘、[日]影山刚、[日]桑田幸三、[日]西田保和[日]多田狷介等学者纷纷撰文探讨秦汉商品生产、商品交换、商业形态、市场结构和商业资本等问题,并取得了丰硕的成果[②]。然而,这一领域仍有众多问题亟待进一步研究和探讨,如东汉商业形态是否多样化?货币经济是否真的衰退了?东汉基层商业市场究竟发展到何种地步?这些问题在长沙五一广场东汉简牍刊布之前一直困扰着学术界[③]。笔者不揣简陋,拟利用最新刊布的

---

① 黄今言:《秦汉商品经济研究》,北京:人民出版社,2005年,前言第1页。

② 有关秦汉商业史的研究论著很多,此处仅列举了部分代表性的论著,请参阅钱穆:《记汉代米价》,《天津益世报·读书周刊》1937年第83期;钱穆:《记汉代米价》,载氏著《钱穆先生全集·读史随劄》,北京:九州出版社,2011年;何兹全:《战国秦汉商品经济及其与社会生产、社会结构变迁的关系》,《中国经济史研究》2001年第2期;林甘泉:《秦汉自然经济与商品经济》,《中国经济史研究》1997年第1期;吴慧:《中国古代商业史》,北京:中国商业出版社,1982年;吴慧:《中国商业通史》(第1卷),北京:中国财政经济出版社,2004年;黄今言:《秦汉商品经济研究》,北京:人民出版社,2005年;杨际平:《秦汉财政史》第十章"各种工商税",长沙:湖南人民出版社,2015年,第598-616页;冷鹏飞:《中国古代社会商品经济形态研究》,北京:中华书局,2002年;高维刚:《秦汉市场研究》,成都:四川大学出版社,2008年;张弘:《战国秦汉时期商人和商业资本研究》,济南:齐鲁书社,2003年;[日]影山刚:《中國古代帝國における手工業——商業と身分および階級關係》,《歷史學研究》328,1967年9月,第1-10页;[日]影山刚:《中國古代における都市と商業》,《歷史學研究》471,1979年,第2-11页;[日]桑田幸三:《漢代の商業國營論について》,《彦根論叢》164,1973年11月,第112-124页;[日]桑田幸三:《司馬遷の商業觀》,《經濟論叢》90-2,1962年8月,第58-69页;[日]西田保:《漢代商業史斷章》,《歷史學研究》第1卷6号,1934年,第1-5页;[日]多田狷介:《漢代の地方商業について——豪族と小農民の關係を中心に》,《史潮》92,1965年7月,第36-49页。

③ 据相关研究可知,这批新简牍"书于东汉中期偏早,已发现简牍上文字纪年有'章和''永元''元兴''延平''永初'等。其中最早者为汉章帝章和四年(实际为汉和帝永元二年,90年),最晚者为汉安帝永初五年(111年)"。参见长沙市文物考古研究所:《湖南长沙五一广场东汉简牍发掘简报》,《文物》2013年第6期。

长沙五一广场东汉简牍并结合西北汉简和传世文献等出土资料专门对东汉基层社会的商品交换、货币经济和商业繁荣的原因等问题做一初步探讨。

一、商品交换

劳动产品通过各种不同的渠道进入商品流通领域,"商品流通的各种形式表现为封建商业的各种形态。商业形态与商品形态有一定的关系,商业由低级形态向高级形态发展,也与剩余劳动剥削的情况、社会分工的发展水平有密切的联系"①。大体而言,商业形态包括两个发展阶段:一是直接商品交换阶段。这就是说,商品的生产者无须中介,直接将商品投入市场交易;二是通过商人为媒介的商品交换阶段。这两种商业形态在西汉业已出现,然而在东汉时期,这两种商业形态之发展又如何呢?冷鹏飞曾说:"(东汉时期)由于社会经济衰退,全社会商品购买力急剧下降……绝大部分家庭手工业、农副产品退出商品市场,更加剧了商品经济的衰退"②。换言之,东汉时期连直接商品交换都出现了困难,更何况"通过商人为媒介的商品交换"。事实果真如此吗?先让我们回顾一下长沙五一广场东汉简牍之记载:

  1. 郭亭部,市不处姓名男子鲜鱼以作彖(浆)。今年正月不处日,持随漻溪水上解丘徐舍,卖,得米卌四斛。三月不处日,持米下于横溪,糴尽,余米五十斛在徐舍。冯立(九一 木两行 CWJ1①:95-1)③

  2. □□寺舍。其月不处日,脩与种、勤牧,真传种□市牛肉廿斤,彖(豕)肉十斤,鲂五斤,复从石沽(二三一 木两行 2010CWJ1②:125)④

  3. □竹莒凡五十六枚。到十二月不处日,角持莒□卖与不处姓名男子,得米三斛,行道复从过(二六 竹简 CWJ1③:306-1)

  4. □愿来,于小市卖枯鱼自给。□(五三 竹简 2010CWJ1①:25-22)⑤

---

① 胡如雷:《中国封建社会形态研究》,北京:三联书店,1979年,第192页。
② 冷鹏飞:《中国古代社会商品经济形态研究》,北京:中华书局,2002年,第60-61页。
③ 长沙市文物考古研究所等编:《长沙五一广场东汉简牍》(壹),上海:中西书局,2018年,第200页。以下凡引自《长沙五一广场东汉简牍选释》中的简文仅标注简号,特此说明。
④ 同上书,第221页。
⑤ 同上书,第194页。

第三章　秦汉商业的发展与商业税的征收

5. 舍辟：十四年五月不处日，俱乘棋船上之沂溪中市鱼，到潘溪……☐（三七 竹简 CWJ1③：325-1-139）

6. 次房为达卖布、白绢，凡直钱三万二千八百。为达祠祀、迎医、市官（棺）木、作衣，凡直钱三万二千七百廿。余钱八十，白绢十匹，鲜支七匹，在次房舍。次房前已以所卖达物及市买疎付熹。谨复写达未死时与次房语，言记。（五二 木两行 CWJ1③：325-1-125）

7. 钱赎衣。到二年七月，诸船截（载）布重。绥闻诸得油钱，即令户下大奴主呼基，谓曰：今诸船以截（载）得油钱，当赎衣不？基曰：已告到，刘无钱。平卖衣以自偿，中间相去积八月。绥卖（六 木两行 CWJ1③：325-2-32）

8. 妻以元所有大婢婴送纳，纳为世产男石。后何卖民，直钱九万五千。以其五万买大婢侍，空地一所直八千。自驾起居。其中复买粲肆一孔，直二千四百。元本有豉肆一孔，后纳（六一 木两行 CWJ1③：325-4-25）

9. ☐☐乡吏毄（系）共田者张助等七人。伯、温二人听卖田空草泽地，助等毄毄（系）☐☐二人，诉私市不当行。前失缘、游等当以为市当行。谨令柱、宋等与记、伯共（六四 CWJ1③：325-4-38）

10. 未敢擅付。又次妻孝自言，皮买船，直未毕。今郢言，恐皮为奸诈，不载。辞讼，当以时决皮。见左书到，亟实核奸诈，明正言处，会月十七日。熹、福、元叩头死罪死罪。（六五 木两行 CWJ1③：325-4-46）

11. 小溲无坯☐擎旱少水，又各颇有神处，募卖以来廿馀岁，无人求市者。蒙崇土致三町，贾（价）并直钱一万，减本贾（价）四千，募卖贾（价）极。唯（九一 木两行 CWJ1③：325-1-10）

12. 钱十五万。到其十五年中，壬与覆买竹遂里宅一区，直钱四万六千。不处年中仲昌买上头缯肆一孔，直钱十二万；复买下头缯肆一孔，直钱八万。有大奴柱、婢益。益产（九九 木两行 CWJ1③：325-1-28）

13. 怒殴击柱，柱去，随世居，丑呼柱不还。元兴元年十一月不处日，世令柱持羊一级之市卖，不雠。柱擎（牵）羊还，道便过建舍，候视顷。须臾，丑将子女縹（缥）来，到顷舍与（一〇五 木两行 CWJ1③：325-1-35）

14. 中，元物故仓梧，归临湘壼（葬）。壼（葬）后有大婢侍、民、奴秩、主及坒，大宅、市肆各二，及家□物，何皆检录。时珠年四五岁，幼小，随脩留泉陵，何卖宅、侍、民、秩、主，散用钱给和、免、坒（一〇八 木两行 CWJ1③：325-1-55）

15. 卖。道曰：央夫田不得卖为亭。曰嫂勿治丧。道曰□□☑死。死，今年不得坒（葬）。两争言，语绝，各别。其月不处日□☑（一一三 木两行 CWJ1③：325-1-64）

16. 宁先让雇不？洴曰：雇无钱买田。武、弘谓洴，欲令几钱？☑千五百钱毕，田属武、弘。弘后病物故。雇到延平☑（一一六 木两行 CWJ1③：325-1-68）

17. 酒四器，直钱四百，俱持诣宏。宏曰：谁持来者？修、种、真等曰：持少礼贺新妇入寺舍也。宏曰可，即呼勤、牧、种、真、纤、国、修从作所归曹中，置肉案上，顷（倾）资写（泻）酒置杅中，以（三〇一 木两行 2010CWJ1③：137）①

18. 有顷，欲起，不知妤所在，辄讯问任、知状女子马亲、陈信、王义等。辤皆曰：县民，各有庐舍御门、都亭部，相比近知习，各占租，坐卖繖、带为事。任今月十七（三〇四 木两行 2010CWJ1③：140）②

19. 等宏念可让为酒，遣丸于市，市米一斛，令若、炊为让（酿）酒。酒孰（熟），胡客从宏沽酒一杅，直卅。歆复沽一杅，直卅。后不处日，闰复沽二器，直钱二百。修复沽一器，直钱百。建沽一（三六六 木两行 200CWJ1③：198-3）③

20. 修、种、国等相赋捡，沽酒受赇请，相与群饮，食山徒取其钱，令丸、达私市肉、胃、盐、豉，皆不雇直。知若无任徒，宽缓令为养，私使炊让，便处徒所，不当得为。宏官吏（三六一 木两行 2010CWJ1③：195）④

21. 卿市缯当有主名。寿墨不应。明廿七日，赵寿与未央俱去初舍，不雇初笼僦直。初谓寿、未央：卿来止出入一月，不当雇樵薪直？寿曰：我亡物，非能复谢卿。寿移止曲平亭部（七三六 木两行

---

① 长沙市文物考古研究所等编：《长沙五一广场东汉简牍》（壹），上海：中西书局，2018年，第233页。
② 同上书，第233-234页。
③ 同上书，第247页。
④ 同上书，第246页。

2010CWJ1 ③：263-86)①

上引例1-21简牍材料向世人展示了传世文献和以往出土文献未见记载的东汉基层社会商品交换真实而鲜活的历史画面。概而言之，此时市场上交易的商品大部分为人们日常生活之必需品，其主要体现在衣、食、住、行等几个方面。

第一，纺织类商品的交换。上引例6、例7和例18所交易的皆为"纺织"类商品。例6大意是说，一位名为"次房"的人在"达"生前和死后购买了各种物资及服务，这其中就包括"布"、"白绢"、"鲜支"和"衣"等纺织类商品。从简文"市官（棺）木、作衣"以及"谨复写达未死时与次房语"等语句来看，此类纺织品有一部分属丧葬用品，且价格昂贵。上引例6简文中的"布"和"白绢"是"达"生前所拥有的财产，"直钱三万二千八百"。而在"达"生病及死后所费就"直钱三万二千七百廿"，其中就包括"作衣"费，亦即制作寿衣等费用，真可谓"财力尽于坟土"②。例7明确记载了"平卖衣以自偿"，这是当时存在衣服类商品买卖的确证。从例18"坐卖繶、带为事"一语可知，"任、知状女子马亲、陈信、王义"等人皆是售卖纺织类商品的小贩。

例12和例21说明，当时存在出售"缯"的店铺以及"缯"的交易。何谓"缯"？《说文解字·糸部》："缯，帛也。"《汉书·灌婴传》载："灌婴，睢阳贩缯者也。"唐颜师古注曰："缯者，帛之总名。"③ 可见，"缯"是一种名贵的纺织类商品。当然，购买"缯肆"也很昂贵，如上引文"缯肆一孔，直钱十二万"。

例7中的"二年七月"指的是"永初二年，即公元一〇八年"④。该枚木牍的大意是说，债权人"绶"向"刘"索要债钱，其中"刘"可能是

---

① 长沙市文物考古研究所等编：《长沙五一广场东汉简牍》（贰），上海：中西书局，2018年，第227页。
② 《后汉书》卷二《显宗孝明帝纪》，第115页。如此高昂的丧葬费用，正是当时社会"以厚葬为德"的真实写照。如东汉建武七年（31）春正月，光武帝为此下诏曰："世以厚葬为德，薄终为鄙，至于富者奢僭，贫者单财，法令不能禁，礼义不能止，仓卒乃知其咎。其布告天下，令知忠臣、孝子、慈兄、悌弟薄葬送终之义。"（《后汉书》卷一《光武帝纪》，第51页）这种禁令显然无法扭转社会厚葬之风气，故汉安帝时又"诏三公明申旧令，禁奢侈，无作浮巧之物，殚财厚葬"（《后汉书》卷五《孝安帝纪》，第207页）。然而，无论官府如何禁止，当时"百姓送终"仍然"竞为奢靡。生者无担石之储，而财力尽于坟土"（《后汉书》卷二《显宗孝明帝纪》，第115页）。
③ 《汉书》卷四一《灌婴传》，第2080页。
④ 长沙文物考古研究所等编：《长沙五一广场东汉简牍选释》，第167页。

船主"诸"的雇员。由于"诸船以戴（载）得油钱"①，"刘"当然可以得到"顾就直"②。所以，"绥"立即"令户下大奴主呼基"，"基"说，"刘"无钱偿还"衣"钱③，而"平"则"卖衣以自偿"。从"中间相去积八月"来看，"平"有可能是专门从事"卖衣"的小商贾。简文中提及的"顾就直"就是指运输的运费。这种运费亦称为"僦直"，在当时就存在很多经营私船以求"僦直"之船主。如长沙五一广场东汉简牍中的J1③：325-1-140简文曰：

> 永元十五年闰月丙寅朔八日癸酉，武陵大守伏波营军守司马郢叩头死罪敢言之。前言船师王皮当偿彭孝夫文钱。皮船载官米财。遣孝家从皮受钱。郢叩头叩头死罪死罪。皮船载米四千五百斛，已重，孝不来。今月六日遣屯长王于将皮诣县，与孝、谊。谊未到。亭长姓薛不知名夺收捕皮，毄（系）亭。案：军粮重事，皮受僦米六百卅斛，当保米致屯营。今收毄（系）皮，空船无摄护者。亭重船稽留有日，不得发，恐宿夜灾异，无谁诘责。郢客吏被蒙府厚恩，发遣正营流汗。唯长沙府财吏马，严临湘晨夜遣当代皮摄船者诣郢，须进道。皮讼决，手械，部吏传诣武陵临沅保入官。
>
> 朱郢诚惶诚恐，叩头叩头死罪，敢言之。
>
> 闰月十日乙亥，长沙大守行文事大守丞虞谓临湘：写移县，知皮受僦当保载，而盛卷（？）徇留皮，又不遣孝家受取直，更相推移，何？书到，亟处，言，会急疾如律令。
>
> 　　　　　　　　　　　　　　掾广、卒史昆，书佐熹
> 　　今白　谁收皮者召之　闰月十一日开④

上引J1③：325-1-140简文中的"皮"就是私人船主，"皮船载米四千五百斛"，可获得的"僦直"相当丰厚，亦即简文所言"皮受僦米六百卅斛"。如此大的运输量，"皮"一人是无法完成的。因此，"皮"手下当有不少领取"僦

---

① 在此有必要补充说明一下简文中的"戴（载）得油钱"，整理小组认为："油钱，待考。似指运输费用。油，或为人名。"参见长沙市文物考古研究所等编：《长沙五一广场东汉简牍选释》，第167页。

② 见《居延新简》E.P.F22：8："……以谷廿七石予恩，顾就直……"参见甘肃省文物考古研究所等编：《居延新简——甲渠候官与第四燧》，北京：文物出版社，1990年，第475页。

③ 此处的"基"疑为负责债务管理之人员。

④ 长沙市文物考古研究所：《湖南长沙五一广场东汉简牍发掘简报》，《文物》2013年第6期，第22页。

直"的驶船者①。因此,"油钱"就是指运输"缇油"之布的"僦直"。

例18为司法文书之一部分。其大意是讲,办案人员由于"不知奸所在",故而"讯问任、知状女子马亲、陈信、王义等"。这些人皆回答说,"县民……各占租,坐卖繖、带为事",这里尤其强调了"县民"两字,亦即著籍本地之编户齐民②。很显然,此处"坐卖"就是指"坐贾",如《汉书》卷六七《胡建传》云:"时监军御史为奸,穿北军垒垣以为贾区,(胡)建欲诛之……"师古在此处注曰:"坐卖曰贾,为卖物之区也。区者,小室之名,若今小庵屋之类耳。故卫士之屋谓之区庐,宿卫(官)〔宫〕外士称为区士也。"③从简文"知状女子马亲、陈信、王义等"来看,当时从事"坐贾"行业者大部分为女性,且这些女性商贾皆以专职出售"繖"和"带"等丝织品为业。

那么,上引例18中的"繖、带"又为何种商品呢?所谓"繖",《说文》曰:"盖也。从糸散声。"④《广韵》:"繖,丝绫。今作繖盖字。"⑤《晋书·王雅传》:"(王雅为太子少傅)众遂赴雅焉。将拜,遇雨,请以繖入。"⑥可见,"繖"是一种普通百姓常用以遮挡雨及太阳光的盖子,或用作"伞"。至于"带",《说文》曰:"绅也。男子鞶带,妇人带丝,象系佩之形。佩必有巾,故带从巾。"⑦《释名》曰:"带,蒂也。著于衣,如物之系蒂也。"⑧毫无疑问,"带"也是百姓经常用于制作衣服的材料。因此,东汉基层商贾所出售的商品大部分为百姓日用生活或生产之必需品。

第二,食物类商品的交换。上引例1-5、例13和例19显示,当时基层民众交换食物类商品主要由鱼、牛肉、苴、酒和米等构成。大体而言,其可分为"鱼"类商品交换、牛肉和猪肉等畜类商品交换、"苴"和"米"

---

① 简文显示,此事件发生于和帝刘肇永元十五年(103),而例7所记为和帝永元二年,在时间上出入不大。关于J1③:325-1-140简文之详细分析,可以参见《长沙五一广场东汉简牍所见若干经济史料初探》,载杨振红、邬文玲主编《简帛研究》(2015年春夏卷),桂林:广西师范大学出版社,2015年,第184-200页。
② 所谓"县民",《后汉书》卷一〇四《五行志》注引《古今注》曰:"和帝永元七年三月,江夏县民舍柱生两枝,其一长尺五寸,分为八枝,其一长尺六寸,分为五枝,皆青也。"第3298-3299页。
③ 《汉书》卷六七《胡建传》,第2910-2911页。
④ [汉]许慎:《说文解字》,北京:中华书局,1963年,第278页。
⑤ 中华书局编辑部编:《小学名著六种·广韵》(影印版),北京:中华书局,1998年,第71页。
⑥ 《晋书》卷八三《王雅传》,第2179页。
⑦ [汉]许慎:《说文解字》,北京:中华书局,1963年,第158页。
⑧ [汉]刘熙:《丛书集成初编·释名》(影印版),北京:中华书局,1985年。

等植物类商品交换以及各类酒和酱的交易。

（1）上引简牍中的例1、例4和例5涉及"鱼"类的商品交换。例1简文说明，当时民间专业捕鱼者收获颇丰，同时，鱼肉加工技术也日臻完善，商贩购入"鲜鱼以作乑（浆）"。此"浆"当为鱼肉酱，《说文》曰："酱，醢也。"① 段玉裁解释说："酱，醢也。从肉酉。从肉者，醢无不用肉也。"② 从"卖，得米卅四斛"一语来看，此商贩购买"鲜鱼"的目的就是为交换而加工鱼肉酱。

例4大意是讲，"愿"是一位在"小市卖枯鱼自给"的小商贾。此"枯鱼"显然经过了加工的，那么，何谓"枯鱼"？《经典释文》曰："枯鱼，李云犹干鱼也。"③《晋书·谯刚王逊传》："足下若能卷甲电赴，犹或有济；若其狐疑，求我枯鱼之肆矣。"④ 一般来讲，"枯鱼"就是将鲜鱼整理清洗后放置少许食盐等佐料，然后将之晾干即可。

例5是说，"舍"在"十四年五月不处日"，搭乘"栱"的船只逆流而至"沂溪"之鱼市"市鱼"。当然，市场上交易之鱼品种繁多，如例2简文中就有作为商品交换的"鮯"，《说文》曰："鮯，煮也。一曰大鱼为鮺，小鱼为鮯。"⑤ 鱼不仅是一种美味菜肴，更可以"助粮食"，如《后汉书·鲜卑传》："光和元年冬，又寇酒泉，缘边莫不被毒。种众日多，田畜射猎不足给食，檀石槐乃自徇行，见乌侯秦水广从数百里，水停不流，其中有鱼，不能得之。闻倭人善网捕，于是东击倭人国，得千余家，徙置秦水上，令捕鱼以助粮食。"⑥

（2）牛肉和猪肉等畜类商品交换。上引例2、例13和例20说明，东汉地方市场中的牛肉、猪肉等交易比较活跃。如前引例2中所记"市牛肉廿斤，象（豖）肉十斤"，其交易数量不可谓少矣⑦！例13大意是讲，"柱"遭人"殴击"，于是离家"随世居"，且一直未回家。元兴元年（105）十一月的某日，"世"命令"柱""持羊一级之市卖"，结果"柱"并未将此头羊卖出。"柱"于是"擎（牵）羊还"，并顺道去了"建舍"探视"建"。不一会，"丑"带领"子女鬻（缥）"走了过来。很显然，此则

---

① ［汉］许慎：《说文解字》，北京：中华书局，1963年，第313页。
② ［清］段玉裁：《说文解字注》，上海：上海古籍出版社，1981年，第751页。
③ ［唐］陆德明：《经典释文·庄子音义》，北京：中华书局，1983年，第396页。
④ 《晋书》卷三七《谯刚王逊传》，第1106页。
⑤ ［汉］许慎：《说文解字》，北京：中华书局，1963年，第244页。
⑥ 《后汉书》卷九〇《鲜卑传》，第2994页。
⑦ 根据上下文意，例2与例17可以缀合为一简。

材料中的"羊"是用于交易的商品。尤其值得一提的是，当时一定存在"羊"等农畜产品交易的市场。

例20是一份官方司法文书之一部分。其大意是说，"修"、"种"和"国"等私相授受，"沽酒受赇请，相与群饮"。更为严重的是，这些人不仅"食山徒"，而且还"取其钱"，并命令"丸"和"达"到市场上"私市肉、胃、盐、豉"，而"皆不雇直"。此处所言"私市肉"指的就是例2中的"牛肉廿斤，象（豕）肉十斤"①。

（3）"米"和"䓈"等粮食蔬菜类商品的交换。上引例1、例3和例19就是有关粮食蔬菜类商品交易的例子。前引例1中之"米"有两个功能：一是充当商品交换的媒介。在《长沙五一广场东汉简牍选释》中出现了两例有关"米"充当商品交换媒介的实例，例1和例3就是明证，如例3简文中"角持䓈卖与不处姓名男子，得米三斛"一语即已透露了这一历史信息。二是充当商品交换物。在东汉时期，谷物的交换很普遍，光武帝刘秀就曾经"避吏新野，因卖谷于宛"②。再如，东汉初期，彭宠也曾"转以贸谷，积珍宝"，以至其财货殷实，"益富强"③。所以，例1中那位购买"鲜鱼以作㮉（浆）"者，卖"㮉（浆）"后，"得米卅四斛"，此"米"即是充当商品交换媒介的。其又是一位粮食贩运商人，如在三月的某一天，这位商贩"持米下于横溪，糴（粜）尽"。又，长沙五一广场东汉简牍CWJ1③：285亦载："……诗辞：☐持船于湘水糶（粜）米，见流死人。"④可见，例1和简CWJ1③：285中的商贾就是秦汉时期著名的"转毂以百数，贾郡国，无所不至"⑤的贩运商人。

例3大意是说，"角"在十二月的某一天，将"䓈"卖给了一位不知姓名的男子，"得米三斛"。那么，何谓"䓈"呢？《说文》曰："齐谓芋为䓈。"⑥段玉裁解释说："䓈，齐谓芋为䓈，所谓别国方言也。"⑦可见，"䓈"就是指芋头。"䓈"还被称为"蹲鸱"，如《史记·项羽本纪》："今

---

① 很显然，此枚木牍与简号为CWJ1②：125、CWJ1③：137和CWJ1③：198-3等木牍应该是同一份文书之一部分。
② 李贤注引《东观记》曰："时南阳旱饥，而上田独收。"参见《后汉书》卷一《光武帝纪》，第2-3页。
③ 《后汉书》卷一二《彭宠传》，第503页。
④ 长沙市文物考古研究所等编：《长沙五一广场东汉简牍选释》，上海：中西书局，2015年，第202页。
⑤ 《史记》卷一二九《货殖列传》，第3279页。
⑥ [汉]许慎：《说文解字》，北京：中华书局，1963年，第16页。
⑦ 同上书，第24页。

岁饥民贫，士卒食芋菽……"，司马贞《史记索隐》曰："芋，蹲鸱也。"①又，《史记·货殖列传》："(卓氏曰)此地狭薄。吾闻汶山之下，沃野，下有蹲鸱，至死不饥。民工于市，易贾。"注引张守节《史记正义》曰："蹲鸱，芋也。言邛州临邛县其地肥又沃，平野有大芋等也。《华阳国志》云汶山郡都安县有大芋如蹲鸱也。"② 可见，在江南四川地区盛产民众"至死不饥"之大芋头。正如刘志远等所言："四川汉代的芋是著名的农副产品。如彭县出土的《采芋》画像砖（图版肆：2），正面是靠近水塘的芋地，远处有游鱼、野鸭。荷花含苞待放，当是盛夏季节。芋田近处布满了芋头，四个农夫俯身伸臂在采芋。田间鸡鸭成群觅食。"③ 这种"芋"还能制作成美味的羹，如《汉书·翟方进传附子义传》："饭我豆食羹芋魁。"师古注曰："言田无溉灌，不生秔稻，又无黍稷，但有豆及芋也。豆食者，豆为饭也。羹芋魁者，以芋根为羹也。"④

第三，住宅和店铺的交换。例12和例14揭示了东汉民间房屋交易的真实历史。例12大意是讲，"壬"和"覆"购买了"竹遂里"的住宅"一区"，值钱"四万六千"。不知何年，"仲昌"又购买了"上头缯肆一孔"，值钱"八万"。其中，"宅一区"指的是宅第一处，如"赐钱二百万，公田二顷，宅一区"⑤、"甲第一区"⑥、"有田一廛，有宅一区"⑦、"各赐第一区"⑧、"赐宅人一区，田二顷"⑨ 以及"加赐钱五十万，公宅一区"⑩ 等。而店铺一间则称之为"肆一孔"。所谓"孔"，《说文》曰："通也。从乚从子。"⑪ 在古代市场中，因为店铺是开放式的，各店铺互为通达，故曰"孔"。当然，在长沙五一广场东汉简牍中还有其他类似记载，如木牍CWJ1③：325-4-25载："……其中复买粢肆一孔，直钱二千四百。"⑫ 此

---

① 《史记》卷七《项羽本纪》，第305-306页。
② 《史记》卷一二九《货殖列传》，第3277-3278页。
③ 刘志远等：《四川汉代画像砖与汉代社会》，北京：文物出版社，1983年，第45页。
④ 《汉书》卷八四《翟方进传附子义传》，第3440页。
⑤ 《汉书》卷五四《苏建传附子武传》，第2467页。
⑥ 《汉书》卷六八《霍光传》，第2948页。
⑦ 《汉书》卷八七上《扬雄传》，第3513页。
⑧ 《汉书》卷九九上《王莽传》，第4047页。
⑨ 《后汉书》卷一一《刘盆子传》，第486页。
⑩ 《后汉书》卷四一《第五伦传》，第1402页。
⑪ ［汉］许慎：《说文解字》，北京：中华书局，1963年，第246页。
⑫ 长沙市文物考古研究所等编：《长沙五一广场东汉简牍选释》，上海：中西书局，2015年，第156页。

例也可为"粱"米交易的佐证。

例 14 大意是说,"元"客死"仓梧(苍梧郡)","归临湘坙(葬)"后,"何"审核并登记了"元"之家庭财产情况。据此木牍可知,"元"拥有"大婢侍、民、奴秩、主及堅","大宅、市肆各二"以及其他财物。"何"后来出卖了"宅、侍、民、秩、主",并将"散用钱"给了"和、免、堅"等人。从这枚木牍的内容来看,"元"家财殷实,但不见有田产,唯见"大宅、市肆各二",故可推定,"元"极有可能是一位专业商人。

第四,运输工具"船"的交换。船是古人一种便捷的出行和运输工具,作为一种商品,民间买卖也很活跃,例 10 就是一份涉及船买卖的官文书。这份官文书的大意是讲,"次妻孝"声称,"皮"买了船,但款项未付清。今郚廷担心"皮为奸诈",不运载官府货物。既已"辤讼",应及时判决"皮"。请即刻按本文书附件的规定,核实"皮"之"奸诈"实情,"明正言处",并于本月十七日将情况报告郚廷①。可见,当时私人对运输船只拥有绝对产权,且可以自由买卖和交易。

第五,奴婢买卖。东汉民间奴婢交易盛行,如例 8 就是一则有关奴婢买卖的案例。其大意是讲,"妻"将本属"元"之大婢"婴"送给了"纳","纳"为"世"产下了男孩"石"。后来,"何"卖了"民","直钱九万五千",并"以其五万"购买了大婢"侍"。由此可见,当时奴婢作为一种商品,其买卖合情合法,且异常兴盛。

第六,田地交易。上引例 9 和例 16 涉及田地交易问题。例 9 大意是说,乡吏拘捕了"共田者张助等七人"。"助"等认为"伯、温二人听卖田空草泽地"是一种违法行为。其理由是"田空草泽地"属"张助等七人"共同所有,"伯"和"温"两人不应"私市"这些七人共有之田地。故此,"助"等指控"伯"和"温"两人"私市不当行"。然而,"缘"和"游"等负责人又认为"市当行"②,故此造成了这起纠纷。由此可见,当时土地私有权界定清晰,且存在"共田"现象。

例 16 则明确载明了"买田"之事③。其大意是讲,"雇"因为"无钱

---

① 在此木牍中,"决"指的是判决之意,如《礼记·曲礼》载:"夫礼者,所以定亲疏,决嫌疑,别同异,明是非也。"参见〔汉〕郑玄注、〔唐〕孔颖达疏:《礼记正义》,载〔清〕阮元校刻《十三经注疏》(影印版),北京:中华书局,1980 年,第 1231 页。

② 整理者在此认为:"缘、游,或皆为人名。"参见长沙市文物考古研究所等编:《长沙五一广场东汉简牍选释》,上海:中西书局,2015 年,第 169 页。

③ 根据此简之"雇到延平▨"一语,则此田地交易之事大约发生在殇帝延平元年(106)前后。

买田",所以田主"泅"遂将田地卖给了"武"和"弘"两人,且购田款已付清,故"田属武、弘"。后来"弘"因病去世,"雇"又有了新的想法,但由于简文残缺,详情不得而知。尽管如此,该枚简牍还是揭示了东汉中期田地买卖频繁的历史真相。

综合以上分析可知,东汉中期,民间商品交换异常活跃,而非"虚假繁荣"[①]。当时繁荣的交换经济主要体现在"纺织"类商品的交换、食物类商品的交换、住宅和店铺的交换、运输工具"船"的交换、奴婢买卖以及田地交易等几个方面。同时,这批简牍也反映了当时商品交换主要以铜钱为主,货币经济异常发达。

二、货币经济

关于东汉的货币经济问题,学术界大略存在两种截然不同之观点:一是东汉货币经济衰退学说。如傅筑夫指出:"终东汉一代,不仅贵金属黄金丧失了它几百年以来在货币经济中的支配地位,事实上已经退出流通领域,不再执行货币职能,而且连铜钱也很少铸造,有时还明令废止,'封钱'不用。"[②] 程念祺也认为:"自西汉而后……由于战争所造成的极大破坏,人口大量死亡,生产奄奄一息;其地之所产,人力之所出,尚不足供国家之实物与力役之需求。在这种情况下,乡村市场的交换,恐怕基本只能是以物易物了。"[③] 二是东汉货币经济发达学说。如黄今言推测:"东汉时期,尽管实物货币一度抬头,但铜钱并未退出流通领域,国家财政收支、民间贸易仍流通金属货币。从东汉繁荣的市场及商品交换、商业形态的发达的现象看,没有相辅相成的货币经济是很难设想的。"[④] 根据最近刊布的长沙五一广场东汉简牍,愚以为,黄先生的推测是正确的。如长沙五一广场东汉简牍载:

22. □便因缘。都、解止通舍数日。债代(贷)南山乡正,随佐区盰在乡。到九年九月中复还。解、通以庸债、贩卖为事。通同产兄育给事府,今年五月十日受遣将徒(六三 木两行 CWJ1③:325-4-37)

---

① 冷鹏飞:《中国古代社会商品经济形态研究》,北京:中华书局,2002年,第62页。
② 傅筑夫:《中国封建社会经济史》(第二卷),北京:人民出版社,1982年,第525页。
③ 程念祺:《论中国古代经济史中的市场问题》,《史林》1999年第4期。
④ 黄今言:《秦汉商品经济研究》,北京:人民出版社,2005年,第13页。由于时代的限制,黄先生未能见到长沙五一广场东汉简牍,但其推测是正确的。

23. 贷主颍川舞阳都□☑（七六一　竹简 2010CWJ1 ③：263-111)①

24. 左一人本钱。时任人男子王伯兴、张叔陵。明辟曰：家单无人，愿遣从弟殷平斋致书责叔阳、孟威本钱。实问里正杨成，辟：明前市婢愿、谛，当应得。遣平责（九三　木两行 CWJ1③：325-1-16）

25. 钱以偿冯等。及邯埊（葬）费直尽予，不卖连，素田自给。康狠（垦）田积八岁，应赦令不治，勅连还应何钱，以田畀连。有书。今连复自（九六　木两行 CWJ1③：325-1-20）

26. 敢用。后荆物故，责汝，汝以钱二千付阳。☑
四百，并处阳钱凡九万三千四百，皆名阳钱☑（九八　木两行 CWJ1③：325-1-27）

27. A 面：永初元年八月庚子朔廿一日庚申，广成乡有秩吞、佐仲、助佐赐叩头死罪敢言之。廷移府记曰：男子王石自言，女子溏贞以永元十四年中从石母列贷钱二万……（一〇六　木两行 CWJ1③：325-1-45）

28. 惠乡（？）女子王顷自言，皆以延平元年四月不处日券贷广乐亭□☑（一二八　竹简 CWJ1③：325-3-47）

29. ……惠前遣姊子毒、小自言，易永元十七年中，以由从惠质钱八百。由去，易当还惠钱。属主记为移长刺部曲平亭长寿考实，未言，两相诬……（四七　木牍 CWJ1③：325-5-21）

30. 各异。会计，萧察举孝廉。永元七年十一月中，萧迎绥之雒。其月卅日通棻僦绥宅，约四岁直钱五万，交付，率岁直万二千五百。时充送绥，证见通以钱付绥，绥去后，通、良还归。（一一〇　木两行 CWJ1③：325-1-58）

31. 月时米、粟、候、蒱皆受，不雇直，受所监臧并二千二百，凡臧三万三千七百。案：斗、侠、熏、毒射伤人。对杀人，亡。后为不知何人所杀，何人贼杀人，亡。辄与平法掾（六六七　木两行 2010CWJ1 ③：263-17）②

上引简文说明，东汉基层社会货币经济较为发达，这主要体现在借

---

① 长沙市文物考古研究所等编：《长沙五一广场东汉简牍》（贰），上海：中西书局，2018年，第231页。
② 同上书，第217页。

贷、租赁、赃款罚没和商品交换等几个方面。

第一，民间货币借贷活跃。上引简文中之例22-29主要为货币借贷案例。例22大意是讲，"解"和"通"两人专门"以庸债、贩卖为事"①，曾放贷"南山乡正"，当时乡佐"区盱"也在乡里②。其中，"通"的"同产兄育"又"给事府"，真可谓官商一家！不难看出，当时从事放贷业者与官府权势有着千丝万缕的联系。

例23之简文仅交代了债权人的信息，其中"贷主"就是"债主"之意。

例24显然与借贷有关。其大意是说，"明"曾出贷一笔钱，当时的证人有"男子王伯兴、张叔陵"。"明"供述称，因为自家没有权势，故派遣"从弟殷平"携带"致书"向"叔阳"和"孟威"索要本钱③。当时负责该案件之官吏又验问了"里正杨成"。"里正杨成"则认为，"明"之前购买了婢"愿"和"谛"，此种行为合规合法，"当应得"④。

例25大意是说，某人用钱来偿还"冯"等的债务。由于"邯埅（葬）费"已偿清，"不卖连"，且耕田以自给。"康"耕种已八年了，恰逢"赦令"，未被下狱，官府又敕令"连"偿还所欠"应何"之钱，要求"应何""以田畀连"，此皆有书为证。可见，此例肯定牵涉到以货币来偿还债务的情况，但由于简文残缺，具体情况不得而知。

例26是说，"荆"死后，"阳"向"汝"讨要债款，"汝"随即"以钱二千付阳"，"汝"前后"并处阳钱凡九万三千四百"。此简文中之"处"

---

① 整理者解释说："庸债，以庸偿债。"（长沙市文物考古研究所等编：《长沙五一广场东汉简牍选释》，上海：中西书局，2015年，第169页）愚以为，若此，则上下文意扞格不通，此"庸债"之意并非指"以庸偿债"。《说文》曰："庸，用也。从用从庚。庚，更事也。《易》曰：'先庚三日。'"（[汉]许慎：《说文解字》，北京：中华书局，1963年，第70页）《庄子·齐物论》："为是不用而寓诸庸。庸也者，用也。用也者，通也。通也者，得也。"郭庆藩在此注引成玄英疏曰："庸，用也。"（[清]郭庆藩：《庄子集释》，载国学整理社《诸子集成》（三），北京：中华书局，1954年，第34-35页）因此，"庸债"亦即"用债"，指的是凭借放贷而获利息之意。换言之，"庸债"者就是司马迁所言之"子钱家"。

② 此乡佐"区盱"疑为"桑乡佐盱"，如木牍CWJ1③：325-2-9云："女子张罢自言，桑乡佐盱负布钱万九千三百五十。械盱。曹予诡盱，今以钱万九千三百五十塈雇罢毕。当处重罚，以钱毕，蒙阔略。丞优、兼掾赐议请解盱械，敕遣归乡。"长沙市文物考古研究所等编：《长沙五一广场东汉简牍选释》，上海：中西书局，2015年，第156页。

③ 所谓"致书"，指的是通知书。如《张家山汉墓竹简·奏谳书》载："六月戊子发弩九诣男子毋忧告，为都尉屯，已受致书。（简1）"彭浩、陈伟、[日]工藤元男主编：《二年律令与奏谳书》，上海：上海古籍出版社，2007年，第332页。

④ 由于简文残缺，具体如何收债，不得而知。

是为"归也",如《左传·襄公四年》:"民有寝庙,兽有茂草,各有攸处。"杜预注曰:"人神各有所归,故德不乱。"① 简文后又云,"凡九万三千四百"钱皆为"阳"所拥有。据此可知,当时民间货币经济是很发达的。

例27之简文较为完整,显然是一份上行官方文书。其大意是讲,安帝永初元年(107)八月,广成乡有秩"吞"、乡佐"仲"和助佐"赐"共同起草了上报文书,该文书的内容为:县廷转发来的"府记"文书云,男子"王石"自称在和帝永元十四年(102)的某个时间,女子"溏贞"向"王石"之母"列"借贷了"钱二万",迄今未还。可见,当时民间货币借贷之数额确实不小,一笔借款就达"二万"钱。

例28出现了"券贷"。其简文大意是说,惠乡(?)女子"王顷"自称,在延平元年(106)四月的某一天,"赀"向广乐亭的某人"券贷"了钱财。所谓"券贷",指的是立券借贷,这种借贷程序在秦汉时期是很普遍的。

长沙五一广场东汉简牍显示,当时抵押借贷同样也以货币为媒介。例29是一份处理借贷纠纷的官方司法文书,其大意是讲,"惠"之前曾派姊之子"毒"和"小"至官府说,在和帝永元十七年(105)中的某一天,"易"遣"由"从"惠"处抵押借贷了"钱八百"。"由"离去后,"易"理当偿还欠"惠"之钱。该属曹"主记"移"长刺"文书给"部曲平亭长寿",令其"考实"欠款之事,但"寿"并未呈报核实情况,结果导致"两相诬"。可见,当时民间抵押借贷也以货币为媒介。

第二,租赁业使用货币为支付手段。例30大意是讲,和帝永元七年(95)十一月中,"萧"送"绥"到东都洛阳。该月三十日,"通"使用诱惑之手段租赁了"绥"的住宅,约定租金为"四岁直钱五万",已付清,平均每年"万二千五百"钱。当时"充"负责护送"绥",并现场见证了"通以钱付绥"。"绥"离去后,"通"和"良"各自回家了。由此可见,"绥"的宅子或许相当豪华,纵使"豢儵"之宅,其租金也如此之昂贵。

第三,贪赃财物也以货币计算。例31大意是说,"候"和"誧"利用职务便利,不予"雇直"②,贪赃"二千二百"钱,合计"臧(赃)三万

---

① [晋]杜预注、[唐]孔颖达正义:《春秋左传正义》,载[清]阮元校刻《十三经注疏》(影印版),北京:中华书局,1980年,第1933页。

② 《汉书》卷九〇《田延年传》云:"初,大司农取民牛车三万两为僦,载沙便桥下,送致方上,车直千钱,延年上簿诈增僦直车二千,凡六千万,盗取其半。"师古注曰:"一乘为一两。僦谓赁之与雇直也,音子就反。"(第3665—3666页)

三千七百"。

第四，商品交换以货币为媒介。在《长沙五一广场东汉简牍选释》一书所披露的木牍和竹简中涉及商品交换的司法文书就反映了这一历史事实。请看如下列表：

序号	商品交换的具体情况	交易媒介	资料来源
1	……其月不处日度租，复从鲁市木七具，直钱①	铜钱	三四六　木两行 2010CWJ1③：180
2	……过前贷卿钱，今以犬一头，当钱二百偿卿……②	铜钱	三六二　木两行 2010CWJ1③：196
3	钱三千，米五斛上利丘；钱七百，米二斛皆以付初……③	铜钱	三八二　木两行 2010CWJ1③：199-5
4	……遣丸于市，市米一斛……后不处日，闰复沽二器，直钱二百。修复沽一器，直钱百……④	铜钱	三六六　木两行 200CWJ1③：198-3
5	……所出钱付誧御等八家，钱讫……⑤	铜钱	四九○　木两行 2010CWJ1③：241
6	……奴武等证：牛二头，直钱万二千，见钱万六千……⑥	铜钱	五三一　木两行 2010CWJ1③：261-9
7	……周曰：我见若有豚，交钱市，何故言无有？语绝……⑦	铜钱	六七七+六七九　木两行 2010CWJ1③：263-27+263-29
8	……寿以钱市缯五匹⑧	铜钱	七○二　竹简 2010CWJ1③：263-52
9	郭亭部，市不处姓名男子鲜鱼以作炙。今年正月不处日，持随漻溪水上解丘徐舍，卖，得米卅四斛……⑨	米	九一　木两行 CWJ1①：95-1

---

① 长沙市文物考古研究所等编：《长沙五一广场东汉简牍》（壹），上海：中西书局，2018年，第243页。
② 同上书，第246页。
③ 同上书，第250页。
④ 同上书，第274页。
⑤ 长沙市文物考古研究所等编：《长沙五一广场东汉简牍》（贰），上海：中西书局，2018年，第187页。
⑥ 同上书，第194页。
⑦ 同上书，第218页。
⑧ 同上书，第222页。
⑨ 长沙市文物考古研究所等编：《长沙五一广场东汉简牍》（壹），上海：中西书局，2018年，第200页。

根据以上列表可知，东汉中期的铜钱并未"退出流通领域"，更没有"明令废止，'封钱'不用"①。但有一点必须明确，当时，"米"作为一种交换媒介确实存在。正如黄今言所言，"米"作为一种特殊商品，在任何时代皆可成为等价交换物②。因此，愚以为，当时地方市场中以铜钱为媒介的商品交换占绝对主导地位，货币经济异常发达。

三、商业税的征收

由以上分析可见，东汉民间商业异常发达。正如王符所说："今举俗舍本农，趋商贾，牛马车舆，填塞道路，游手为巧，充盈都邑，务本者少，浮食者众。'商邑翼翼，四方是极。'今察洛阳，资末业者什于农夫，虚伪游手什于末业。是则一夫耕，百人食之，一妇桑，百人衣之，以一奉百，孰能供之！天下百郡千县，市邑万数，类皆如此。"③ 对此，吴慧解释说："都市日益崇尚淫侈，这就诱使农民或逼使无以聊生的破产农民，纷纷流入城市，去搞手工业中的'巧饰'和商贾中的'鬻奇'之事。"④ 那么，东汉官府又是如何针对如此众多的商贾进行征税的呢？据五一广场东汉简牍载：

> 有顷，欲起，不知奸所在，辄讯问任、知状女子马亲、陈信、王义等。辞皆曰：县民，各有庐舍御门、都亭部，相比近知习，各占租，坐卖缴、带为事。任今月十七（三〇四 木两行 2010CWJ1 ③：140）⑤

前文已就此段史料做了简略解释，此不赘述。在此，仅就简文给我们透露的一个非常有用的历史信息做一解释。这个历史信息即是商业税征收之"占租"制度。可惜的是，东汉史料中并无商业税"占租"制度的详细记载，我们只能从秦及西汉的文献中探寻其踪迹。

那么，何谓"占租"？据《汉书·昭帝纪》载："（昭帝始元六年，前81）秋七月，罢榷酤官，令民得以律占租，卖酒升四钱。以边塞阔远，取天水、陇西、张掖郡各二县置金城郡。"三国如淳解释说："律，诸当占租

---

① 傅筑夫：《中国封建社会经济史》（第二卷），北京：人民出版社，1982 年，第 525 页。
② 至于"米"的等价交换物问题，笔者特意咨询了黄今言师，在此谨致谢忱。
③ 《后汉书》卷四九《王符传》，第 1633 页。
④ 吴慧：《中国古代商业史》（第二册），北京：中国商业出版社，1983 年，第 157 页。
⑤ 长沙市文物考古研究所等编：《长沙五一广场东汉简牍》（壹），上海：中西书局，2018 年，第 233—234 页。

者家长身各以其物占,占不以实,家长不身自书,皆罚金二斤,没入所不自占物及贾钱县官也。"唐代颜师古注曰:"占谓自隐度其实,定其辞也。……下又言占名数,其义并同。今犹谓狱讼之辨曰占,皆其意也。盖武帝时赋敛繁多,律外而取,今始复旧。"①

对此,王彦辉解释说:"汉代的'占租'即向官府申报造册,按律交纳租税,与'名田''自占'类同,而非'包商'。"② 臧知非云:"西汉前期工商业主通过授田制度获得山川林泽等矿产资源的所有权,以'占租'的方式向国家交纳定额税……根据申报的数字按率而税,也就是'占租'制。"③ 愚以为,这两种解释皆符合历史事实。

由于秦汉"自占"制度涉及范围较广,诸如户口"自占"④、訾产"自占"⑤、借贷领域的"自占"⑥、矿产领域的"自占"⑦ 以及商业领域的"自占"等。如《史记·平准书》载:

> 商贾以币之变,多积货逐利。于是公卿言:"郡国颇被蓄害,贫民无产业者,募徙广饶之地。陛下损膳省用,出禁钱以振元元,宽贷赋,而民不齐出于南亩,商贾滋众。贫者畜积无有,皆仰县官。异时算轺车贾人缗钱皆有差,请算如故。诸贾人末作贳贷卖买,居邑稽诸物,及商以取利者,虽无市籍,各以其物自占,率缗钱二千而一算。诸作有租及铸,率缗钱四千一算。非吏比者三老、北边骑士,轺车以一算;商贾人轺车二算;船五丈以上一算。匿不自占,占不悉,戍边一岁,没入缗钱。有能告者,以其半畀之。贾人有市籍者,及其家

---

① 《汉书》卷七《昭帝纪》,第224页。
② 王彦辉:《东周秦汉时期的工商政策与豪民兼并——兼论"以末致财,用本守之"》,《东北师大学报》(哲学社会科学版)1999年第3期。
③ 臧知非:《张家山汉简所见西汉矿业税收制度试析——兼谈西汉前期"弛山泽之禁"及商人兼并农民问题》,《史学月刊》2003年第3期。
④ 如五一广场东汉简牍载:"本县奇乡民,前流客,留,占著,以十三年。案:筭。后还归本乡,与男子蔡邘、石放等相比,当以诏书随人在所占。忠叩头死罪死罪……(三六九 木两行 2010CWJ1③:198-6)"参见长沙市文物考古研究所等编:《长沙五一广场东汉简牍》(壹),上海:中西书局,2018年,第248页。又同曰:"●案:都乡溠阳里大男马胡,南乡不处里区冯,皆坐,冯生不占书……(二五七 木牍 2010CWJ1③:71-26)"参见上书,第224页。
⑤ 请参见本书第三章相关内容。
⑥ 《汉书》卷一五《王子侯表》:"(旁光侯殷)十月癸酉封,十年,元鼎元年(前116),坐贷子钱不占租,取息过律,会赦,免。"师古注曰:"以子钱出贷人,律合收租,匿不占,取息利又多也。"(第447—448页)
⑦ 臧知非:《张家山汉简所见西汉矿业税收制度试析——兼谈西汉前期"弛山泽之禁"及商人兼并农民问题》,《史学月刊》2003年第3期。

属，皆无得籍名田，以便农。敢犯令，没入田僮。"司马贞《史记索隐》注曰："按：郭璞云'占，自隐度也'。谓各自隐度其财物多少，为文簿送之官也。若不尽，皆没入于官。"①

在这则史料当中，既包含财产税的"自占"，同时也包括"赀贷"和市租之"自占"。尤其是其中"诸贾人末作赀贷卖买，居邑稽诸物，及商以取利者，虽无市籍，各以其物自占，率缗钱二千而一算"一句，说明官府对各类商贾实行了严格的"占租"之制。对于违反此制者，官府即给予严厉之惩处，亦即上文提及的"匿不自占，占不悉，戍边一岁，没入缗钱"。另外，法律还规定："贾人有市籍者，及其家属，皆无得籍名田，以便农。敢犯令，没入田僮。"在汉初，"市贩匿不自占租"则以盗罪论处，而不是"戍边一岁"。如张家山汉简《关市律》载：

> 市贩匿不自占租，坐所匿租臧（赃）为盗，没入其所贩卖及贾钱县官，夺之死（列）。死（列）长、伍人弗告，罚金各一斤。（简260）②

可见，著籍的各类商贾必须按所经营的实际情况"各占租"，违律者将"坐所匿租臧（赃）为盗，没入其所贩卖及贾钱县官，夺之死〈列〉"。那么，官府是如何"以律占租"的呢？《汉书·昭帝纪》载："罢榷酤官，令民得以律占租，卖酒升四钱。"如淳注曰："律，诸当占租者家长身各以其物占，占不以实，家长不身自书，皆罚金二斤，没入所不自占物及贾钱县官也。"③ 可见，当时商贾贩卖"酒"的税率是"升四钱"。

四、商业繁荣的原因

那么，是什么因素导致了东汉如此繁荣之商业？纵观传世文献和出土资料之记载，愚以为有如下三点应引起学界同仁的注意：

第一，官府的"宽商"政策。东汉政权建立以后，商业政策略有变化。光武帝初执权柄时，桓谭就曾上书建议说："夫理国之道，举本业而

---

① 《史记》卷三〇《平准书》，第1430页。
② 彭浩、陈伟、[日]工藤元男主编：《二年律令与奏谳书》，上海：上海古籍出版社，2007年，第196—197页。彭浩等在《二年律令与奏谳书》一书中解释说："死（列）字，原释文作'列'，现据图版改为死（列）。"该书整理者又云："本简的'列长'当为后者，即市之列肆长。"
③ 《汉书》卷七《昭帝纪》注引师古曰："占谓自隐度其实，定其辞也。占音章赡反。下又言占名数，其义并同。今犹谓狱讼之辨曰占，皆其意也。盖武帝时赋敛繁多，律外而取，今始复旧。"（第224页）

抑末利，是以先帝禁人二业，锢商贾不得宦为吏，此所以抑并兼长廉耻也。今富商大贾，多放钱货，中家子弟，为之保役，趋走与臣仆等勤，收税与封君比入，是以众人慕效，不耕而食，至乃多通侈靡，以淫耳目。今可令诸商贾自相纠告，若非身力所得，皆以臧界告者。如此，则专役一己，不敢以货与人，事寡力弱，必归功田亩。田亩修，则谷入多而地力尽矣。"① 可见，东汉立国之初，"富商大贾，多放钱货……收税与封君比入"。据此，桓谭实欲提醒光武帝如下两事：一是桓谭引先帝"禁人二业"之治国经验，以此来说明"抑并兼长廉耻"的必要性；二是罗列了商贾之各种弊端，阐明了"举本业而抑末利"的好处。尽管如此，桓谭此奏本仍未得到光武帝之允诺。但史料显示，明帝时确实执行过"禁民二业"之政策，如永平元年（58），明帝执政，"是时下令禁民二业"②。毋庸置疑，这种抑商政策严重破坏了社会经济的正常运转，故刘般上书说："郡国以官禁二业，至有田者不得渔捕。今滨江湖郡率少蚕桑，民资渔采以助口实，且以冬春闲月，不妨农事。夫渔猎之利，为田除害，有助谷食，无关二业也。"③ 对此，明帝"悉从之"④。

由此，官府则陆续出台了一系列宽商举措，诸如废除"盐铁之禁"和"酒榷"等制度。东汉初期，官府"对盐铁的管制极不统一，虽然有过官营，但主要还是私营。章帝时曾勉强实行了一段时间的盐铁专营，然和帝继位后，窦太后临朝，马上宣布'罢盐铁之禁，纵民煮铸'，又正式废除了专卖制度"⑤。史料也表明，自和帝迄止汉末，盐铁专卖制度已不复存在。官府对酒的买卖同样也采取了放任政策，如李固之子李燮曾"变名姓为酒家佣"⑥；又，东汉中后期的崔寔由于"资产竭尽，因穷困，以酤酿贩鬻为业"⑦。上引长沙五一广场东汉简牍中的例19和例20又进一步证明了"东汉除了灾歉之年'禁酤酒'之外，一般听任民间私营"⑧ 的历史事实。

在这种放任自由之商业政策的激励下，当时"举俗舍本农，趋商贾，牛马车舆，填塞道路，游手为巧，充盈都邑，务本者少，浮食者众"，真

---

① 《后汉书》卷二八《桓谭传》，第958页。
② 《后汉书》卷三九《刘般传》，第1305页。
③ 同上。
④ 同上。
⑤ 黄今言：《秦汉经济史论考》，北京：中国社会科学出版社，2000年，第73页。
⑥ 《后汉书》卷六三《李固传附子燮传》，第2090页。
⑦ 《后汉书》卷五二《崔寔传》，第1731页。
⑧ 黄今言：《秦汉经济史论考》，北京：中国社会科学出版社，2000年，第73页。

第三章　秦汉商业的发展与商业税的征收

可谓"商邑翼翼，四方是极"①。

第二，较为完善的地方市场建制。根据前文分析及其他长沙五一广场东汉简牍之记载，当时地方各类市场建制较为完善，这不仅有利于"坐商"市场的发展，更有利于贩运商业的繁荣。

"坐商"是在官府所规定之场所进行交易的商人。这种场所，在文献中常称之为"市肆"、"列肆"或"市列"。如前引木牍CWJ1③：325-4-25："……其中复买粱肆一孔，直二千四百。元本有豉肆一孔。"木牍CWJ1③：325-1-28："……不处年中仲昌买上头缯肆一孔，直钱八万。"再如木牍CWJ1③：325-1-55载："……元物故仓梧，归临湘埜（葬）。埜（葬）后有大婢侍、民、奴秩、主及竖，大宅、市肆各二，及家□物，何皆检录。"在这些简牍中就包括了"粱肆"、"豉肆"和"缯肆"等。这些"肆"，指的就是"市肆行列"②，如《汉书·西域传》载："有金银铜锡，以为器。市列。以金银为钱，文为骑马，幕为人面。"师古注曰："市有列肆，亦如中国也。"③《后汉书·刘盆子传》载："后病失明，赐荥阳均输官地，以为列肆，使食其税终身。"李贤注曰："肆，市列也。"④ 又，《后汉书·孝灵帝纪》云："是岁（灵帝光和四年，181）帝作列肆于后宫，使诸采女贩卖，更相盗窃争斗。"⑤ 这种"列肆"或"市列"在有关秦及汉初之出土文献中也不乏记载，如秦汉简牍载：

……皆固有官肆，弗鼠（予），擅治盖相争……（简071）⑥

……媛有市布肆一┕，舍客室一┕……（简109）⑦

……材私对喜谋：喜故有官列，勿争。（简069）⑧

……●芮曰：空列地便利，利与材共。（简073）⑨

●金布律曰：市衡朮者，没入其卖殹（也）于县官，吏循行弗得，赀一循（盾）。县官有卖殹（也），不用（简1289）此律┕。有贩殹

---

① 《后汉书》卷四九《王符传》，第1633页。
② 《史记》卷三〇《平准书》注引《索隐》曰，第1442页。
③ 《汉书》卷九六《西域传》，第3885页。
④ 《后汉书》卷一一《刘盆子传》，第486页。
⑤ 《后汉书》卷八《孝灵帝纪》，第346页。
⑥ 陈松长主编：《岳麓书院藏秦简（壹-叁）释文修订本》，上海：上海辞书出版社，2018年，第147页。
⑦ 同上书，第151页。
⑧ 同上书，第146页。
⑨ 同上书，第147页。

（也），旬以上必于市，不者令续〈赎〉罢（迁），没入其所贩及贾钱于县官。典、老、伍人见及或告之（简1288）而弗告，赀二甲。有能捕告赎罢（迁）皋一人，购金一两𠃊。卖□士骰〈毁〉粪者，得贩卖室中舍中，租如律令（简1233）。①

市贩匿不自占租，坐所匿租臧（赃）为盗，没入其所贩卖及贾钱县官，夺之死（列）。死（列）长、伍人弗告，罚金各一斤（简260）。②

由此可见，秦不仅有供私人经营之"肆"，而且还有"官肆"或"官列"。当时私人经营商业合情合法，且收益不菲，故众多著籍之"黔首"，甚至还有"隶臣"也参与了"列肆"经营权的竞争③。上引《岳麓书院藏秦简》（肆）中的《金布律》也对私人贩卖行为进行了规定，此则《金布律》说明，当时私商不得在大道旁贩卖商品，否则"没入其卖殹（也）于县官"，而官营商店不受此限制。私商贩卖商品超过十天者，必须到官府规定之市场交易，否则"令续〈赎〉罢（迁），没入其所贩及贾钱于县官"。如果私商出售的是"□士骰〈毁〉粪"，则可以"贩卖室中舍中"，但必须"租如律令"。上引汉初《二年律令》简260则说明，官府在法律上允许私人经营"列肆"，并规定"坐商"必须"占租"。同时，官府建立了针对商人和市吏的严格的市场管理制度，正如上引简文所云，商人不"占租"，则商人"坐所匿租臧（赃）为盗，没入其所贩卖及贾钱县官"，而诸如"死（列）长、伍人"等市吏，若知悉商人"不自'占租'"而"弗告"，则"罚金各一斤"。至于《岳麓书院藏秦简》（叁）中所记之"官肆"或"官列"，指的就是国营商店，其经营主体和营业收入皆归国家所有。

与此相应，长沙五一广场东汉简牍中也出现几枚与市场管理有关的木牍，其简文曰：

32.案：都乡潦阳里大男马胡、南乡不处里区冯，皆坐。冯，生不占书。胡，西市亭长。今年六月……胡、冯及汜所从□☑汝曹护我。胡、冯、亥、建可即俱之老舍门。汜令亥、建、冯入老舍，得一

---

① 陈松长主编：《岳麓书院藏秦简》（肆），上海：上海辞书出版社，2015年，第109页。
② 彭浩、陈伟、[日]工藤元男主编：《二年律令与奏谳书》，上海：上海古籍出版社，2007年，第196-197页。
③ 参见拙文《岳麓秦简奏谳文书商业问题新证》，《社会科学》2014年第11期。

男子，将出胡、亥以将老出门。汎以……建以所持矛刺老，背亥以☐建，辜二旬内，其时立物故。汎、胡、建、亥谋共贼杀人，已杀。汎本造计谋，皆行。胡……名数……冯☐建格，物故。亥、建（？）及汎等别劾

永元十六年七月戊午朔十九日丙子，曲平亭长昭劾，敢言之。临湘狱以律令从事，敢言之。（二五七　木牍2010CWJ1③：71-26）[1]

33. 宅舍。给事县，署西市亭长。他犯亡。姃转还居曲平亭部，贫穷，无钱以偿谭。请祖出诡促偿谭，唯（CWJ1③：325-2-11）

34. 待事掾王纯叩头死罪白。男子黄倗前贼杀男子左建，亡，与杀人宿命贼郭幽等俱强盗女子王绥牛，发觉。纯逐捕倗、幽，倗、幽不就捕，各拔刀、戟矛☐与纯相刺击。纯格杀倗、幽。到今年二月不处日，纯使之醴陵追故市亭长庆睦，不在，倗同产兄宗、宗弟禹将二男子不处姓名，各操兵之纯门，司候纯。三月不处日，宗、禹复之纯门。今月十三日（三三六　木牍2010CWJ1③：169）[2]

35. 钱八千，即日毕。男子任仲孙、李仲升、齐仲孙证。今市有秩佐夺明肆还次。书到，亟治决。明处言。冯阆叩头死罪死罪。谨案文书，辄实问次、知状男子齐仲孙、李仲升，辤皆曰：前（CWJ1③：325-4-48）

上引例32和例33不仅说明了"西市亭长"具有管理市场秩序的权力[3]，而且更强调了其维护市场治安的职能。例32显示，都乡潕阳里大男"马胡"时任"西市亭长"，在和帝永元十六年（104）六月的某一天，"胡"、"冯"、"亥"和"建"等一起到了"老"的客舍门口。"泛"即刻命令"亥""建""冯"进入"老"之客舍，随即捕获一男子，并将之带出了客店。但"泛"以长矛刺杀"老"，"老"即刻受伤。根据汉律，伤人者必须担保伤者二十天之内不死亡，其实"老""其时立物故"[4]。所以，

---

① 长沙市文物考古研究所等编：《长沙五一广场东汉简牍》（壹），上海：中西书局，2018年，第224-225页。
② 同上书，第240页。
③ 秦汉城区市场一般设置两市：东市和西市。如《汉书》卷七六《王尊传》："长安宿豪大猾东市贾万……皆通邪结党，挟养奸轨，上干王法，下乱吏治，并兼役使，侵渔小民，为百姓豺狼。"（第3234页）又，《后汉书》卷一七《冯异传》："更始欲杀印等，遂勒兵掠东西市，入战于宫中，更始大败。"（第645页）
④ 《二年律令》云："斗伤人，而以伤辜二旬中死，为杀人。（简24）"参见彭浩、陈伟、［日］工藤元男主编：《二年律令与奏谳书》，上海：上海古籍出版社，2007年，第99页。

"泛"、"胡"、"建"、"冯"和"亥"等皆有罪，亦即简文所云"谋共贼杀人"。可见，作为"西市亭长"的"马胡"对所辖市场中的客舍具有治安管辖之权力。至于此木牍中之"舍"字，《说文》曰："市居曰舍。"① 段玉裁解释说："市居曰舍。食部曰：'馆、客舍也。'客舍者何也？谓市居也。市居者何也？《周礼》'遗人'曰：'凡国野之道，十里有庐，庐有饮食。三十里有宿，宿有路室，路室有委。五十里有市，市有馆，馆有积。'郑云：'一市之闲，有三庐一宿。'馆及庐、宿皆所谓市居曰舍也。此市字非买卖所之，谓宾客所之也。"② 据此可知，此"舍"定当建在城市中。例 32 也出现了"西市亭长"。根据上下语义，愚以为，此"西市亭长"可能就是下文出现的"㛆"。简文大意是说，"西市亭长"当时"给事县"，后又触犯其他法律，于是就"还居曲平亭部"，因为生活"贫穷"，故"无钱以偿谭"。某人恳请"祖"出面责问并敦促"㛆"偿还所欠"谭"的债款。由此可见，例 32 和例 33 皆与市场治安有关。

例 34 中的"市亭长"也是市场秩序和治安的管理者。关于木牍 J1③：169 之研究，《湖南长沙五一广场东汉简牍发掘简报》一文业已披露③，且相关成果已刊布，此不赘述。

例 35 中出现传世文献和出土材料未见记载的"市有秩"。整理者对此解释说："市有秩，市场负责人。"④ 那么，秦汉时期究竟有哪些负责市场管理之市吏呢？黄今言说，按照当时市场建制，"市场吏员中，有市令、长、丞、市吏、市啬夫、市掾等，具体负责市场管理实务"⑤。然而，在这些市吏中，唯独不见"市有秩"。愚以为，简文中之"市有秩"就是文献记载的"市有秩啬夫"或"市啬夫"⑥。如《后汉书·百官志》："有秩，

---

① [汉] 许慎：《说文解字》，北京：中华书局，1963年，第108页。
② [清] 段玉裁：《说文解字注》，上海：上海古籍出版社，1981年，第223页。再如《庄子·说剑》："夫子休就舍。"[清] 王先谦：《庄子集解》，载国学整理社《诸子集成》（三），北京：中华书局，1954年，第204页）又，《孟子·离娄上》："子闻之也，舍馆定，然后求见长者乎？"[汉] 赵岐注、[宋] 孙奭疏：《孟子注疏》，载 [清] 阮元校刻《十三经注疏》（影印版），北京：中华书局，1980年，第2723页）可见，该简文中之"舍"指的就是客舍之意。
③ 长沙市文物考古研究所：《湖南长沙五一广场东汉简牍发掘简报》，《文物》2013年第6期。
④ 长沙市文物考古研究所等编：《长沙五一广场东汉简牍选释》，上海：中西书局，2015年，第171页。
⑤ 黄今言：《秦汉商品经济研究》，北京：人民出版社，2005年，第173页。
⑥ 如《汉书》卷八六《何武传》载："武兄弟五人，皆为郡吏，郡县敬惮之。武弟显家有市籍，租常不入，县数负其课。市啬夫求商捕辱显家，显怒，欲以吏事中商。"（第3482页）

郡所署，秩百石，掌一乡人；其乡小者，县置啬夫一人。"李贤注引《汉官》曰："'乡户五千，则置有秩。'掌一乡人。"① 据此，上引简文中的"有秩"并非《后汉书·百官志》中所记之"乡有秩"，而是"郡所署"，且"秩百石"。但有一点是相同的，即简文中之"市有秩"明显省略了"啬夫"两字，正如安作璋等所言："《后汉书·百官志》只说'乡置有秩'，省掉了'啬夫'两字，所以本注对'有秩'和'啬夫'的区别又做了一番说明。"② 可见，市有秩与乡有秩对应，即市有秩所管理的市场应该比市啬夫要大。

与"坐商"不同，"贩运商"则是指根据区域不同之物价，"籴贱贩贵"而盈利的商贾。上引长沙五一广场东汉简牍中就记载了有关"贩运商"贩卖商品之事。如在例1中，某贩运商购买了"不处姓名男子鲜鱼以作粢（浆）"，然后出售"粢（浆）"以购大米，并"持米下于横溪"。显然此商贾是将米贩运到"横溪"附近之集市贩卖，并以此牟取高额商业利润。

秦汉时期，这类贩运商贾"俯有拾，仰有取，贳贷行贾遍郡国"③，有些大商人甚至"转毂以百数，贾郡国，无所不至"④。正史中就记载了如下几则有关贩运商的典型事迹：

> 程、卓既衰，至成、哀间，成都罗裒訾至巨万。初，裒贾京师，随身数十百万，为平陵石氏持钱。其人强力。石氏訾次如、苴，亲信，厚资遣之，令往来巴蜀，数年间致千余万。裒举其半赂遗曲阳、定陵侯，依其权力，赊贷郡国，人莫敢负。擅盐井之利，期年所得自倍，遂殖其货。⑤

> 恽幸有余禄，方籴贱贩贵，逐什一之利，此贾竖之事，污辱之处，恽亲行之。⑥

> 吴汉字子颜，南阳宛人也。家贫，给事县为亭长。王莽末，以宾客犯法，乃亡命至渔阳。资用乏，以贩马自业，往来燕、蓟间，所至

---

① 《后汉书》卷一一八《百官志》，第3624页。
② 安作璋、熊铁基：《秦汉官制史稿》，济南：齐鲁书社，2007年，第686页。
③ 《史记》卷一二九《货殖列传》，第3279页。
④ 同上。
⑤ 《汉书》卷九一《货殖传》，第3690页。
⑥ 《汉书》卷六六《杨恽传》，第2896页。

皆交结豪杰。①

　　伦后为乡啬夫，平徭赋，理怨结，得人欢心。自以为久宦不达，遂将家属客河东，变名姓，自称王伯齐，载盐往来太原、上党，所过辄为粪除而去，陌上号为道士，亲友故人莫知其处。②

　　以上几则材料大致反映了贩运商如下事实：一是贩运商以其财富结交权贵和豪杰。如上引"罗裒"通过贩运商品，"数年间致千余万"，尔后又"举其半赂遗曲阳、定陵侯"。因此，罗裒"赊贷郡国，人莫敢负"。东汉初年的吴汉也是"以贩马自业"，并"交结豪杰"。二是当时的商贾仍为贱民身份，其经商行为为世人所鄙视，时人称之为"贾竖之事，污辱之处"。纵使如此，有些人为了积聚财富和追逐高额商业利润，往往"变名姓"而"籴贱贩贵，逐什一之利"。

　　第三，崇奢风气的影响。自武帝以后，社会上逐渐形成了一股奢靡之风。如《盐铁论·国病篇》云："（建元之后）常民文杯画案，几席缉蹋，婢妾衣纨履丝，匹庶粺饭肉食，里有俗，党有场。康庄驰逐，穷巷蹋鞠。秉耒抱臿，躬耕身织者寡，娶要敛容，傅白黛青者众。无而为有，贫而强夸，文表无里，纨袴枲装。生不养，死厚送，葬死殚家，遣女满车。富者欲过，贫者欲及，富者空减[藏]，贫者称贷。"③毫无疑问，这些养生送死之奢靡物品与商品市场有着千丝万缕的联系，由此也进一步活跃了各类市场的商品交换，刺激了货币经济的发展。

　　至东汉，奢靡之风更为兴盛，各类奢侈品不胜枚举。东汉王符曾说：

　　今京师贵戚，衣服、饮食、车舆、文饰、庐舍，皆过王制，僭上甚矣。从奴仆妾，皆服葛子升越，筒中女布，细致绮縠，冰纨锦绣，犀象珠玉，琥珀玳瑁，石山隐饰，金银错镂，獐麂履舄，文组彩褋[牒]，骄奢僭主，转相夸诧，箕子所唏，今在仆妾。富贵嫁娶，车軿各十，骑奴侍僮，夹毂节引，富者竞欲相过，贫者耻不逮及。是故一飨之所费，破终身之本业。④

----

① 《后汉书》卷一八《吴汉传》，第675页。
② 《后汉书》卷四一《第五伦传》，第1396页。
③ [汉]桓宽：《盐铁论·国病篇》，载国学整理社《诸子集成》（七），北京：中华书局，1954年，第32页。
④ [汉]王符：《潜夫论·浮侈篇》，载国学整理社《诸子集成》（八），北京：中华书局，1954年，第54—55页。

王符在此一针见血地指出了时人竞相奢靡的社会风尚。这些"贵戚"在"衣服、饮食、车舆、文饰、庐舍"等方面"皆过王制"。甚至其奴婢也奢靡无比，如其"从奴仆妾"皆穿戴"葛子升越"、"筒中女布"、"细致绮縠"、"冰纨锦绣"、"犀象珠玉"和"琥珀玳瑁"等奢侈品。而"富贵嫁娶"则更为奢华，"车軿各十，骑奴侍僮，夹毂节引"。毋庸置疑，这些"富贵"之奢侈品绝大部分来自商品市场，这极大地活跃了东汉各类市场和贩运贸易，促进了东汉商业的繁荣。

可见，官府的"宽商"政策、市场建制的完善、货币经济的发展以及时人的奢靡之风等为东汉商业的繁荣和发展创造了条件。

综合以上分析可知，长沙五一广场东汉简牍不仅向世人展示了东汉中期繁荣的商业和发达的货币经济这一历史真相，更进一步证明了东汉"商品经济衰退"学说是不能成立的。这批简牍大致反映了东汉中期商业发展的如下历史事实：

第一，东汉中期的商品交换异常活跃。由于官府采取了"宽商"政策，当时"举俗舍本农，趋商贾，牛马车舆，填塞道路，游手为巧，充盈都邑，务本者少，浮食者众"。其具体体现在如下六个方面：一是"纺织"类商品的交换；二是食物类商品的交换；三是住宅和店铺的交换；四是运输工具"船"的交换；五是奴婢买卖；六是田地交易。

第二，东汉中期货币经济异常发达。长沙五一广场东汉简牍显示，东汉中期商品交换以铜钱为媒介，而非"已经退出流通领域，不再执行货币职能"。这种发达的货币经济主要表现在如下五个方面：一是民间货币借贷活跃；二是抵押借贷同样也以货币为媒介；三是租赁业使用货币为支付手段；四是贪赃财物也以货币计算；五是商品交换以货币为媒介。

第三，东汉中期商业繁荣的主要原因在于官府对商业的支持、市场建制的完善、货币经济的发达以及崇奢风气的影响等几个方面。当然，东汉商业的繁荣与技术进步、商品种类的增多也有一定的关系①。

第四，承继秦及西汉之制，东汉商税征课实行的是"占租"之制。

简言之，东汉中期之所以有如此繁荣之商业，不仅与当时发达之商品交换和市场建制的完善有关，而且与官府的"宽商"政策和时人的崇奢风气不无关系。正如黄今言先生所言："东汉的商品经济在西汉基础上仍在

---

① 具体情况，请参阅黄今言先生在《秦汉商品经济研究》一书中的相关论述。

向前发展，并逐渐被纳入封建地主制经济的轨道，更加成为地主制经济的有机组成部分。"①

---

① 黄今言：《秦汉商品经济研究》，北京：人民出版社，2005年，第13页。

第四章 新出秦简牍与财产税的征收

秦汉历史文献中出现的"訾",又称为"赀"或"资",指的是资财①。所谓"訾税",顾名思义,就是指官府按照财产之多寡而征收的一种财产税。秦汉时期,由于资产与官吏任免和赋税征课等重大政治和经济问题密切相关,因此,秦汉"訾税"问题一直以来就是中外学者关注的重点问题。

20 世纪五六十年代,平中苓次针对陈槃就居延汉简中"礼忠简"和"徐宗简"所提出的"户籍"说提出了质疑,认为"礼忠简"和"徐宗简"系财产税征收的调查记录,但属"算赋申报书"之范畴②。为此,永田英正高度评价了平中苓次对汉代财产税研究的贡献,但就其"算赋申报书"一说并不认同。永田英正说:"礼忠简和徐宗简绝不是平中苓次所说的算赋申报书,而应该是边境吏卒的家庭、财产一类的东西。"③ 可以说,这是国外学者针对汉代"訾税"研究的一次激烈交锋④。

自 20 世纪 70 年代以来,随着秦汉简牍的陆续刊布,学者们又拓展了对秦汉"訾税"研究的范围。如谷霁光强调,汉代之"赋"包括"资赋

---

① 《史记》卷一〇二《张释之冯唐列传》"以訾为骑郎"条下《字苑》注云:"赀,积财也。"(第 2751 页)贾丽英说,秦汉出土材料中"赀"与"訾"意义不同,这是值得重视的(参见贾丽英:《秦汉至三国吴的訾税变迁》,《历史研究》2019 年第 2 期)。但传世文献中的"赀"与"訾"确实有其共性——表示"资财"之意。如《玉篇》:"赀,财也,货也。"《史记·仲尼弟子传》载:"子贡好废举,与时转货赀。"又,《汉书·景帝纪》"今訾算以上乃得官。"唐代颜师古注曰:"訾,读与赀同。"

② [日]平中苓次:「居延漢簡と漢代の財產税」『立命館大學人文科學研究所紀要』第 1 号,1953 年,第 166-182 页。

③ [日]永田英正:「禮忠簡と徐宗簡について:平中氏の算賦申告書說の再檢討」『東洋史研究』第 28 卷第 2-3 号,1969 年 12 月,第 14-35 页。

④ 国内学者仅涉及汉代的计訾范围等问题。彭信威认为,汉代家訾单指货币财富,而不包括物质财富(参见《中国货币史》,上海:上海人民出版社,1958 年,第 112 页)。吕思勉也对汉代訾产情况做了探讨(参见《秦汉史》,上海:上海古籍出版社,1983 年,第 532-535 页)。

(亦作赀、訾），从汉武帝开始，这是按户赀出钱的，税率在王莽时是三十税一"①。高敏认为，汉代訾算并非"赋"，而是财产税。他以居延汉简中的"礼忠简"和"徐宗简"为主，指出了汉代訾税征收中的两个重大问题：一是计訾范围；二是訾税征收的方式——"自占"家訾②。黄今言全面而系统地阐述了汉代訾算的三个方面：计訾范围与户等差品；訾算征课与"九品混通"的起源；实行訾算的动因和利弊，并由此指出，汉代存在訾税，然征收仍存在诸多问题，如自占家訾困难、计訾征税不易普及等③。与高敏和黄今言等学者的观点相反，田泽滨则认为，秦汉时期根本不存在赀产税④。

21世纪以来，秦汉訾税问题仍是学界讨论的热点问题，既有支持"訾税"说者，又有反对者。马怡认同汉代存在资产税，指出，"汉代按资产征收的赋税同军费有着明显的联系"，"资产税的税率，汉初是每万钱出1算，1算为127钱"⑤。于振波则从"赀家"的政治地位和经济状况方面分析指出，汉代官府在登记和评估资产时，非常注重赀产多的"赀家"，"赀家在经济上比较富裕，就是为了让他们承担更多的经济负担"⑥。后来，杨振红撰文将"算车、船、缗钱"等皆纳入了财产税范围，并明确指出："算车、船、缗钱自武帝元狩五年或六年被确定为经常性税目后，至

---

① 谷霁光：《论汉唐间赋税制度的变化——封建社会前期赋税制度中的地、资、丁、户之间的关系研究》（原载《江西大学学报（社会科学版）》1964年第2期，载氏著《中国古代经济史论文集》，南昌：江西人民出版社，1980年，第147页。
② 参见高敏：《秦汉赋役制度考释》，载氏著《秦汉史论集》，郑州：中州书画社，1982年，第96—99页。
③ 参见黄今言：《汉代的訾算》，《中国社会经济史研究》1984年第1期；黄今言：《秦汉赋役制度研究》，南昌：江西教育出版社，1988年，第182—195页。这一时期，探讨此类问题的学者包括：马大英：《汉代财政史》，北京：中国财政经济出版社，1983年，第75—76页；陈直：《算收家赀与官吏考绩之得算负算》，载氏著《居延汉简研究》，天津：天津古籍出版社，1986年，第27—30页；［日］池田温：《中国古代籍帐研究》（龚泽铣译），北京：中华书局，1984年，第60—78页；［日］楠山修作：「漢代における國家財政について」『史林』第69卷第3号，1986年，第418—434页等。这些学者的研究指向尽管有别，但所持观点与已有研究成果并无太大差别，不再赘述。
④ 参见田泽滨：《汉代的"更赋"、"赀算"与"户赋"》，《东北师大学报》（哲学社会科学版）1984年第6期。
⑤ 马怡：《汉代诸赋与军费》，《中国史研究》2001年第3期。相关研究还可参看马怡：《秦简所见赀钱与赎钱——以里耶秦简"阳陵卒"文书为中心》，载武汉大学简帛研究中心主办《简帛》（第八辑），上海：上海古籍出版社，2013年，第195—213页。
⑥ 参见于振波：《汉代的家赀与赀家》，载卜宪群、杨振红主编《简帛研究》（2004），桂林：广西师范大学出版社，2004年，第306—316页；于振波：《简牍与秦汉社会》，长沙：湖南大学出版社，2012年，第119—131页。

第四章　新出秦简牍与财产税的征收　　·167·

东汉末一直未被废止，它们属财产税范畴。"① 与此同时，王彦辉则在赞同田泽滨观点的同时认为"秦及汉初不存在财产税"②。

以上学者在汉代"訾税"的研究方面取得了不菲的成绩，但歧义仍旧存在。遗憾的是，学术界对秦之"訾税"问题的研究著述并不多见。造成这种情况的主要原因在于，以往秦史文献中完全不见有关"訾税"问题的史料记载。因此，秦是否存在"訾税"？秦之"訾税"征收办法又如何？隐匿"訾税"案件又是如何审理的？诸如此类的问题一直令史学界困惑不解。值得庆幸的是，《岳麓书院藏秦简》首次披露了涉及秦"訾税"问题的史料，这些新史料为我们解决秦"訾税"之上述问题带来新的契机。本章拟结合秦汉简牍材料和传世文献专门就秦"訾税"的征收办法和隐匿"訾税"的审理过程等问题做一初步探讨。

第一节　岳麓秦简中有关"訾税"的史料

在《岳麓书院藏秦简》（叁）一书刊布之前，由于史料阙如，学术界对秦之"訾税"知之甚少。正因为如此，高敏才说："秦时有无对商贾以外的居民征收的财产税，史无明确记载，但汉代似乎是存在这一税目的。"③ 令人耳目一新的是，《岳麓书院藏秦简》（叁）"识劫婉案"向世人展示了一批弥足珍贵的有关秦"訾税"之史料。这些新出史料显然填补了秦史文献记载之空白。如《岳麓书院藏秦简》（叁）载：

1.【敢谳（讞）】之：十八年八月丙戌，大女子婉自告曰：七月为子小走马义占家訾，义当□大夫建、公卒（简108）昌、士五（伍）稑乚、喜乚、遗钱六万八千三百，有券，婉匿不占吏为訾（赀）乚。婉有市布肆一乚、舍客室一乚。公士（简109）识劫婉曰：以肆、室鼠（予）识。不鼠（予）识，识且告婉匿訾（赀）。婉恐，即以肆、室鼠（予）识，为建等折弃（简110）券，弗责。先自告，告

---

① 杨振红：《汉代算车、船、缗钱制度新考——以〈史记·平准书〉为中心》，载《文史》（第81辑），北京：中华书局，2007年，第61页。
② 王彦辉：《论汉代的"訾算"与"以訾征赋"》，《中国史研究》2012年第1期。
③ 高敏：《秦汉赋役制度考释》，载氏著《秦汉史论集》，郑州：中州书画社，1982年，第96—97页。

识劫婉（简111）。①

2. 婉以匿訾（赀）故，即鼠（予）肆、室。沛未死，弗欲以肆、舍客室鼠（予）识。不告婉，不智（知）户（简118）籍不为妻为免妾故。它如前（简119）。②

3. 婉：婉不以肆、室鼠（予）识，识且告婉匿訾（赀）。婉乃鼠（予）识，识即弗告。识以沛言求肆、室，非劫婉（简122）。③

4. 不鼠（予）识，识且告（简128）匿訾（赀）？婉即以其故鼠（予）识，是劫婉，而云非劫，何解⌐？识曰：□欲得肆、室，婉不鼠（予）识，识诚恐谓且告婉，婉乃鼠（予）（简129）识。识实弗当得。上以识为劫婉，睾识，识毋（无）以避，毋（无）它解。睾。它如前。●问：匿訾（赀）税及室、肆，臧（赃）直（值）（简130）各过六百六十钱，它如辪（辞）（简131）。④

5. 沛死，义代为户后，有肆、宅。婉匿訾（赀）税直（值）过六百六十钱（简132）。⑤

6. 婉弗鼠（予），识恐谓婉，且告婉匿訾（赀）。以故鼠（予）肆、室。肆、室直（值）过六百六十钱。得。皆审。（简134）⑥

以上是《岳麓书院藏秦简》（叁）"识劫婉案"中所记载的涉及秦"訾税"的几枚珍贵简文。其中，例4和例5明确载有"訾税"一词。可见，这些史料不仅强有力地证明了秦确实存在"訾税"，而且还揭示了困扰学界弥久的秦"訾税"的征收办法。根据以上简文，愚以为，秦"訾税"的征收办法主要分为如下几个步骤：一是确定"訾税"征收的对象和范围；二是"訾税"征收的具体方式；三是对隐匿"訾税"行为的审理程序。

第二节 "訾税"征收的对象和范围

例1显示，只有户主才是"訾税"的征收对象。从该案件审理过程

---

① 陈松长主编：《岳麓书院藏秦简（壹-叁）释文修订本》，上海：上海辞书出版社，2018年，第151-152页。
② 同上书，第153页。
③ 同上。
④ 同上书，第153-154页。
⑤ 同上书，第154页。
⑥ 同上。

看，尽管"婉"是案件的核心人物，但真正上交"訾税"的责任者为其儿子"小走马义"。之所以"婉"之子"义"能成为责任者，是由几个主要因素决定的，先请看"婉"的如下陈述：

> 曰：与义同居，故大夫沛妾。沛御婉，婉产义、女姎└。沛妻危以十岁时死，沛不取（娶）妻。居可二（简112）岁，沛免婉为庶人，妻婉。婉有（又）产男必、女若。居二岁，沛告宗人、里人大夫快└、臣、走马拳、上造嘉└、颉曰：（简113）沛有子婉所四人，不取（娶）妻矣。欲令婉入宗，出里单赋，与里人通歓（饮）食。快等曰：可。婉即入宗└，里（简114）人不幸死者出单赋，如它人妻。居六岁，沛死。义代为户、爵后，有肆、宅└。识故为沛隶，同居。（简115）①

由上可知，大夫"沛""御婉"，"婉"为"沛"生育了一男一女，即简文中的"义"和"姎"，十年以后，大夫"沛"的原配妻子"危"不幸死亡。两年后，"沛免婉为庶人"，并且"妻婉"，又为大夫"沛"生育了一男一女，即"必"和"若"。因此，"婉"为"沛"一共生养了两男两女，大夫"沛"决定"不取（娶）妻矣"。又过了两年，"沛"令作为庶人的"婉"可以"入宗，出里单赋，与里人通歓（饮）食"。这样，"婉"的庶民身份获得了乡里宗族的认可。六年后，大夫"沛"不幸亡故，长子"义"遂成为"户、爵后，有肆宅"，亦即成为户主，并继承了爵位和"肆宅"等财产。

由此可见，尽管"义"尚未成年，但"义"已然成为了户主。一个原因是原有的户主及其配偶已亡故；另一个原因则是"义"具备了长子之继承身份。因此，上交"訾税"的责任者当然就是户主"义"了，而作为母亲的"婉"仅仅"为子小走马义占家訾"，行使的是代理之职责。

由于在传世文献和以往出土材料中秦"訾税"征收之史料阙如，学者们只能从汉代的"訾税"征收范围来推演秦制。如出土文献记载：

<pre>
            小奴二人 直三万 用马五匹 直二万 宅一区 万
            大婢一人 二万 牛车二两 直四千 田五顷 五万
候长觻得广昌里公乘礼忠年卅 轺车二乘 直万 服牛二 六千
</pre>

---

① 陈松长主编：《岳麓书院藏秦简（壹-叁）释文修订本》，上海：上海辞书出版社，2018年，第152页。

●凡訾直十五万（《合校》37·35）①
妻妻宅一区直三千妻妻一人
子男一人田五十亩直三千男子一人子男二人
三壈燧长居延西道里公乘徐宗年五十徐宗年五十
男同产二人用牛二直五千子女二人
女同产二人男同产二人
女同产二人（《合校》24·1B）

田八亩，质四千。上君迻王岑物田……舍六区，直卌四万三千。属叔长……田卅亩，质六万。下君迻故……五人，直廿万；牛一头，直万五千；田□顷……五亩买□十五万；康眳楼舍，质五千。王奉坚楼舍……王岑田□□，直□□万五千；奴田、婢□、奴多、奴白、奴鼠，并五人……田顷五十亩，直卅万。何广周田八十亩，质……五千；奴□、□□、□生、婢小、奴生，并五人，直廿万；牛一头，万五千。元始田八□□，质八万。故王坟田，顷九十亩，贾卌一万。故杨汉……奴立、奴□、□鼠，并五人，直廿万；牛一头，万五千，田二顷六十……田顷卌亩，□□□万；中亭后楼，贾四万。苏伯翔谒舍，贾十七万。张王田卌□亩，质三万，奴婢、婢意、婢最、奴宜、婢营、奴调、婢利，并……②

以上就是学界常引用的用以说明汉代"訾税"征收范围的典型史料。不难看出，"汉人计訾的范围，既包括货币财富，也包括牛马、驴车、粮食、田亩、六畜、奴婢以及房屋、珍宝等实物"③。新近刊布的岳麓秦简则正式提供了有关"货币财富"为"计訾"范围的史料。如上引例1显示，尚未偿还的债款也属"计訾"范围。例1、2、3等数枚简文的大意是说，在秦王政十八年（前229）八月，已故大夫"沛"之妻"婉"向官府投案自首，并控告"识"犯有敲诈勒索之罪。"婉"说，由于户主"义"

---

① 谢桂华、李均明、朱国炤：《居延汉简释文合校》，北京：文物出版社，1987年。以下简称《合校》。另外，永田英正对上引这份档案文书进行了详细考察，参见［日］永田英正：「禮忠簡と徐宗簡について：平中氏の算賦申告書説の再檢討」『东洋史研究』第28卷第2-3号，1969年12月，第14-35页；［日］永田英正：「禮忠簡と徐宗簡研究の展開——居延新簡の発見を契機として」『史窗』第58号，2001年，第97-109页。
② 谢雁翔：《四川郫县犀浦出土的东汉残碑》，《文物》1974年第4期。
③ 黄今言：《秦汉赋役制度研究》，南昌：江西教育出版社，1988年，第185页。当然，黄今言还引用了《西京杂记》中有关粮食和六畜计訾的史料（参见［晋］葛洪著，成林、程章灿注译：《西京杂记全译》卷4《曹算穷物》，贵阳：贵州人民出版社，1993年，第122-125页）。

为其未成年的儿子，故而在七月份"占家訾"的时候，代替"义"申报了"家訾"。作为户主的"义"应该向大夫"建"、公卒"昌"、士伍"稷"、士伍"喜"和士伍"遗"等5人索要债款，共计"六万八千三百"钱，并且"有券"为证。因为"识"勒索"婉""市布肆一"和"舍客室一"，否则就控告"婉"犯有"匿訾"之罪。在这种情况下，"婉"选择了自告"匿不占吏为訾"。当时，"婉"考虑到"匿訾"罪的严重性，故而"以肆室鼠（予）识"，并将"建"等5人所欠债款之凭证"折弃"。由此可见，即使赊贷未还之债款也被纳入"计訾"范围，更何况牛马、田地、屋舍和店铺呢？

那么，已故大夫"沛"具体有哪些属于"计訾"范围的财产？《岳麓书院藏秦简》（叁）"识劫婉案"给我们提供了一些线索。请看"婉"的如下陈述：

居六岁，沛死。义代为户、爵后，有肆、宅└。识故为沛隶，同居。沛（简115）以三岁时为识取（娶）妻。居一岁为识买室，贾（价）五千钱，分马一匹、稻田廿亩，异识。识从军，沛死。来归，（简116）谓婉曰：沛未死时言以肆、舍客室鼠（予）识，识欲得└。婉谓：沛死时不令鼠（予）识，识弗当得。识曰：婉（简117）匿訾（赀），不鼠（予）识，识且告婉。婉以匿訾（赀）故，即鼠（予）肆、室。沛未死，弗欲以肆、舍客室鼠（予）识。不告婉，不智（知）户（简118）籍不为妻为免妾故。（简119）①

据此可知，已故大夫"沛"家拥有诸如"肆"、"宅"、"马"、"稻田"和奴婢等财产。依据前文所证，这些财产皆应为"计訾"之范围。

第三节 "訾税"征收的具体方式

既然已确定了"訾税"征收的对象和"计訾"范围，那么，接下来当然是如何征收的问题。在此，我们必须注意三点：一是具体征收的时间；二是家訾的"自占"；三是按财产之折价而计征"訾税"。

---

① 陈松长主编：《岳麓书院藏秦简（壹-叁）释文修订本》，上海：上海辞书出版社，2018年，第152-153页。

首先是"赀税"征收的时间问题。《岳麓书院藏秦简》(叁)"识劫婉案"给我们提供了最直接的证据,前引例1中"婉自告"证言就提到了"七月,为子小走马'义'占家赀(赀)(简108)"。很显然,秦"占家赀"时间为每年七月份,这与汉代的"八月算民"之制明显不同①。

其次,家赀的"自占"。所谓"自占",就是向"县官"自行申报资产或人口户籍。这种"自占"制度秦已有之,如"占瘾(癃)"和"自占年",如秦简记载:

匿敖童,及占瘾(癃)不审,典、老赎耐。●百姓不当老,至老时不用请,敢为酢(诈)伪者,赀(简32)二甲;典、老弗告,赀各一甲;伍人,户一盾,皆罨(迁)之。●傅律。(《秦律杂抄》简33)②

十六年,七月丁巳,公终。自占年。(《编年纪》二三贰)③

上引《秦律杂抄》简33说明,如果申报"瘾(癃)"以及"百姓不当老"而"敢为酢(诈)伪者",主管官吏会受到法律的惩处。《编年纪》二三贰简也充分证明,秦在申报人口户籍时必须如实上报年龄。由此可见,尽管以上两则史料并未涉及资产"自占",但"自占"制度确已存在。汉承秦制,汉代也有"自占"之制。如文献记载:

市贩匿不自占租,坐所匿租臧(赃)为盗,没入其所贩卖及贾钱县官,夺之死〈列〉。简260(《关市律》)④

●胡丞憙敢谳(谳)之,十二月壬申大夫莳诣女子符,告亡。●符曰:诚亡,(诈)自以为未有名数,以令自占书名数,为大夫明隶,明嫁符隐官解妻,弗告亡,它如莳。(《奏谳书》简28-29)⑤

●令曰:诸无名数者,皆令自占书名数,令到县道官盈卅日,不

---

① 高敏在分析江陵凤凰山十号墓简牍时说:"汉初的口钱、算赋征收时间可以是八月,但并非固定于每年八月。明白这一点,则所谓'八月算民'的'汉法',并非汉初之制"(《从江陵凤凰山十号墓出土简牍看汉代的口钱、算赋制度》,载氏著《秦汉史探讨》,郑州:中州古籍出版社,1998年,第302页)。由于岳麓秦简所记尚属孤证,秦赀税的征收可能也非固定于"七月"。
② 睡虎地秦墓竹简整理小组编:《睡虎地秦墓竹简》,北京:文物出版社,1990年,第87页。
③ 同上书,第7页。
④ 彭浩、陈伟、[日]工藤元男主编:《二年律令与奏谳书》,上海:上海古籍出版社,2007年,第196页。
⑤ 同上书,第341页。

自占书名数,皆耐为隶臣妾,锢,勿令以爵、赏免,舍匿者与同罪。
(《奏谳书》简65-67)①

●兵令十三:当占缗钱,匿不自占,【占】不以实,罚及家长戍边一岁。(Ⅱ0114(3):54)②

罢榷酤官,令民得以律占租,卖酒升四钱。③

以上所引典型材料说明了两个问题:一是制定了"自占"法律。如材料中就有"以令自占"、"令曰"和"令民得以律占租"等语句;二是实行了各类财产"自占"制度。如后两条材料则充分证明了汉代官府对具有财产性质的"缗钱"和"罢榷酤官"后的民间酒家实行"自占"制度。

那么,秦是否也存在訾财"自占"制度呢?前引《岳麓书院藏秦简》(叁)"识劫婉案"之简文填补了这方面的史料空白。如简文108中"为子小走马义占家訾(赀)"和简109中"婉匿不占吏为訾(赀)"等史料充分证明,秦"訾税"的征收采取了"自占"方式,亦即向"县官"自行申报资产数额,并按律上交税款。

最后,官府以户为单位并依一定税率,按财产折价之多寡而计征"訾税"。长期以来,学术界对汉代"訾税"的征收方式多有论述。如黄今言说:"家訾不同,户等有别。而户等的差品,一般由家訾的多少来评定。"④ 马怡认为:"按家赀出税,其征收单位自然是户,訾产税是目前所能了解到的汉代唯一一种税项。"⑤ 其后,随着秦汉简牍的不断披露,高敏、张荣强和于振波等先生又提出新的观点,其中,于振波之文尤为引人瞩目。他说:"户赋是诸多赋税中的一个单独税目,而非一户内各项赋税的总称。'卿爵'在免纳田租、刍稾税的同时,却要缴纳户赋。户赋按户征收,刍稾税按田亩面积征收,均以征收饲草为主,主要供应本县之需,

---

① 彭浩、陈伟、[日]工藤元男主编:《二年律令与奏谳书》,上海:上海古籍出版社,2007年,第351页。
② 胡平生、张德芳:《敦煌悬泉汉简释粹》,上海:上海古籍出版社,2001年,第11页。
③ 《汉书》卷七《昭帝纪》注引三国时期如淳曰:"律,诸当占租者家长身各以其物占,占不以实,家长不身自书,皆罚金二斤,没入所不自占物及贾钱县官也。"注引师古曰:"占谓自隐度其实,定其辞也。占音章赡反。下又言占名数,其义并同。今犹谓狱讼之辨曰占,皆其意也。盖武帝时赋敛繁多,律外而取,今始复旧。"(第224页)
④ 黄今言:《秦汉赋役制度研究》,南昌:江西教育出版社,1988年,第187页。
⑤ 马怡:《汉代诸赋与军费》,《中国史研究》2001年第3期。

与口钱、算赋、田租等等在性质上截然不同。"① 可见，于先生据《二年律令》中的史料重新审视了高敏和张荣强的观点。愚以为，于先生的结论较为妥当，因为汉代户赋的确不是各种税目的合集，而是一种按户征收的独立税目。新近刊布的里耶秦简和岳麓秦简所披露的有关秦户赋的简文为此又提供了新的证据，这些简文不仅证明秦户赋既征实物，也征收货币②。

为了说明这种按户征税的历史史实，我们有必要利用相关简牍材料对秦户赋征收问题再做一简略梳理。如秦简牍文书载：

卅四年，启陵乡见户、当出户赋者志：☐Ⅰ
见户廿八户，当出茧十斤八两。☐Ⅱ 8-518③

此则史料是秦始皇三十四年（前213）按户征收"户赋"的有力佐证。简文中"当出户赋者志"中的"志"或指"课志"，如"田课志（8-383）"、"田官课志（8-479）"、"尉课志（8-482）"、"乡课志"、"禾稼租志（8-1246）"、"☐事志一牒（8-42）"④，以及"贰春乡枝枸志（8-455）"等。尽管后三枚简牍未现"课"字，但"此类'志'亦按物质属性或事类划分"⑤。愚以为，上引"当出户赋者志"亦为一份按户征收"户赋"的"课志"文书。在这份文书中，有28户"当出茧"，共计有"十斤八两"，亦即户均"六两"。巧合的是，里耶秦简中多次出现"茧六两"的简文：

---

① 于振波：《从简牍看汉代的户赋与刍藁税》，《故宫博物院院刊》2005年第2期。又，高敏曾据《二年律令》有关户赋之史料云："汉代的所谓'户赋'，并不是什么新税目，而是把口钱、算赋的按人头收的'赋钱'改为按户出税和把按顷亩入刍的刍税改为按户征收而已。因为征收方式的改变，故有'户赋'之名；其征收对象为'卿以下'的获爵者；从征收量来说，都比原来的口算赋和按授田顷数顷输刍三石要轻得多；故'户赋'为优待有爵者的税目"（《关于汉代有"户赋"、"质钱"及各种矿产税的新证——读〈张家山汉墓竹简〉札记之五》，《史学月刊》2003年第4期）。张荣强不认同高先生之观点："汉代的'户赋'不仅指狭义的特定群体按户缴纳的赋钱，更应指此税目的原生形态，亦即一般庶民缴纳的丁口之赋甚或其他杂赋"（《吴简中的"户品"问题》，载北京吴简研讨班编《吴简研究》（第1辑），武汉：崇文书局，2004年，第193页）。
② 参见邬文玲：《里耶秦简所见"户赋"及相关问题琐议》，载武汉大学简帛研究中心主办《简帛》（第八辑），上海：上海古籍出版社，2013年，第215-228页；朱圣明：《秦至汉初"户赋"详考——以秦汉简牍为中心》，《中国经济史研究》2014年第1期。
③ 陈伟主编：《里耶秦简牍校释》（第一卷），武汉：武汉大学出版社，2012年，第172页。
④ 同上书，第38页。
⑤ 李均明：《里耶秦简"计录"与"课志"解》，载武汉大学简帛研究中心主办《简帛》（第八辑），上海：上海古籍出版社，2013年，第156-157页。

茧六两。卅五年六月戊午朔丁卯，少内守☐ (8-96)①
茧六两。卅五年五月己丑朔甲☐☐ (8-447)②
茧六两。卅五年六月戊午朔乙☐ (8-889)③
茧六两。卅☐ (8-1673)④

上引简文说明，秦官府是按户征收"户赋"的，亦即每户征收"茧六两"。当然，秦户赋除按户征收实物外，也征收货币。如里耶秦简载："户刍钱六十四。卅五年。☐ (8-1165)"⑤ 又，"☐十一月户刍钱三【百】(8-559)"⑥。可见，秦是按户计征户赋。正如于振波所言，户赋其实是一种独立的按户征收的税目⑦。

据上引"识劫婉案"可知，这种按户征税的办法同样符合秦"訾税"征收的政策。愚以为，秦按户计征"訾税"有两点必须引起关注：一是上引岳麓秦简证实，尽管秦"訾税"征收以户为单位，但与户等没有必然的联系；二是《岳麓书院藏秦简》（叁）及汉代文献皆表明，秦汉时期，"訾税"征收的是货币财富，而非实物。如上引"识劫婉案"中所记载的户主"义"（"义"尚未成年，其母"婉"代为占訾）因为隐匿了一笔尚未索还的债款（计有 68 300 钱）而被"识"勒索，并恐吓要以"匿訾"的罪名告官。再如上引"礼忠简"说明，户主"礼忠"家拥有"小奴二人，直三万"、"用马五匹，直二万"、"宅一区，万"、"大婢一人，二万"、"牛车二两，直四千"、"田五顷，五万"、"轺车二乘，直万"和"服牛二，六千"等。可见，户主"礼忠"家的财产种类及其折价数目跃然纸上，其"计訾"的范围有奴婢、牛马、房宅和田地等，总计为"訾直十五万"钱。这些材料充分证明，秦汉"訾税"以户为单位，且按各类资产的价值计征，征收的形态为货币。

遗憾的是，关于秦"訾税"的税率问题，由于《岳麓书院藏秦简》（叁）无明确记载，我们不得而知。但汉代文献给我们提供了一点线索，如景帝前元二年（前 155）下诏曰："今訾算十以上乃得宦，廉士算不必

---

① 陈伟主编：《里耶秦简牍校释》（第一卷），武汉：武汉大学出版社，2012 年，第 61 页。
② 同上书，第 151 页。
③ 同上书，第 242 页。
④ 同上书，第 376 页。
⑤ 同上书，第 286 页。
⑥ 同上书，第 179 页。
⑦ 参见于振波：《从简牍看汉代的户赋与刍稾税》，《故宫博物院院刊》2005 年第 2 期。

众。有市籍不得宦，无訾又不得宦，朕甚愍之。訾算四得宦，亡令廉士久失职，贪夫长利。"服虔注云："訾万钱，算百二十七也。"应劭注曰："古者疾吏之贪，衣食足知荣辱，限訾十算乃得为吏。十算，十万也。贾人有财不得为吏，廉士无訾又不得宦，故减訾四算得宦矣。"① 对此，马大英解释说："课税标准以财产总值钱一万为单位，税率是万分之一百二十七。七字也可能是衍文，即税率是钱一万算百二十。和算赋中的算相同，所以叫作算赋。按注文，不足万者不课税。"② 愚以为，马先生的解释可能存在舛误③。这是因为马先生将服虔的注释理解为"算赋"的税率了。不难看出，其所依据的史料显然出自《汉官旧仪》。如卫宏在《汉官旧仪》中说："算民年七岁以至十四岁，出口钱人二十三，以食天子。其三钱者，武帝加口钱以补车骑马（逋税）。又令民男女年十五以上至五十六，赋钱人百二十为一算，以给车马。"④ 三国时期的如淳在注释《汉书》时也引用了这一史料。如《汉书·高帝纪》载："八月，初为算赋。"如淳注曰："《汉仪注》民年十五以上至五十六出赋钱，人百二十为一算，为治库兵车马。"⑤ 由此，马大英等才得出汉代"訾税"税率为"钱一万算百二十"的观点，且这一结论已然成为学界共识。但是，愚以为，东汉经学家服虔的注释并没有错误。服虔所提出的"訾万钱，算百二十七也"的税率可能是以东汉后期的"訾税"为标准的。之所以有如此之说，主要原因是汉代财产税征收的标准并非执行单一之制，而是各有差品。

这种情况，在史文中有载。如《史记·平准书》云："异时算轺车贾人缗钱皆有差，请算如故。诸贾人末作贳贷卖买，居邑稽诸物，及商以取

---

① 《汉书》卷五《景帝纪》，第152页。
② 马大英：《汉代财政史》，北京：中国财政经济出版社，1983年，第75页。
③ 黄今言也说："按家訾征税——若以通常的万钱一算，算百二十钱，结果是户等不同，訾算有别"（《秦汉赋役制度研究》，南昌：江西教育出版社，1988年，第191页）。
④ [汉]卫宏著、[清]孙星衍辑、周天游点校：《汉官六种》，北京：中华书局，1990年，第82页。
⑤ 《汉书》卷一《高帝纪》，第46页。很明显，此处之"初为算赋"指的是人头税。但有学者指出，此处的"算赋"并非单一税目（参见杨振红：《汉代算车、船、缗钱制度新考——以〈史记·平准书〉为中心》，载《文史》（第81辑），北京：中华书局，2007年，第43—61页）。愚以为，这种观点恐误。由于针对"八月，初为算赋"，卫宏《汉官旧仪》和如淳的注释皆已证明，此处"算赋"仅指汉代人头之税，即"人百二十为一算"。高敏对秦之"赋"也做过解释，如《史记》卷一五《六国年表》记载，秦孝公十四年"初为赋"，高先生言"'初为赋'的'赋'，应当是指后来的口、算赋而言"（参见《秦汉赋役制度考释》，载氏著《秦汉史论集》，郑州：中州书画社，1982年，第65页）。而算车、船和缗钱明显不是人头税，而是武帝时期演变出来的财产税（前文已证）。不可否认，到了汉代，"算"确实已成为征税的一种方式。

利者，虽无市籍，各以其物自占，率缗钱二千而一算。诸作有租及铸，率缗钱四千一算。非吏比者三老、北边骑士，轺车以一算；商贾轺车二算；船五丈以上一算。匿不自占，占不悉，戍边一岁，没入缗钱。"① 又，《汉书·武帝纪》载："(元狩四年) 初算缗钱。"李斐注曰："缗，丝也，以贯钱也。一贯千钱，出算二十也。"臣瓒注曰："《茂陵书》诸贾人末作贯贷，置居邑储积诸物，及商以取利者，虽无市籍，各以其物自占，率缗钱二千而一算。此缗钱是储钱也。故随其用所施，施于（吏）［利］重者，其算亦多也。"师古注曰："谓有储积钱者，计其缗贯而税之。"② 据此可知，"算缗钱"和"算轺车"等乃是武帝时期演变出来的具有财产税性质的新税目。上引史料说明，"算缗钱"的税率一般为"一贯千钱，出算二十也"，亦即1 000钱为1算，出税20钱，故税率为2％③。但依据行业之不同，"算缗钱"各有差品，如商贾"率缗钱二千而一算"，即1％。"诸作有租及铸"却是"率缗钱四千一算"，即税率为0.5％。针对船只课税的前提条件有二：一是"非吏比者三老、北边骑士"者；二是"船五丈以上"。就是说，不足"五丈"之船不需纳税。毋庸置疑，商贾税负最重，其税率为1％；次者为手工业者，其税率为0.5％；而官僚权贵的税负较轻，其税率仅为"赀万钱，算百二十七也"，亦即1.72％④。由此可以推断，汉代"赀税"、"算缗钱"和"算轺车"等的税率或根据不同行业而有所变化。在此，我们必须注意两点：一是汉代"赀税"的征收以"算"为单位；二是按课税对象的身份或经营项目的规模征收不同的税率。

与此相应，秦的"赀税"税率或许与东汉服虔所说"赀万钱，算百二十七"有所不同⑤。由于秦王政十八年（前229）正与赵国激战，"大兴兵攻赵，王翦将上地，下井陉，端和将河内，羌瘣伐赵，端和围邯郸城"⑥。

---

① 《史论》卷三〇《平准书》，第1430页。关于秦汉工商税问题，参见黄今言：《秦汉末业税问题的探讨》，《江西师范大学学报》（哲学社会科学版）1985年第1期。

② 《汉书》卷六《武帝纪》，第178页。

③ 前文已经论证，债款、车船、田地、牛马和奴婢等属于"赀税"的征收范围，那么，"算缗钱"自然属于赀税范畴，也是西汉时期演变出来的一种新的财产税。显然，秦并无此类税目。此税是以货币财富为征收对象，故应纳入财产税之范畴。

④ 马大英等所言"钱一万算百二十"（税率为0.12％），是以《汉官旧仪》中所记之"算赋"来解释赀产税的税率，显然是不正确的。愚以为，林甘泉主编《中国经济通史·秦汉经济卷》（北京：经济日报出版社，1999年，第694页）中的说法是正确的，东汉经学家服虔所注"赀万钱，算百二十七也"中并没有"衍文"。

⑤ 根据服虔所处的年代，笔者推测，"算百二十七"的税率可能为东汉后期的财产税率。

⑥ 《史记》卷六《秦始皇本纪》，第233页。

为筹措军费，秦有可能加大赋税征收的力度，提高各种税收之税率。正如王莽新朝所执行的"訾税"政策一样，当时"匈奴侵寇甚"，所以"壹切税吏民，訾三十而取一"①。很显然，这种横征暴敛的赋税政策是在特定的政治和军事情况下实施的，并非当时的常制。

接下来，我们再来讨论一下"訾算"问题。马大英将"訾算"中的"算"理解为"和算赋中的算相同"②，甚至有学者将"訾算"等同于"訾税"，恐误。其实，秦汉文献中的"算"有多种意思：

一是数量或计数之意，非税额数量。这就是应劭所说的"十算，十万也"。又，《说文》云："算，数也。"③ 因此，景帝诏书中的"訾算"指的是估算各类财产价值数量之多少，而非"訾税"。"訾算"是征收"訾税"的前提条件，只有确定各家庭财产的折价数量，才能为官府征收"訾税"和选拔官吏提供依据。如前引景帝前元二年诏文"今訾算十以上乃得宦"中的"訾算十"指的是家庭资产折价后计有 10 算货币财富。按照应劭注文可知，"十算，十万也"，亦即 1 算为 10 000 钱。毫无疑问，此"訾算"并非"訾税"。而东汉服虔在注文中所言"訾万钱，算百二十七也"，则指"訾税"，亦即 10 000 钱应纳税 127 钱④。因此，"訾算"和"訾税"切不可混为一谈。

二是人头税之意，即"算赋"。前引《汉官旧仪》中的"民男女年十五以上至五十六，赋钱人百二十为一算"；江陵凤凰山西汉简牍中的"市阳二月百一十二算＝卅五钱三千九百廿"、"市阳二月百一十二算＝十钱千一百"和"郑里二月七十二算＝卅五钱二千五百廿"等所提到的"算"皆为"算赋"之意⑤。为此，裘锡圭解释说："（江陵凤凰山西汉简牍中的）所谓'算'的本来意思只不过是征收赋税时的计算单位。'算'的对象可

---

① 《汉书》卷二四《食货志》，第 1184-1185 页。
② 马大英：《汉代财政史》，第 75 页。
③ [汉] 许慎：《说文解字》，北京：中华书局，1963 年，第 99 页。
④ 林甘泉主编《中国经济通史·秦汉经济卷》持此种观点："汉代有资产税。其税率是每万钱出 1 算，1 算为 127 钱"（第 694 页）；贾丽英《秦简〈识劫𡟰案〉反映的秦代赀产税》（《光明日报》2014 年 9 月 3 日，第 14 版）则指出，秦"訾税"是"按比例征税纳钱的财产税征收办法"。愚以为，贾丽英的观点恐误，因为东汉服虔所注"訾万钱，算百二十七也"并非随意揣测，而是确有其事。根据前文可知，"𡟰""匿訾"额为 68 300 钱，若按东汉服虔的注文，"訾万钱"而 1 算，则计有 6.83 算，那么，1 算若为 127 钱，"𡟰"所"匿訾税"额应该为：6.83 算×127 钱＝867.41 钱。
⑤ 参见湖北省文物考古研究所编：《江陵凤凰山西汉简牍》，北京：中华书局，2012 年，第 97、100 页。

第四章　新出秦简牍与财产税的征收

以是人，也可以是别的东西，例如武帝时曾算车船，算缗，算六畜等等。"①毫无疑问，裘先生注意到了"算"的两层意思，即针对人的"人头税"和针对车船等财产的"算车船""算缗"等②。

三是官府用以考核官吏的计算单位。陈直、永田英正、于振波和王彦辉等皆已注意到了这层意思③。如我们在西北汉简中常见"得算""负算"等记载。西北汉简载："☐ 惊糒多康负算十•凡卅七。"（E.P.T53：226）又，"☐负五算率所负半算奇一算半算"（E.P.T5：8）等，此类简文共计9枚，此不一一备举④。正如陈直所言："（汉简中的得算和负算简文）对于用算收方法，奖惩官吏，极为分明。得算负算可以相抵，最多者负至二千二百卅五算，若以一百二十为一算，折合到二十六万八千二百钱，罚数相当庞大。"⑤可见，"算"既是政府考察地方官吏行政绩效的一个衡量单位，又是经济惩罚或奖励的一种方法。换言之，"算"是基础，而用"算"的方法来奖惩官吏和提高行政绩效才是官府的真正目的。

因此，秦汉"訾算"、"算赋"、"得算"、"负算"和"訾税"切不可混同。上引岳麓秦简中的"訾税"简文再次证明，秦汉"訾算"就是为征收"訾税"服务的。

四是官府对拖欠"赀钱"行为的处理办法。上引岳麓秦简就此问题不见任何明确的记载，但湘西里耶等出土的秦简却给我们提供了论证此问

---

① 裘锡圭：《湖北江陵凤凰山十号汉墓出土简牍考释》，《文物》1974年第7期。
② 有关秦汉"算赋"的专题研究成果颇多，代表性论著有：[日] 永田英正：「漢代人頭税の崩壊過程——特に算賦を中心として」『東洋史研究』第18卷第4号，1960年1月；[日] 永田英正：「江陵鳳凰山十號漢墓出土の簡牘——とくに算錢を中心として」『鷹陵史學』第34号，1977年，第129-157页；高敏：《从江陵凤凰山十号汉墓出土简牍看汉代的口钱、算赋制度》，载中华书局编辑部编《文史》（第20辑），北京：中华书局，1983年，第25-39页；马大英：《汉代财政史》，北京：中国财政经济出版社，1983年，第59-66页；钱伯泉：《汉初算赋口钱辨》，《中国社会经济史研究》1983年第4期；钱剑夫：《秦汉赋役制度考略》，武汉：湖北人民出版社，1984年，第47-65页；黄今言：《秦汉赋役制度研究》，南昌：江西教育出版社，1988年，第169-245页；[日] 楠山修作：「算と賦との研究」『アジア文化學科年報』第15号，2000年11月，第1-13页。
③ 参见陈直：《算收家赀与官吏考绩之得算负算》，载氏著《居延汉简研究》，天津：天津古籍出版社，1986年，第27-30页；[日] 永田英正：『居延漢簡の研究』，同朋舎，1989年；于振波：《汉简"得算"、"负算"考》，载中国社会科学院简帛研究中心编《简帛研究》（第2辑），北京：法律出版社，1996年，第324-331页；王彦辉：《论汉代的"訾算"与"以訾征赋"》，《中国史研究》2012年第1期。
④ 参见甘肃省文物考古研究所等编：《居延新简——甲渠候官与第四燧》，北京：文物出版社，1990年。
⑤ 陈直：《算收家赀与官吏考绩之得算负算》，载氏著《居延汉简研究》，天津：天津古籍出版社，1986年，第30页。

题的材料。如里耶秦简载：

J1（9）1A面：卅三年四月辛丑朔丙午，司空腾敢言之：阳陵宜居士五（伍）毋死有赀余钱八千六十四。毋死戍洞庭郡，不智（知）何县署，今为钱校券一，上谒言洞庭尉，令毋死署所县责以受阳陵司空。【司空】不名计，问何县官，计年为报。已訾其家，【家】贫弗能入，乃移戍所，报，署主责发，敢言之。四月己酉，阳陵守丞厨敢言之：写上，谒报，［报］署金布发，敢言之。/瞻手。

J1（9）1B面：卅四年六月甲午朔戊午，阳陵守庆敢言之：未报，谒追，敢言之。/堪手。卅五年四月己未朔乙丑，洞庭叚（假）尉觿谓迁陵丞：阳陵卒署迁陵，其以律令从事，报之。当腾【腾】。/嘉手。以洞庭司马印行事。敬手。①

以上是一份完整的秦官府追索"赀钱"的文书。当然，湘西里耶秦简还有很多类似的文书，计有12份，为节省篇幅，此处仅摘录与"赀钱"相关的11枚木牍简文：

J1（9）2A面："卅三年三月辛未朔戊戌，司空腾敢言之：阳陵仁阳士五（伍）不欨有赀钱八百卅六……"

J1（9）3A面："卅三年三月辛未朔戊戌，司空腾敢言之：阳陵下里士五（伍）不识有赀余（余）钱千七百廿八……"

J1（9）4A面："卅三年四月辛丑朔丙午，司空腾敢言之：阳陵孝里士五（伍）衷有赀钱千三百卅四……"

J1（9）5A面："卅三年四月辛丑朔丙午，司空腾敢言之：阳陵下里士五（伍）盐有赀钱三百八十四……"

J1（9）6A面："卅三年四月辛丑朔戊申，司空腾敢言之：阳陵褆阳上造徐有赀钱二千六百八十八……"

J1（9）7A面："卅三年四月辛丑朔戊申，司空腾敢言之：阳陵褆阳士五（伍）小欨有赀钱万一千二百七十一……"

J1（9）8A面："卅三年四月辛丑朔丙午，司空腾敢言之：阳陵逆都士五（伍）越人有赀钱千三百卅四……"

J1（9）9A面："卅三年辛未朔戊戌，司空腾敢言之：阳陵仁阳

---

① 马怡：《里耶秦简选校》，载中国社会科学院历史研究所学刊编委会编《中国社会科学院历史研究所学刊》（第4集），北京：商务印书馆，2007年，第170-171页。

第四章　新出秦简牍与财产税的征收

士五（伍）额有赀钱七千六百八十……"

J1（9）10 A 面："卅三年四月辛丑朔丙午，司空腾敢言之：阳陵叔作士五（伍）胜日有赀钱千三百卌四……"

J1（9）11 A 面："卅三年三月辛未朔丁酉，司空腾敢言之：阳陵貑里士五（伍）采有赀余钱八百五十二……"

J1（9）12 A 面："卅三年四月辛丑朔丙午，司空腾敢言之：阳陵□□公卒广有赀钱千三百卌四……"①

以上就是湘西里耶秦简所见官府追缴"赀钱"的官方档案材料。学界就其中的"赀钱"展开了热烈讨论，大体分为三种观点："訾税"说、"赀罚"说和"欠官府债"说。如高敏指出："（毋死、不识和不歉等）'士伍'所欠官府的不是罚款，而是其家庭应缴纳或虽缴纳但未足额的财产税。"② 高敏的"訾税"说一经提出，即刻引起了学界的高度关注。王彦辉为了论证"在已知的秦及汉初的法律文献和国家优免政策中见不到财产税的名目"之观点，断然否定了高敏的"訾税"说。王先生指出："如果这个'赀钱'果真是财产税，说明秦始皇时期就已经开始税民赀了，据此理解，把景帝诏中的'訾算'解释为财产税就顺理成章了……这些戍卒所欠官府的钱属于'以赀赎罪'的性质。"③ 很明显，此观点前半部分是错误的，上引"识劫婉案"所披露的"訾税"简文有力证明了秦已存在"訾税"税目了。至于其"赀钱"就是"以赀赎罪"钱之观点，愚以为基本正确。这是因为秦"赀钱"确实具有"赀罚"的性质。如张春龙和龙京沙等先生研究认为，此12份档案中的"赀钱"就是"以钱赎罪"之钱④。在此基础上，马怡又详尽而系统地考证了这批档案材料。她认为，这批官方档案中的"赀钱"实为"欠官府债"⑤。愚以为马先生的观点最为妥当，

---

① 马怡：《里耶秦简选校》，载中国社会科学院历史研究所学刊编委会编《中国社会科学院历史研究所学刊》（第4集），北京：商务印书馆，2007年，第162-179页。

② 高敏：《长沙走马楼简牍研究》，桂林：广西师范大学出版社，2008年，第93页。研究这12份有关"赀钱"文书的学者还有：李学勤：《中国古代文明研究》，上海：华东师范大学出版社，2005年，第294-306页；朱红林：《里耶秦简债务文书研究》，《古代文明》2012年第3期；张俊民：《秦代的讨债方式——读〈湘西里耶秦代简牍选释〉》，载陕西历史博物馆馆刊编委会编《陕西历史博物馆馆刊》（第10辑），西安：三秦出版社，2003年，第288-292页；王焕林：《里耶秦简校诂》，北京：中国文联出版社，2007年，第89页。

③ 王彦辉：《论汉代的"訾算"与"以訾征赋"》，《中国史研究》2012年第1期。

④ 参见张春龙、龙京沙：《湘西里耶代简牍选释》，《中国历史文物》2003年第1期。

⑤ 马怡：《里耶秦简选校》，载中国社会科学院历史研究所学刊编委会编《中国社会科学院历史研究所学刊》（第4集），北京：商务印书馆，2007年，第163页。

因为这 12 份档案中尚有"3 笔不能折算为甲盾的赀钱，是否与上述几种赀罚有关？还是另有来历？从现有资料来看，尚难以判断"①。因此，此处之"欠官府债"除包括赀罚、赀责和赀赎外，或许还有其他名目的欠款。

那么，"其他名目的欠款"是否包含"訾税"欠款呢？为此，我们有必要梳理一下上引里耶秦简中的"赀余钱八千六十四"、"有赀钱八百卅六"、"有赀钱万一千二百七十一"和"赀钱二千六百八十八"等史料。

首先让我们来考察一下秦"赀罚"方面的历史真相②。众所周知，秦简中出现了许多"赀一甲""赀二甲"等有关"赀罚"的记载。那么，这些"赀罚"是实物还是货币？愚以为，秦"赀罚"的并非全是实物。如湘西里耶秦简载：

> 十二月戊寅，都府守敦敢言之：迁陵丞膻曰：少内昍言冗Ⅰ佐公士楩道西里亭赀三甲，为钱四千卅二。自言家能入。Ⅱ为校□□□谒告楩道受责。有追，追日计廿八年□Ⅲ责亭妻敦亡。敦亡曰：贫，弗能入。谒令亭居署所。上真书谒环。□□Ⅳ楩道弗受计。亭讔当论，论。敢言之。☑Ⅴ8-60+8-656+8-665+8-748③

上引这则里耶出土的史料就是有关追缴欠款的官方文书。其中，有两点尤为引人注目：一是"赀三甲"。至今为止，我们所能见到的秦"赀甲"处罚最高为"赀二甲"，而此处首见"赀三甲"。二是第一次出了"赀甲"折价的史料。上引楩道县西里有一位名叫"亭"的被处以"赀三甲"，折合"钱四千卅二"。也就是说，每甲价值为 1 344 钱。岳麓秦简进一步证实了这一情况，如其文曰："赀一甲直（值）钱千三百卅四，直（值）金

---

① 马怡：《秦简所见赀钱与赎钱——以里耶秦简"阳陵卒"文书为中心》，载武汉大学简帛研究中心主办《简帛》（第八辑），上海：上海古籍出版社，2013 年，第 200 页。

② 随着睡虎地秦简的刊布，学术界就秦"赀罚"问题的研究成果颇多，此不赘述。参见石子政：《秦律赀罚甲盾与统一战争》，《中国史研究》1984 年第 2 期；[日] 若江贤三：「睡虎地秦墓竹简に見られる誣告反坐を通して見た赀财に关する一考察」『アジア諸民族における社会と文化：岡本敬二先生退官記念論集』國書刊行會，1984 年，第 17-39 頁；高敏：《秦汉徭役制度辨析（下）》，《郑州大学学报》（哲学社会科学版）1986 年第 4 期；张金光：《论出土秦律中的"居赀赎债"制度——兼说赵背户秦墓的性质》，载张舜徽主编《中国历史文献研究》（二），武汉：华中师范大学出版社，1988 年，第 149-156 页；曹旅宁：《秦律中所见之赀甲盾问题》，《求索》2001 年第 6 期；[日] 水间大辅：「張家山漢簡「二年律令」による秦漢刑罰制度研究の動向」『中國史學』第 14 卷，2004 年，第 125-145 頁；臧知非：《赀刑变迁与秦汉政治转折》，《文史哲》2006 年第 4 期；宋艳萍：《里耶秦简"阳陵卒"简蠡测》，载卜宪群、杨振红主编《简帛研究》（2004），桂林：广西师范大学出版社，2004 年，第 121-134 页。

③ 陈伟主编：《里耶秦简牍校释》（第一卷），武汉：武汉大学出版社，2012 年，第 43 页。

二两一垂，一盾直（值）金二垂。赎耐，马甲四，钱七千六百八十。"①其中"马甲"尤为贵重，单价为 1 920 钱。

由此我们可以推测，秦律中"赀甲"处罚可能征缴的是货币，而非真正的盔甲。为此，富谷至专门研究了这种"赀甲"性质的财产刑问题。他指出，秦统一之前，财产刑以提供武器装备的可能性较大；而秦始皇统一之后，缴纳实物的做法失去了原有的意义，官府就采取了以折钱缴纳的方式②。愚以为，富谷至的推测基本正确，但由于时代限制，富谷至未能看到岳麓秦简。我们知道，岳麓秦简记载的大部分内容为秦统一之前的历史，故而，秦统一之前官府对"赀甲"的处罚有可能也征缴货币。

既然如此，我们还有何证据可证"赀钱"具有"赀罚"之意？据岳麓秦简牍载：

> 赀一甲，直（值）钱千三百卌四，直（值）金二两一垂，一盾直（值）金二垂。赎耐，马甲四，钱七千六百八十。（简 82/0957）③

> 马甲一，金三两一垂，直（值）钱千九百。金一朱（铢）直（值）钱廿四。赎死，马甲十二，钱二万三千卌。（简 83/0970）④

由此可见，当时秦金 1 两等于 3 锤，1 锤等于 8 铢，1 铢等于 24 钱，1 锤等于 192 钱，1 两等于 576 钱，1 斤等于 5 760 钱（亦即 30 锤）；至于赀盾数量，上引秦简显示，1 甲等于 1 344 钱，1 盾等于 384 钱，1 马甲则等于 1 920 钱。

根据以上换算，马怡指出："在这 12 笔钱里，有 9 笔钱可完整地折算。其中，8 笔赀钱可折算为甲、盾（4 个'1 甲'、1 个'2 甲'、1 个'6 甲'、1 个'1 甲 1 盾'、1 个'1 盾'），1 笔赎钱可折算为马甲（1 个'4 马甲'）。在甲与盾之间，亦可折算。则知'阳陵卒'们所欠赀钱、赎钱大多与秦律中的赀、赎之甲盾关系密切。特别要指出的是，简 4 所载'阳陵仁阳士五颔有赎钱七千六百八十'，正与简 13 之"赎耐，马甲四，钱七千

---

① 关于此类问题，参见于振波：《秦律中的甲盾比价及相关问题》，《史学集刊》2010 年第 5 期。
② 参见［日］富谷至：「秦漢の刑罰：其性質和特徵」『日本東方學』第 1 辑，2007 年，第 1—22 页。
③ 朱汉民、陈松长主编：《岳麓书院藏秦简》（贰），上海：上海辞书出版社，2012 年，第 78 页。
④ 同上。

六百八十"一致，则'士五额'的'赎钱七千六百八十'当为'赎耐'之钱"①。该研究结论表明，这批档案中至少有9份档案属"赀罚"类文书，但"另有3笔不能完全折算为甲、盾"，"这似乎显示，除了赀甲、赀盾，秦代的赀钱或许还有其他的名目或来源"②。

综上所述，某些学者将"赀钱"和"赀余钱"完全等同于"訾税"，或将之完全认定为"赀罚"、"赀责"和"赀赎"等，都过于武断。愚以为，上引里耶秦简中的"赀钱"除了具有"赀罚"等性质外，或许"还有其他的名目或来源"，譬如"訾税"的欠款。退一步讲，即使这批"赀钱"档案属"赀罚"类文书，其对我们了解秦官府追缴欠款的方式仍极具启发意义。

具体而言，秦官府对拖欠"赀钱"的处理办法大略有二：

一是县主管"赀钱"事务的"司空"确定拖欠官府"赀钱"者籍贯、姓名和数额，并陈述跨区追款原因。至于拖欠官府"赀钱"者籍贯、姓名和数额，上引简文中的"阳陵宜居士五（伍）毋死有赀余钱八千六十四"、"阳陵仁阳士五（伍）不氉有赀钱八百卅六"、"阳陵下里士五（伍）不识有赀余（余）钱千七百廿八"和"阳陵下里士五（伍）不识有赀余（余）钱千七百廿八"等皆可为证。"县官"跨区追款，原因不外乎有如下两个：其一，拖欠官府债款的对象在外地服役。尽管县司空知道所辖县每名服役者之拖欠官府债款的"钱校券"，但拖欠者具体在"洞庭郡"何处服役，司空不得而知，即简文所云"【司空】不名计，问何县官"。其二，"【家】贫弗能入"。

二是县司空追索"赀钱"必须向所在主管部门提出申请。如简J1（9）1记载，秦始皇三十三年（前214）四月辛丑朔丙午，阳陵县司空"腾"向阳陵县丞申请发文追索"赀钱"。同月，阳陵守丞"厨"即回应"写上，谒报，【报】署金布发"。但是洞庭郡直至第二年还未处理，故而阳陵县守再次发文予以催促，即"卅四年六月甲午朔戊午，阳陵守庆敢言之：未报，谒追，敢言之"。直到第三年（"卅五年四月"），洞庭郡代理郡尉才责成"迁陵丞"调查追索阳陵县宜居士伍"毋死"的所欠官府的"赀钱"。该文书显示，洞庭郡的文书是由洞庭郡司马签发给"迁陵丞"的。可见，

---

① 马怡：《秦简所见赀钱与赎钱——以里耶秦简"阳陵卒"文书为中心》，载武汉大学简帛研究中心主办《简帛》（第八辑），上海：上海古籍出版社，2013年，第199页。此段引文中之简文编号与本文不同，特此说明。

② 同上。

秦时同级单位没有追索"赀钱"的权利。

简言之,"訾税"征收的办法大略分为四个步骤:一是确定"訾税"征收的对象,亦即以户为单位,确定户主"訾税"缴纳之责任者;二是规定"訾税"征收的范围;三是在一定的时间内,户主依据官府规定的税率和自有财产之折价,然后"自占"家訾,并上交"訾税";四是如若出现"黔首"拖欠官府钱财的情况,"县官"会派专职人员极力追缴。

第四节　对隐匿"訾税"行为的审理程序

我们还有必要从整体上全面而系统地探讨一下这批弥足珍贵的史料。由于《岳麓书院藏秦简》(叁)"识劫婠案"是迄今为止我们所见唯一一则反映秦訾税征收的史料,因此加强对这起案件的产生、侦查和审理等环节的全面考察就显得尤为重要。众所周知,与《岳麓书院藏秦简》(叁)中的其他奏谳文书一样,这份奏谳文书完整再现了秦官府处理隐匿"訾税"案件的审理过程[①]。现据"识劫婠案"之记载,愚以为,秦官府处理隐匿"訾税"案大略分为如下几个步骤:

第一,原告"婠"到"县官"揭发并陈述由"匿訾"而引发案件之缘由。秦汉时期,案件揭发一般分为两种情况:一种是官吏在职权内举劾犯罪;另一种则是普通人揭发或"自告",当然,官吏在职权外的揭发也属于"告"之范畴[②]。"识劫婠案"中的揭发指的是后者。那么,本案中"婠"是如何"自告"、揭发和陈述案情的?岳麓秦简载:

【敢谳(谳)】之:十八年八月丙戌,大女子婠自告曰:七月为子小走马义占家訾,义当□大夫建、公卒(简108)昌、士五(伍)穖└、喜└、遗钱六万八千三百,有券,婠匿不占吏为訾(赀)└。婠有市布肆一└、舍客室一└。公士(简109)识劫婠曰:以肆、室

[①]　岳麓书院藏秦简整理小组认为,奏谳"文书正文分为四个成分,即'揭发'、'侦查'、'廷审'、'主文'"(参见《岳麓书院藏秦简〈为狱等状四种〉概述》,《文物》2013年第5期)。笔者也对岳麓秦简中商业纠纷案的审理过程做过相关研究(参见《岳麓秦简奏谳文书商业问题新证》,《社会科学》2014年第11期)。

[②]　岳麓书院藏秦简整理小组:《岳麓书院藏秦简〈为狱等状四种〉概述》,《文物》2013年第5期。

鼠（予）识。不鼠（予）识，识且告婉匿訾（赀）。婉恐，即以肆、室鼠（予）识，为建等折弃（简110）券，弗责。先自告，告识劫婉（简111）。①

由上可见，"婉"揭发的时间是秦王政十八年八月丙戌。"婉"的陈述包含两部分内容：一是"自告"。"婉"说，尽管儿子"小走马义"是户主，但儿子尚未成年，故她作为"义"的监护人，代替其子"占家訾"。在"自占"家訾时，有一笔尚未索回的债款未申报，债款总计为68 300钱。由于"识"（原为"沛隶"，后放免为民）恐吓告官，"婉"决定"折弃券"，放弃这笔债款之债权。二是控告"识"敲诈勒索罪。"识"恐吓说，如若不将大夫"沛"（"婉"之丈夫）答应的店铺和房舍给"识"，"识"就要以"匿訾（赀）"罪告发"婉"。在不得已的情况下，"婉"遂"以肆、室鼠（予）识"。所以，"婉"决定控告"识"敲诈勒索罪，亦即"告识劫婉"。

那么，"婉"为什么会"自告"？这是因为，秦汉时期，"自告"者可以依律减轻罪责。如《史记·淮南衡山列传》载："吏劾孝首匿喜。孝以为陈喜雅数与王计谋反，恐其发之，闻律先自告除其罪，又疑太子使白嬴上书发其事，即先自告，告所与谋反者救赫、陈喜等。"②又，《汉书·刑法志》载："当斩右止，及杀人先自告……"师古注曰："杀人先自告，谓杀人而自首，得免罪者也。"③

在秦简中我们还发现了一则"自告"者附带控告他人的史料。如云梦秦简载："盗自告□□□爰书：某里公士甲自告曰：'以五月晦与同里士五（伍）丙盗某里士五（伍）丁千钱，毋（无）它（简15）坐，来自告，告丙。'即令【令】史某往执丙（简16）。"④ 可见，这个案例在控告阶段与"识劫婉案"完全一样，先是"公士甲自告"并陈述，然后"公士甲"再控告"丙"，亦即"告丙"。

由此可见，"婉"自动放弃价值总计为68 300钱的债权说明，秦律对

---

① 陈松长主编：《岳麓书院藏秦简（壹-叁）释文修订本》，上海：上海辞书出版社，2018年，第151-152页。
② 《史记》卷一一八《淮南衡山列传》，第3097页。再如《后汉书》卷二《显宗孝明帝纪》载："其未发觉，诏书到先自告者，半入赎。"（第98页）
③ 《汉书》卷二三《刑法志》，第1099-1100页。
④ 睡虎地秦墓竹简整理小组编：《睡虎地秦墓竹简》，北京：文物出版社，1990年，第150页。

第四章　新出秦简牍与财产税的征收　　　　　　　　　　· 187 ·

隐匿"訾税"的处罚相当严厉,"匿訾"之罪责远大于 68 300 钱①。

第二,官府对"婉"所陈述之案情进行侦办。官府对"婉"隐匿"訾税"案的侦办分为三个步骤:一是听取原告、被告以及相关证人的证词;二是审讯被告;三是核实所有证词的真伪。

首先,让我们来了解一下原告、被告以及相关证人在"匿訾"案件审理过程中的证词。在《岳麓书院藏秦简》(叁)"识劫婉案"文书中,原告、被告以及相关证人往往使用"曰"。所言证词皆被相关官吏如实记录在案,具有法律约束力,并作为日后庭审(或曰廷审)之依据。如汉简常见"以证不言请出入罪人辞(《合校》3.35)"、"先以证财物故不以实(E. P. T51:509)"、"先以证不请律辨告"(E. P. T52:417)和"先以证律辨告,拼乃讯"等②,皆属"爰书自证"。但与"识劫婉案"中证人证言恐有相同之处,即保障证言的真实性,如有不实,当依法严惩。所以,证人一般不敢"酢(诈)伪"③。下面分别看看那"婉""识"的陈述以及证人之证言。

"婉"作为原告,陈述了两件事情:一是交代身份;二是控告"识"的理由。与现代刑警侦办案件的程序类似,"婉"首先介绍了自己的身份。"婉"说,自己本为大夫"沛"之女奴,后来"沛御婉",并相继生育了 4 个子女("义""姝""必""若")。由此,"沛"放免"婉"为庶民,并"妻婉"。"沛"亡故后,长子"义"成了户主,并继承"沛"的家产(简 112—115)。接着,"婉"陈述了控告"识"的理由:

　　　　识故为沛隶,同居。沛(简 115)以三岁时为识取(娶)妻;居

---

① 那么,当时 68 300 钱是一笔多大的财富?里耶秦简《祠律》载:"卅二年三月丁丑朔丙申,仓是佐狗杂出祠先农余彻羊头一、足四,卖于城旦赫所,取钱四□……(简[14]·300 和 764)";"卅二年三月丁丑朔丙申,仓是佐狗杂出祠先农余彻酒一斗半斗卖于城旦赫所取钱一率之斗半斗一钱。令史尚视平,狗手。(简[14]·698、[15]·595、[14]·743)"以及"卅二年三月丁丑朔丙申,仓是佐狗出祠[先]农余彻酒一斗半斗卖于城旦寰所取钱一率之一斗半斗一钱。令史尚视平,狗手(简[14]·650 和 652)"等(参见湖南省文物考古研究所编:《里耶发掘报告》,长沙:岳麓书社,2007 年,第 195 页)。据此,朱红林指出:"从中可以得知当时的官方市场价,一个羊头价值二钱,四只羊足价值二钱,一斗半猪肉价值四钱,一斗半酒价值一钱"(参见《里耶秦简债务文书研究》,《古代文明》2012 年第 3 期)。由此我们可以了解到,"婉"所放弃的是一笔巨大的财富。

② 胡平生:《〈简牍名迹选 2〉所刊"走马楼前汉简"释文校订》,载张德芳主编《甘肃省第二届简牍学国际学术研讨会论文集》,上海:上海古籍出版社,2012 年,第 415—420 页。

③ 睡虎地秦墓竹简整理小组编:《睡虎地秦墓竹简》,北京:文物出版社,1990 年,第 87 页。

一岁为识买室，贾（价）五千钱；分马一匹、稻田廿亩，异识。识从军，沛死。来归，(简116)谓婉曰：沛未死时言以肆舍客室鼠（予）识，识欲得└。婉谓：沛死时不令鼠（予）识，识弗当得。识曰：婉(简117)匿訾（赀），不鼠（予）识，识且告婉。婉以匿訾（赀）故，即鼠（予）肆、室。沛未死，弗欲以肆、舍客室鼠（予）识。不告婉不智户(简118)籍不为妻，为免妾故。(简119)①

在这段陈述中，"婉"首先介绍了"识"的身份变化及其家庭财产情况，然后道出了"识"犯有敲诈勒索罪的根据："不鼠（予）识（肆、舍客室），识且告'婉'隐匿'訾税'。""婉"确实"匿訾"，担心"识"会告发，故而将店铺和房舍给了"识"，而"识"也确实获得了这些财产，即"且告婉，婉乃鼠"(简129)。最后，"婉"还如实补充说明了其身份情况，因为不知道户籍上登记的"不为（沛）妻"，而是"免妾"，即放免女奴。可见，当事人也知晓在廷审中的陈述不得有丝毫差错。

"识"在应诉"婉"的指控时，也是先介绍自己的身份变化，然后申辩未勒索"婉"的理由：

●识曰：自小为沛隶。沛令上造狗求上造羽子女黔为识妻。(简119)令狗告羽曰：且以布肆、舍客室鼠（予）识└。羽乃许沛。沛巳（已）为识取（娶）黔，即为识买室，分识马、田，(简120)异识，而不以肆、舍客室鼠（予）识。识亦（?）弗（?）求（?）识巳（?已）受它。军归，沛巳（已）死。识以沛未死言谓(简121)婉：婉不以肆、室鼠（予）识，识且告婉匿訾（赀）。婉乃鼠（予）识，识即弗告。识以沛言求肆、室，非劫婉。不智（知）(简122)婉曰劫之故。(简123)②

以上"识"的申辩证词反映了两个历史事实：一是"识"按法律程序，交代了身份、家庭组成和财产情况。如"识"说，"自小为沛隶"，经"沛"同意，娶了"上造羽子"之女儿"黔"为妻，并获得了大夫"沛"分配的房舍、马匹和田地等财产。二是申辩"非劫婉"的理由。这里有两点必须注意：其一，大夫"沛"的口头承诺，即"沛未死时言以肆、舍客室鼠（予）识(简117)"；其二，"识"在无法获得已故大夫"沛"口头

---

① 陈松长主编：《岳麓书院藏秦简（壹-叁）释文修订本》，上海：上海辞书出版社，2018年，第153页。

② 同上。

承诺的訾财后,私下以恐吓("告婉匿訾")的手段想获得这批财产。当然,"识"以为抓到了"婉"的把柄("婉"隐匿"訾税"),断定"婉"不敢告官。但事实是,"婉"宁愿放弃一笔总价达 68 300 钱的债款,也要指控"识"之敲诈勒索罪。

在原告的陈述和被告的申辩结束后,侦办官吏就要核实其言辞的真实性,一种办法就是找到相关证人。首先是核实"婉"所隐匿资财的来源及数量,侦办人员讯问了大夫"建"、公卒"昌"、士伍"穣"、士伍"喜"和士伍"遗"。其证言如下:

> ●建乚、昌乚、穣【乚】、喜乚、遗曰:故为沛舍人,【沛】织(贷)建等钱,以市贩,共分赢。市(简123)折,建负七百乚,昌三万三千乚,穣六千六百乚,喜二万二千乚,遗六千。券责建等,建等未赏(偿),识欲告(简124)婉,婉即折券,不责建。它如婉。①

以上大夫"建"、公卒"昌"、士伍"穣"、士伍"喜"和士伍"遗"的证言说明了三个问题:一是债务人与已故大夫"沛"的关系;二是借款用途;三是欠债未还的缘由。原来,大夫"建"等为"沛舍人","沛"贷款给他们的目的是"以市贩,共分赢",但结果是"市折",亦即生意亏本,导致"建负七百,昌三万三千,穣六千六百,喜二万二千,遗六千"。由于"婉"掌握大夫"建"等的借款凭证,本可以"券责建等",但是"识"意欲指控"婉""匿訾",故而"婉即折券,不责建"。不难看出,大夫"建"等的证言与"婉"的陈述是一致的,并无抵牾之处。

接着就是讯问与原告"婉"相关的证人,如宗族里人"快"、"臣"、"拳"、"嘉"、"颉"以及"婉"的长女"姣"。这些证人显然支持"婉"的证言。如简文曰:"●姣、快、臣、拳、嘉、颉言如婉。(简125)"②但是,与被告"识"相关的证人却支持"识"申辩之理由,其中"羽"为"识"妻子的爷爷,"黔"为"识"的妻子,"狗"为媒人。其证言云:"●狗、羽、黔言如识。(简125)"③又,原告"婉"的其他几个证人皆为其尚未

---

① 陈松长主编:《岳麓书院藏秦简(壹-叁)释文修订本》,上海:上海辞书出版社,2018年,第153页。
② 同上。
③ 同上。

成年的子女（或已死），故未问讯，即"●乂∟、若小，不讯。必死"①。由此可见，秦时家族的亲属纽带关系是很紧密的，即使在"县官"作证，也会极力维护家族成员的利益。

那么，"婉"到底是"免妾"，还是"沛后妻"？这就有必要传讯户籍管理部门的官吏。这里面涉及两个人：一人为乡啬夫"唐"，另一人为乡佐"更"。他们的证言是："婉卿（乡）唐、佐更曰：沛免婉为庶人，即书户籍曰：免妾。沛后妻婉，不告唐、更。今籍为免妾，不智（知）它（简126）。"② 由此可见，"婉"依律是可以成为"沛后妻"的，但由于"婉"未及时告知户籍所在地之官吏，故而仍为"免妾"。

第三，审讯被告"识"。在案件来龙去脉理清楚以后，侦办人员就要审讯被告人"识"。其简文曰：

> ●诘识∟：沛未死，虽告狗、羽，且以隶（肆）、舍客室鼠（予）识，而后不鼠（予）识，识弗求，巳（已）为识更买室，分识田、马，（简127）异识∟。沛死时有（又）不令∟，义巳（已）代为户后，有肆、宅，识弗当得。何故尚求肆、室曰：不鼠（予）识，识且告婉（简128）匿訾（赀）？婉即以其故鼠（予）识，是劫婉，而云非劫，何解∟？识曰：□欲得肆、室，婉不鼠（予）识。识诚恐谓且告婉，婉乃鼠（予）（简129）识。婉实弗当得。上以识为劫婉，辠识，识毋（无）以避。毋（无）它解。辠。它如前。（简130）③

在此，侦办人员想确认两个事实：一是"沛"遗言之无效性；二是"识"勒索罪名之成立。"沛"遗言之无效性有两个事实决定：一方面，他人转告之言不能成为具法律约束力的证据，即"沛未死，虽告狗、羽且以肆、舍客室鼠识"；另一方面，已故大夫"沛"的口头承诺也不具法律效力，即"沛死时有不令"。也就是说，"沛"没有立下书面之凭证。最后，"识"承认了自己"实弗当得"，"辠识，识毋以避"。那么，侦办人员是否仅以证人的口头证言为依据呢？答案显然是否定的。据秦简载：

> 即将司寇晦别居千（阡）佰（陌）、劙（徹）道，徼（邀）廸苛

---

① 陈松长主编：《岳麓书院藏秦简（壹-叁）释文修订本》，上海：上海辞书出版社，2018年，第153页。
② 同上。
③ 同上。

视不犯（状）者。弗得（简155）。（"鬻盗杀安、宜等案"）①
   经死　爰书：某里典甲曰："里人士五（伍）丙经死其室，不智（知）故，来告。"●即令令史某往诊。●令史某爰书：与牢（简63）隶臣某即甲、丙妻、女诊丙（简63）。（《封诊式》）②

  在上引岳麓秦简"鬻盗杀安、宜等案"中，"狱史觿"及其管辖下的"司寇晦"在田间过道和大道上实地盘问和稽查可疑人员，但并未查出杀人者为何人。在睡虎地秦简《封诊式》中，由于官府不知道士伍"丙"为何吊死于家中，随即命令"令史某"前往实地调查"丙"之死因。由此可知，"婉"隐匿"訾税"案的侦办和证据的搜集肯定包含实地调查取证，只不过该份文书未提及罢了。

  至此，"婉"指控"识"恐吓以"匿訾"罪名勒索"婉"一案之侦办阶段遂告结束。

  第四，廷审。与当代的法院审判有点类似，"婉"与"识"纠纷案的侦办阶段结束后，侦办机构遂将案件移交县廷判决。廷审阶段包括三个主要步骤：

  其一，陈述侦办结果。如简文曰："●问：匿訾税及室、肆臧直（简130）各过六百六十钱。它如辞。（简131）"毋庸置疑，该案件适用于盗罪之规定。如秦律曰：

   "害盗别徼而盗，驾（加）罪之。"●可（何）谓驾（加）罪？●五人盗，臧（赃）一钱以上，斩左止。有（又）黥以为城旦；不盈五人，盗过六百六十钱，黥劓（劓）以为城旦；不盈六百六十到二百廿钱，黥为城旦；不盈二百廿以下到一钱，迁（迁）之。求盗比此。③

  如前所述，"婉"隐匿了一笔高达68 300钱的债款。假设按"訾万钱，算百二十七"计算，则"婉""匿訾税"额为：6.83算×127钱=867.41钱，显然超过了"六百六十钱"④。若县廷审判"婉"之"匿訾税"事实成立，则"婉"应当被判处"黥劓（劓）以为城旦"。

---

 ① 陈松长主编：《岳麓书院藏秦简（壹-叁）释文修订本》，上海：上海古籍出版社，2018年，第158页。
 ② 睡虎地秦墓竹简整理小组编：《睡虎地秦墓竹简》，北京：文物出版社，1990年，第158页。
 ③ 同上书，第120页。
 ④ 愚以为，该份文书所记之案件发生在秦王政十八年，由于此时秦与赵激战正酣，秦为了筹措军饷，"訾税"税率可能比东汉服虔所说的127钱要高。

其二，案件陈述完以后，县廷审理并得出了如下结论：

● 鞠之：婉为大夫沛妾。沛御婉，产义╚、姨。沛妻危死，沛免婉为庶人，以（简131）为妻，有（又）产必╚、若。籍为免妾╚。沛死，义代为户后，有肆、宅。婉匿訾（赀），税直（值）过六百六十钱。先自告，告（简132）识劫╚。识为沛隶。沛为取（娶）妻，欲以肆、舍客室鼠（予）识。后弗鼠（予），为买室，分马一匹、田廿亩，异识╚。沛死，（简133）识后求肆、室。婉弗鼠（予），识恐谓婉，且告婉匿訾（赀）。婉以故鼠（予）肆、室。肆、室直（值）过六百六十钱。得。皆审。（简134）①

上引材料透露了以下三个历史信息：一是在县廷审理阶段，再次陈述了原告和被告的身份、家庭以及财产等情况；二是案件的性质；三是案件双方犯罪行为所适用之法律规定。其中，案件的性质和适用法规才是审理阶段的关键之处。材料中的"皆审"两个字尤为重要，就是说，"婉匿訾税，直过六百六十钱"和"识"勒索"婉"的"肆、室直过六百六十钱"为不容置疑之事实②。那么，如何对双方定罪和量刑？有两点难住了审判官吏：其一，"识"的罪名该如何确定？其二，"婉"是"免妾"还是"沛后妻"？如"识劫婉案"载："疑（简134）婉为大夫妻、为庶人及识辠。毄。它县论。敢讞之。（简135）"

其三，县廷无法给出确切的结论，故而作为疑难案件请示上级机构判决。这里，有两位审判官吏讨论后给出了不同的判决结论：一位官吏建议，判决"婉"为已故大夫"沛"的妻子，而判处"赀识二甲（简136）"；另一位官吏建议，判处"婉""为庶人"，而"完识为城旦，絫足输蜀（简136）"。由此可见，无论"婉"为已故大夫"沛"之妻或为庶人，"絫"皆无刑责。但由于"识"以"絫匿訾税"而勒索"婉"，且"识"为官府所"得"（指被缉捕而非投案），所以，"识"之勒索罪名成立，应依律定"识"之罪。

总之，最新刊布的《岳麓书院藏秦简》（叁）披露了一些有关秦"訾税"的简文，其中，简130首次清楚地记载着"訾税"两字。毫无疑问，

---

① 陈松长主编：《岳麓书院藏秦简（壹-叁）释文修订本》，上海：上海古籍出版社，2018年，第154页。

② 但后面之简文显示，此审理结果仅为定案和量刑主管官吏提供了一个参考意见，并非终审之判决。

这些新史料不仅彻底否定了"秦及汉初不存在财产税"的观点，而且还拨开了长期困扰学术界在秦汉"訾税"研究方面的迷雾。

第一，秦"訾税"的征收以户为单位，户主才是"訾税"的承担者。尽管《岳麓书院藏秦简》（叁）"识劫娩案"中的"娩"是"匿訾"纠纷案的核心人物，但真正承担"訾税"之责者为户主，也就是其长子"小走马义"。

第二，《岳麓书院藏秦简》（叁）中的新史料首次披露了债款为"计訾"范围的历史事实。毫无疑问，这则史料不仅拓展了人们对秦汉"訾税"征收范围研究的新视野，而且为深化秦汉财产税之研究提供了坚实的史料基础。岳麓秦简"识劫娩案"还显示，除了债款等货币财富为"计訾"范围外，大夫"沛"家所拥有的"肆"、"宅"、"马"、"稻田"和奴婢等财产皆为"訾税"征收的对象。

第三，《岳麓书院藏秦简》（叁）中的史料首次向世人展示了秦"訾税"征收的具体办法。一是确定"訾税"征收的时间。岳麓秦简"识劫娩案"显示，秦"訾税"计征的时间为每年的七月。二是采取"自占"的形式。这批秦简证实，秦汉"訾税"的征收实行了"自占"制度，如简108中的"为子小走马义占家訾（赀）"和简109中的"娩匿不占吏为訾（赀）"等。三是官府以户为单位并依据一定税率，按财产折价之多寡而计征"訾税"。在此，有必要指出的是，景帝前元二年诏文"今訾算十以上乃得宦"中的"訾算十"指的是家庭资产折价后计有10算货币财富。按应劭之注文可知，"十算，十万也"。而东汉服虔在注文中说的"訾万钱，算百二十七也"，则指的是"訾税"，亦即10 000钱应纳税127钱。可见，"訾算"是"訾税"征收的基础和前提条件，"訾税"才是"訾算"的目的。因此，"訾算"和"訾税"切不可混为一谈。另外，东汉经学家服虔所提出的"訾万钱，算百二十七也"是正确的，其中的"七"并非"衍文"。

第四，《岳麓书院藏秦简》（叁）披露了有关秦"匿訾"案件审理过程的新史料。该批新史料不仅填补了秦汉"訾税"问题研究的史料空白，而且还进一步加深了人们对秦汉司法审判制度的理解和认识。《岳麓书院藏秦简》（叁）显示，秦在审理"匿訾"案时采取了如下几个步骤：一是"娩"自告"匿訾"与揭发。二是"匿訾"案件的侦办。侦办人员就原告"娩"所陈述的内容逐一调查取证。在案件侦办阶段，相关官吏分三个步骤进行取证：听取原告、被告以及相关证人的证词；问讯被告；核实所有证词的真伪。三是侦办人员审讯被告"识"。审讯的目的在于确认"识"以"婉匿不占吏为訾（赀）"勒索"婉"之罪名成立。最后就是廷审的程序问题，大略分为四个步骤：宣布"匿訾"案件侦办结果、县廷审理、提出判决意见和疑难案件上报。

  由此"匿訾"案件审理过程可知，秦人虽然"自占"家訾，但绝大部分人不敢隐匿虚报。这是因为，一方面秦法"密如秋荼"①，人们不敢妄自隐匿訾税；另一方面"黔首"相互监督和举报也在一定程度上保障了"自占"制度下国家"訾税"的正常征收。

---

① 李学勤：《中国古代文明研究》，上海：华东师范大学出版社，2005年，第303页。

第五章　新出简牍与秦汉"户赋"问题探讨

近几年来，学界陆续披露了许多秦汉简牍，这为我们解决困扰学界已久的秦汉"户赋"问题提供了新的契机。陈松长、邬文玲和臧知非等先生分别利用岳麓秦简和里耶秦简等史料对秦及汉初的"户赋"征收及其相关问题进行了详细分析，并提出了许多新颖的观点①。但与此同时，有些学者由于对秦及汉初"户赋"资料的整理和理解上存在不同程度的偏差，提出了一些值得进一步商榷的看法，如：我们究竟如何看待秦汉"户赋"的性质？先秦两汉时期存在"户税"这一称谓吗？"户刍"与"户赋"又是何种关系？诸如此类有关秦汉"户赋"的重大问题非但未能解决，而且有使问题进一步复杂化的趋势。

第一节　学术史回顾

秦汉"户赋"问题，既是古代军事史研究中的重要内容，也是财政制度史研究的关键性问题。因此，长期以来，古今学者对秦汉"户赋"问题的研究极为关注。如唐人欧阳询在《艺文类聚》中曾言："汉兴，唯皇子封为王者得茅土，其他臣以户赋租入为节，不受茅土，不立社。"②依此之说，则西汉初期即已存在"户赋"征课之制。其后，宋人徐天麟在《西汉会要》中根据《史记·货殖列传》的记载，专门列有"户赋"税目。徐天麟曰：

---

① 参见陈松长：《秦代"户赋"新证》，《湖南师范大学学报》（社会科学版）2016年第7期；邬文玲：《里耶秦简所见"户赋"及相关问题琐议》，载武汉大学简帛研究中心编《简帛》（第八辑），上海：上海古籍出版社，第215-228页；臧知非：《汉代"户赋"性质、生成与演变——"户赋"源于田税说》，《人文杂志》2019年第9期。

② ［唐］欧阳询撰、汪绍楹校：《艺文类聚》卷五十一《封爵部》，上海：上海古籍出版社，1982年，第914页。

"秦汉之制，列侯封君食租税，岁率户二百，千户之君则二十万，朝觐聘享出其中。"① 可见，宋人徐天麟所言"户赋"其实为封君征收之"赋"。这一结论对后世影响深远，元代马端临就据此解释说："按：汉法，有口赋，有户赋。口赋，则算赋是也。户赋，见于史者惟此二条。《货殖传》所言，则是封君食邑户所赋。"② 由上述古代学者所言可知，汉代存在"户赋"。但由于史料简缺，后代学人提出了很多问题，甚至质疑汉代"户赋"的存在。

20世纪50年代，韩连琪首先在《汉代的田租口赋和繇役》一文中对徐天麟和马端临之说提出了质疑，韩先生说："实则不仅'土地之不以封者'，田租口赋以外，别无所谓户赋，即'封君食邑'，也可以肯定是无此赋的。"③

至20世纪80年代，田泽滨亦完全赞同韩连琪的观点。他在《汉代的"更赋"、"赀算"与"户赋"》一文中指出："所谓'户赋'当是徭赋的总概括，并非具体单一的税目。"④ 魏良弢对此观点尽管有所更正，但他却认为"户赋"其实就是军赋，"'户赋'一词实是徐氏的杜撰，在西汉史料中尚未发现这一名词。'赋'作为名词来用，是专指用于军费的那部分税收，古人是很明确的"⑤。其后，于琨奇在《秦汉"户赋""军赋"考》一文中又进一步解释说："军赋与户赋，必是异名同实，军赋即户赋。"⑥ 然而，20世纪70年代出版的《睡虎地秦墓竹简》所记录的"户赋"简文早已刊行⑦，这些学者为何还会得出如此之结论？笔者认为其原因有二：一

---

① [宋]徐天麟：《西汉会要》卷五一《食货》，上海：上海人民出版社，1977年，第596页。徐天麟所依据的史料出自《史记》卷一二九《货殖列传》："封者食租税，岁率户二百。千户之君则二十万，朝觐聘享出其中。"（第3272页）
② [元]马端临：《文献通考》卷十《户口考·历代户口丁中赋役》，北京：中华书局，1986年。
③ 韩连琪：《汉代的田租口赋和繇役》，《文史哲》1956年第7期。
④ 田泽滨：《汉代的"更赋"、"赀算"与"户赋"》，《东北师大学报》（哲学社会科学版）1984年6期。
⑤ 魏良弢：《西汉税、赋、役释》，《新疆大学学报》（社会科学版）1981年第2期。
⑥ 于琨奇：《战国秦汉小农经济研究》，北京：商务印书馆，2012年，第79页。亦可参阅于琨奇：《秦汉"户赋""军赋"考》，《中国史研究》1989年第4期；于琨奇：《秦汉户赋与魏晋户调源流考》，《新史学》1991年第2卷第1期。
⑦ 如《睡虎地秦墓竹简·法律答问》载："可（何）谓'匿户'及'敖童弗傅'？匿户弗繇（徭）、使，弗令出户赋之谓殹（也）。（简165）"可见，"此简一经公布，就引起了秦汉研究者的广泛关注，汉代没有'户赋'的史料，在秦简中正式出现了，而且明确无误，即秦代存在'户赋'。秦既有'户赋'，在'汉承秦制'的情况下，则汉代也有存在'户赋'的可能"。参见高敏：《关于汉代有"户赋""质钱"及各种矿产税的新证——读〈张家山汉墓竹简〉》，《史学月刊》2003年第4期；亦可参阅高敏：《关于汉代有"户赋"、"质钱"及各种矿产税的新证——读〈张家山汉墓竹简〉札记之五》，载氏著《秦汉魏晋南北朝史论考》，北京：中国社会科学出版社，2004年，第158—163页。

是睡虎地秦简中之"户赋"仍属孤证，后来之学人不敢贸然突破旧有传统之学说；二是对云梦秦简中的"户赋"理解不同。如于琨奇就说："（云梦秦简）律文明确规定：官吏使人不服徭役，不出户赋，这就犯了'匿户'之罪。因此，户赋就绝非是封邑内人民所必须承担的赋税项目……徐天麟有关秦汉户赋内容的归纳是错误的。"① 即便如此，于琨奇在该文所言"户赋"与军事有关的观点则是正确的。

可喜的是，21世纪初期，《张家山汉墓竹简（二四七号墓）》正式刊布发行②，其中简255和简429就有汉初征收"户赋"的记载。高敏首先撰文分析了这批简文中的"户赋"问题。高先生云："可以肯定汉代的所谓'户赋'，并不是什么新税目，而是把口钱、算赋的按人头收的'赋税'改为按户出税和把按顷亩入刍的刍税改为按户征收而已。"③ 对此，于振波发表了不同的看法。他解释说："根据秦汉简牍可知，汉代的户赋与刍稾税都是对秦制的继承。户赋是诸多赋税中的一个单独税目，而非一户内各项赋税的总称。"④ 根据新近刊布的秦汉简牍，笔者认为于振波的结论符合历史事实。因为这些新出简牍皆已证明，秦汉时期的"户赋"并非各类赋税的合集，而是一种按户征收的单独税目。

在此基础上，李恒全又根据最新披露的秦汉简牍材料对"户赋"问题进行了重新审视。李先生认为："从张家山汉简看，秦汉户税包括户赋与户刍，其特征是以户为单位，按户征收。户赋的基本形态是货币，户刍的基本形态是刍草。秦户赋可以折纳为实物征收；汉初户赋每年每户征收十

---

① 于琨奇：《战国秦汉小农经济研究》，北京：商务印书馆，2012年，第79页。
② 张家山二四七号汉墓竹简整理小组：《张家山汉墓竹简（二四七号墓）》，北京：文物出版社，2001年。
③ 高敏：《关于汉代有"户赋""质钱"及各种矿产税的新证——读〈张家山汉墓竹简〉》，《史学月刊》2003年第4期；亦可参阅高敏《关于汉代有"户赋"、"质钱"及各种矿产税的新证——读〈张家山汉墓竹简〉札记之五》，载氏著《秦汉魏晋南北朝史论考》，北京：中国社会科学出版社，2004年，第158—163页。张荣强认为："汉代的'户赋'不仅是指狭义的特定群体按户缴纳的户钱，更应指此等税目的原生形态，亦即一般庶民缴纳的丁口之赋甚或其他杂赋……'户赋'实际上就是一户内所纳诸赋的集合。"参见张荣强：《吴简中的"户品"问题》，载北京吴简研讨班编《吴简研究》（第一辑），武汉：崇文书局，2004年，第193页。臧知非则提出了一个折中的看法。他认为，秦"户赋"在初期属人口税，"从现有史料推断，秦的人口税在初行时期是按户收取，可以称之为户赋……所以，'初为赋'也好，商鞅的'民有二男以上不分异者倍其赋'也好，其赋都是指户赋"。参见臧知非：《秦汉赋役与社会控制》，西安：三秦出版社，2012年，第71页。有关秦"民有二男以上不分异者倍其赋"的问题，请参阅曾宪礼：《"民有二男以上不分异者倍其赋"意义辨》，《中山大学学报》（哲学社会科学版）1990年第4期。
④ 于振波：《从简牍看汉代的户赋与刍稾税》，《故宫博物院院刊》2005年第2期；亦可参阅于振波：《简牍与秦汉社会》，长沙：湖南大学出版社，2012年，第66—72页。

六钱。秦汉户刍每年每户征收一石，刍每年每户征收一石。"① 可见，李恒全将户税分为两个组成部分，即"户赋"和"户刍"。但问题是，户税与"户赋"又是什么关系？战国秦汉时期存在"户税"这一称谓吗？这是我们在探讨秦汉"户赋"时必须首先解决的问题。其后，陈松长、邬文玲又分别在《秦代"户赋"新证》和《里耶秦简所见"户赋"及相关问题琐议》中详细考证了秦"户赋"征收的方式等问题，并提出了许多新的看法②。

值得一提的是，近两年来，朱圣明在《中国经济史研究》上发表了两篇分析秦汉"户赋"的文章③。但细究朱先生之文，笔者认为仍有以下几个问题亟待澄清：一是"户赋"与"户刍"的关系及"户赋"征收的对象等问题。朱文言："在《二年律令·田律》简中，户赋与户刍同时出现，可见二者是有区别的。我们不能因为它们在同一律文中出现，且征收对象都是'卿以下'、征收方式均为按户征收而将二者同归入户赋……户刍则为户赋以外的征纳。"④ 若按此理解，则"户刍"并非"户赋"，"户刍"乃一独立税目。这种理解显然与新出简牍所记史料相抵牾。至于"户赋"征收的对象问题，朱圣明说："（秦及汉初）户赋征收的对象为上到五大夫下至司寇、隐官为户主的民户"⑤，但岳麓秦简《金布律》证明此说非是。

---

① 李恒全：《从出土简牍看秦汉时期的户税征收》，《甘肃社会科学》2012年第6期。朱继平在《〈从张家山汉简〉谈汉初的户赋与户刍》（《江汉考古》2011年第4期）一文中也认为，汉代"户税是课于五大夫以下至公士的中低级爵位拥有者，与口算、田租刍稾是并列关系，这些中低级爵位拥有者既要向政府交纳口算、田租刍稾，也要同时交纳户税，户税由户赋与户刍构成"。
② 参见陈松长：《秦代"户赋"新证》，《湖南师范大学学报》（社会科学版）2016年第7期；邬文玲：《里耶秦简所见"户赋"及相关问题琐议》，载武汉大学简帛研究中心编《简帛》（第八辑），上海：上海古籍出版社，第215-228页。邬文玲之文亦可参见《里耶秦简研究三题·户赋问题探讨》，载徐世红等《秦律研究》，武汉：武汉大学出版社，2017年，第319页。邬文玲在该文中指出："户赋是秦代税目之一；秦代户赋征收的总额和征收时间是相对固定的，即每年分五月和十月两次征收，总额是三十二钱；户赋征收的内容包括现钱和实物……户赋的收受和支付由少内负责。"毫无疑问，这种看法是可信的。
③ 参见朱圣明：《秦至汉初"户赋"详考——以秦汉简牍为中心》，《中国经济史研究》2014年第1期；朱圣明：《再谈秦至汉初的"户赋"征收——从其与"名田宅"制度的关系入手》，《中国经济史研究》2016年第3期。
④ 朱圣明：《秦至汉初"户赋"详考——以秦汉简牍为中心》，《中国经济史研究》2014年第1期。
⑤ 朱圣明：《再谈秦至汉初的"户赋"征收——从其与"名田宅"制度的关系入手》，《中国经济史研究》2016年第3期。朱先生在《秦至汉初"户赋"详考——以秦汉简牍为中心》一文中亦持相同观点。持这一观点的学者众多，如高敏和黄今言等先生，参见高敏：《关于汉代有"户赋""质钱"及各种矿产税的新证——读〈张家山汉墓竹简〉》，《史学月刊》2003年第4期；黄今言：《从张家山竹简看汉初的赋税征课制度》，《史学集刊》2007年第2期；朱继平：《〈从张家山汉简〉谈汉初的户赋与户刍》，《江汉考古》2011年第4期。

二是"户赋"征收的物质形态问题。针对此问题，朱文又曰："它以户为单位，在秦朝征收实物、丝，每户纳茧六两，在汉初则转而征收钱币，每户上缴十六钱。"这一观点显然又与新出岳麓秦简律令文书中的相关记载不符，如《岳麓书院藏秦简（四）·金布律》简 118/1287 至简 120/1280 等简文即可证明朱文之观点不能成立。三是"户赋"与军事的关系。朱文虽然承认"算赋"与军事密切相关，但其却认为秦"户赋"征收"与军事无甚关联"①。很显然，这一观点也是值得进一步商榷的。

简言之，以上学者针对秦及汉初"户赋"问题的研究取得了很大的成绩，但歧义仍存。因此，为了深化秦及汉初"户赋"问题的研究，笔者认为有必要再对以上所提及的一些重大问题进行必要的分析和澄清。

第二节　"户税"、"户赋"和"户刍"

在先秦两汉时期的历史文献中，"赋"与"税"是两个根本不同的概念，但有些学者往往将秦汉"户税"等同于"户赋"②，或将"户赋"看成是"户税"的一个组成部分③。这是未了解秦汉"赋"与"税"的区别所致。下面我们分别对"户税"、"户赋"和"户刍"等概念及其相互之间的关系做一分析。

第一，"户赋"并非"户税"的组成部分。在分析"户赋""户税"两者之间的关系时，我们必须首先明确"税"和"赋"的区别及其核心内容。那么，何谓"税"？《说文》曰："税，租也。从禾兑声。"④ 至于"赋"，《说文》曰："赋，敛也。从贝武声。"⑤ 段玉裁解释说："赋，敛也。《周礼·大宰》：'以九赋敛财贿。'"⑥ 相关汉代历史文献亦对这一区别做了详细的解释。如《汉书·食货志》载：

> 有赋有税。税谓公田什一及工商衡虞之入也。赋共车马甲兵士徒

---

① 朱圣明：《秦至汉初"户赋"详考——以秦汉简牍为中心》，《中国经济史研究》2014 年第 1 期。
② 参见朱继平：《〈从张家山汉简〉谈汉初的户赋与户刍》，《江汉考古》2011 年第 4 期。
③ 参见李恒全：《从出土简牍看秦汉时期的户税征收》，《甘肃社会科学》2012 年第 6 期。
④ ［汉］许慎：《说文解字》，北京：中华书局，1963 年，第 146 页。
⑤ 同上书，第 131 页。
⑥ ［清］段玉裁：《说文解字注》，上海：上海古籍出版社，1981 年，第 282 页。

之役，充实府库赐予之用。税给郊社宗庙百神之祀，天子奉养百官禄食庶事之费。①

可见，先秦两汉时期之"赋"与"税"是两个根本不同的概念，不容混淆。"税"指的是"公田什一及工商衡虞之入"，而"赋"则指"共车马甲兵士徒之役，充实府库赐予之用"。正如黄今言所说："后人则往往将秦汉时的'税'释'赋'，或将'赋'与'税'混同，这是不明'赋'的原义之故。其实，秦汉时期的'赋敛'与'田税（租）'，是国家政权的两种不同财源，或两种不同的征剥形式……'田税'源于以前'什一而籍'的助法。'赋敛'却源于以前的军役和军需品的征发。"② 班固也在《汉书·刑法志》中一语道破了这两者之间的主要区别，其言曰："税以足食，赋以足兵。"③ 可见，这是两种来源和用途各不相同的财政收入。

既然"赋"与"税"有别，则秦汉时期的"户赋"亦不当称为"户税"，"户税"一词实乃后人之误用。我们稽查先秦两汉文献后，也未发现任何载有"户税"这一称谓的史料，这也进一步证明《汉书·食货志》等文献的记载是正确的。因此，"户赋"既非"户税"，更非"户税"的组成部分。

第二，"户刍"并非一种单独税目，而是"户赋"征纳的物质形态之一。有学者曾据《二年律令·田律》指出："（在律文中）户赋与户刍同时出现，可见二者是有区别的……户刍则为户赋以外的征纳。"④ 很显然，该论者以为"户刍"应当是一种单独税目，而非"户赋"征纳的物质形态。那么，这些学者何以会得出如上之结论呢？我们从相关研究者的论著中找到其所依据的如下几个例证：

  1. 可（何）谓"匿户"及"敖童弗傅"？匿户弗繇（徭）、使，弗令出户赋之谓殹（也）。（《法律答问》简165）⑤

  2. 卅四年，启陵乡见户、当出户赋者志：☐Ⅰ见户廿八户，当

---

① 《汉书》卷二四《食货志》，第1120页。唐颜师古注曰："赋谓计口发财，税谓收其田入也。什一，谓十取其一也。工、商、衡、虞虽不垦殖，亦取其税者，工有技巧之作，商有行贩之利，衡虞取山泽之材产也。"
② 黄今言：《秦汉赋役制度研究》，南昌：江西教育出版社，1988年，第196-197页。
③ 《汉书》卷二三《刑法志》，第1081页。
④ 朱圣明：《秦至汉初"户赋"详考——以秦汉简牍为中心》，《中国经济史研究》2014年第1期。当然，持此观点者还有很多，此不赘举。
⑤ 武汉大学简帛研究中心、湖北省博物馆、湖北省文物考古研究所编：《秦简牍合集（释文注释修订本）·睡虎地秦墓简牍》（壹），武汉：武汉大学出版社，2016年，第246页。

出茧十斤八两。☑Ⅱ8-518①

3. ☑十一月☑刍钱三【百】☑。(8-559)②

4. 户刍钱六十四。卅五年。☑8-1165③

5. 卿以下五月户出赋十六钱，十月户出刍一石，足其县用，余以入顷刍律入钱。(《田律》简255)④

6. 官为作务、市及受租、质钱，皆为缿，封以令、丞印而入，与参辨券之，辄入钱缿中，上中辨其廷。质者勿与券。租、质、户赋、园池入钱，(简429)县道官勿敢擅用，三月壹上见金、钱数二千石官，二千石官上丞相、御史。(《金布律》简430)⑤

7. 平里户刍廿七石，田刍四石三斗七升，凡卅一石三斗七升；八斗为钱，六石当稿，定廿四石六斗九升当食(?)。田稿二石二斗四升半，刍为稿十二石，凡十四石二斗八升半。稿上户刍十三石，田刍一石六斗六升，凡十四石六斗六升；二斗为钱，一石当稿，定十三石四斗六升给当☐。田稿八斗三升，刍为稿二石，凡二石八斗三升。(简6)⑥

以上就是有关学者们在分析秦及汉初"户赋"问题时所依据的基本史料。概而言之，这些史料有如下两个显著的特点：

一是"户赋"材料较为零散。以上7例简牍或漫漶不清，意义不甚明确，或指向单一，未将"户赋"与"户刍"相关联。

二是有些简文易使人产生理解上的偏差。如例5中载有"卿以下五月户出赋十六钱"，后又言"十月户出刍一石"。因此，有学者就得出结论说："(汉律)既然只将'赋'字附着在'十六钱'上，即意为汉初只有五月征收的这十六钱才为户赋。户刍则为户赋以外的征纳。"⑦ 与此同时，

---

① 陈伟主编：《里耶秦简牍校释》(第一卷)，武汉：武汉大学出版社，2012年，第172页。
② 同上书，第179页。
③ 同上书，第286页。
④ 彭浩、陈伟、[日]工藤元男主编：《二年律令与奏谳书》，上海：上海古籍出版社，2007年，第193页。
⑤ 同上书，第154页。
⑥ 湖北省文物考古研究所编：《江陵凤凰山西汉简牍》，北京：中华书局，2012年，第104页。此处之简文系作者所加，特此说明。另外，此处两枚简牍中的"户刍"和"田刍"登记于一份簿籍中。这说明《金布律》中之"户赋"有逐步融入《田律》的趋势。
⑦ 朱圣明：《秦至汉初"户赋"详考——以秦汉简牍为中心》，《中国经济史研究》2014年第1期。

该论者以例3和例4为证，进一步推断秦之"户刍"亦为与"户赋"并列之税目。如其文曰："在秦朝，户赋与户刍亦是同时存在的，且其征纳的财物截然不同。二者是相互独立的两种税目。"①

难道"户赋"与"户刍"果真如上文所说是两种不同之税目吗？可喜的是，最新刊布的《岳麓书院藏秦简（肆）·金布律》披露了一份较为完整的秦官府征收"户赋"的法律文书。简文曰：

> 8. ●金布律曰：出户赋者，自泰庶长以下，十月户出刍一石十五斤；五月户出十六钱，其欲出布者，许（简118/1287）之。十月户赋，以十二月朔日入之，五月户赋，以六月望日入之，岁输泰守。十月户赋不入刍而入钱（简119/1230）者，入十六钱。吏先为？印，敛，毋令典、老挟户赋钱。（简120/1280）②

从上引《金布律》内容上看，"出户赋者"涵盖两项主要内容，即"十月户出刍一石十五斤"和"五月户出十六钱"。换言之，"户刍"肯定是"户赋"的一个部分，而非一种单独的税目。具体而言，上引法律文书既界定了缴纳"户赋"的对象，更详细地规定了"户赋"缴纳的时间和物质形态。

首先，法律规定了"户赋"征缴的对象。简文显示，"户赋"征收的对象为"自泰庶长以下"至普通立户之"黔首"。简文中的"泰庶长"指的是秦第十八级爵位之"大庶长"，亦即《二年律令》中的"卿爵"。如陈傅良在其《历代兵制》中说：

> 爵有十八级（后通关内侯、列侯二十级）：一曰公士（步卒之有爵者），二曰上造（百卒之长），三曰簪（车御），四曰不更（在车右，不复与凡更卒同），五曰大夫（在车左），六曰官大夫，七曰公大夫，八曰公乘（虽非临战，得乘公车，故曰公乘。军吏之爵最高者），九曰五大夫（自公士至不更皆士也，自大夫至五大夫皆军吏也），十曰左庶长，十一曰右庶长（即左右偏裨将军），十二曰左更，十三曰中更，十四曰右更（庶长、三更，所将皆庶人更卒），十五曰少上造，十六曰大上造，十七曰驷车庶长，十八曰大庶长（自左庶长至大庶长，皆卿、大夫、军将也。少、大上造言

---

① 朱圣明：《秦至汉初"户赋"详考——以秦汉简牍为中心》，《中国经济史研究》2014年第1期。

② 陈松长主编：《岳麓书院藏秦简》（肆），上海：上海辞书出版社，2015年，第107页。

主上造之士也。驷车庶长言乘驷车而为众长也。大庶长，大将军也）。①

在此，陈傅良不仅列出了各个爵位，而且还对之做了详细解释。所谓"泰（大）庶长"，指的就是秦爵第十八级，即"自左庶长至大庶长，皆卿、大夫、军将也"。因此，结合上引例8和《二年律令·户律》简310-313②可知，"自泰（大）庶长以下"至可获得国家授田且立户之"黔首"皆需按律"出户赋"③。

其次，秦律规定了"户赋"征纳的时间及纳税的物质形态。岳麓秦简显示，秦"户赋"的征收分为两个时间段：一是每年十月份，每户"出刍一石十五斤"；二是每年五月份"户出十六钱"。但法律同时也规定："（五月份）其欲出布者，许之。"

就上引例8律文中"户赋"征收的物质形态问题而言，我们尤应注意如下三个问题：

一是"户刍"与按顷征收之"刍"的区别。据例上引岳麓秦简《金布律》可知，此处之"出刍一石十五斤"系指按户征收的征纳形态之一，亦可与《二年律令·田律》中之"十月户出刍一石"相对应；而《二年律令·田律》"以入顷刍律入钱"中之"刍"则指的是按顷征纳的田亩附加税④。因此，由于征纳的方式不同，其赋税的性质亦不同。

二是征收"户刍""布""钱"的问题。秦简显示，秦"户赋"征纳的物质形态并非固定不变，货币和实物亦可相互折算。如上引秦律规定，黔首可以"十月户赋不入刍而入钱"。这一点正好可从上引例3和例4中得

---

① ［宋］陈傅良：《历代兵制》，载王云五主编《丛书集成初编》，上海：商务印书馆，1936年。关于二十等级爵制的研究，代表性论著有：朱绍侯：《军功爵制研究》，上海：上海人民出版社，1990年；［日］西嶋定生：《二十等爵制》（武尚清译），北京：国际文化出版公司，1992年；刘敏：《秦汉编户民问题研究：以与吏民爵制皇权关系为重点》，北京：中华书局，2014年。

② 参见彭浩、陈伟、［日］工藤元男主编：《二年律令与奏谳书》，上海：上海古籍出版社，2007年，第216—217页。

③ 简牍资料显示，无爵位者如"庶民""司寇""隐官"等皆可获得国家授田，并拥有立户之权利，详情见下文。关于"卿爵"问题，于振波曾说："刘劭的《爵制》把二十等爵分为四段，分别与'古制'中的中士、大夫、九卿、诸侯相对应。其中的'九卿'所对应的就是'自左庶长以上至大庶长'九级爵位，与张家山汉简中的'卿'所对应的爵位完全相同。"参见于振波：《张家山汉简中的"卿"》，《文物》2004年第8期。结合例8可知，于先生的分析是正确的。

④ 至于秦按顷征收"刍"的方式问题，不但云梦秦简有载，最近刊行的岳麓秦简《田律》亦有明文规定，如其文曰："租禾稼、顷刍稾（简106/1278）……"参见陈松长主编：《岳麓书院藏秦简》（肆），上海：上海辞书出版社，2015年，第103页。

到印证，如其简文中之"☐十一月☐刍钱三【百】☐"和"户刍钱六十四"①。毫无疑问，秦律在征收"户赋"时是准许"黔首"折钱或以布等形式缴纳的。再如岳麓秦简律文对以刍"折钱"的规定，"十月户出刍一石十五斤"可折算为"十六钱"。与此相反，该律文也规定五月份"户出十六钱"可以实物形态替代，亦即"其欲出布者，许之"。此处之"布"既可指是一种用来交换的等价物，亦可认为是一种实物。如云梦秦简《金布律》载："布袤八尺，福（幅）广二尺五寸。布恶，其广袤不如式者，不行。（简66）钱十一当一布。其出入钱以当金、布，以律。（简67）"由此我们可以推断，若黔首"欲出布"，则须按"钱十一当一布"的比价来上交"户赋"。

三是征收"茧"等其他形态的问题。尤其值得一提的是，除了上文提及的"户赋"征收的物质形态外，秦官府还依据各地不同的情况准许黔首以其他实物缴纳。如里耶秦简载：

9. 卅四年，启陵乡见户、当出户赋者志：☐Ⅰ见户廿八户，当出茧十斤八两。☐Ⅱ8-518②

10. 茧六两。卅五年六月戊午朔丁卯，少内守☐（8-96）【说明】右侧刻齿为"六两六"。③

11. 茧六两。卅五年五月己丑朔甲☐☐（8-447）【说明】左侧刻齿为"六两"。④

12. 茧六两。卅五年六月戊午朔乙☐（8-889）【说明】右侧刻齿为"六"。⑤

13. 茧六两。卅☐（8-1673）⑥

以上简文反映了如下三个历史真相：首先，秦"出户赋者志"由乡级机构负责，如"启陵乡见户、当出户赋者志"即可为证。此处之"志"究竟为何意？李均明曾说："里耶秦简所见'志'亦见未冠'课'字者……

---

① 那么，简文中"☐（户）刍钱三【百】"和"户刍钱六十四"又该如何理解呢？愚以为，此处两简文中之数额大于"十六钱"，因此，这两枚简牍应当为某一时期的"户赋"征收的总计简。
② 陈伟主编：《里耶秦简牍校释》（第一卷），武汉：武汉大学出版社，2012年，第172页。
③ 同上书，第61页。
④ 同上书，第151页。
⑤ 同上书，第242页。
⑥ 同上书，第376页。

此类'志'亦按物质属性或事类划分。是否与考核有关,须据具体情况而定。有些可能是'课志'的简称。"① 愚以为,由"见户廿八户"可知,这份征收"户赋"的官文书具有"课志"文书的特性②。其次,"户赋"征缴的形态可以为"茧"③。最后,秦律规定"户赋"征收"茧"的数额。由例9可知,秦始皇三十四年(前213)启陵乡中有"廿八户",总共缴纳了"茧十斤八两",则每户就是"茧六两"。而例10至例13则进一步证明,秦"户赋"征纳的数额为"茧六两"。按照前引例8律文之规定,则此"茧六两"可折合"十六钱",亦即每两茧约等于2.67钱。

质言之,秦"户赋"不仅可缴纳货币,更可以实物形态缴纳,如"刍""布""茧"等。诸如"在秦朝征收实物、丝,每户纳茧六两,在汉初则转而征收钱币,每户上缴十六钱"等观点显然是不能成立的。

第三节 "户赋"的军事性质

有学者认为:"在征收依据上,人头税按人头征收,户赋则按户缴纳;在征收用途上人头税用作军费,户赋所征收的'茧'则与军事无甚关联。"④ 愚以为,此观点前半部分是正确的,但后半部分值得商榷。我们知道,按人头征赋与军事制度密切相关,"户赋"亦然。"户赋"在秦汉时期主要是"供给军费的开支"⑤。

研究表明,秦汉"户赋"属于"赋"之类别,且与军事密切相关。战国秦汉时期,"'赋'作为名词来用,是专指用于军费的那部分税收,古人是很明确的"⑥。正是由于"赋"的这一作用,有学者甚至提出了

---

① 李均明:《里耶秦简"计录"与"课志"解》,载武汉大学简帛研究中心编《简帛》(第八辑),上海:上海古籍出版社,2013年,第149—159页。愚以为,李先生的分析很有道理,值得学界重视。
② 此处"见户廿八户"当由乡级"户赋"主管者来核实审验,并由其制作预收"户赋"数额的簿籍,如该乡中28户总计"当出茧十斤八两"。
③ 参见拙文《岳麓秦简所见"訾税"问题新证》,《中国经济史研究》2016年第4期。
④ 朱圣明:《秦至汉初"户赋"详考——以秦汉简牍为中心》,《中国经济史研究》2014年第1期。
⑤ 黄今言:《从张家山竹简看汉初的赋税征课制度》,《史学集刊》2007年第2期。
⑥ 魏良弢:《西汉税、赋、役考释》,《新疆大学学报》(社会科学版)1981年第2期。

"军赋即户赋"的观点①。最近出版的《岳麓书院藏秦简（肆）·金布律》披露了有关秦"户赋"内容的法律文书。从该份文书中的"户刍"可知"刍"在当时军国中的重要性，如孔安国就曾说："多积刍茭，供军牛马。"② 再如秦二世元年（前209）四月，朝廷征集了"材士五万人为屯卫咸阳，令教射狗马禽兽"。当时由于"当食者多，度不足"，所以"下调郡县转输菽粟刍藁，皆令自赍粮食，咸阳三百里内不得食其谷"③。

奇怪的是，该份征收"户赋"的法律文书中并不见"稾"的征收。愚以为，这与"刍""稾"在战马等牲畜饲料中的精细程度及其价格高低有关。如岳麓秦简载：

  14. 刍一石十六钱，稾一石六钱，今刍稾各一升，为钱几可（何）？得曰：五十分钱十一，刍一升百分钱十六，稾一升百分钱（简073/0973）六，母同，子相从。（简074/0941）

  15. 稾石六钱，一升得百分钱六⌐，刍石十六钱，一升得百分【钱十六】☐……（简075/1839）④

可见，秦时"刍一石十六钱"，而"稾一石六钱"⑤。据秦律，"刍一石"（或"刍一石十五斤"）值"十六钱"，而当时即使是粮食，也仅值

---

① 于琨奇：《战国秦汉小农经济研究》，北京：商务印书馆，2012年，第79页。亦可参阅于琨奇：《秦汉"户赋""军赋"考》，《中国史研究》1989年第4期；于琨奇：《秦汉户赋与魏晋户调源流考》，《新史学》1991年第2卷第1期。黄今言也认为，先秦两汉时期的"赋"并非"后世的'田赋'，它实质上是国家政权为了军事和其它需要，向被隶属下之各级贵族、臣民，征收与其等级身份相联系的一种'军赋'"。参见黄今言：《秦汉赋役制度研究》，南昌：江西教育出版社，1988年，第198页。尽管这些老辈史学专家否认秦汉存在"户赋"，但他们关于"赋"与军事相关的看法基本是正确的。
② 《史记》卷三三《鲁周公世家》裴骃《集解》注引孔安国曰，第1525页。
③ 《史记》卷六《秦始皇本纪》，第269页。
④ 陈松长主编：《岳麓书院藏秦简（壹-叁）释文修订本》，上海：上海辞书出版社，2018年，第96页。
⑤ 但在《二年律令·田律》中，"刍""稾"各自减了1钱，如该律云："刍一石当十五钱，稾一石当五钱。"参见彭浩、陈伟、[日]工藤元男主编：《二年律令与奏谳书》，上海：上海古籍出版社，2007年，第188页。可见，《二年律令》与岳麓秦简《数》书中的记载几乎相同。当然，上引例14和例15虽属《数》书内容，但其与实际情况相差并不大。又，前引例8岳麓秦简《金布律》中"十月户出一石十五斤"，若不出"户刍"，则可"入十六钱"。换言之，"刍一石十五斤"的价值为"十六钱"。此处何以会相差15斤呢？陈松长对此做了详细解释，其结论可从。参见陈松长：《秦代"户赋"新证》，《湖南师范大学学报》（社会科学版）2016年第7期。

"石卅钱（《司空》简 143）"①。因此，两石左右的"刍"即可兑换 1 石多粮食。由此可见，"刍"是一种非常精细的饲料，可充分满足战马及其他牲畜的需要。又因"户刍"可折钱缴纳，官府在"户赋"中征收昂贵的"刍"，也可筹集到更多的军费。

而"刍稾"除了用作军需物资外，还有其他用途。如岳麓简云："吏归休，有县官吏乘乘马及县官乘马过县，欲贷刍稾、禾、粟、米及买菽者，县以朔日（简 111/1284）平贾（价）受钱└……（简 112/1285）"② 又，"刍稾积五岁以上者以贳，黔首欲贳者，到收刍稾时而责之。（简 386/0518）"③ 此类例证甚多，此不备举。

可见，"户赋"与军事密切相关。正如宣帝时的萧望之所言："今有西边之役（对羌之战），民失作业，虽户赋口敛以赡其困乏，古之通义，百姓莫以为非。"④ 言下之意，这种按户及人丁征收之"赋"是当时军队的主要经费来源。

第四节 "户赋"与立户的关系

秦汉"户赋"的征收以户籍为基础，一般而言，但凡立户之人，都必须承担缴纳"户赋"的义务。至于秦汉吏民立户的条件，高敏做了如下三点概括：一是"必须不是商人、开客店者及赘婿、后父，方可单独立户"；二是"必须是私有土地的拥有者"才可立户；三是"官府的授田对象可以单独立户"⑤。换言之，有些"不容许单独立户"者就不需要缴纳"户赋"了。如秦及汉初的"隶臣妾"就没有立户权。但如果隶臣妾"要获得立户权利，只有以成丁、冗边或军功爵等方式赎身'以为庶人'后方能立户；

---

① 武汉大学简帛研究中心、湖北省博物馆、湖北省文物考古研究所编：《秦简牍合集（释文注释修订本）·睡虎地秦墓简牍》（壹），武汉：武汉大学出版社，2016 年，第 119 页。也可参见睡虎地秦墓竹简整理小组编：《睡虎地秦墓竹简》，北京：文物出版社，1990 年，第 53 页。
② 陈松长主编：《岳麓书院藏秦简》（肆），上海：上海辞书出版社，2015 年，第 104－105 页。
③ 同上书，第 223 页。
④ 颜师古注曰："率户而赋，计口而敛也。"《汉书》卷八七《萧望之传》，第 3276 页。
⑤ 高敏：《秦汉的户籍制度》，载氏著《秦汉史探讨》，郑州：中州古籍出版社，1998 年，第 160 页。

而私人名下之'隶臣妾'在获得户主的放免后，可以立户和拥有财产支配权"①。

当然，"隶臣妾"免为庶人后，必须承担一般立户民众的各种义务，如服"徭戍"和缴纳"户赋"等②。《岳麓书院藏秦简》（叁）中的"识劫婉案"对此就有详细记载。如其简文曰："●识曰：自小为沛隶。沛令上造狗求上造羽子女黔为识妻。（简119）令狗告羽曰：且以布肆、舍客室鼠（予）识乚。羽乃许沛。沛巳（已）为识取（娶）黔，即为识买室，分识马、田，（简120）异识，而不以肆、舍客室鼠（予）识。识亦（？）弗（？）求（？）识巳（？）受它。军归，沛巳（已）死。（简121）"③ 可见，隶臣"识"被大夫"沛"放免即刻获得了立户权，并拥有自己的住宅、田产及其他财物。但"识"亦必须承担相应的国家义务，如服兵役等。我们知道，既然"户赋"按户征收，那么，此处之免隶臣"识"就必须依律缴纳"户赋"。

据新材料《里耶秦简》（贰）披露，秦或许还存在其他按户征收的税目。如里耶秦简载："□谓启陵乡啬夫：律曰：上户出五钱以（简9-379）"④ 这则史料说明，秦户赋是按户等征收的，此户等之划分或许是"上户""中户""下户"三等。

还有一点必须提及的是，以往学界对"司寇"等身份者的立户权存在颇多争议，但最近披露的简文证实，"司寇"等亦可立户。如湘西里耶秦简载：

16. ……

司寇一【户】。☒BⅡ

小男子□□BⅢ

大女子□□BⅣ

●凡廿五☒（第二栏）BⅤ8-19⑤

---

① 参见拙文《岳麓秦简所见"隶臣妾"问题新证》，《社会科学》2016年第1期。
② 参见拙文《岳麓秦简所见"徭"制问题分析——兼论"奴徭"和"吏徭"》，《江西师范大学学报》（哲学社会科学版）2016年第4期。
③ 陈松长主编：《岳麓书院藏秦简（壹-叁）释文修订本》，上海：上海辞书出版社，2018年，第153页。
④ 陈伟主编：《里耶秦简牍校释》（第二卷），武汉：武汉大学出版社，2018年，第116页。
⑤ 陈伟主编：《里耶秦简牍校释》（第一卷），武汉：武汉大学出版社，2012年，第32-33页。

17. 成里户人司寇宜。☒Ⅰ下妻嗌。☒Ⅱ8-1027①
18. 阳里户人司寇寄☒8-1946②

　　据《二年律令·户律》可知，只有立户之民才可居住里中，上引例17和例18就是明证③。而例16则是秦官府对各类立户民的统计简，其中"司寇"就是立户民之一④。换言之，既然"司寇"有立户权，那么，其亦有权利获得国家的授田。如《户律》云："公卒、士五、庶人各一顷，司寇、隐官各五十亩。（简312）"⑤这恰好印证了高敏上文所言的正确性，亦即凡"官府的授田对象可以单独立户"。由此可知，这些授田民诸如"司寇""隐官"等无爵位者既然可以单独立户，那么，他们就有义务按律缴纳"户赋"。

　　综上所述，最新刊布的《岳麓书院藏秦简》（肆）披露了一份较为完整的有关秦征收"户赋"的法律文书。在这份文书中，秦官府规定了"户赋"征收的对象、时间、物质形态以及"户赋"征收机构的职责等。结合其他出土简牍和传世文献可知，这份征收"户赋"的法律文书揭示了如下几个历史真相：

　　一是"赋"与"税"有别，"户赋"并非"户税"的组成部分。先秦两汉时期的"赋"与"税"迥然有别。"税"指的是"公田什一及工商衡虞之入"，而"赋"则指"共车马甲兵士徒之役，充实府库赐予之用"，正所谓"税以足食，赋以足兵"。同时，我们稽查相关先秦两汉时期的传世文献和所有秦汉出土简牍材料后发现，"户税"之称谓在以上文献中皆不存在。因此，"户赋"并非"户税"，亦非"户税"的组成部分。"户税"一词实乃后世学人之误用。

　　二是秦汉时期"户赋"征收的对象不是"五大夫爵位及其以下凡有立户者"，而是"自泰庶长以下"至普通立户之"黔首"皆需按律"出户赋"。

　　三是"户刍"并非一种单独税目，而是"户赋"征收的物质形态之

---

① 陈伟主编：《里耶秦简牍校释》（第一卷），武汉：武汉大学出版社，2012年，第264页。
② 同上书，第409页。
③ 《二年律令·户律》："隶臣妾、城旦舂、鬼薪白粲家室居民里中者，以亡论之。（简307）"参见彭浩、陈伟、［日］工藤元男主编：《二年律令与奏谳书》，上海：上海古籍出版社，2007年，第216页。可见，这几类"徒隶"是不准许在里中居住的，而"司寇"并不在其列。
④ 孙闻博：《秦及汉初的司寇与徒隶》，《中国史研究》2015年第3期。
⑤ 彭浩、陈伟、［日］工藤元男主编：《二年律令与奏谳书》，上海：上海古籍出版社，2007年，第216页。

一。《岳麓书院藏秦简（肆）·金布律》显示，秦官府对"出户赋者"每年分两次征收"户赋"。一次是五月份"户出十六钱"，而另一次则是十月份，征收形式为"户刍"，亦即"户出刍一石十五斤"。因此，所谓"户刍则为户赋以外的征纳"的观点显然不能成立。

四是"户赋"具有军事性质，并非"与军事无甚关联"。秦汉"户赋"作为一种军事性质之"赋"，与按人头征赋密切相关。大量历史事实说明，先秦两汉时期的"'赋'作为名词来用，是专指用于军费的那部分税收"。那么，同样作为"赋"之类别的"户赋"应当也不例外①。

由此可见，秦汉时期早已存在按户征收的"户赋"制度。秦汉时期的"户赋"在军国中的作用巨大，它不仅与财政制度相关，更是军事后勤制度的重要组成部分。正如黄今言所言："汉初征赋的方式，有按'口'、按'户'两种，按口征收的叫做'口赋'或'口算'，按户征收者称'户赋'。户赋与赀赋的用途都是供给军费的开支。"② 因此，正确认识秦汉时期的"户赋"制度，既可深化我们对秦汉财政制度史研究的广度和深度，亦可加深我们对秦汉军事制度的了解。

---

① 但问题是，秦在征收"户赋"时亦征收"茧"，而此"茧"在军备中又有何作用？由于简文未载，不得而知。愚以为，官府有可能根据各地物产之不同，或许还征收除"茧"等之外的其他实物。又因为秦律规定了"刍""茧"等实物皆可折钱缴纳，所以这些征缴之物极有可能由官府折钱以资军费。

② 黄今言：《从张家山竹简看汉初的赋税征课制度》，《史学集刊》2007 年第 2 期。

第六章　新出简牍与秦汉人头税制度

在秦汉国家财政收入结构中，既有"赋"，也有"税"。如《汉书·食货志》载："有赋有税。税谓公田什一及工商衡虞之入也。赋共车马甲兵士徒之役，充实府库赐予之用。税给郊社宗庙百神之祀，天子奉养百官禄食庶事之费。"师古注曰："赋谓计口发财，税谓收其田入也。什一，谓十取其一也。工、商、衡、虞虽不垦殖，亦取其税者，工有技巧之作，商有行贩之利，衡虞取山泽之材产也。"① 其中，"赋"就是指按人（或按户）计征之意。这种"赋"是国家"政权向'编户'征剥的一种重要形式，它在国家财政中占有相当大的比重"②。正因为"赋"之作用如此之大，古今中外的学者们对这一问题都极为关注。

第一节　学术史回顾及问题的提出

三国时期的如淳在《汉书·昭帝纪》"毋收四年、五年口赋"条目下注曰："《汉仪注》民年七岁至十四出口赋钱，人二十三。二十钱以食天子，其三钱者，武帝加口钱以补车骑马。"③ 可见，如淳将《昭帝纪》中的"毋收四年、五年口赋"定义为针对儿童征收的"口赋钱"。关于"算赋"，如淳在《汉书·高帝纪》"八月，初为算赋"条目下又注云："《汉仪注》民年十五以上至五十六出赋钱，人百二十为一算，为治库兵车马。"④

---

① 《汉书》卷二四《食货志》，第1120页。
② 黄今言：《秦汉赋役制度研究》，南昌：江西教育出版社，1988年，第196页。关于"户赋"问题，请参见《简牍所见秦及汉初"户赋"问题再探讨》，《深圳大学学报》（人文社会科学版）2017年第4期。
③ 《汉书》卷七《昭帝纪》，第229—230页。
④ 《汉书》卷一《高帝纪》，第46页。

很显然，如淳认为《高帝纪》中"八月，初为算赋"指的就是成丁税，亦即《汉旧仪》所言之"赋钱"。

那么，东汉初期卫宏所撰《汉旧仪》究竟是如何描述这一制度的呢？据卫宏《汉旧仪》载："算民，年七岁以至十四岁出口钱，人二十三。[二十钱]以食天子。其三钱者，武帝加口钱，以补车骑马遝税。又令民男女年十五以上至五十六赋钱，人百二十为一筭（算），以给车马。"① 据此可见，三国如淳在理解卫宏之文上有如下三层意思：一是三国时期的如淳显然将卫宏所言之"口钱"当成了"口赋"；二是从卫宏所说"算民"可知，无论儿童或成丁，皆可用"算"来计征人头税②；三是从如淳对"初为算赋"的注释来看，"算赋"指的是针对成丁征收的税目（即"赋钱"）。

正是由于三国时期的如淳和东汉初期的卫宏对人头税存在不同之解释，致使后世学人困惑不已。如唐代颜师古在《汉书·昭帝纪》"且勿算事"条目下注云："不出算赋及给徭役。"其又在《汉书·贾山传》"礼高年，九十者一子不事，八十者二算不事"条目下师古注曰："一子不事，蠲其赋役。二算不事，免二口之算赋也。"③ 在颜师古看来，此"算事"显然包含徭役和成丁税。但是，我们认为，唐代的李贤在《后汉书·光武帝纪》"其口赋遝税而庐宅尤破坏者，勿收责"条目下之注释更为贴切。如他引卫宏的《汉旧仪》注曰："《汉仪注》曰：'人年十五至五十六出赋钱，人百二十，为一筭。又七岁至十四出口钱，人二十，以供天子；至武帝时又口加三钱，以补车骑马。'遝税谓欠田租也。"④ 可见，从李贤对"口赋遝税"的解释来看，此"口赋"应当包含"口钱（儿童税）"及"赋钱（成丁税）"两种税目。毋庸置疑，李贤的这一理解更符合历史事实。

至宋代，徐天麟在其《西汉会要·食货》一书中专门设立了"口赋"

---

① [汉]卫宏：《汉官旧仪》，载[清]孙星衍等辑《汉官六种》，北京：中华书局，1990年，第50页。清代纪昀在此按曰："《武帝纪》：'太初二年，籍吏民马，补车骑马。'盖自元狩四年以来，县官钱少，买马难得，于是有马者籍之，且于口赋之外增三钱，以补车骑马之用。所谓'马口钱'者，此也。其后昭帝省乘舆马及苑马，元凤二年诏郡国无敛马口钱。前、后汉书并无以口钱补遝税之文。遝税乃逐年收责，不籍口赋钱补也。此条所云'以补车骑马遝税'当是明时校录者缘《光武纪》'建武二十二年，口赋遝税勿收责'一条注中引《汉仪注》牵连'遝税'二字而误。"

② 裘锡圭认为："所谓'算'的本来意思只不过是征收赋税时的计算单位。'算'的对象可以是人，也可以是别的东西。"参见裘锡圭：《湖北江陵凤凰山十号汉墓出土简牍考释》，《文物》1974年第7期。愚以为，裘先生的看法值得学界重视。

③ 《汉书》卷五一《贾山传》，第2335—2336页。

④ 《后汉书》卷一《光武帝纪》，第74页。

"算赋"条目，致使该问题更加复杂化。如徐天麟在《汉书·昭帝纪》"元凤四年诏毋收四年、五年口赋"条目下对"口赋"进行了解释。其文曰："《昭纪》如淳曰：汉仪注民年七岁至十四出口赋钱，人二十三，二十钱以食天子，其三钱者，武帝加口钱以补车骑马。"① 至于"算赋"，徐天麟又引用三国如淳之语曰："《高纪》如淳曰：汉仪注民十五以上至五十六出赋钱，人百二十为一算，为治库兵车马。"② 然而，同时代的王应麟在其《汉制考》中则解释说："疏：汉法民年二十五已上至六十出口赋钱，人百二十以为算。"③ 显然，王应麟在此将"民十五以上至五十六出赋钱"理解成了"民年二十五已上至六十出口赋钱"，其中又把"口赋钱"当成了"赋钱（成丁税）"。但令人不解的是，其在《玉海·食货》中又分别设置了"汉军赋（即算赋）"和"汉口赋"两目④，言下之意，"军赋"亦即"算赋"。也就是说，"口赋"与"算赋"是两种不同的税目。这显然与如淳的观点不谋而合。

由此可知，宋人王应麟在此不仅误写了承担赋钱的年龄，更混淆了"口赋"、"算赋"和"军赋"的概念，这给后世学界造成了深远的影响。如元代马端临在其《文献通考》中说：

> 按：汉高祖四年，初为算赋。注：民十五以上至六十五出赋钱，人百二十为一算，七岁至十五出口赋，人钱二十，此每岁所出也。然至文帝时，即令丁男三岁而一事，赋四十，则是算赋减其三之二，且三岁方征一次，则成丁者一岁所赋不过十三钱有奇，其赋甚轻。至昭、宣帝以后，又时有减免。⑤
>
> 按：户口之赋始于此。古之治民者，有田则税之，有身则役之，未有税其身者也。汉法：民年十五而算，出口赋，至五十六而除；二十而傅，给徭役，亦五十六而除。是且税之，且役之也。⑥

按算赋十五岁以上方出，此口赋则十五岁以前未算时所赋也。元平元年（前74），诏减口赋钱。有司奏请减什三，上许之。宣帝地节

---

① ［宋］徐天麟：《西汉会要·食货》，北京：中华书局，1985年，第520页。
② 同上书，第519页。
③ ［宋］王应麟：《玉海·汉制考》，南京：江苏古籍出版社，1987年，第4页。
④ ［宋］王应麟：《玉海·食货》，南京：江苏古籍出版社，1987年，第3287-3288页。
⑤ ［元］马端临：《文献通考》卷三《田赋考·历代田赋之制》（影印本），北京：中华书局，1986年。
⑥ ［元］马端临：《文献通考》卷十《户口考·历代户口丁中赋役》（影印本），北京：中华书局，1986年。

三年（前67），流民还归者且勿算事。

　　按：汉法有口赋、有户赋。口赋，则算赋是也。户赋，见于史者惟此二条。①

可见，马端临既云"七岁至十五出口赋"，又说"民年十五而算，出口赋，至五十六而除"。如此，则"口赋"既指儿童税，又指成丁税（即如淳所言之"算赋"）。最后，马端临干脆解释说"口赋，则算赋是也"。

古人这种混乱的表述深刻地影响着近人的研究。20世纪20年代，日本学者加藤繁试图对这些遗留问题做出回应。如其在《关于算赋的小研究》一文中就曾明确界定了"口赋"和"算赋"这两个概念。他说："对于和算赋有密切关系的口赋，再说一些。口赋是对不纳算赋的儿童所课的人头税，在汉武帝创设的时候，起初课的是三岁以上到十四岁为止的儿童，而在元帝时，改为七岁以上到十四岁为止。这种税，每人每年纳二十三钱，其中二十钱供给宫廷的费用，三钱供给车骑马匹的费用。"② 这一说法随即获得了众多学者的支持，如日本学者永田英正就说："汉代的人头税分为算赋和口赋两种。"③ 这种观点显然是支持如淳之说的，我们暂且将之称为"如淳派"。

1948年，劳榦在其《汉代兵制与汉简中的兵制》一文中解释说："口赋制度应当包括三类赋税，即是，口赋、算赋和献赋。口赋是征收七岁以上儿童的……成人自十五岁至五十六都要出算赋，算赋是每人一百二十钱一年。"④ 这种表述大体上与三国如淳所言一致，但劳榦在此犯了一个严重的逻辑错误，即"口赋制度"显然不能再包含"口赋"一目。另外，劳榦既然说"算赋是每人一百二十钱一年"，怎能又说"算赋实包含两种性质，一为人头税，一为财产税"⑤ 呢？

1956年，韩连琪又在以上研究的基础上提出了新的看法。他解释说：

---

① ［元］马端临：《文献通考》卷十《户口考·历代户口丁中赋役》（影印本），北京：中华书局，1986年。

② ［日］加藤繁：《关于算赋的小研究》，载氏著《中国经济史考证》（卷一），台北：华世出版社，1981年，第139页。原文载《算賦に就いて》，《史林》4卷4期，1920年，特此说明。

③ ［日］永田英正：《漢代人頭税の崩壊過程——特に算賦を中心として》，東洋史研究會編《東洋史研究》1960年第18卷4号，第546页。

④ 劳榦：《汉代兵制与汉简中的兵制》，载中研院历史语言研究所编《中研院历史语言研究所集刊》（第十本），北京：商务印书馆，1948年，第184页。

⑤ 同上。

"汉代的口赋有算赋、口钱之别,算赋的名称,可能也是沿袭秦代的旧名。"① 换言之,汉代的口赋并非"对不纳算赋的儿童所课的人头税",而是算赋与口钱的合称。毋庸置疑,韩先生并不认可如淳之解释。

1973年,由于江陵凤凰山西汉简牍中发现了"口钱"一词,韩连琪的以上观点立即得到了国内学者的进一步认同。如高敏就在其《从江陵凤凰山十号汉墓出土简牍看汉代的口钱算赋制度》一文中指出:"商鞅变法后的'口赋',既不是单指'口钱',而是包括'口钱'与'算赋'在内的人头税的总称。"② 可见,依高敏之说,则"口赋"是指"口钱(儿童税)"与成丁税之总称,而非单指针对儿童征收之税③。1984年钱剑夫亦在《秦汉赋役制度考略》一书中基本赞同这一主张,他说:"秦汉人头税有二:口钱与算赋。"④可见,以上学者之观点接近卫宏之说,可称之为"卫宏派"。与以上学者观点略有不同的是黄今言的看法。黄先生以为,秦汉时期,"按丁、口征赋的法定常制赋目,究其种类,主要是'算赋'、'口钱'和'更赋'三项。"⑤ 从总体上看,"更赋"确实应归入人头税。

近几年以来,随着新出简牍的陆续披露,秦汉人头税问题又引起了学界的关注。2011年,杨振红在《从出土"算""事"简看两汉三国吴时期的赋役结构——"算赋"非单一税目辨》一文中对"算赋"提出了新的解释。她说:"'算赋'意为'以算课征赋税',而非单一税目。算赋不仅包括每年120钱的人头税,还包括吏俸、转输、缮兵等各种杂税。"⑥ 在此,杨先生显然否认了秦汉存在"算赋"这一税目。尽管如此,她却认为江陵西汉简牍中的"吏俸、转输、缮兵"等是当时税目中的一部分。其实,这些只是按人头所征赋钱的用途,而非"杂税"之税目⑦。

---

① 韩连琪:《汉代的田租口赋和繇役》,《文史哲》1956年第7期。
② 高敏:《从江陵凤凰山十号汉墓出土简牍看汉代的口钱算赋制度》,载氏著《秦汉史探讨》,郑州:中州古籍出版社,1998年,第297页。亦可参见高敏:《从江陵凤凰山十号汉墓出土简牍看汉代的口钱算赋制度》,载中华书局编辑部编《文史》(第20辑),北京:中华书局,1983年,第25—40页。
③ 参见杨振红:《出土简牍与秦汉社会》(续编),桂林:广西师范大学出版社,2015年,第169—170页。
④ 钱剑夫:《秦汉赋役制度考略》,武汉:湖北人民出版社,1984年,第47页。
⑤ 黄今言:《秦汉赋役制度研究》,南昌:江西教育出版社,1988年,第211页。
⑥ 杨振红:《从出土"算""事"简看两汉三国吴时期的赋役结构——"算赋"非单一税目辨》,《中华文史论丛》2001年第1期。
⑦ 参见[日]永田英正:《漢代人頭税の崩壊過程——特に算賦を中心として》,東洋史研究会編《東洋史研究》第18卷第4号,第546—568页。

2017年，臧知非又对"算赋"问题提出了新的见解。臧先生说："7~14岁每年人'出口钱'23钱，15~56岁每年人'出赋钱'120钱的制度源于《周礼》国人野人的阶级差别、形成于元帝，是受田民由国家课役农演变为个体小农的历史体现，是中国古代赋役制度层累叠加的历史反映。"① 从这一观点来看，臧先生认为，西汉元帝之前不存在按人头征税的制度，这种制度有一个历史生成的过程。与此不同的是，晋文认为，秦汉存在"算赋"。他撰文说："秦代已有算赋，且应是对妇女征收的算赋。"②

概言之，由于古人的不同解释，致使后世中外学人在秦汉人头税税目等重大问题的研究上产生了极大的分歧。大致说来，代表性的观点有如下三种：一是加藤氏所主张的"口赋""算赋"说，亦即"如淳派"；二是韩连琪等先生倡导的"口钱""算赋"说，亦即"卫宏派"；三是臧知非的"算赋"生成说。那么，秦汉时期究竟有无"算赋"？按丁口征赋究竟包含哪些税目？口赋是口钱和算赋的合称吗？"算赋"等于"赋钱"吗？诸如此类有关秦汉人头税的重大问题，长期以来一直困扰着学术界。愚以为，在回答这些问题之前，我们有必要首先弄清楚秦汉"赋"的含义及其演变等诸多问题。

第二节 "赋"的含义及演变

关于"赋"的含义，前引《汉书·食货志》讲得很明白，"赋"指的就是"赋共车马甲兵士徒之役，充实府库赐予之用"。对此，钱剑夫解释说："古代所说的'赋'，乃是专指'军赋'，因此其字从'武'。《说文》以'敛'训'赋'，也是指发敛车马甲兵，不是一般的征敛。因而'赋敛'连称，实别有特殊的专门的含义。"③ 笔者非常认同这一解释。那么，"赋"有哪些种类？又是如何演变的？这得从秦孝公十四年（前348）"初为赋"谈起。

春秋战国时期，诸侯争霸，财力消耗巨大，如孙子曾云："凡用兵

---

① 臧知非：《"算赋"生成与汉代徭役货币化》，《历史研究》2017年第4期。
② 晋文：《秦代算赋三辨——以近出简牍材料为中心》，载罗家祥主编《华中国学》（2018年秋之卷），武汉：华中科技大学出版社，2018年，第1—7页。
③ 钱剑夫：《秦汉赋役制度考略》，武汉：湖北人民出版社，1984年，第1页。

第六章　新出简牍与秦汉人头税制度

之法，驰车千驷，革车千乘，带甲十万，千里馈粮，则内外之费，宾客之用，胶漆之材，车甲之奉，日费千金，然后十万之师举矣。"①《墨子》亦云："今尝计军上（出），竹箭、羽旄、幄幕、甲盾、拨劫，往而靡弊腑冷不反者，不可胜数；又与矛戟戈剑乘车，其列住碎折靡弊而不反者，不可胜数；与其马牛，肥而往，瘠而反，往死亡而不反者，不可胜数。"②缘于此，各诸侯国为了应对庞大的战争消耗，纷纷进行了经济制度之改革，如鲁国的"初税亩""作丘甲"、郑国的"作丘赋"、秦国的"初为赋""初租禾"等。其中，"赋"作为战争经费的来源之一，在军国事务中发挥着相当重要的作用。正是因为"赋"对战争之影响如此之大，古今中外学者对发生在秦孝公十四年的"初为赋"政策给予了高度的关注。

刘宋时期的裴骃在其《史记集解》中引徐广曰："制贡赋之法也。"③徐广的这一解释显然得到了唐宋及以后学者的赞同。如唐代的杜佑在"秦孝公十二年（实为十四年），初为赋"条目下解释说："纳商鞅说，开阡陌，制贡赋之法。"④宋人王钦若等亦在"秦孝公十四年，初为赋"下注云："制贡税之法"⑤。至元代，马端临所言则与杜佑之观点完全相同，他说："纳商鞅说，开阡陌，制贡赋之法。"⑥可见，徐广之说影响甚大。

但与此不同的是，唐代的司马贞在其《史记索隐》中引谯周之语曰："初为军赋也。"⑦对此，日本学者加藤繁进行过详细考证，其研究结论是："徐广用'贡赋'这个词是很暧昧的。'贡'说文作'贡，献功也。'是献纳人名的制作品的意思……作为孝公十四年所设立的赋的解释，必须舍徐广，而取谯周。"⑧愚以为，秦孝公十四年的"初为赋"中的"赋"，

---

① 曹操等注：《孙子十家注·作战篇》，载国学整理社《诸子集成》（六），北京：中华书局，1954年，第22-23页。
② [清]孙诒让：《墨子间诂·非攻》，载国学整理社《诸子集成》（四），北京：中华书局，1954年，第82-83页。
③《史记》卷五《秦本纪》，第204页。
④ [唐]杜佑撰、王文锦等校：《通典》卷四《食货四·赋税上》，北京：中华书局，1988年，第77页。
⑤ [宋]王钦若等撰、周勋初等校订：《册府元龟》卷四百八十七《邦计部·赋税》，南京：凤凰出版社，2006年，第5524页。
⑥ [元]马端临：《文献通考》卷一《田赋考一·历代田赋之制》（影印版），北京：中华书局，1986年。
⑦《史记》卷五《秦本纪》，第204页。
⑧ [日]加藤繁：《关于算赋的小研究》，载氏著《中国经济史考证》（卷一），台北：华世出版社，1981年，第142-143页。

确实具有"军赋"之性质。加藤氏的这一解释是正确的①。

那么,最为关键的问题是,该"军赋"又是如何征收的呢?综合而言,中外学者在此问题的研究上大略存在如下两种观点:

一是"算赋"说。如上个世纪50年代,加藤繁说:"这里的所谓赋('初为赋'),不外是算赋。"②按照加藤氏的解释,此"赋"指的是按丁口对成年人征收的。如三国如淳在《汉书·高帝纪》"(汉高帝四年,前203)八月,初为算赋"条目下注引《汉仪注》云:"民年十五以上至五十六出赋钱,人百二十为一算,为治库兵车马。"③

二是"口赋"说。如林甘泉在解释"初为赋"时说:"除了田租以外,封建国家还按人头向农民征收赋税。"④这里,林先生显然是主张按丁口征赋之说的。随后,熊铁基更为直截了当地解释说:"初为赋,就是'初为口赋'。"⑤熊先生的这种说法获得了国内学者的广泛赞同。如黄今言、田泽滨、杨善群、晋文和高敏等皆主张"初为赋,就是'初为口赋'"的观点⑥。那么,何为"口赋"?三国时期的如淳在《汉书·昭帝纪》"毋收四年、五年口赋"条目下注引《汉仪注》曰:"民年七岁至十四出口赋钱,人二十三。二十钱以食天子,其三钱者,武帝加口钱以补车骑马。"⑦加藤氏对此解释说:"对于和算赋有密切关系的口赋,再说一些。口赋是对不纳算赋的儿童所课的人头税,在汉武帝创设的时候,起初课的,是三岁以上到十四岁为止的儿童,而在元帝时,改为七岁以上到十四岁为止。这种税,每人每年纳二十三钱,其中二十钱供给宫廷的费用,三钱供给车骑

---

① 关于"初为赋"中的"赋"具有"军赋"性质的问题,学界已基本达成了共识,此不赘引。
② [日]加藤繁:《关于算赋的小研究》,载氏著《中国经济史考证》(卷一),台北:华世出版社,1981年,第142页。
③ 《汉书》卷一《高帝纪》,第46页。
④ 林甘泉:《秦律与秦朝的法家路线——读云梦出土的秦简》,《文物》1976年第7期。
⑤ 熊铁基:《秦代赋税徭役制度初探》,《华中师院学报》(哲学社会科学版)1978年第1期。
⑥ 参见黄今言:《秦代租赋徭役制度研究》,《江西师院学报》(哲学社会科学版)1979年第3期;田泽滨:《试论商鞅的税制改革》,《东北师大学报》(哲学社会科学版)1983年第5期;杨善群:《略谈战国时代的变法改革》,《社会科学》1983年第7期;晋文:《"初为赋"新探——兼与林剑鸣等先生商榷》,《徐州师范学院学报》(哲学社会科学版)1983年第1期;于琨奇:《商鞅变法性质之再探讨》,《安徽师范大学学报》(哲学社会科学版)1984年第3期;高敏:《读长沙走马楼简牍札记之一》,《郑州大学学报》(社会科学版)2000年第3期;张捷:《试论秦朝中央集权财政运作体系的初步确立》,《中国社会经济史研究》2016年第4期。
⑦ 《汉书》卷七《昭帝纪》,第230页。

马匹的费用。"① 可见,据加藤氏所言,"口赋"是针对未成年之儿童征收的②。

但是,愚以为,秦孝公十四年实施的"初为赋"并非按丁口征赋,而是按户征收之"赋",且秦按丁口征赋的制度应是在兼并六国以后才实施的③。其理由如下:

第一,在兼并六国之前,秦按丁口征赋不符合当时的人口政策。首先,战国时期,由于历年诸侯争霸,人口作为一种稀缺资源,成为各国竞相争夺的目标。如商鞅就制定了《徕民》政策,其文曰:

> 诸侯之士来归义者,今使复之三世,无知军事;秦四竟之内陵阪丘隰不起十年征者,于律也足以造作夫百万。曩者臣言曰:"意民之情,其所欲者田宅也,晋之无有也信,秦之有余也必。若此而民不西者,秦士戚而民苦也。"今利其田宅,而复之三世,此必与其所欲而不使行其所恶也,然则山东之民无不西者矣。且直言之谓也,不然,夫实旷土,出天宝,而百万事本,其所益多也,岂徒不失其所以攻乎?④

商鞅在此解释说,只要三晋之民入秦务农,不但可免除各类徭役和赋税,而且不用参军作战。可见,百万入秦之三晋民众一旦"事本",将极大增强秦的国力,"其所益多也"。如果征收高额人头税,大量三晋之民会入秦吗?

其次,秦还鼓励民众析分家庭。如《史记·商君列传》载:"民有二

---

① [日]加藤繁:《关于算赋的小研究》,载氏著《中国经济史考证》(卷一),台北:华世出版社,1981年,第139页。加藤繁的《中国经济史考证》(日文版)一书最早刊行于1952年的《东洋文库论丛》第34上和第34下,特此说明。
② 使用"算赋"和"口赋"来指代儿童税及成丁税,学界意见不一。高敏认为,依据秦汉傅籍之制度,凡年满15岁者皆傅籍,之后乃可称为成丁。参见高敏:《秦汉的徭役制度》,载氏著《秦汉史探讨》,郑州:中州古籍出版社,1998年,第133页。臧知非亦曾解释说:"正卒的性质是指成丁。所谓'傅为正卒'就是指傅籍之后即正式成丁,傅籍之籍就是成丁的名籍。"臧知非:《秦汉"傅籍"制度与社会结构的变迁——以张家山汉简〈二年律令〉为中心》,《人文杂志》2005年第1期。因此,本书中的成丁税指的是,官府依律向15岁至56岁之人征收的人头税。
③ 晋文认为:"所谓'初为赋',这实际是商鞅根据秦国新的土地制度所进行的一次重大赋税改革。就内容来说,它既不单纯是指口赋,也不单纯是指田赋,更不单纯是指军赋,而可能是包括了上述三种赋敛及其他赋税。"参见晋文:《"初为赋"新探——兼与林剑鸣等先生商榷》,《徐州师范学院学报》(哲学社会科学版)1983年第1期。
④ 蒋礼鸿:《商君书锥指·徕民》,北京:中华书局,1986年,第90—92页。

男以上不分异者，倍其赋。"① 其目的不但可以使民众多生育，更可"在一定限度内增加征赋的单位，以增加政府的赋税收入，与此同时还增加应征徭役的人手"②。这里显然是指按户征收"赋"及摊派徭役。

最后，秦律严厉禁止"擅杀子"。如云梦秦简《法律答问》载："'擅杀子，黥为城旦舂。其子新生而有怪物其身及不全而杀之，勿罪。'今生子，子身全（也），毋（无）怪物，直以多子故，不欲其生，即弗（简69）举而杀之，可（何）论？为杀子。（简70）"③ 其大意是讲，百姓擅自溺杀新生儿，"黥为城旦舂"，但若该新生儿有残疾而遭到溺杀，则"勿罪"。如果新生儿身体健康而其父母不养，当以"杀子"罪论处。这种法律规定显然是符合秦在兼并六国战争中之人口政策的。

以上种种情况说明，秦官府为了鼓励生育和人口增殖，绝不会在战争年代按丁口征赋。西汉时期的贡禹对这种按丁口征赋的危害给予了高度关注。他说："自禹在位，数言得失，书数十上。禹以为古民亡赋算口钱，起武帝征伐四夷，重赋于民，民产子三岁则出口钱，故民重困，至于生子辄杀，甚可悲痛。宜令儿七岁去齿乃出口钱，年二十乃算。"④为此，葛剑雄解释说："统治阶级的愿望是人民多多益善，所以主观上一直实行奖励生息的政策。但是他们的阶级地位和当时物质条件的局限，使他们在实际上往往起了完全相反的作用。如增加或早征人口税就直接抑制了人口增殖，西汉时民自七岁至十四岁每年出口赋二十钱，武帝加为二十三钱，又将起征的年龄自七岁提前为三岁，造成'民重困，至于生子辄杀'。"⑤ 尽管葛先生说的是西汉的事儿，但同样适用于秦。

因此，秦如果按丁口征收赋，势必加重全体民众的经济负担，这显然与秦一统六国的国策相抵牾。

第二，文献记载中的按丁口征赋制度在秦统一以前并未实施。凡主张秦孝公十四年实施的"初为赋"之"赋"为"算赋""口赋"者，其所依据的史料大略有如下几则：

---

① 《史记》卷六八《商君列传》，第2230页。
② 曾宪礼：《"民有二男以上不分异者倍其赋"意义辨》，《中山大学学报》（哲学社会科学版）1990年第4期。
③ 陈伟主编：《秦简牍合集（释文注释修订本）·睡虎地秦墓简牍》（壹），武汉：武汉大学出版社，2016年，第209页。
④ 《汉书》卷七五《贡禹传》，第3075页。
⑤ 葛剑雄：《西汉人口地理》，北京：人民出版社，1986年，第34页。

第六章　新出简牍与秦汉人头税制度

　　武臣等从白马渡河,至诸县,说其豪桀曰:"秦为乱政虐刑以残贼天下,数十年矣。北有长城之役,南有五岭之戍,外内骚动,百姓罢敝,头会箕敛,以供军费,财匮力尽,民不聊生。"《集解》引《汉书音义》曰:"家家人头数出谷,以箕敛之。"①

　　及秦惠王并巴中,以巴氏为蛮夷君长,世尚秦女,其民爵比不更,有罪得以爵除。其君长岁出赋二千一十六钱,三岁一出义赋千八百钱。其民户出幏布八丈二尺,鸡羽三十镞。②

　　昭王嘉之,而以其夷人,不欲加封,乃刻石盟要,复夷人顷田不租,十妻不算,伤人者论,杀人者得以倓钱赎死。③

　　秦之时,高为台榭,大为苑囿,远为驰道,铸金人,发适戍,入刍藁,头会箕赋,输于少府。高诱注曰:"秦皇帝二十六年,初兼天下,有长人见于临洮,其高五丈,足迹六尺,放写其形,铸金人以象之。翁仲、君何是也。"又注云:"头会,随民口数人责其税;箕赋,似箕然,敛民财多,取意也。"④

　　秦并天下,以为黔中郡,薄赋敛之,口岁出钱四十。巴人呼赋为賨,因谓之賨人焉。及汉高祖为汉王,募賨人平定三秦,既而求还乡里。高祖以其功,复同丰沛,不供赋税,更名其地为巴郡。⑤

以上这些史料就是主张"初为赋"中的"赋"实为"口赋"、"算赋"或"口钱"者的立论依据。兹对以上材料逐一分析如下:

一是《史记·张耳陈馀列传》中的"头会箕敛,以供军费"问题。此中之"头会箕敛"确实有如上引《汉书音义》所言之"家家人头数出谷,以箕敛之"。但其最为关键之点必须引起学者们的注意,即此"赋"之征收实乃发生在秦朝末期。

二是《后汉书·巴郡南郡蛮传》中的"其君长岁出赋二千一十六钱,三岁一出义赋千八百钱"及百姓出"赋"的问题。从文意上看,"君长"必须缴纳两种"赋",即每年"岁出赋二千一十六钱"和每三年"出义赋千八百钱"。而民户"出幏布八丈二尺,鸡羽三十镞"。那么,何谓"岁出

---

① 《史记》卷八九《张耳陈馀列传》,第2573-2574页。
② 《后汉书》卷八六《巴郡南郡蛮传》,第2841页。
③ 《后汉书》卷八六《板楯蛮夷传》,第2842页。
④ [汉]高诱注:《淮南子》卷十三《氾论训》,载国学整理社《诸子集成》(七),北京:中华书局,1954年,第218-219页。
⑤ 《晋书》一二〇《李特载记》,第3022页。

赋"及"义赋"呢？传世文献仅此一例，但新出简牍却记载明确。如里耶秦简载：

> 廿八年二月辛未朔庚寅，贰春乡守行敢言之：廿八年岁赋献黄二、白翰二、黑翰二、明（明）Ⅰ渠鸟二、鹜鸟四。令令乡求捕，毋出三月。乡毋吏、徒，行独居，莫求捕。捕爰用吏、徒Ⅱ多。谒令官有吏、徒者将求捕，如廿七年捕爰，乃可以得爰。敢言之。9-31Ⅲ
> 仓□已付。……Ⅰ二月戊戌□□□□□□士五（伍）程人以来。/除半。行手。Ⅱ9-31背①
> □【首】当出义赋者令皆□□（8-1199）②

可见，"岁出赋"即简文中之"岁赋"。从简文内容上看，秦始皇二十八年（前219）三月之前必须上交"黄二、白翰二、黑翰二、明（明）渠鸟二、鹜鸟四"。捕获以上各类鸟的目的就是为了其羽毛，因为这些羽毛可以用于制作箭头"鍭"。《尔雅·释器》解释说："金镞翦羽谓之鍭。"所谓"鍭"，郭璞注曰："今之錍翦是也。"北宋邢昺疏曰："辨弓箭之名也。镞，箭头也。翦，齐也。以金为镞，齐羽者，名鍭。孙炎云：'金镝断羽，使前重也。'郭云：'今錍箭是也。'以骨为镞，不齐其羽者，名志。"③关于"鍭"，秦简载："□廿八鍭。●卅五年四月己未□□Ⅰ□百七十三鍭。●凡□鍭四百□□Ⅱ。8-1260"这就足以说明，里耶秦简中何以会出现如此之多的有关"羽"的简文。再如里耶秦简载：

> □□贺输羽。□8-82+8-129④
> 廿七年羽赋二千五【百】□（8-1735）⑤
> 钱少，不□以买羽备赋□（9-992）⑥
> 白翰（鸡）羽三尺五寸二鍭 卅七年八月丙午朔□（9-738+9-1981）⑦

此类例证很多，不胜枚举。质言之，"羽赋"作为一种"赋"，具有军

---

① 陈伟主编：《里耶秦简牍校释》（第二卷），武汉：武汉大学出版社，2018年，第43-44页。
② 陈伟主编：《里耶秦简牍校释》（第一卷），武汉：武汉大学出版社，2012年，第290页。
③ [晋]郭璞注、[唐]陆德明音义、[宋]邢昺疏：《尔雅注疏》，载[清]阮元校刻《十三经注疏》，北京：中华书局，1980年，第2600页。
④ 陈伟主编：《里耶秦简牍校释》（第一卷），武汉：武汉大学出版社，2012年，第58页。
⑤ 同上书，第384页。
⑥ 陈伟主编：《里耶秦简牍校释》（第二卷），武汉：武汉大学出版社，2018年，第239页。
⑦ 同上书，第195页。

事性质。"黔首"若无法捕到鸟,则必须"买羽备赋"。这又说明这种"赋"具有公权力的强制性。至于简文 8-1199 中的"义赋",从文法上看,它显然指的是一个专有名词,与《巴郡南郡蛮传》中"出义赋千八百钱"的含义是一样的。《释名》解释说:"义,宜也。裁制事物,使各宜也。"①《易·乾卦》:"利物足以和义。"因此,《汉语字典》在解释"义赋"时说:"义赋,东汉时少数民族所纳的一种贡赋。"可见,这种"贡赋"显然不是按人头征赋,而是按户征收的,如上文中"民户出幏布八丈二尺,鸡羽三十鏃"即可为证。

三是《后汉书·板楯蛮夷传》中"十妻不筭"问题。愚以为,"十妻不筭"并非指的是按丁口征赋,而是按户征收(或按人丁征发徭役)。因为能够娶妻十位者,定当家庭殷实,非富即贵。关于这个材料的解释,我赞同臧知非在《"算赋"生成与汉代徭役货币化》一文中的观点②。

四是《晋书·李特载记》中的"薄赋敛之,口岁出钱四十"问题。在该条史料中提到的"秦并天下"一语则强有力地证明,秦按丁口征赋的政策确实发生在秦统一天下以后,而非秦孝公十四年。

五是《淮南子·氾论训》中的"头会箕赋,输于少府"问题。在这则材料中,高诱在其注解中提及了"秦皇帝二十六年",这也可证明此"头会箕赋"亦是秦统一后之政策。

那么,秦孝公十四年所实施的"初为赋"中的"赋"究竟为何物?愚以为,此中之"赋"其实为"户赋"。

我们在钩稽相关秦简牍材料后发现,在已出土的秦简牍中出现了名目烦琐的税名,诸如"户赋"等,但唯独不见与"算赋"、"口赋"或"口钱"相关的税目。如秦简载:

1. 可(何)谓"匿户"及"敖童弗傅"?匿户弗繇(徭)、使,弗令出户赋之谓殹(也)。(《法律答问》简 165)③

2. 卅四年,启陵乡见户、当出户赋者志:☐Ⅰ见户廿八户,当出繭十斤八两。☐Ⅱ 8-518④

---

① 刘熙:《丛书集成初编·释名》(影印版),北京:中华书局,1985 年。
② 臧知非:《"算赋"生成与汉代徭役货币化》,《历史研究》2017 年第 4 期。
③ 武汉大学简帛研究中心、湖北省博物馆、湖北省文物考古研究所编:《秦简牍合集(释文注释修订本)·睡虎地秦墓简牍》(壹),武汉:武汉大学出版社,2016 年,第 246 页。
④ 陈伟主编:《里耶秦简牍校释》(第一卷),武汉:武汉大学出版社,2012 年,第 172 页。

3. ☑十一月☐刍钱三【百】☑。(8-559)①
4. 户刍钱六十四。卅五年。☑8-1165②
5. ●金布律曰：出户赋者，自秦庶长以下，十月户出刍一石十五斤；五月户出十六钱，其欲出布者，许（简118/1287）之。十月户赋，以十二月朔日入之，五月户赋，以六月望日入之，岁输泰守。十月户赋不入刍而入钱（简119/1230）者，入十六钱。吏先为？印，敛，毋令典、老挟户赋钱。（简120/1280）③

以上就是我们迄今为止所见秦征收"赋"的几则典型的简牍材料。这些新史料大致反映了如下几个历史真相：

一是秦律严格禁止黔首"匿户"。从上引例1来看，黔首隐匿户口的目的大致有二：规避徭役和逃避户税。因此，秦律严禁"匿户"行为。

二是官府建立了严格的户赋征纳簿籍。如上引例2里耶秦简中的"见户、当出户赋者志"即可为证。

三是秦户赋既可上交实物，亦可缴纳货币。作为"户赋"上交之实物，可能由各地物产之不同而有所差异，如引文中既有"刍"，也有"茧"。

四是秦律规定了征缴"户赋"的范围、时间、形态及具体数额。例5表明，但凡"秦庶长以下"之黔首皆需缴纳"户赋"，此其一；在一年当中，"户赋"的征收分为两次：一次是十月，每户出"刍一石十五斤"；另一次是五月，"户出十六钱"。同时规定，"其欲出布者"亦可，而"十月户赋不入刍而入钱者，入十六钱"。

以上诸种史实皆可证明，秦孝公十四年开始实行的"初为赋"，其实是征收"户赋"，而非"算赋"、"口赋"或"口钱"④。不仅如此，这种"户赋"征收制度还一直延续至汉初。如出土简牍载：

卿以下五月户出赋十六钱，十月户出刍一石，足其县用，余以入顷刍律入钱。（《田律》简255）⑤

---

① 陈伟主编：《里耶秦简牍校释》（第一卷），武汉：武汉大学出版社，2012年，第179页。
② 同上书，第286页。
③ 陈松长主编：《岳麓书院藏秦简》（肆），上海：上海辞书出版社，2015年，第107页。
④ 具体研究情况，请参阅拙文《简牍所见秦及汉初"户赋"问题再探讨》，《深圳大学学报》（人文社会科学版）2017年第4期。
⑤ 彭浩、陈伟、［日］工藤元男主编：《二年律令与奏谳书》，上海：上海古籍出版社，2007年，第193页。

第六章　新出简牍与秦汉人头税制度

官为作务、市及受租、质钱，皆为缿，封以令、丞印而入，与叁辨券之，辄入钱缿中，上中辨其廷。质者勿与券。租、质、户赋、园池入钱，（简429）县道官勿敢擅用，三月壹上见金、钱数二千石官，二千石官上丞相、御史。（《金布律》简430）①

平里户刍廿七石，田刍四石三斗七升，凡卅一石三斗七升；八斗为钱，六石当稿，定廿四石六斗九升当食（?）。田稿二石二斗四升半，刍为稿十二石，凡十四石二斗八升半。

稿上户刍十三石，田刍一石六斗六升，凡十四石六斗六升；二斗为钱，一石当稿，定十三石四斗六升给当□。田稿八斗三升，刍为稿二石，凡二石八斗三升。（简6）②

上引前两则史料是汉初《二年律令》中的法律条文。从第一则史料中的"卿以下五月户出赋十六钱，十月户出刍一石"一语可知，汉初"户赋"征收之制沿袭了秦制。而第二则史料在秦律中也有相似记载。如《岳麓书院藏秦简》（肆）载："●金布律曰：官府为作务、市受钱，及受赍、租、质、它稍入钱，皆官为缿，谨为缿空（孔），婴（须）毋令钱（简121/1411）能出，以令若丞印封缿而入，与入钱者叁辨券之，辄入钱缿中，令入钱者见其入。月壹输（简122/1399）缿钱，及上券中辨其县廷，月未尽而缿盈者，辄输之，不如律，赀一甲。（简123/1403）"③据此可知，这些律文详细规定了"户赋"征缴及其管理问题④。

但是，秦在兼并六国之后确实实行了按丁口征赋之制。如前引《汉书·食货志》："至秦则不然……田租口赋，盐铁之利，二十倍于古。"唐代颜师古在此的解释也是正确的，颜师古说："既收田租，又出口赋，而官更夺盐铁之利。"⑤当然，还有上引"头会箕敛""头会箕赋"等皆可为证。

简言之，秦孝公十四年（前348）至秦统一之前，秦实施了名为"初

---

① 彭浩、陈伟、［日］工藤元男主编：《二年律令与奏谳书》，上海：上海古籍出版社，2007年，第154页。
② 湖北省文物考古研究所编：《江陵凤凰山西汉简牍》，北京：中华书局，2012年，第104页。此处之简文系作者所加，特此说明。另外，此处两枚简牍中的"户刍"和"田刍"登记于一份簿籍中，这说明《金布律》中之"户赋"有逐步融入《田律》的趋势。
③ 陈松长主编：《岳麓书院藏秦简》（肆），上海：上海辞书出版社，2015年，第108页。
④ 参阅拙文《简牍所见秦及汉初"户赋"问题再探讨》，《深圳大学学报》（人文社会科学版）2017年第4期。
⑤ 《汉书》卷二四《食货志》，第1137-1138页。

为赋"之政策。该政策中的"赋"其实仅指"户赋",而非按丁口征赋。但秦并天下后,秦官府实行了"户赋"和人头税并行征收之制。这种制度一直延续到了宣帝时期。如《汉书·萧望之传》载:"(宣帝时)今有西边之役,民失作业,虽户赋口敛以赡其困乏,古之通义,百姓莫以为非。"师古曰:"率户而赋,计口而敛也。"① 这是正史文献中唯一一条反映汉代"户赋"征收情况的史料。从该史料内容来看,当时仍旧实行"户赋"和人头税并行征收之制②。

秦的这种政策的转变显然迎合了历史发展之需要。在兼并六国之前,秦为了增加兵源和增强经济实力,采取了鼓励生育和"徕民"政策。但统一以后,秦政府不仅要应付庞大的国家行政开支,而且还必须为民众提供必要的公共产品及服务。因此,扩大税源就成为秦政府的必然选择。这也正是秦"赋"征收制度转变的真正原因。

第三节 "算赋"其实就是卫宏所言之"赋钱"

据前文分析,秦在统一以后确实实行了按人口征赋的制度。我们认为,秦统一后至汉高祖四年(前203)八月之前实行的按人口征赋之制只能是"口赋(即按人头所征之赋)"③。但高祖四年八月之后,"初为算赋",即将"口赋"一分为二:"赋钱"和"口钱"。那么,"算赋"可以称之为成丁税(即卫宏所说之"人百二十为一算"之赋)吗?如前引《汉书·高帝纪》载:"(高祖四年)八月,初为算赋。"条目下又注云:"《汉仪注》民年十五以上至五十六出赋钱,人百二十为一算,为治库兵车马。"④ 可见,在如淳看来,对成丁征收的"人百二十为一算"即可命名为"算赋"。这一观点深刻地影响着后世学者,前述之如淳派即是如此。后代卫宏派尽管认同汉代"口赋"包括"口钱"和成丁税,但其以"算赋"作为一种独立税目,仍旧值得怀疑。21世纪以来,学术界开始反思汉代"算赋"的真实含义,如前引杨振红、臧知非即是。笔者在此拟根据简牍和文献材料分别对"算赋""赋钱"等问题再做一深入分析。

---

① 《汉书》卷七八《萧望之传》,第3276页。
② 在正史及考古史料中,宣帝以后均不见"户赋"征收之记载。
③ 由于史料阙如,其具体数额不得而知。
④ 《汉书》卷一《高帝纪》,第46页。

一、"算赋"即按"算"征赋

前文已论，无论是日人加藤氏或国内韩连琪等先生，皆认为"算赋"就是"年十五以上至五十六"之成丁税。愚以为，我们应该回到汉代时人的语境中去理解这一问题。

(一)"算"在文献中的真实含义

前引《汉书·高帝纪》载："(汉高祖四年，前203)八月，初为算赋。"如淳注曰："《汉仪注》民年十五以上至五十六出赋钱，人百二十为一算，为治库兵车马。"① 这一观点显然为中外学者所赞同。那么，秦汉文献中的"算"究竟有多少种含义？我们又该如何理解如淳对"算赋"的解释呢？

第一，"算"是财产税的计税单位。在文献中，"算"既可表示计数之意，同时也是计征财产税之单位。如《说文》曰："算，数也。从竹从具。读若筭。"② 这一用法在文献中常见，如"算轺车"、"算缗钱"、"率缗钱二千而一算"以及"商贾人轺车二算"等。如正史载：

> 异时算轺车贾人缗钱皆有差，请算如故。诸贾人末作贳贷卖买，居邑稽诸物，及商以取利者，虽无市籍，各以其物自占，率缗钱二千而一算。诸作有租及铸，率缗钱四千一算。非吏比者三老、北边骑士，轺车以一算；商贾人轺车二算；船五丈以上一算。匿不自占，占不悉，戍边一岁，没入缗钱。有能告者，以其半畀之。贾人有市籍者，及其家属，皆无得籍名田，以便农。敢犯令，没入田僮。③

> (武帝元狩)四年冬，有司言关东贫民徙陇西、北地、西河、上郡、会稽凡七十二万五千口，县官衣食振业，用度不足，请收银锡造白金及皮币以足用。初算缗钱。李斐注曰："缗，丝也，以贯钱也。一贯千钱，出算二十也。"师古注曰："谓有储积钱者，计其缗贯而税之。李说为是。"④

可见，引文中之"算"既可用作动词，亦可用作名词。当"算"用作名词时，它就是一种征税之单位。武帝时期，"非吏比者三老、北边骑士，

---

① 《汉书》卷一《高帝纪》，第46页。
② [汉]许慎:《说文解字》，北京：中华书局，1963年，第99页。
③ 《史记》卷三〇《平准书》，第1430页。
④ 《汉书》卷六《武帝纪》，第178页。

轺车以一算；商贾人轺车二算"。如淳说："非吏而得与吏比者，官谓三老、北边骑士也。楼船令边郡选富者为车骑士。"也就是说，征收"轺车"税有一定差别，凡"三老、北边骑士"之"轺车"，以"一算"计之；而商贾之"轺车"则加倍征收，即"二算"①。

与"算轺车"相似，"算缗钱"的方式也不尽相同。商人、手工业者及"子钱家"，即使"无市籍"，也必须"各以其物自占"，平均"缗钱二千而一算"。但是，针对"诸作有租及铸"者②，则其税率较低，"率缗钱四千一算"。

那么，此中之"一算"，其数额究竟为多少？《汉书·惠帝纪》载："六年（前189）冬十月辛丑，齐王肥薨。令民得卖爵。女子年十五以上至三十不嫁，五算。"应劭注曰："《国语》越王勾践令国中女子年十七不嫁者父母有罪，欲人民繁息也。汉律人出一算，算百二十钱，唯贾人与奴婢倍算。今使五算，罪谪之也。"③据应劭的解释，"一算"就是"百二十钱"。由于应劭是东汉人，他所见之"汉律"应该是可靠的。而且，其所言"贾人与奴婢倍算"在上引《平准书》中也有体现。当然，"女子年十五以上至三十不嫁"，在应劭看来，属于一种犯罪行为，故"五算"以罚之。不仅如此，"算"也是家訾之单位，如《汉书·景帝纪》载：

> （景帝后二年，前142）五月，诏曰："人不患其不知，患其为诈也；不患其不勇，患其为暴也；不患其不富，患其亡厌也。其唯廉士，寡欲易足。今訾算十以上乃得宦，廉士算不必众。有市籍不得宦，无訾又不得宦，朕甚愍之。訾算四得宦，亡令廉士久失职，贪夫长利。服虔注曰："訾万钱，算百二十七也。"应劭注曰："古者疾吏之贪，衣食足知荣辱，限訾十算乃得为吏。十算，十万也。贾人有财不得为吏，廉士无訾又不得宦，故减訾四算得宦矣。"④

据此可知，商人不得为吏，但其财力却异常雄厚；而"廉士"可以为官，但其又往往穷困潦倒。故在此诏书中，景帝坦言，"訾算十以上乃得宦"，条件过高。为了笼络人才，景帝才下此诏，令"訾算四得宦"。细究

---

① 《汉书》卷六《武帝纪》："（元光）六年（前129）冬，初算商车。"李奇注曰："始税商贾车船，令出算。"这里所记就是指"算轺车"之事。
② 《集解》引如淳曰："以手力所作而卖之。"《史记》卷三〇《平准书》，第1430—1431页。
③ 《汉书》卷二《惠帝纪》，第91页。
④ 《汉书》卷五《景帝纪》，第152页。

第六章　新出简牍与秦汉人头税制度

"訾算十以上乃得宦"和"訾算四得宦"可知,"訾"应与"算十""算四"分开句读,亦即"訾,算十以上乃得宦"和"訾,算四得宦"。如此,则"算"之本义跃然纸上。在此诏中,"算"显然是一种计算财产的单位,上引服虔和应劭之注即可为证。

第二,"算"是徭役征发的单位。关于"算"的这一用法,汉初的《江陵凤凰山西汉简牍》中就有明文记载:

1. 邓得二、任甲二、宋则二、野人四●凡十算遣一男一女●男野人女惠（竹简 35）
2. 寄三、齐一、□一、张母三、夏幸一遣一男一女●男母邛、女□□（竹简 36）
3. □□一、姚卑（?）三、□□三、寅三●凡十算遣一男一女●男孝、女缘（?）（竹简 37）
4. 晨一、说一、不害二、黄伏（?）三、异三　●凡十算遣一男一女●男□、女辩（竹简 38）
5. （上缺）四、伥（张）伯三、翁□一、杨□二●凡十算遣一男一女●男庆、女某□（竹简 39）
6. 邸（?）期三、黑一、啤一、宋上一、怋（耻）二、除二●凡十算,遣一男一女●男邸（?）期、女方（竹简 40）
7. □涓二、□多一、毋寇三、壮（?）辰（?）四●凡十算●遣一男一女●男辰女□□（竹简 41）
8. ……二、□则一●遣一男一女　男……（竹简 42）
9. 靳□一、□□（下缺）（竹简 43）
10. （上缺）是二、上官（?）□二□三□□□遣一男一女　男……（竹简 44）
11. ……奴四●凡十　男□女□人（竹简 45）①

可见,这些简文有如下三个特点:一是以"十算"为单位。从简文看,"一算"即指一名男性或女性。二是服役之人前皆有一"遣"字。这说明,这份文书是"据'算'派役"之文书②。三是女人也是派役的对象,同样以"算"为计算单位。除此以外,反映西汉后期历史的《九章算

---

① 以上所引十一枚竹简,请参见湖北省文物考古研究所编:《江陵凤凰山西汉简牍》,北京:中华书局,2012年,第113-116页。凡该书中引文仅标注简号,不一一出注,特此说明。
② 参见杨际平:《凤凰山十号汉墓据"算"派役文书研究》,《历史研究》2009年第6期。

术》也有相似记载："今有北乡算八千七百五十八，西乡算七千二百三十六，南乡算八千三百五十六。凡三乡发徭三百七十八人。欲以算数多少衰出之，问各几何？答曰：北乡遣一百三十五人一万二千一百七十五分人之一万一千六百三十七；西乡遣一百一十二人一万二千一百七十五分人之四千四；南乡遣一百二十九人一万二千一百七十五分人之八千七百九。"①从"北乡遣"、"西乡遣"和"南乡遣"来看，这些简文中之"北乡算八千七百五十八"、"西乡算七千二百三十六"以及"南乡算八千三百五十六"等皆可证明，"算"是征发徭役的单位。

以此类推，天长纪庄西汉木牍中的"算"亦是摊派徭役的单位。如其牍文《算簿》载：

算簿
●集八月事算二万九复算二千卅五。
都乡八月事算五千卅五。
东乡八月事算三千六百八十九。
垣雍北乡八月事算三千二百八十五。
垣雍东乡八月事算二千九百卅一。
鞠（？）乡八月事算千八百九十。
杨池乡八月事算三千一百六十九。
●右八月。
●集九月事算万九千九百八十八复算二千六十五。②

可见，以上文书中的"算"就是指计算服役者之数量，故而《二年律令》中才会有"筭徭赋（简 278）"的规定③。根据上下文意可知，此《二年律令》中的"算"，既可用于算"徭"，亦可用于算"赋"，这两者之间是有显著区别的。愚以为，秦汉官文书的制作皆有一定的目的，而上引天长纪庄西汉木牍《算簿》明显是官府用于摊派徭役的专门文书④。

---

① ［晋］刘徽注：《九章算术》，北京：中华书局，1985 年，第 39 页。
② 天长市文物管理所、天长市博物馆：《安徽天长西汉墓发掘简报》，《文物》2006 年第 11 期。
③ 参见彭浩、陈伟、［日］工藤元男主编：《二年律令与奏谳书》，上海：上海古籍出版社，2007 年。
④ 参见［日］山田勝芳：《前漢武帝代の地域社会と女性徭役：安徽省天长市安楽鎮十九号漢墓木牘から考える》，《集刊東洋學》97 号，2007 年，第 1—19 页；亦可参阅［日］山田胜芳：《西汉武帝时期的地域社会与女性徭役——由安徽省天长市安乐镇十九号汉墓木牍引发的思考》（庄小霞译），载《简帛研究二〇〇七》，桂林：广西师范大学出版社，2007 年，第 317—318 页。

第六章　新出简牍与秦汉人头税制度

第三，"算"是行政考绩的单位。我们钩稽相关史料后发现，在西北汉简中常见"得算"与"负算"等简文，此类简凡 18 枚①。为了讨论方便，兹举 4 例如下：

　　大黄九十石弩一右渊强一分负一算 坞上望火头三不见所望负三算
　　八石具弩一右弭去负一算 墱上望火头二不见所望负二算
1. 甲渠候鄣
　　六石具弩一空上蜚负一算□扣弦一脱负二算
　　六石具弩一衣不足负一算 凡负十一算（52.17，82.15）②

　　六石具弩一……　　　　　□□九毋□负一算˩
　　纟承弦一绝靡负五算　　　心腹止泄药非物负一算˩
　　稟矢铜镞二差补不事用二干　呼二羽币负十六算˩
2. 第卅四隧范尚
　　茧矢铜镞六二差折负八算
　　兰一负索币负一算˩
　　靳干一啐呼负一算˩　　　第四隧（E.P.T50：2）③

　　卒张安射决一当　定得五算□☑
3. 第三遂长长李奉□□二得□□　卒张合众射决一当
　　卒杜盖众射埻二□二算（E.P.T52：431）

可见，这些简文中皆有"得算""负算"。那么，此中之"得算""负算"究竟为何意？是否可以理解为一种金钱上之奖惩？为此，学界有不同意见。陈直说："余旧考全部居延汉简记负算得算者九简，对于用算收方法，奖惩官吏，极为分明。负算得算，可以相抵，最多者负至二千二百卅五算，折合到二十六万八千二百钱，罚数相当庞大。"④ 在陈直看来，负

---

① 于振波曾专门列表转引了这些简文，参见于振波：《简牍所见汉代考绩制度探讨》，载氏著《简牍与秦汉社会》，长沙：湖南大学出版社，2012 年，第 235—237 页。
② 谢桂华、李均明、朱国炤：《居延汉简释文合校》，北京：文物出版社，1987 年。
③ 甘肃省文物考古研究所等编：《居延新简——甲渠候官与第四燧》，北京：文物出版社，1990 年。
④ 陈直：《算收家赀与官吏考绩之得算负算》，载氏著《居延汉简研究》，天津：天津古籍出版社，1986 年，第 31 页。

一算，必须罚款120钱。换言之，负算和得算皆可按金钱予以惩罚和奖励。

但于振波的观点却与陈直先生的不尽相同。于先生以为："得算负算之'算'与钱无关，不应与'算赋'混同。"① 愚以为，于振波的这一观点更加接近历史事实。考诸史实可知，这种"得算""负算"簿籍与秦汉赐劳或夺劳制度密切相关。如西北汉简载：

☑赐劳名籍（24.4）

●功令第卅五：候长、士吏皆试射，射去埻帚弩力如发弩。发十二矢，中帚矢六为程，过六矢，赐劳十五日。（45.23）

☑建昭元年十月旦日尽二年九月晦日，积三百八十三日，以令赐劳，六月十一日半日。

☑建昭二年秋射，发矢十二，中帚矢，以令赐劳。（145.37）

●右秋射二千石以令夺劳名籍及　令（206.21）

☑☐☐☐☐中帚六为程，过六及不满六，赐夺劳，矢各十五日。（E.P.T11：1）

☑☐弩发矢十二，中帚矢六为程，过六若不帚六矢，赐夺劳各十五日。（E.P.T56：337）

由此可见，"得算""负算"与行政考绩密切相关，理解为"算筹的成绩更为符合实际"②。因此，愚以为，如果戍卒因工作等原因而导致"负至二千二百卅五算"，按每算120钱计算，则"折合到二十六万八千二百钱"。这笔罚款对于一个戍卒家庭来说，显然是一个天文数字！故而"得算""负算"不可能与所谓"算赋"有关。

简言之，当我们在处理秦汉文献中的"算"时，应该将之置于时人的语境中去考量。倘若不仔细分析，则有望文生义之嫌。我们认为，尽管"算赋"一词在正史中仅有一例③，但针对成人按"算"征收之"赋钱"应该是确实存在的。前引《汉书·贡禹传》载："自禹在位，数言得失，书数十上。禹以为古民亡赋算口钱，起武帝征伐四夷，重赋于民，民产子三岁则出口钱，故民重困，至于生子辄杀，甚可悲痛。宜令儿七岁去齿乃

---

① 于振波：《简牍所见汉代考绩制度探讨》，载氏著《简牍与秦汉社会》，长沙：湖南大学出版社，2012年，第231页。

② 同上。

③ "八月，初为算赋"，参见《汉书》卷一《高帝纪》，第46页。

出口钱，年二十乃算。"① 我们尤应对这段话中关键的两点加以注意：一是贡禹所言"宜令儿七岁去齿乃出口钱"，显然指的是"口钱"，亦即儿童税；二是"年二十乃算"。言下之意，只有年龄达20岁的成丁上交之税，才可称之为"算"。因此，我们以为，所谓"八月，初为算赋"就是指按人头所征收之赋。

（二）赋额问题

由于人头税可分为两种，亦即"口钱"（即儿童税）和"赋钱"（即成丁税）②。那么，官府又是如何区分这两种不同之税目的呢？其中最为有效的办法就是案比算民。依汉制，"八月算民"。如《后汉书·皇后纪》："汉法常因八月筹人。"李贤引《汉仪注》曰："八月初为筹赋，故曰筹人。"③ 又，《后汉书·礼仪志》："仲秋之月，县道皆案户比民。年始七十者，授之以王杖，餔之糜粥。八十九十，礼有加赐。"④ 可见，汉代在"算民"登记户口时，官吏必须如实登记民众的年龄等信息。此"算民"显然包括未成年人和成年人⑤。

那么，汉代"人百二十钱"之人头税是否始终如一呢？根据文献记载，这种赋额有一个变化的历史过程。

高祖十一年（前196）征收"人岁六十三钱"之献费。何为"献费"？《史记·平准书》载："列侯以百数，皆莫求从军击羌、越。至酎，少府省金，而列侯坐酎金失侯者百余人。"⑥《史记集解》引如淳曰："省视诸侯金有轻有重也。或曰，至尝酎饮宗庙时，少府视其金多少也。"又引如淳曰："《汉仪注》王子为侯，侯岁以户口酎黄金于汉庙，皇帝临受献金以助祭。大祀日饮酎，饮酎受金。金少不如斤两，色恶，王削县，侯免国。"⑦ 这种"饮酎受金"的目的就是"受献金以助祭"。但皇帝借故"金少不如斤两，色恶"，将酎金制度作为一种打击和削弱诸侯王实力的工具。

---

① 《汉书》卷七二《贡禹传》，第3075页。
② 当然，成丁税还包含"更赋"一目，后文将论及，此不赘述。
③ 《后汉书》卷一〇《皇后纪》，第400页。
④ 《后汉书》卷九五《礼仪志》，第3124页。
⑤ 一般而言，百姓每年八月需亲自到现场接受勘验。如《后汉书·江革传》载："建武末年，与母归乡里。每至岁时，县当案比，革以母老，不欲摇动，自在辕中挽车，不用牛马，由是乡里称之曰'江巨孝'。"李贤在此注曰："案验以比之，犹今兒阅也。"（第1302页）
⑥ 《史记》卷三〇《平准书》，第1439页。
⑦ 同上书，第1439-1440页。

尽管如此，诸侯王往往利用这一制度，疯狂敛财，加赋于民，"民疾之"。如《汉书·高帝纪》载："（高祖十二年，前195）二月，诏曰：'欲省赋甚。今献未有程，吏或多赋以为献，而诸侯王尤多，民疾之。令诸侯王、通侯常以十月朝献，及郡各以其口数率，人岁六十三钱，以给献费。'"① 可见，高祖下此诏书的目的是规范各诸侯国征"赋"的乱象。这是因为，一旦"十月朝献"，各诸侯便纷起而暴敛，导致民怨沸腾。针对"人岁六十三钱"一语，钱剑夫引王先谦之《汉书补注》曰："这是一岁之外加征的六十三钱。"② 我以为，这种解释是符合历史实际的。

这种按人头征收的"献费"也偶有蠲免。如《史记·文帝纪》载："孝景皇帝元年（前156）十月，制诏御史：'……高庙酎，奏武德、文始、五行之舞。孝惠庙酎，奏文始、五行之舞。孝文皇帝临天下，通关梁，不异远方。除诽谤，去肉刑，赏赐长老，收恤孤独，以育群生。减嗜欲，不受献，不私其利也……'"③ 可见，景帝为彰显文帝的功德，在此诏书中罗列了文帝的众多德行，而"不受献，不私其利"就是其中之一。尽管诏书中多有美化之词，但文帝"不受献"的年份应该是存在的。景帝后元二年（前142）四月也曾下诏书，称"不受献"。如《汉书·景帝纪》载："朕亲耕，后亲桑，以奉宗庙粢盛祭服，为天下先；不受献，减太官，省繇赋，欲天下务农蚕，素有畜积，以备灾害。"④ 从以上分析可知，"人岁六十三钱"之献费应该是朝廷对各封国按人头征收的一项制度性规定。

至于成丁税，文帝时期曾一度减至40钱。如《汉书·贾捐之传》载："（贾捐之曰）至孝文皇帝，闵中国未安，偃武行文，则断狱数百，民赋四十，丁男三年而一事……至孝武皇帝元狩六年……（比）〔北〕却匈奴万里，更起营塞，制南海以为八郡，则天下断狱万数，民赋数百，造盐铁酒榷之利以佐用度，犹不能足。"⑤ 贾捐之在此显然阐明了以下两个道理：一是国家安康太平时，民赋甚少；二是国家兵事起，则重赋于民，甚至"民赋数百，造盐铁酒榷之利以佐用度，犹不能足"。

然而，江陵凤凰山西汉简牍却显示，文景时期的人头税达227钱之多。高敏曾据江陵凤凰山汉简的史料对此进行过探讨。他说："汉初每算

---

① 《汉书》卷一《高帝纪》，第70页。
② 钱剑夫：《秦汉赋役制度考略》，武汉：湖北人民出版社，1984年，第62页。
③ 《史记》卷一〇《文帝纪》，第436页。
④ 《汉书》卷五《景帝纪》，第151页。
⑤ 《汉书》卷六四《贾捐之传》，第2832–2833页。

的数量,应为此十四次所征每算量之和,相加得227钱,应当就是文、景时期每算的固定数量。"① 可见,即使将献费和成丁税相加,也不过183钱。那么,文景时期,何以有如此高的人头税?这主要是当权者横征暴敛的结果。黄今言为此曾对当时的赋敛制度做过如下几点评述:一是"赋敛不时,律外而取";二是"释其所有,责其所无";三是"贪吏苛征,聚敛为奸";四是"豪强擅恣,弱民兼赋"②。愚以为,黄先生的分析是十分中肯的。当时"公赋既重,私敛又深"③,甚至"矫伪之人诈为诏令,妄作赋敛"④。由此可知,人头税是秦汉编户齐民的一项相当沉重的经济负担。

其后,成丁税("赋钱")虽偶有变化,但皆因"祥瑞"而减免,并非制度性规定。如宣帝在甘露二年(前52)下诏说:"乃者凤皇甘露降集,黄龙登兴,醴泉滂流,枯槁荣茂,神光并见,咸受祯祥。其赦天下。减民算三十。"又,成帝在建始二年(前31)春正月下诏曰:"乃者徙泰畤、后土于南郊、北郊,朕亲饬躬,郊祀上帝。皇天报应,神光并见……减天下赋钱,算四十。"

简言之,"算赋"中的"算"有多种意思,我们应该将之置于具体的历史语境中去考量,不应望文生义。汉代针对成丁征收的"人百二十"钱,作为一种税目,在当时确实是存在的。我们以为,这种税目就是"赋钱(成丁税)"。

二、"赋钱"才是税目

汉代对成丁征收的"人百二十为一算"之赋究竟该如何命名,学界并未对之进行深入探讨。最近刊布的《肩水金关汉简》披露的几枚简文引起笔者极大的兴趣,其文曰:

■凡出赋钱九十七万七千三百一十六丿(73EJT3:100)⑤
……已得都内赋钱五千四百(73EJT24:534)⑥

---

① 高敏:《从江陵凤凰山十号汉墓出土简牍看汉代的口钱算赋制度》,载氏著《秦汉史探讨》,郑州:中州古籍出版社,1998年,第314页。
② 黄今言:《秦汉赋役制度研究》,南昌:江西教育出版社,1988年,第233-238页。
③ 《后汉书》卷四三《朱晖传附孙朱穆传》,第1468页。
④ 《汉书》卷四八《贾谊传》,第2246页。
⑤ 甘肃简牍保护研究中心等编:《肩水金关汉简》(壹),上海:中西书局,2011年,第36页。
⑥ 甘肃简牍保护研究中心等编:《肩水金关汉简》(叁),上海:中西书局,2013年,第3页。

出赋钱六百丿，给始安隧长李☐（73EJT37：1121）①
出赋钱七百，给南部候史薛庆三月☐☐（73EJC：307）②

在这四则材料中，"赋钱"可以说是肩水地区边防军官文书之法定用语。除此之外，西北居延汉简也有大量记载，如下表即可为证：

序号	简牍内容	简牍编码	文献来源
1	出赋钱六百给万岁隧长王凤六月奉☐	E.P.T4：59	《居延新简》
2	出赋钱四百八十……	E.P.T4：64	同上
3	永始二年正月尽三月赋钱出入簿	E.P.T4：79	同上
4	……已得赋钱千九百六十……已得赋钱七千五百八十	E.P.T51：238	同上
5	☐出赋钱二十☐	261.4	同上
6	受二月赋钱八万七百廿	E.P.T52：144	同上
7	……☐已得赋钱千八百	E.P.T52：632	同上
8	☐☐绥和二年十月尽十二月赋钱☐	E.P.T55：15	同上
9	☐☐☐☐赋钱簿	E.P.T59：584	同上
10	建武四年……谨移四月尽六月赋钱簿一编敢言之	E.P.F22：54A	同上
11	三月毋见赋钱	E.P.F22：418	同上
12	……已得赋钱千八百	E.P.S4.T2：12	同上
13	出赋钱六百给东望隧长晏万月奉……	15.3	《居延汉简释文合校》
14	阳朔三年九月癸亥朔壬午……移赋钱出入簿……	35.8A	同上
15	☐秋赋钱五千……	45.1A	同上
16	……☐秋赋钱五千……	526.1A	同上
17	出赋钱千八百☐	212.39	同上
18	出赋钱六☐以给要害☐	232.5	同上
19	元康二年十一月癸丑☐赋钱☐卅☐	242.30	同上
20	入秋赋钱千二百　元凤三年九月乙卯☐☐	280.15	同上

---

① 甘肃简牍保护研究中心等编：《肩水金关汉简》（肆），上海：中西书局，2015年，第92页。

② 甘肃简牍保护研究中心等编：《肩水金关汉简》（伍），上海：中西书局，2016年，第92页。

续表

序号	简牍内容	简牍编码	文献来源
21	……元始五年九月吏奉赋钱事☑……	280.16	同上
22	出赋钱六百以给第六隧长马秋九月奉……	86EDT8：10	《地湾汉简》
23	出赋钱六百……	86EDT43：2	同上

以上"赋钱"在西北汉简中习见，不胜枚举。当时居延地区属军事重地，"赋钱"具有军事性质，乃不争之事实。我们认为，在汉代时人看来，"赋钱"指的是按丁征收的"百二十钱"的成丁税，它与"更赋"在簿籍中是分别单列的。如青岛土山屯木牍载：

元寿二年十一月见钱及逋薄 ●凡逋钱二百卅五万五千七百卅一
见赋钱三万二千六十二
见税鱼钱千二百一十
●凡见钱三万三千二百七十二
逋二年口钱三万九千七百八十二
逋二年罢癃卒钱十五万七百五十
逋二年所收事它郡国民秋赋钱八百
逋二年所收事它郡国民口钱四百八十三
逋二年所收事它郡国民更卒钱九千二百
逋二年所收事它郡国民冬赋钱四百
逋二年冬赋钱八十四万二千八百六十六
逋二年过更卒钱五十九万六百
逋二年罢癃钱千二百
逋二年戍卒钱八十一万六百五十[1]

关于如上简文，本书第七章第四节有专论，在此不过多解释。毫无疑问，在上引堂邑县《元寿二年十一月见钱及逋簿》中，凡钱有两种："赋钱"和"税鱼钱"。但所拖欠未征缴的财政收入当中，单列有"口钱""秋赋钱""冬赋钱""罢癃卒钱""更卒钱""过更卒钱""罢癃钱""戍卒钱"。我们认为，其中"罢癃卒钱""更卒钱""过更卒钱""罢癃钱""戍卒钱"属于"更赋"税种；"口钱"是儿童税；"秋赋钱""冬赋钱"则属于成丁

---

[1] 彭峪等：《山东青岛土山屯墓群四号封土与墓葬的发掘》，《考古学报》2019年第3期。

税。我们发现，在一年当中，"赋钱"分秋冬两季征收，故才有"秋赋钱""冬赋钱"之称①。至于"算赋"一词，在秦汉正史文献中仅出现过一次（即前引"八月，初为算赋"）。同时，在秦汉考古史料中也见一例。如《肩水金关汉简》载：

> 广昌里男子王护自言：与弟利忠为家私☐
> 县算赋给，毋官狱征事，当得取传，谒移　　73EJT10：222②

但是，此"算赋"并非一专有税目名词，而是"赋算"之意。如《肩水金关汉简》中还存在文法句式上类似的例证：

> 五凤二年二月甲申朔壬戌，骏乡嗇夫顺敢言之：道德里周欣自言：客田张掖郡觻得县北属都亭部，元年赋算皆给，谒移觻得。至八月☐检
> 二月辛亥，茂陵令、守左尉亲行丞事/掾充　　73EJT37：523A③
> ☐☐居第五亭印。赋算给　　73EJT37：1266④

可见，上引简 73EJT10：222 中的"算赋"其实就是指简 73EJT37：523A 和 73EJT37：1266 中的"赋算"。"赋算"在传世文献中有例证。如《汉书·贡禹传》载："自禹在位，数言得失，书数十上。禹以为古民亡赋算口钱，起武帝征伐四夷，重赋于民，民产子三岁则出口钱，故民重困，至于生子辄杀，甚可悲痛。宜令儿七岁去齿乃出口钱，年二十乃算。"⑤值得注意的是，贡禹所言之"赋算"与"口钱"并非一回事。"赋算"是指 15 岁及以上者必须缴纳之"赋"⑥。此"赋"显然包括按丁征收的"赋钱"以及"更赋"等。

但"算"一旦与"事"连用时，即"事算"，则指的是按算摊派徭役。如前引天长纪庄西汉木牍《算簿》中的"事算二万九""都乡八月事算五

---

① 当然，在汉代时人眼中，狭义上的"赋钱"指成丁税；但从广义上讲，"赋钱"又是对所有按算征收财税的总称。
② 甘肃简牍保护研究中心等编：《肩水金关汉简》（壹），上海：中西书局，2011 年，第 144 页。
③ 甘肃简牍保护研究中心等编：《肩水金关汉简》（肆），上海：中西书局，2015 年，第 49 页。
④ 同上书，第 102 页。
⑤ 《汉书》卷七二《贡禹传》，第 3075 页。
⑥ 从"年二十乃算"来看，"算"用作动词，显然指的是算人，而非物。但之前征税的起止年龄为 15~56 岁。如《汉书》卷二《惠帝纪》："（惠帝六年，前 189）女子年十五以上至三十不嫁，五算。"应劭注曰："……汉律人出一算，算百二十钱，唯贾人与奴婢倍算。今使五算，罪谪之也。"（第 91 页）

千卅五""东乡八月事算三千六百八十九"① 等即可为证。

从逻辑上讲，作为涉及每一个人的人头税"算赋"这一称谓，传世文献和出土材料应当有大量记载，但事实却并非如此。这正是学界怀疑"算赋"即成丁税的根本原因。

我们认为，后代如淳派和卫宏派并未深刻理解卫宏所言之真实含义。为了说明这个问题，我们再次引用东汉初期卫宏的《汉旧仪》之解释。卫宏说：

> 算民，年七岁以至十四岁**出口钱**，人二十三。[二十钱]以食天子。其三钱者，武帝加口钱，以补车骑马遒税。又令民男女年十五以上至五十六**赋钱**，人百二十为一笇（算），以给车马。②

对于这段话，我认同臧知非的观点。臧先生说："卫宏是东汉初年人，长于古文，是建武时期推动古文的核心人物之一，光武帝任为议郎，'作《汉旧仪》四篇，以载西京杂事'。'西京杂事'就是西汉制度，其说当属可信。"③ 那么，卫宏在此所说的两种税目究竟是什么？是如淳派所言之"口赋"和"算赋"，还是为卫宏派所言之"口钱"和"算赋"？

从语言学意义上讲，卫宏这段话所说的只能是"口钱"和"赋钱"。卫宏言之"出口钱"，此"口钱"在动词"出"之后，当为一专有名词。"民男女年十五以上至五十六"者尽管省略了"出"字，但"赋钱"作为一专有名词，其意甚明。李贤之注即可为证。其文曰："《汉仪注》曰：'人年十五至五十六**出赋钱**，人百二十，为一筭。又七岁至十四**出口钱**，人二十，以供天子；至武帝时又口加三钱，以补车骑马。'"④

这种作为税目之"赋钱"在正史文献也有体现。如《汉书·成帝纪》载："(建始) 二年 (前 31) 春正月……诏曰：'乃者徙泰畤、后土于南郊、北郊，朕亲饬躬，郊祀上帝。皇天报应，神光并见。三辅长无共张繇役之劳，赦奉郊县长安、长陵及中都官耐罪徒。减天下**赋钱**，算四十。'"⑤

---

① 天长市文物管理所、天长市博物馆：《安徽天长西汉墓发掘简报》，《文物》2006年第11期。
② [汉] 卫宏：《汉官旧仪》，载 [清] 孙星衍等辑《汉官六种》，北京：中华书局，1990年，第50页。
③ 臧知非："算赋"生成与汉代徭役货币化》，《历史研究》2017年第4期。
④ 《后汉书》卷一《光武帝纪》，第74页。
⑤ 《汉书》卷一〇《成帝纪》，第305页。关于"口赋钱"，《汉书》卷七《昭帝纪》载："(昭帝) 元平元年 (前74) 春二月，诏曰：'天下以农桑为本。日者省用，罢不急官，减外繇，耕桑者益众，而百姓未能家给，朕甚愍焉。其减口赋钱。'有司奏请减什三，上许之。"(第232页) 在这里，"口赋钱"，指的是"口钱"和"赋钱"的合称。

总之，大量出土文献及正史史料皆可证明，汉代针对成丁征收的"人百二十为一筭（算）"之税目应为"赋钱"（即成丁税）①。

第四节 "口赋"并非"口钱"

在汉代，"口赋"并不是针对未成年人征收的人头税，它其实是指按口征赋之意。从这一意义上讲，"口赋"就是人头税的泛称。前引如淳在《汉书·昭帝纪》"毋收四年、五年口赋"条目下注曰："汉仪注民年七岁至十四出口赋钱，人二十三。二十钱以食天子，其三钱者，武帝加口钱以补车骑马。"很显然，三国如淳在引用卫宏《汉旧仪》时，多加了一个"赋"字。据此，日本学者加藤氏等先生提出了儿童税即"口赋"的主张。然而，国内学者诸如韩连琪等先生并不认可如淳之说。那么，"口赋"何以不能指代儿童税（或曰"口钱"）呢？韩连琪等后世卫宏派对此并未予以解释。兹据相关文献之记载，试说明理由如下：

第一，东汉初期卫宏之说更加可信。前引卫宏在《汉旧仪》中曰："算民，年七岁以至十四岁出口钱，人二十三。［二十钱］以食天子。其三钱者，武帝加口钱，以补车骑马遘税。"②可见，从"年七岁以至十四岁出口钱"一语可知，卫宏明确提出了儿童税即"口钱"。不仅如此，儿童税在元帝时亦称之为"口钱"，如《汉书·贡禹传》载：

> 自禹在位，数言得失，书数十上。禹以为古民亡赋算口钱，起武帝征伐四夷，重赋于民，民产子三岁则出口钱，故民重困，至于生子辄杀，甚可悲痛。宜令儿七岁去齿乃出口钱，年二十乃算。③
>
> 天子下其议，令民产子七岁乃出口钱，自此始。④

这两则史料至少反映了如下三个基本事实：一是西汉元帝以前儿童税的起征年龄为3岁。但贡禹上书后，"令民产子七岁乃出口钱"之制，终两汉未曾改变。二是此材料中也明确提及了儿童税即"口钱"，而非"口

---

① 同时，我们必须承认，秦汉"赋钱"应该包含两层意思：从广义上理解，"赋钱"指的是人头税、户赋和更赋等的总称；从狭义上看，"赋钱"指的就是成丁税。
② ［汉］卫宏：《汉官旧仪》，载［清］孙星衍等辑《汉官六种》，北京：中华书局，1990年，第50页。
③ 《汉书》卷七二《贡禹传》，第3075页。
④ 同上书，第3079页。

赋"。三是贡禹提出的"年二十乃算"的建议并未形成制度。当然，贡禹所言"古民亡赋算口钱"当然是不准确的，人头税征收之制并非起自汉武帝时期，其实秦及汉初早已存在此种制度①。

除此以外，从前引卫宏《汉旧仪》中之"其三钱者，武帝加口钱，以补车骑马谲税"来看，"口钱"就是儿童税的代名词。

概言之，由于卫宏乃东汉初期之人，其所接触之文献资料更加接近历史事实。更何况此"口钱"之说还得了西汉元帝时期贡禹之言的支持呢！

第二，如淳所言之"口赋"其实是指"计口征税"，而非仅指儿童税。让我们首先看看如淳之注的出处。据《汉书·昭帝纪》载："(元凤四年)四年春正月丁亥，帝加元服，见于高庙。赐诸侯王、丞相、大将军、列侯、宗室下至吏民金帛牛酒各有差。赐中二千石以下及天下民爵。毋收四年、五年口赋。三年以前逋更赋未入者，皆勿收。令天下酺五日。"② 可见，昭帝蠲免这两年的"口赋"，其原因是"帝加元服"。如淳解释说："元服，谓初冠加上服也。"对此，颜师古纠正说："如氏以为衣服之服，此说非也。元，首也。冠者，首之所著，故曰元服。其下《汲黯传序》云'上正元服'，是知谓冠为元服。"作为皇帝"初冠"的一项优待，"毋收四年、五年口赋"应是指免除这两年的儿童税及成丁税，而非仅指儿童税。在两汉文献中，相似的例子还有很多，请见下表：

序号	有关"口赋"的材料	材料来源
1	元平元年春二月，诏曰："天下以农桑为本。日者省用，罢不急官，减外繇，耕桑者益众，而百姓未能家给，朕甚愍焉。其减口赋钱。"有司奏请减什三，上许之。	《汉书·昭帝纪》
2	毋收四年、五年口赋。	《汉书·昭帝纪》
3	至秦则不然……田租口赋，盐铁之利，二十倍于古。	《汉书·食货志》
4	九月戊辰，地震裂。制诏曰："……赐郡中居人压死者棺钱，人三千。其口赋逋税而庐宅尤破坏者，勿收责。"李贤注曰："汉仪注曰：'人年十五至五十六出赋钱，人百二十，为一算。又七岁至十四出口钱，人二十，以供天子；至武帝时又口加三钱，以补车骑马。'逋税谓欠田租也。"	《后汉书·光武帝纪》

---

① 参见钱剑夫：《秦汉赋役制度考略》，武汉：湖北人民出版社，1984年，第50页。
② 《汉书》卷七《昭帝纪》，第229页。

续表

序号	有关"口赋"的材料	材料来源
5	夏四月，会稽大疫，遣光禄大夫将太医循行疾病，赐棺木，除田租、口赋。	《后汉书·安帝纪》
6	冬十一月己丑，郡国三十五地震，或坼裂。诏三公以下，各上封事陈得失。遣光禄大夫案行，赐死者钱，人二千。除今年田租。其被灾甚者，勿收口赋。	《后汉书·安帝纪》
7	三年春正月丙子，京师地震，汉阳地陷裂。甲午，诏实核伤害者，赐年七岁以上钱，人二千；一家被害，郡县为收敛。乙未，诏勿收汉阳今年田租、口赋。	《后汉书·顺帝纪》
8	庚寅，帝临辟雍飨射，大赦天下，改元阳嘉。诏宗室绝属籍者，一切复籍；禀冀州尤贫民，勿收今年更、租、口赋。	《后汉书·顺帝纪》
9	戊戌，遣光禄大夫案行金城、陇西，赐压死者年七岁以上钱，人二千；一家皆被害，为收敛之。除今年田租，尤甚者勿收口赋。	《后汉书·顺帝纪》

稽查秦汉正史文献，凡涉"口赋"者仅此9例。这9例提及"口赋"之史料或涉皇帝的恩赐，或与自然灾害有关。试想：假使地震导致一家主要劳动力死亡或受重伤，难道政府仅蠲免儿童税？从逻辑上讲，这是无论如何也不能成立的。因此，"口赋"其实指的是按口征"赋"之意，它应当包括"口钱"（儿童税）和"赋钱"（成丁税）两种税目。

第三，江陵凤凰山西汉简牍中出现的"口钱"。先让我们回顾一下江陵凤凰山西汉简牍中的这则史料：

市阳二月百一十二算算卅五钱三千九百廿正偃付西乡偃佐缠吏奉卩受正忠（?）二百卅八

市阳二月百一十二算算十钱千一百廿正偃付西乡佐赐　口钱卩

市阳二月百一十二算算八钱八百九十六正偃付西乡偃佐缠传送卩

市阳三月百九算算九钱九百八十一正偃付西乡偃佐赐

市阳三月百九算算廿六钱二千八百卅四正偃付西乡偃佐赐

市阳三月百九算算八钱八百七十二正偃付西乡偃佐赐

市阳四月百九算算廿六钱二千八百卅四正偃付西乡偃佐赐

市阳四月百九算算八钱八百七十二正偃付西乡偃佐赐

（以上为正面）

市阳四月百九算算九钱九百八十一正偃付西乡偃佐赐

第六章 新出简牍与秦汉人头税制度

    市阳四月百九算算九钱九百八十一正偃付西乡偃佐赐四月五千六
百六十八
    市阳五月百九算算九钱九百八十一正偃付西乡佐䕸
    市阳五月百九算算廿六钱二千八百卅四正偃付西乡佐䕸
    市阳五月百九算算八钱八百七十二正偃付西乡佐䕸　五月四千六
百八十七
    市阳六月百廿算算卅六钱四千三百廿付□得奴
    郑里二月七十二算算卅五钱二千五百廿正偃付西乡偃佐缠吏奉卩
    郑里二月七十二算算八钱五百七十六正偃付西乡佐佐缠传送卩
    郑里二月七十二算算十钱七百廿正偃付西乡佐赐口钱卩
  （以上为背面）①

  在上引简文中，"口钱"凡两见：一为简牍正面"正偃付西乡佐赐口钱卩"；一为简牍背面"正偃付西乡佐赐口钱卩"，其所记完全相同。由此，我们可以得出如下几点结论：

  一是"口钱"数额较小，且每里征收之次数也仅有一次。愚以为，这与"口钱"征收数额小有关。根据前引卫宏《汉旧仪》可知，"年七岁以至十四岁出口钱，人二十三"；而成丁税则无论男女"十五以上至五十六赋钱，人百二十为一筭（算）"。

  二是此段简文中之"口钱"显然表示的是一种收入之用途。有学者认为，简文中之"吏奉""传送""口钱"等是"杂税"②。愚以为，此种观点值得商榷。正如简文中"……正偃付西乡偃佐缠吏奉卩"、"……正偃付西乡偃佐缠传送卩"、"……正偃付西乡偃佐缠吏奉卩"以及"……正偃付西乡佐赐口钱卩"等所载，这里分别标明了这些人头税的用途大略有"吏奉"、"传送"以及"口钱"。因此，这里的"口钱"应当是用作上交少府的一笔收入，故在简文末尾特意标明。那么，其中之"卩"又表达何种含义呢？李均明等先生曾言："简牍钩校符中，√、「之类多表示人或物见存，而卩多表示某行为已实行，侧重点虽不同，但就其实质而言，皆表示

---

  ① 湖北省文物考古研究所编：《江陵凤凰山西汉简牍》，北京：中华书局，2012年，第98-100页。

  ② 参见［日］永田英正：《漢代人頭税の崩壊過程——特に算賦を中心として》，载東洋史研究會編《東洋史研究》1960年第18卷4号，第546页；杨振红：《从出土"算""事"简看两汉三国吴时期的赋役结构——"算赋"非单一税目辨》，《中华文史论丛》2001年第1期。

某账（或其他文书）已核校，如吐鲁番文书所云'勾上了'。"① 因此，上引简文中之"……口钱卩"可认为是乡级机构审核的标记，且该文书还特别注明了这笔钱仅限于用作"口钱"上交，不得挪作他用。

从以上分析可知，在秦汉经济史研究中，人头税问题是一项最为棘手且歧义纷纭的研究课题。尤其是古人对"口赋"、"口钱"和"算赋"等概念的混用，致使后人莫衷一是，困惑不已。我们通过以上分析，大致可以得出如下几点结论：

一是"口赋"并非针对儿童征收的税目，而是指"口钱"和"赋钱"（成丁税）之总称②。我们以为，"口赋"并非如加藤氏所言之儿童税。所谓儿童税，亦即文献中所记之"口钱"，西汉贡禹在上书中提到的关键两点，即"宜令儿七岁去齿乃出口钱"以及元帝诏书中"令民产子七岁乃出口钱"即可为证。同时，卫宏《汉旧仪》所载"年七岁以至十四岁出口钱"亦可证明，汉代的"口钱"就是指"年七岁以至十四岁"之儿童税。尤其值得注意的是，江陵凤凰山汉简亦出现了"口钱"一词，这也进一步证明，加藤氏的"口赋"即儿童税之说是不能够成立的。

二是卫宏所言之"赋钱"指的就是成丁税，是当时的一种固定税目。我们在理解"算赋"的准确含义时，应确切把握"算"在汉代时人语境中的意义。大略说来，文献中的"算"，既是财产税计征的单位，又是计算"徭"和"赋"的单位。同时，"算"还可用于行政考核，西北汉简中的"得算""负算"等简文即可为证。因此，"算"作为计征人头税的一种单位，其与"赋"结合，指的就是按"算"征收之成丁税。

概言之，秦汉编户齐民所承担的人头税负担是非常沉重的。官府及权贵们除了"赋敛不时"③，更有"律外而取"④，以致百姓"当具有者半贾而卖，亡者取倍称之息"⑤。而这种"公赋既重，私敛又深"⑥之恶政的出现，一方面是由当时的频繁战争等因素决定的，另一方面则是因统治者为了自己的私欲而"妄作赋敛"⑦和巧取豪夺所致。

---

① 李均明、刘军：《简牍文书学》，南宁：广西教育出版社，1999年，第87页。
② 抑或还包括按人头征收之"更赋"。
③ 《汉书》卷二四《食货志》，第1132页。
④ 《汉书》卷七《昭帝纪》，第224页。
⑤ 《汉书》卷二四《食货志》，第1132页。
⑥ 《后汉书》卷四三《朱晖传附孙穆传》，第1468页。
⑦ 《汉书》卷四八《贾谊传》，第2244页。

第七章 新出简牍与"徭戍"制度

秦汉"徭戍"制度是我国力役制度的滥觞,它与专制主义国家政权的稳定、军事安全和经济建设密切相关。因此,学者们就秦汉"徭戍"制度中的诸多问题展开了热烈的讨论,如韩连琪、钱剑夫、黄今言、高敏、杨际平、叶茂、张金光、杨振红、王彦辉、臧知非、[日]西田太一郎、[日]滨口重国、[日]山田胜芳和[日]重近启树等先生分别就秦汉傅籍年龄、服役的范围和对象、服役的期限、正卒和屯卒的性质以及复除等问题做了系统分析和探讨[①]。这些研究为我们深入探讨秦"徭戍"制度奠定了坚实的基础。近些年来,随着岳麓秦简和里耶秦简等出土资料的陆续刊布,学界对秦汉"徭戍"制度的研究又掀起一股新的浪潮,如陈松长、陈伟、王彦辉、臧知非、晋文和孙闻博等先生连续发文详细探讨了秦"徭

---

① 有关秦汉徭役制度的探讨,可以参阅如下代表性研究成果,如韩连琪《汉代的田租口赋和繇役》,《文史哲》1956 年第 7 期;钱剑夫:《秦汉赋役制度考略》,武汉:湖北人民出版社,1984 年,第 128—268 页;黄今言:《秦汉赋役制度研究》,南昌:江西教育出版社,1988 年,第 246—352 页;高敏:《秦汉的徭役制度》,载氏著《秦汉史探讨》,郑州:中州古籍出版社,1998 年,第 124—155 页;杨际平:《秦汉财政史》,长沙:湖南人民出版社,2015 年,第 557—597 页;张金光:《秦制研究》,上海:上海古籍出版社,2004 年,第 205—270 页;叶茂:《秦汉的外徭与居役》,《中国经济史研究》1987 年第 2 期;张金光:《论秦徭役制中的几个法定概念》,《山东大学学报》(哲学社会科学版)2004 年第 3 期;杨振红:《徭、戍为秦汉正卒基本义务说——更卒之役不是"徭"》,《中华文史论丛》2010 年第 1 期;孙言诚:《秦汉的戍卒》,《文史哲》1988 年第 5 期;[日]西田太一郎:《漢の正卒に関する諸問題》,《東方学》第 10 辑,1955 年 4 月;胡大贵、冯一下:《试论秦代徭戍制度》,《四川师范大学学报》(社会科学版)1987 年第 6 期;[日]濱口重國:《踐更と過更——如淳說の批判》,载《秦漢隋唐史の研究》,東京:東京大学出版会,1966 年;[日]濱口重國:《秦漢時代の徭役勞働に關する一問題》,载《秦漢隋唐史の研究》,東京:東京大学出版会,1966 年;[日]山田勝芳:《秦漢財政収入の研究》"第七章 秦漢代の復除",東京:汲古書院,1993 年,第 585—650 页;[日]重近啓樹:《秦漢の兵制について——地方軍を中心として》,《人文論集》(静岡大学人文学部社会学科・人文学科研究報告)36 号,1986 年,第 31—70 页。

戍"制度的诸多问题①,并提出了很多新颖的观点。本章拟在以上这些前贤研究的基础上,利用新出岳麓秦简和里耶秦简等出土材料并结合传世文献对秦《徭律》《戍律》等问题做一重新审视。

第一节 岳麓秦简所见《徭律》分析

在《岳麓书院藏秦简》(肆)公布之前,学术界根据陈松长披露的一则《徭律》简文展开了热烈的讨论,但我们发现,《岳麓书院藏秦简》(肆)中共计有 7 份《徭律》文书。这 7 份全新的《徭律》文书为我们全面而系统地认识秦汉"徭"的概念、"徭徒"的身份、"兴徭"的程序等问题提供了最为鲜活的史料依据。为了更好地理解这些《徭律》,我们有必要对前人的主要研究成果做一梳理和评述。

一、学术史回顾及问题的提出

长期以来,秦汉"徭戍"制度一直是学术界研究的热点问题,但由于史料阙如,学界对秦"徭戍"的概念及相关问题的研究仍未取得一致的认识②。

上个世纪 80 年代,傅筑夫等从传世文献出发,详细考察了秦汉徭役制度。傅先生云:"(秦汉徭役是)政府对人力的需求,主要不外两途:一为屯戍——兵役;二为力役——各种生产和非生产的劳动,如营建宫室、

---

① 陈松长:《秦汉时期的繇与繇使》,《湖南大学学报》(社会科学版)2014 年第 4 期;陈伟:《岳麓书院秦简〈徭律〉的几个问题》,《文物》2014 年第 9 期;陈伟:《简牍资料所见西汉前期的"卒更"》,《中国史研究》2010 年第 3 期;王彦辉:《秦汉徭戍制度补论——兼与杨振红、廣瀬熏雄商榷》,《史学月刊》2015 年第 10 期;孙闻博:《秦及汉初"徭"的内涵与组织管理——兼论"月为更卒"的性质》,《中国经济史研究》2015 年第 5 期;臧知非:《"算赋"生成与汉代徭役货币化》,《历史研究》2017 年第 4 期;晋文:《秦代确有算赋辨——与臧知非先生商榷》,《中国农史》2018 年第 5 期。

② 秦"徭戍"究竟所指为何?愚以为,它应该包含两种含义:第一种含义指的是"徭(劳役)"和"戍(兵役)"两种不同的制度,合称"徭戍"。这是因为秦简中有《徭律》和《戍律》,且有着严格的区分。第二种含义是指以"徭"的方式戍边,其中"戍"是主词,"徭"为修辞性之词。如《睡虎地秦墓竹简·秦律杂抄》:"·驾驺除四岁,不能驾御,赀教者一盾;免,赏(偿)四岁繇(徭)戍(简 3)。"不难看出,如果"驾驺"四年且不能胜任,"驾驺"者应当免职,并罚"徭戍"四年。因此,针对秦"徭戍"概念的理解问题,愚以为应根据该词的不同语境来理解。

建立城郭、开凿河渠、修筑道路等等。"① 很显然，这种认识指出了秦汉"徭戍"制度的两个重要方面，但亦存在两个明显的问题：一是秦兵役的范围问题。里耶秦简显示，秦兵役不仅包含屯戍，而且还有更戍、屯戍和冗戍等兵役形式②。二是力役与劳役的理解问题。其实，力役与劳役实为两个不同之概念。对此，黄今言据文献材料的记载早已指出，秦汉时期的力役当"包括劳役与兵役"③。

高敏从广义和狭义上对徭役进行了详细的解释。高先生云："秦汉的徭役有广义和狭义之分。广义的徭役包括兵役在内，狭义的徭役则是除兵役之外的无偿劳役而言。因此，从广义的角度着眼，秦汉的兵役、徭役是联系在一起的。因为秦汉都实行征兵制，凡符合年龄男子都有服兵役的义务，因而往往同徭役征发混在一起，它不像募兵制下兵、徭的界限是比较清楚的。这是秦汉徭役的重大特征。"④ 在此，高先生正确指出了秦汉徭役的两个重要组成部分——"徭"和"戍"（亦即劳役和兵役）。

从秦汉什伍编制、"徭"的征发对象、服"徭"者的期限和服役范围等方面来看，黄今言则给予了全面而系统的分析⑤。其中，有关"徭"的征发对象和服役的方式等问题的研究结论还得到岳麓秦简《徭律》的进一步佐证。

但是，钱剑夫却在《秦汉赋役制度考略》一书中将秦汉时期的徭役分为三种形式，即"更卒、正卒和戍卒"，也就是说，"更卒一月而更，戍卒则在边地，只有正卒即在内郡和京师……"⑥ 然而，愚以为"戍卒"和"正卒"乃为一种制度的两个方面，此制度即为秦简《戍律》中的戍役之制。

至上个世纪90年代，马怡等试图建立一种全新的秦徭役制度的分析架构。他们认为，秦汉所谓"力役之征"应分为四项，亦即"劳役、屯戍、兵役和罚作"。其中，"劳役，指更卒之役和其它杂役，承

---

① 傅筑夫：《中国封建社会经济史》（第二卷），北京：人民出版社，1982年，第229页。
② 参见陈伟主编：《里耶秦简牍校释》（第一卷）简8-149和简8-666，武汉：武汉大学出版社，2012年。
③ 黄今言：《秦汉赋役制度研究》，南昌：江西教育出版社，1988年，第246页。
④ 高敏：《秦汉的徭役制度》，载氏著《秦汉史探讨》，郑州：中州古籍出版社，1998年，第126页。
⑤ 参见黄今言：《秦汉赋役制度研究》，南昌：江西教育出版社，1988年，第246—293页。
⑥ 钱剑夫：《秦汉赋役制度考略》，武汉：湖北人民出版社，1984年，第128、179页。

担土木工程、转输漕运、官手工业作坊的生产和地方官府的供奉差使等";"罚作,指刑徒之役及谪戍、赀徭、居徭等惩罚性劳役"①。然而,"谪戍"能否归入"徭"? 愚以为,此问题的解决尚待更多出土材料之支持。

21世纪以来,随着秦汉简牍材料的陆续刊布,秦汉徭制的研究进入了新阶段。杨振红的观点尤为新颖,她提出了"更卒之役不是'徭'"这一与以往学者不同之观点②。杨振红认为,"'徭'是国家承认的正式劳役",且"'更'役从本质上讲与'徭'无关"③。所谓"更卒",就是秦简中的"更戍卒"。如《新见里耶秦简牍资料选校》(二)载:"更戍卒士五(伍)城父成里产,长七尺四寸,黑色,年卅一岁,族☐Ⅰ卅四年六月甲午朔甲辰,尉探迁陵守丞衔前,令☐。Ⅱ9-757"④ 据此可知,"更卒"的全称应为"更戍卒"。但还有两点必须注意:一是更卒显然是"戍役"中的一种形式;二是秦更卒除了履行军事职能外,还必须承担繁重的劳役⑤。

我们知道,"封建城邦时代,国人服兵役者只限一家一丁之正卒,其子若弟并无兵役义务",但是至春秋战国时期,各诸侯国"逐步地扩大征兵,由国人而都邑,从国人到野人,最后达到举国皆兵"⑥。战国时期,秦形成了较为完备的"兵农合一"之体制,"更戍卒"既是兵,更是务本之民。所以,秦傅籍之"黔首"既要服劳役(徭),也要服兵役(戍)。

尤其值得一提的是,王彦辉最近又在《秦汉徭戍制度补论——兼与杨振红、廣瀨熏雄商榷》一文中系统探讨了秦"徭"制问题。在文中,王先生主要围绕秦之徭与"一岁力役"的关系、徭与"委输传送"的关系和

---

① 林甘泉主编:《中国经济通史·秦汉经济卷》,北京:经济日报出版社,1999年。
② 参见杨振红:《徭、戍为秦汉正卒基本义务说——更卒之役不是"徭"》,《中华文史论丛》2010年第1期。
③ 同上。
④ 里耶秦简整理小组:《新见里耶秦简牍资料选校》(二),载武汉大学简帛研究中心主办《简帛》(第十辑),上海:上海古籍出版社,2015年,第197页。
⑤ 秦"徭"是著籍"黔首"所服之劳役,而傅籍"更卒"也同样必须服繁重的劳役。之所以学界对"月为更卒"之制争论不休,主要原因就是"更卒"之役应归入"徭"还是"戍"的问题。
⑥ 杜正胜:《编户齐民:传统政治社会结构之形成》,台北:联经出版事业公司,1990年,第50页。

"繇使"与劳役的关系等问题展开了论述①。同时,孙闻博也在《秦及汉初"徭"的内涵与组织管理——兼论"月为更卒"的性质》一文中对秦"徭"制的诸多问题提出了不同的看法②。

王彦辉在文中很好地解决了秦汉"徭"制中的服役范围和"吏徭"问题。但他在分析"徭戍"概念时却说:"'徭戍'是秦汉时期法律文献中的固有概念,总体上体现了国家无偿役使民力的两大种类,其中,'徭'指徭役,'戍'指兵役。"③不可否认,王先生正确指出了秦汉国家无偿役使民力的两大种类,然其对"徭"概念之界定有待商榷。"'徭'指徭役"属同义复指,将"徭"和"徭役"混同④,似为不妥。

孙闻博在文中详细考证了秦及汉初之"徭",该文以马怡等的分析框架为基础,从秦汉徭役的广义和狭义两方面进行了分析。孙闻博的最大贡献在于清晰地区分了秦县级机构下辖之"诸官"与"列曹",这使我们能准确地把握秦"徭"之类别、服役范围和管理方式等问题。然而孙先生却说,秦汉广义上之徭役就是指"劳役、屯戍、兵役和罚作",其中对应"徭戍"中"徭"为"劳役"和"罚作";"正役对应于狭义'徭戍',包括国家征发的一般性力役和屯戍一类常规性兵役"⑤。按照这样的理解,广义上之"徭戍"指的是"劳役、屯戍、兵役和罚作";而狭义上之"徭戍"则为"国家征发的一般性力役和屯戍一类常规性兵役"。不难看出,此两者皆包含"劳役"和"兵役",似无明显区别。此外,不应将"力役"和"劳役"这两个概念混同。在秦汉文献中,"力役"指的就是"徭戍",既包括劳役,又包括兵役⑥。愚以为,秦之"徭戍"制度指的是如下两个方面的内容:一是"徭",二是"戍",亦即"劳役"和

---

① 参见王彦辉:《秦汉徭戍制度补论——兼与杨振红、廣瀨熏雄商榷》,《史学月刊》2015年第10期。

② 参见孙闻博:《秦及汉初"徭"的内涵与组织管理——兼论"月为更卒"的性质》,《中国经济史研究》2015年第5期。

③ 王彦辉:《秦汉徭戍制度补论——兼与杨振红、廣瀨熏雄商榷》,《史学月刊》2015年第10期。

④ 陈长松认为,"徭役"作为双音节词,至汉代才出现。参见陈松长:《秦汉时期的繇与繇使》,《湖南大学学报》(社会科学版)2014年第4期。

⑤ 孙闻博:《秦及汉初"徭"的内涵与组织管理——兼论"月为更卒"的性质》,《中国经济史研究》2015年第5期。

⑥ 关于"力役"的解释,前文已做了分析,具体情况请参见黄今言:《秦汉赋役制度研究》,南昌:江西教育出版社,1988年,第246页。

"兵役"①。

造成以上学者在秦"徭"制问题上长期聚讼不已的原因何在？愚以为，在现有秦史资料的前提下，其主要原因是对秦"徭"的理解不同。

秦汉四百余年，"徭戍"之制不可能没有变化，我们不能仅依靠两汉的史料来推演秦制。正如陈松长所言："繇和役是单独使用的两个语义相近而又有区别的词语。"② 因此，我们绝不能将"徭役"和"徭"混同。那么，秦之"徭"有何特点？其内涵究竟如何？据许慎《说文解字》载："繇，随从也。从系䍃声。"③ 段玉裁在《说文解字注》中则详细解释说："繇，随从也。……《尔雅·释故》曰：繇、道也……道路及导引、古同作道，皆随从之义也。繇之讹体作䌛，亦用为徭役字。徭役者、随从而为之者也。"④ 可见，许慎对"繇"的内涵做了本质上的解释，而段玉裁之解释则掺杂了许多汉及汉以后之人对"徭"解读的思想。据此，陈松长解释说："繇既然是'随从'，那么多少也是与劳作有关的，故汉以后的文献中，多将'繇役'作为一个双音节的词语来使用。"⑤ 显然，陈先生的这一论断是正确的，秦之"徭"指的就是"劳役"。所谓"劳役"者，《说文》曰："劳，剧也。……火烧冂，用力者劳。"⑥ 又，《淮南子·泰族训》云："无隐士，无轶民，无劳役，无冤刑，四海之内，莫不仰上之德。"⑦ 可见，"徭"指的就是官府强制"黔首"服劳役之制度。总之，我们在探讨秦"徭"制问题之前，首先应该依据可靠史料和前辈学者的研究成果清晰界定"徭"之内涵，绝不能将"徭"与"徭役"、"力役"与"兵役"等概念混淆。可喜的是，岳麓秦简《徭律》为我们解决这一问题提供了全新的证据。

---

① 张金光认为，秦之"徭戍"应该"分'徭（更）'役与'戍'役（兵役）两大类。秦律各分专篇以规定其事。睡虎地秦简即有《徭律》和《戍律》"，亦即黄今言所言的"劳役和兵役"。参见张金光：《秦制研究》，上海：上海古籍出版社，2004年，第224页。陈松长公布的一枚简文进一步印证了秦文献中"徭戍"一词常连用的文书惯例。如秦《徭律》载："繇戍自□日以上尽券书及署于牒。"（岳麓秦简《徭律》简1305）参见陈松长：《睡虎地秦简中的"将阳"小考》，《湖南大学学报》（社会科学版）2012年第5期。因此，老一辈学者有关秦汉徭役制度的研究成果不宜轻易否认，尤其是对秦汉"徭役"和"力役"等概念的界定方面。
② 陈松长：《秦汉时期的繇与繇使》，《湖南大学学报》（社会科学版）2014年第4期。
③ [汉]许慎：《说文解字》，北京：中华书局，1963年，第270页。
④ [清]段玉裁：《说文解字注》，上海：上海古籍出版社，1981年，第643页。
⑤ 陈松长：《秦汉时期的繇与繇使》，《湖南大学学报》（社会科学版）2014年第4期。
⑥ [汉]许慎：《说文解字》，北京：中华书局，1963年，第292页。
⑦ [汉]高诱注：《淮南子》，载国学整理社《诸子集成》（七），北京：中华书局，1954年，第349页。

二、秦律对"徭徒"档案的规定

秦《徭律》与徭制有着必然的联系，《徭律》是构成徭制的基础。迄今为止，我们可以看到两批有关秦《徭律》的简文：一是云梦秦简之《徭律》；二是新近披露的岳麓秦简之《徭律》。尤其是岳麓秦简在某些方面填补了秦"徭"制史研究的史料空白，为我们重新审视秦的徭制提供了坚实的史料基础。如《岳麓书院藏秦简》（肆）载：

1. 繇（徭）律曰：岁与繇（徭）徒人为三尺券一（符），书其厚焉。节（即）发繇（徭），乡啬夫必身与典以券行之。田时先行富（简244/1241）有贤人，以闲时行贫者，皆月券书其行月及所为日数，而署其都发及县请。┗其当行而病及不存，（简245/1242）署于券，后有繇（徭）而聂（蹑）行之。节（即）券繇（徭），令典各操其里繇（徭）徒券来，与券，以畀繇（徭）徒，勿征赘，勿令费日。（简246/1363）其移徙者，辄移其行繇（徭）数徒所，尽岁而更为券，各取其当聂（蹑）及有赢者日数，皆署新券以聂（蹑）（简247/1386）①

2. ●繇（徭）律曰：补缮邑院、除田道桥、穿汲〈波（陂）〉池、渐（堑）奴苑，皆县黔首利殹（也），自不更以下及都官及诸除有为（简151/1255）殹（也），及八更，其睆老而皆不直（值）更者，皆为之，冗宦及冗官者，勿与。除邮道、桥、鸵〈驰〉道，行外者，令从户（简152/1371）□□徒为之，勿以为繇（徭）。（简153/1381）②

3. ●繇（徭）律曰：毋敢傅（使）叚（假）典居旬于官府；毋令士五（伍）为吏养、养马；毋令典、老行书；令居赀责（债）、司寇、隶臣妾（简154/1374）行书（简155/1406-1）。（缺简）③

4. ●繇（徭）律曰：发繇（徭），兴有爵以下到任弟子、复子，必先请属所执法，郡各请其守，皆言所为及用积（简156/1295）徒数，勿敢擅兴，及毋敢擅傅（使）敖童、私属、奴及不从车牛，凡免老及敖童为傅者，县勿敢傅（使），节（简157/1294）载粟，乃发敖

---

① 陈松长主编：《岳麓书院藏秦简》（肆），上海：上海辞书出版社，2015年，第149—150页。本段《徭律》释文以陈伟厘定为准。参见陈伟：《秦简牍校读及所见制度考察》，武汉：武汉大学出版社，2017年，第197页。
② 陈松长主编：《岳麓书院藏秦简》（肆），上海：上海辞书出版社，2015年，第118页。
③ 同上书，第119页。

童年十五岁以上，史子未傅先觉（学）觉（学）室，令与粟事，敖童当行粟而寡子独与老（简158/1236）父老母居，老如免老，若独与疢癃）病母居者，皆勿行。（简159/1231）①

5. 繇（徭）律曰：兴繇（徭）及车牛及兴繇（徭）而不当者，及擅傅（使）人属弟子、人复复子、小敖童、弩（奴），乡啬夫吏主者，赀（简147/1232）各二甲，尉、尉史、士吏、丞、令、令史见及或告而弗劾，与同辠。弗见莫告，赀各一甲。给邑中事，传送委输，先（简148/1257）悉县官车牛及徒给之，其急不可留，乃兴繇（徭）如律；不先悉县官车牛徒而兴黔首及其车牛，以发（简149/1269）繇（徭）力足以均而弗均，论之。（简150/1408）②

6. 繇（徭）律曰：委输传送，重车负日行六十里，空车八十里，徒行百里。其有□□□☑（简248/1394）□而□傅于计，令徒善攻间车。食牛，牛辇（觕），将牛者不得券繇（徭）。尽兴隶臣妾、司寇、居赀赎责（债），县官（简249/1393）□之□传送之，其急事，不可留殹（也）。乃为兴繇（徭）└。有赀赎责（债）拾日而身居，其居县官者，县节（即）有（简250/1429）繇（徭）戍，其等当得出，令繇（徭）戍，繇（徭）戍已，辄复居。当繇（徭）戍，病不能出及作盈卒岁以上，为除其病岁繇（徭），（简251/1420）勿聂□□论毄（系），除毄（系）日繇（徭）戍，以出日倳（使）之。（简252/1424）③

7. 繇（徭）律曰：发繇（徭），自不更以下繇（徭）戍，自一日以上尽券书及署于牒，将阳信（伸）事者亦署之，不从令及繇（徭）不当（简253/1305）券书，券书之，赀乡啬夫、吏主者各一甲，丞、令、令史各一盾。繇（徭）多员少员，颣（赖）计后年。繇（徭）戍数发，吏力足以均繇（徭）日（简254/1355）尽岁弗均，乡啬夫、吏及令史、尉史主者赀各二甲，左罨（迁）。令、尉、丞繇（徭）已盈员弗请而擅发者赀二甲，免。（简255/1313）吏（?）□繇（徭）□

---

① 陈松长主编：《岳麓书院藏秦简》（肆），上海：上海辞书出版社，2015年，第119-120页。

② 同上书，第116-117页。本段《徭律》以陈伟句读为准。参见陈伟：《岳麓秦简肆校商》（一），简帛网站，2016年3月27日。胡平生将此段简文中的"弩"释为"奴"，这是可信的。参见胡平生：《也说"敖童"》，简帛网站，2018年1月8日。

③ 同上书，第151-152页。本段《徭律》的标点及释文以陈伟厘定为准。参见陈伟：《岳麓秦简肆校商》（三），简帛网站，2016年3月29日。

第七章　新出简牍与"徭戍"制度

均，伪为其券书以均者赀二甲，废。（简 256/0913）①

我们发现，《岳麓书院藏秦简》（肆）中共计有 7 份有关秦《徭律》的简文。从例 1 简文来看，它至少反映了秦徭制的如下历史真相：

第一，"兴徭"必须建立严格的"徭徒"档案②。例 1 材料表明，秦《徭律》规定了官府制作"兴徭"档案文书的情况，其大致包括如下几个方面的内容：

一是"岁与繇（徭）徒人为三尺券一（符），书其厚焉"。所谓"三尺券一（符）"就是指"对文书形制上的规定"③，而非"叁辨券"之讹误④。"书其厚焉"中的"厚"，确实是指"徭徒"家庭"财物多少"之情况⑤。如《汉书·晁错传》："塞下之民，禄利不厚，不可使久居危难之地。"⑥据此，笔者认为秦"兴徭"文书的制作以年度为期，并将每位"徭徒"的家庭财产情况登记在"三尺券一（符）"上。我们还可进一步推测，此"兴徭"文书还当包含"徭徒"的姓名、籍贯、身高（或年龄）等内容。

那么，秦《徭律》何以要特别规定"徭徒"的家庭财产情况和官府的签署意见呢？这是因为秦官府为了不误农时，在《徭律》中特别规定了"田时先行富有贤人，以闲时行贫者，皆月券书其行月及所为日数，而署其都发及县请"。但接下来的问题是，我们该如何理解这句话呢？愚以为，这句话其实应包含两层意思：

（1）依据《徭律》之规定，秦"兴徭"的对象为编户之人，亦即《徭律》中的"繇（徭）徒"⑦。秦汉时期"有身便有赋，有丁则可役"⑧，只

---

① 陈松长主编：《岳麓书院藏秦简》（肆），上海：上海辞书出版社，2015 年，第 152-153 页。

② 陈伟称之为"为徭""发徭""券徭"。参见陈伟：《秦简牍校读及所见制度考察》第九章"发徭"与"券徭"，武汉：武汉大学出版社，2017 年，第 195-206 页。

③ 陈伟：《岳麓书院秦简〈徭律〉的几个问题》，《文物》2014 年第 9 期。

④ 陈松长以为，此处之"三尺券"实为云梦秦简中的"叁辨券"。参见陈松长：《岳麓秦简中的〈徭律〉例说》，载《出土文献研究》（第十一辑），上海：中西书局，2012 年，第 164 页。愚以为，此种解释恐误。

⑤ 参见陈松长：《岳麓秦简中的〈徭律〉例说》，载《出土文献研究》（第十一辑），上海：中西书局，2012 年，第 164 页。

⑥ 《汉书》卷四九《晁错传》，第 2286 页。

⑦ 岳麓秦简表明，在这些"繇（徭）徒"中既包括富有之人，又包括"贫者"。有些学者在探讨秦汉徭役制度时，往往强调徭役对贫苦农民剥削之残酷性。见高敏：《秦汉的徭役制度》，载氏著《秦汉史探讨》，郑州：中州古籍出版社，1998 年，第 145-152 页。但是，此则新史料则说明，农忙时政府首先征发的对象却为"富有贤人"，而非"贫者"。

⑧ 黄今言：《秦汉赋役制度研究》，南昌：江西教育出版社，1988 年，第 249 页。

有著籍"黔首"才是"发徭"的对象①。

当然，秦汉官府为某些特殊利益集团或群体制定了严格的"复除"制度，"给公家徭役"②者随着利益集团的强大而愈加稀少。如武帝时期"民多买复及五大夫，征发之士益鲜"③。黄今言将这种"复免徭役"之对象归为如下几类：一曰"宗室署籍及诸侯、功臣的后代"；二曰"凡有官籍，俸给六百石至二千石官吏和都尉以上的军官"；三曰"享有一定爵位者"；四曰"博士弟子，甚至能通一经的儒生"；五曰"民有车骑马以及入奴婢者、入粟者"④。因此，"复除"人数愈多，为政府"给役使"⑤者就越少。在此有必要特别指出的是，秦"复除"人员也有专门的登记文书。如秦简载：

廿八年五月己亥朔甲寅，都乡守敬敢言之：☐ Ⅰ
得虎，当复者六人，人一牒，署复☐于☐ Ⅱ
从事，敢言之。☐ Ⅲ 8-170
五月甲寅旦，佐宣行廷。8-170 背⑥

这种"复除"制度在汉初也有成文法律规定。如《二年律令》278—280号简云："☐☐工事县官者复其户而各其工。大数率取上手什（十）三人为复，丁女子各二人，它各一人，勿筭（算）徭赋。家毋当徭者，得复县中它人。县复而毋复者，得复官在所县人。新学盈一岁，乃为复，各如其手次。盈二岁而巧不成者，勿为复。"⑦不难看出，秦"复除"人员必须"人一牒"，由官府详细记录在案，以备相关官吏查询"徭徒"服役的情况。至于上引简文中的"牒"，《说文》曰："牒，札也。"又，《左传·昭公二十五年》载："右师不敢对，受牒而退。"⑧据此，卜宪群说：

---

① 杜正胜云："（编户民）法律、政治身份虽齐，但社会与经济力量却不齐。"参见杜正胜：《编户齐民：传统政治社会结构之形成》，台北：联经出版事业公司，1990年，第47页。
② 《汉书》卷一《高帝纪》"萧何发关中老弱未傅者悉诣军"条目下师古注曰，第37—38页。
③ 《史记》卷三〇《平准书》，第1428页。
④ 黄今言：《秦汉赋役制度研究》，南昌：江西教育出版社，1988年，第250—254页。
⑤ 《汉书》卷一〇《成帝纪》"避水它郡国，在所冗食之"条目下注引文颖《汉书注》曰，第311页。
⑥ 陈伟主编：《里耶秦简牍校释》（壹），武汉：武汉大学出版社，2012年，第103页。
⑦ 彭浩、陈伟、［日］工藤元男主编：《二年律令与奏谳书》，上海：上海古籍出版社，2007年，第246页。
⑧ ［晋］杜预注、［唐］孔颖达正义：《春秋左传正义》，载［清］阮元校刻《十三经注疏》，北京：中华书局，1980年，第2109页。

"牒书广泛用于验问、责问，用于名籍登录、官吏升迁任免，也可用作法律文书、财物管理公文等。牒书可用于下行文书，也可用于平行、上行文书。"① 很显然，"牒书"除了卜先生所云之功能外，还可用于"复除"文书的制作。除此以外，"逋事"及"乏繇（徭）"者也应记录在案。如云梦秦简载：

> 可（何）谓"逋事"及"乏繇（徭）"？律所谓者，当繇（徭），吏、典已令之，即亡弗会，为"逋事"；已阅及敦（屯）车食若行到繇（徭）所乃亡，皆为"乏繇（徭）"（简164）。（《法律答问》）②
>
> 覆　敢告某县主：男子某辞曰："士五（伍），居某县某里，去亡。"可定名事里，所坐论云可（何），可（何）罪赦，（简13）【或】覆问毋（无）有，几籍亡，亡及逋事各几可（何）日，遣识者当腾，腾皆为报，敢告主（简14）。（《封诊式》）③

据《法律答问》简164可知，秦律对"逋事"和"乏徭"的适用范围做了详细之规定。"逋事"就是指官府在兴徭时，"徭徒"不服从命令，"亡弗会"；而"乏徭"则是指"徭徒"已接受检阅并享用官府所廪之粮食，或已抵达服役地点，但"乃亡"者。官府为了掌握这些"逋事"和"乏徭"者的情况，专门制作了登记"徭徒"服役情况的档案文书。如若不然，官府如何知晓"徭徒""亡及逋事各几可（何）日"呢？除此之外，上引《封诊式》简14还反映了各级官府对"徭徒"之"逋事"的上报制度，亦即"遣识者当腾，腾皆为报，敢告主"，这一情况正好和例1中的"署其都发及县请"相一致④。

（2）"富有贤人"先行"徭"，"贫者"则次之。何谓"贤人"？《说文》曰："贤，多才也。"此处之"多才"显然为"多财"之意。如清代段玉裁

---

① 卜宪群：《秦汉公文文书与官僚行政管理》，《历史研究》1997年第4期。
② 睡虎地秦墓竹简整理小组编：《睡虎地秦墓竹简·法律答问》，北京：文物出版社，1990年，第132页。
③ 睡虎地秦墓竹简整理小组编：《睡虎地秦墓竹简·封诊式》，北京：文物出版社，1990年，第150页。
④ 陈松长在《岳麓秦简中的〈徭律〉例说》一文中解释说："（徭徒簿书）所记载的内容包括行徭的月数和天数，同时，其发徭的都官或县要有签署的情况。"在此基础上，陈伟在《岳麓书院秦简〈徭律〉的几个问题》一文中进一步分析了该句中的"县请"含义，他说："'县请'，大概是指在一些特别情形下，县在向上级请示之后而兴发的徭役。"

《说文解字注》说:"贤,多财也。财各本作才。今正。贤本多财之称。引伸之凡多皆曰贤。人称贤能,因习其引伸之义而废其本义矣。"① 岳麓秦简《徭律》的这一规定,是当时为政者推崇的"使民以时"思想的体现。如《汉书·食货志》云:"此先王制土处民富而教之之大略也。故孔子曰:'道千乘之国,敬事而信,节用而爱人,使民以时。'"唐代颜师古注曰:"……爱养其民,无夺农时。"②

二是档案中必须登记"徭徒"服役的月份和天数,并由各管理部门负责签署。例1中"皆月券书其行月及所为日数,而署其都发及县请"即可为证。所谓"月券书其行月及所为日数",指的就是陈伟所说的"券徭"。

三是对"徭徒"服役情况的特别规定。岳麓秦简《徭律》对"徭徒"服役期间回家奔丧者在法律上有特别之规定:"遣归葬。告县,县令给日。䌛(徭)发,亲父母、泰父母、妻子死,遣归葬。已葬,辄聂(蹑)以平其䌛(徭)。(简1238)"③ 很明显,这是一条有关"徭徒"在服役期间"遣归葬"的法律条文,大致包含三层意思:一是服役所在地的官吏要发文给"徭徒"户籍所在的县廷,命令"给日",亦即给予"徭徒"回家赴丧的假期;二是规定了准予丧葬假期的范围,即只有"徭徒"之"亲父母、泰父母、妻子死",才可以"遣归葬";三是赴丧假期结束后,"徭徒"必须"辄聂(蹑)以平其䌛(徭)"④。

三、秦律对"徭徒"工作的范围及身份的规定

例2显示,秦律不仅规定了"徭徒"工作的范围,还限定了服役者的

---

① "贤人"除了具有富人的意思之外,还具有"贤能"之人的意思,如《易·系辞上》:"有亲则可久,有功则可大。可久则贤人之德,可大则贤人之业。"又,《史记》卷一三〇《太史公自序》:"守法不失大理,言古贤人,增主之明。"(第3316页)可见,有"才德之人"乃"贤人"引申之意。
② 《汉书》卷二四《食货志》,第1123页。又见《论语·学而》载:"道千乘之国,敬事而信,节用而爱人,使民以时。"
③ 关于简1238和简1242的编联问题,陈松长说:"其中第三枚与第二枚的系联尚不能完全确定,感觉中间好像还缺了东西,但内容应该都与兴徭有关。"见陈松长:《岳麓秦简中的〈徭律〉例说》,载《出土文献研究》(第十一辑),上海:中西书局,2012年,第164页。笔者也认为,无论其内容是否衔接,但与秦《徭律》肯定有密切之关系。
④ 陈伟解释说,徭徒"在服徭役时,因亲人去世而归家治葬,事后需要补回欠缺的徭役"。参见陈伟:《岳麓书院秦简〈徭律〉的几个问题》,《文物》2014年第9期。笔者认同陈先生的这一解释。

身份。首先，秦《徭律》中之"补缮邑院、除田道桥、穿汲〈波（陂）〉池、渐（堑）奴苑"等又所指为何？具体而言，其主要包括以下几个方面：

一是"补缮邑院"。简文中之"邑"为城邑①。至于"院"，《广雅》释"室"云："院，垣也。"② 《玉篇》："院，周垣也。"③ 又，《增韵》："有垣墙者曰院。"④ 因此，"补缮"城邑周垣围墙乃为秦"徭徒"工作之一。

二是"除田道桥"。有关"除田道桥"，秦汉《田律》对此均有解释。如青川木牍《更修为田律》云："九月，大除道及阪险。"⑤《二年律令·田律》："恒以秋七月除千（阡）佰（陌）之大草。（简246）"⑥ 又，《二年律令·田律》："九月大除（简246）道及阪险。（简247）"⑦ 由此可见，整治和修缮田间小道和桥梁亦为"徭徒"的工作范围。

三是"穿汲〈波（陂）〉池"。如青川木牍《更修为田律》云："十月，为桥，修（脩）波堤，利津（隧）鲜草。"⑧ 又，《二年律令·田律》记载："十月为桥，修波（陂）堤，利津梁。（简247）"⑨岳麓秦简中之"汲

---

① 参见睡虎地秦墓竹简整理小组编：《睡虎地秦墓竹简·徭律》，第48页。此种意思见其简116之解释。
② ［三国魏］张揖：《丛书集成初编·广雅》（影印版），北京：中华书局，1985年。
③ ［梁朝］顾野王编撰：《丛书集成初编·玉篇》（影印版），北京：中华书局，1985年。
④ 此书又名曰《增修互注礼部韵略》，为南宋毛晃增注。参见［宋］毛晃增注、［宋］毛居正重增：《增修互注礼部韵略》（影印版），北京：北京图书馆出版社，2005年。
⑤ 陈伟主编：《秦简牍合集（贰）·郝家坪秦墓木牍》，武汉：武汉大学出版社，2014年，第190页。
⑥ 彭浩、陈伟、［日］工藤元男主编：《二年律令与奏谳书》，上海：上海古籍出版社，2007年，第189页。
⑦ 同上。以上简文中之"除"，意为"治"。参见陈伟主编：《秦简牍合集（贰）·郝家坪秦墓木牍》，武汉：武汉大学出版社，2014年，第198页。
⑧ 陈伟主编：《秦简牍合集（贰）·郝家坪秦墓木牍》，武汉：武汉大学出版社，2014年，第190页。此简中"利"下缺一字，于豪亮、李学勤等皆释为"梁"。本文从陈伟主编《秦简牍合集》（贰）之说，亦释读为"隧"。参见陈伟主编：《秦简牍合集（贰）·郝家坪秦墓木牍》，武汉：武汉大学出版社，2014年，第198—199页。当然，《国语·周语中》也有相关之记载："故《夏令》曰：'九月除道，十月成梁。'"韦昭在此注曰："夏令夏后氏之令，周所因也。"汪远孙亦注云："小正皆夏记时之书，夏令即夏正。"参见徐元诰：《国语集解》（王树民、沈长云点校），北京：中华书局，2002年，第63—65页。然而，《礼记·月令》又曰："（季春之月）修利堤防，道达沟渎，开通道路，毋有障塞。"此处所记为"季春之月（三月份）"。参见［汉］郑玄注、［唐］孔颖达疏：《礼记正义》，载［清］阮元校刻《十三经注疏》（影印版），北京：中华书局，1980年，第1363页。
⑨ 彭浩、陈伟、［日］工藤元男主编：《二年律令与奏谳书》，上海：上海古籍出版社，2007年，第189页。

〈波（陂）〉池"，指的是"波池"。又，"'波'乃'陂'之借字。陂池即池塘湖泊"①。所谓"穿"，《说文》曰："穿，通也。"② 因此，秦《徭律》对"徭徒"按时疏通池塘及湖泊也进行了规定。

四是"渐（堑）奴苑"。秦之"苑"是皇家禁地，禁止百姓随便入内捕猎。如《龙岗秦简》载："诸禁苑为奭（壖），去垣卌里，禁毋敢取奭（壖）中兽，取者□罪□盗禁中【兽】。☒（简 27）"③ 因此，"苑"之四周一般皆置壕沟等以防外人或野兽进入。岳麓秦简简文中之"渐"，意为"挖掘沟池、道路等。如《史记·秦始皇本纪》曰：'斩山堙谷。'"④"奴"，其意为"水蓄积不流动"⑤。因此"渐（堑）奴苑"指的就是"徭徒"还负责挖掘沟池，疏通禁苑之积水⑥。

以上四项工作"皆县黔首利殹（也）"。但并非所有"黔首"皆从事这些工作。简文显示，"冗宦及冗官者"不得"行徭"。至于"除邮道、桥、鴕〈驰〉道"，岳麓秦简《徭律》规定，"行徭"时，如果有"行外者（外出服徭戍者）"，则"令从户（简 152/1371）□□徒为之"，不能算作徭。

关于"徭徒"的身份，在例 5 中也有体现。如秦律规定，官府"行徭"时严格禁止役使"人属弟子、人复复子、小敖童、弩（奴）"。

所谓"人属弟子"，指的是"私人招收的弟子，与官府弟子相对应"⑦。秦对此类弟子一般设置有专门之版籍。如云梦秦简《秦律杂钞》曰："除弟子律当除弟子籍不得，置任不审，皆耐为侯（候）。使其弟子赢律，及治（笞）之，赀一甲；决革，二甲。（简 6）除弟子籍"⑧ 可见，秦律禁止"使其弟子赢律"，这与例 4 中的禁止"擅俜（使）人属弟子"恰

---

① 陈松长主编：《岳麓书院藏秦简》（肆），上海：上海辞书出版社，2015 年，第 166 页。
② [汉] 许慎：《说文解字》，北京：中华书局，1963 年，第 152 页。
③ 陈伟主编：《秦简牍合集（贰）·龙岗秦墓简牍》，武汉：武汉大学出版社，2014 年，第 29 页。
④ 陈松长主编：《岳麓书院藏秦简》（肆），上海：上海辞书出版社，2015 年，第 167 页。
⑤ 同上。刘钊认为："疑'奴'字应读为'帑'。帑本指钱帛，后又指藏钱帛的府库，汉代称为帑藏。"参见刘钊：《〈张家山汉墓竹简〉释文注释商榷》，载刘钊《出土简帛文字丛考》，台北：台湾古籍出版有限公司，2004 年，第 120 页。愚以为，此观点值得重视。
⑥ 针对苑囿的修缮和保护问题，云梦秦简《徭律》规定，县级机构必须负责禁苑和苑囿的修缮工作。同时，对苑囿附近农田也必须予以保护。参见睡虎地秦墓竹简整理小组编：《睡虎地秦墓竹简》，北京：文物出版社，1990 年，第 47 页。
⑦ 陈松长主编：《岳麓书院藏秦简》（肆），上海：上海辞书出版社，2015 年，第 166 页。
⑧ 睡虎地秦墓竹简整理小组编：《睡虎地秦墓竹简》，北京：文物出版社，1990 年，第 80 页。

第七章 新出简牍与"徭戍"制度

好可以相互印证。

"人复复子"指的是"免除徭役者之子"①。这类人显然不在兴徭范围内。如《史记·秦始皇本纪》:"(秦始皇二十八年,前219)南登琅邪,大乐之,留三月。乃徙黔首三万户琅邪台下,复十二岁。"②

第三种人就是"小敖童",这类人指的是"未达到傅籍年龄的男子"③。如秦简载:"可(何)谓'匿户'及'敖童弗傅'?匿户弗繇(徭)、使,弗令出户赋之谓殹(也)。"但"敖童年十五岁以上(简158/1236)"者可以"令与粟事"④,亦即委输粮食。

第四类人就是"弩(奴)"。整理者指出:"弩,弩箭射手,弩箭射手可以试射抵徭役。"⑤ 但我们认同胡平生的解释,此"弩"实为"奴",即附于"黔首"户籍内的家奴⑥。

特别值得一提的是,"城旦舂、隶臣妾、居赀赎责(债)"所从事的工作并非法律意义上的"徭",而是一种刑罚。所以,在"给邑中事,传送委输"时,秦律规定,官府首先役使的对象为"县官车牛及徒"。其中,"徒"指的是"乘城卒、隶臣妾、城旦舂、鬼薪白粲、居赀赎责(债)、司寇、隐官、践更县者",且明文规定"田时殹(也),不欲兴黔首"。如湘西里耶秦简载:

> 廿七年(前220)二月丙子朔庚寅,洞庭守礼谓县啬夫、卒史嘉、叚(假)卒史谷、属尉:令曰:"传送委输,必先【行】Ⅰ城旦舂、隶臣妾、居赀赎责(债)。急事不可留,乃兴繇(徭)。"今洞庭兵输内史,及巴、南郡苍梧,【输甲】Ⅱ兵,当传者多,节(即)传之,必先悉行乘城卒、隶臣妾、城旦舂、鬼薪白粲、居赀赎责(债)、司寇、【隐】Ⅲ官践更县者。田时殹(也),不欲兴黔首。嘉、谷、尉各谨案所部县卒、徒隶、居赀赎责(债)、Ⅳ司寇、隐官、践更县者薄(簿),有可令传甲兵,县弗令传之而兴黔首,兴黔首可省少弗省少而多【兴者】,Ⅴ辄劾移县,县丞以律令具论当坐者,言名、夬(决)泰守府。嘉、谷、尉在所县上书嘉、谷、【尉】。Ⅵ令人日夜端

---

① 陈松长主编:《岳麓书院藏秦简》(肆),上海:上海辞书出版社,2015年,第166页。
② 《史记》卷六《秦始皇本纪》,第244页。
③ 陈松长主编:《岳麓书院藏秦简》(肆),上海:上海辞书出版社,2015年,第166页。
④ 同上书,第119—120页。
⑤ 同上书,第166页。
⑥ 参见胡平生:《也说"敖童"》,简帛网站,2018年1月8日。

行，它如律令。……（简 2283）①

这则史料正好印证了岳麓秦简《繇律》所言不虚矣！当时各县廷皆编制了"县卒、徒隶、居赀赎责（债）、司寇、隐官、践更县"等人的详细簿籍，以备案验审核。一旦发现"有可令传甲兵，县弗令传之而兴黔首"，则"县亟以律令具论"。

四、秦律对"典"、"老"和"士五（伍）"服役的规定

例 3 说明，秦《繇律》对"典"、"老"和"士五（伍）"这三类人的"行繇"亦做了详细的规定。

一是"毋敢使（使）叚（假）典居旬于官府"。简文中之"典"，其实为"里典"。如《二年律令·钱律》："同居不告，赎耐。正、典、田典、伍人不告，罚金四两。或颇告，皆相除。尉、尉史、乡部官（简201）啬夫、士吏、部主者弗得，罚金四两。（简202）"② 可见，秦及汉初在里一级设置的管理者包括里正、里典和田典等。"老"指的是"伍老，相当于后世的保甲长"③。"叚（假）"即代理之意。《尹湾汉墓简牍》载："威左尉，鲁国鲁史父庆，故假亭长，以捕格不道者除。"④ 此例中之"假亭长"就是代理亭长，乃为真除之前的称呼。因此，"叚（假）典"指的就是代理里典。至于"居"，云梦秦简整理者认为，"居"指的是"居作，罚服劳役"⑤。但我们认为，作为基层管理者"里典"来说，在本县或乡之官府工作不应视为"罚服劳役"⑥。这句话的大意是讲，秦《繇律》严禁"里典"在官府服役 10 天。这是因为"里典"的工作非常繁忙，他们不仅承担本里簿籍登记等工作，还负责本里治安和赋税的征收工作。

二是"毋令士五（伍）为吏养、养马"。"吏养"中之"养"，其意为

---

① 陈伟主编：《里耶秦简牍校释》（第二卷），武汉：武汉大学出版社，2018 年，第 447-448 页。
② 彭浩、陈伟、［日］工藤元男主编：《二年律令与奏谳书》，上海：上海古籍出版社，2007 年，第 170 页。
③ 睡虎地秦墓竹简整理小组编：《睡虎地秦墓竹简》，北京：文物出版社，1990 年，第 87 页整理者注曰。
④ 张显成、周群丽：《尹湾汉墓简牍校理》，天津：天津古籍出版社，2011 年，第 21 页。
⑤ 睡虎地秦墓竹简整理小组编：《睡虎地秦墓竹简》，北京：文物出版社，1990 年，第 33 页。
⑥ 陈伟说："'居县'其实是指当事人家乡之县。"参见陈伟：《秦汉简牍"居县"考》，《历史研究》2017 年第 5 期。

厨师。秦律对从事这一职业者有严格的规定。如秦简载：

> ●仓律曰：毋以隶妾为吏仆、养、官【守】府╚，隶臣少，不足以给仆、养，以居赀责（债）给之；及且令以隶妾为吏仆、（简165/1370）养、官守府，有隶臣，辄伐〈代〉之╚，仓厨守府如故。（简166/1382）①

> ……徒隶不足以给仆、养，以居赀责（债）者给之，令出（简262/1260）囗，受钱毋过日八钱，过日八钱者，赀二甲，免。能入而弗令入，亦赀二甲，免。除居赀赎责（债）以为仆、养。令出仆入……（263/1264）②

> 隶臣有巧可以为工者，勿以为人仆、养。（《均工》简113）③

这些史料表明，有资格充当为"养（厨师）"者只有"隶臣"，但当"隶臣少，不足以给仆、养"时，则会考虑"居赀责（债）给之"。在此种情况下，官府必须以"日八钱"的工资支付给"居赀责（债）"者。可见，"隶臣"是法律规定的"养（厨师）"，但"隶臣有巧可以为工者"，则"勿以为人仆、养"。这仅是特例而已。

对于"隶妾"，法律则明文禁止"以隶妾为吏仆、养、官【守】府"。但在特殊情况下，官府可暂时"以隶妾为吏仆、养、官守府"，但一旦有隶臣，则必须"伐〈代〉之"。

三是"毋令典、老行书"。"行书"也是一项劳役，故秦将之纳入了《徭律》范畴④。那么，法律对"行书"又有何种规定呢？秦律曰：

> 行命书及书署急者，辄行之；不急者，日觱（毕），勿敢留。留者以律论之。行书（《行书》简183）⑤

> 行传书、受书，必书其起及到日月夙莫（暮），以辄相报殹（也）。书有亡者，亟告官。隶臣妾老弱及不可诚仁者勿（简184）

---

① 陈松长主编：《岳麓书院藏秦简》（肆），上海：上海辞书出版社，2015年，第123-124页。
② 同上书，第155页。
③ 睡虎地秦墓竹简整理小组编：《睡虎地秦墓竹简》，北京：文物出版社，1990年，第46页。
④ 相关研究，可参阅陈松长：《岳麓书院藏秦简中的行书律令初论》，《中国史研究》2009年第3期；陈伟：《岳麓书院秦简行书律令校读》，简帛网，2009年11月21日。
⑤ 睡虎地秦墓竹简整理小组编：《睡虎地秦墓竹简》，北京：文物出版社，1990年，第61页。

令。书廷辟有曰报，宜到不来者，追之。行书（《行书》简185）①

●行书律曰：传行书，署急辄行，不辄行，赀二甲。不急者，日
觱（毕）。留三日，赀一盾；四日【以】上，赀一甲。二千石官书
（简192/1250）不急者，毋以邮行。（简193/1368）②

●行书律曰：有令女子、小童行制书者，赀二甲。能捕犯令者，
为除半岁繇（徭），其不当繇（徭）者，得以除它（简194/1384）人
繇（徭）。（简195/1388）③

●行书律曰：毋敢令年未盈十四岁者行县官恒书，不从令者，赀
一甲。（简196/1377）④

●行书律曰：县请制，唯故徼外盗，以邮行之，其它毋敢擅令邮
行书。（简197/1417）⑤

从以上律文可知，秦对"行书"有严格的规定。其中，岳麓秦简所披露的《行书律》计有4份文书，皆属首次公布。具体而言，这些简文反映了如下历史史实：一是云梦秦简《行书》简183与岳麓秦简《行书律》简193/1368内容虽有重合之处，但明显不及岳麓秦简所记之详细。岳麓秦简《行书律》简193/1368特别规定了违反行书时间的处罚措施以及"邮行"的级别等问题。二是禁止"女子、小童行制书"。此种之"女子"，当指具有黔首身份之妇女。从云梦秦简《行书》简185可知，"隶妾"是允许行书，前提是其必须为"可诚仁者"。至于"制书"的传递，肯定"以邮行"。如岳麓秦简《行书律》简197/1417明确规定："故徼外盗，以邮行之，其它毋敢擅令邮行书"。由于皇帝"制书"有其固有之重要性⑥，当然必须"以邮行之"。那么，秦《徭律》又为何严厉禁止"典、老行书"呢？原来这是由秦"典、老"的工作性质决定的。

首先，让我们看看秦"典、老"的设置问题。如岳麓简《尉卒律》载：

---

① 睡虎地秦墓竹简整理小组编：《睡虎地秦墓竹简》，北京：文物出版社，1990年，第61页。
② 陈松长主编：《岳麓书院藏秦简》（肆），上海：上海辞书出版社，2015年，第131-132页。
③ 同上书，第132页。
④ 同上书，第133页。
⑤ 同上书，第133页。
⑥ 李均明云："制书是皇室处理涉及制度法规等向三公公布指令，包括赦令、赎令，又解决刺史、太守、王侯相诉讼案及任免九卿时使用的文书形式。"参见李均明：《秦汉简牍文书分类辑解》，北京：文物出版社，2009年，第24-25页。

第七章 新出简牍与"徭戍"制度

●尉卒律曰：里自卅户以上置典、老各一人，不盈卅户以下，便利，令与其旁里共典、老；其不便者，予之典（简142/1373）而勿予老。公大夫以上擅启门者附其旁里，旁里典、老坐之。置典、老，必里相谁（推），以其里公卒、士五年长而毋害（简143/1405）者为典、老，毋长者令它里年长者为它里典、老。毋以公士，及毋敢以丁者。丁者为典、老，赀尉、尉史、士吏主（简144/1291）者各一甲，丞、令、令史各一盾。毋爵者不足，以公士。县毋（无）命为典、老者，以不更以下，先以下爵。其或复未当事（简145/1293）或不复而不能自给者，令不更以下无复不复，更为典、老。（简146/1235）①

可见，秦《尉卒律》规定，"卅户以上置典、老各一人"，如果不足三十户，且"便利"，则"令与其旁里共典、老"；若为"不便者"，则"予之典而勿予老"；选举"典、老"，必须"里相谁（推），以其里公卒、士五年长而毋害者为典、老"；如果本里没有"长者"，则"它里年长者"为之。法律还特别规定，"丁者"（傅籍之成丁）不得为"典、老"②，否则，"赀尉、尉史、士吏主者各一甲，丞、令、令史各一盾"。如果"毋爵者不足"（亦即公卒和士伍不足），则"以不更以下，先以下爵"任之；如若"其或复未当事或不复而不能自给者"，则"不更以下"有免除徭役者充当"典、老"。

其次，秦"典、老"负责本里的各类簿籍的登记工作。如岳麓秦简《亡律》载："典、老占数小男子年未盈十八岁及（简011/2037）女子。县、道啬夫赀一盾，乡部吏赀一盾，占者赀二甲，莫占吏数者，赀二甲。（简012/2090）"③ 又，岳麓秦简《尉卒律》载："为计，乡啬夫及典、老月辟其乡里治如教（穀）、从除及死亡者，谒于尉，尉月牒部之，到十月乃（简140/1397）比其牒，里相就殹以会计。（简141/1372）"④ 可见，"典、

---

① 陈松长主编：《岳麓书院藏秦简》（肆），上海：上海辞书出版社，2015年，第115-116页。本《尉卒律》以陈伟厘定为准。参见陈伟：《岳麓秦简"尉卒律"校读》（一），简帛网站，2016年3月20日。

② 整理者认为，"丁者"经常要外出服徭役，故不能担任"典、老"。参见陈松长主编：《岳麓书院藏秦简》（肆），上海：上海辞书出版社，2015年，第166页。愚以为，此种解释符合秦制之规定。

③ 陈松长主编：《岳麓书院藏秦简》（肆），上海：上海辞书出版社，2015年，第42页。关于"莫占吏数者"，整理者认为："莫占吏数者，指不去吏处如实登记年龄超过十八岁的黔首。"（同上书，第74页）但根据上下文，它应该指的是没有参与登记簿籍之官吏。

④ 陈松长主编：《岳麓书院藏秦简》（肆），上海：上海辞书出版社，2015年，第114页。

老"不仅要登记本里的户籍年龄等情况,而且还必须每月登记"殺(穀)"、"从除"以及"死亡者"的情况,并"谒于尉"。除此以外,"典"还必须配合"乡啬夫"登记和管理徭徒簿籍①。

除此以外,"典、老"必须监督和巡查本里的治安情况②。法律规定,如果里典对"阑亡、将阳"等逃亡者不及时报告,则"赀典一甲,伍(伍老)一盾"。法律还规定,秦"典、老"还必须承担监管"户赋"的征收和督查商业行为的工作③。

由以上分析可知,由于"典、老"在配合县乡等行政机关处理日常事务中起着巨大的作用④,故秦《徭律》严禁"典、老"从事"行书"工作。

五、秦律对"发徭"的规定

例4说明,秦《徭律》对以下两种"发徭"行为进行了详细规定:

一是"爵以下到任弟子、复子,必先请属所执法"之后,才能行徭。前文我们已分析过"弟子"及弟子籍问题。此处之"任弟子",指的是已上任在职的弟子。简文中之"复子"就是免除徭役者之子。根据秦简,"必先请属所执法"中的"执法"指的是专门负责监察之人。如岳麓秦简载:"■丞相御史请:令到县,县各尽以见钱不禁者亟予之,不足,各请其属(309/0558)所执法,执法调均;不足,乃请御史,请以禁钱贷之,以所贷多少为偿,久易(易)期,有钱弗予,过一金。(310/0358)赀二

---

① 如岳麓秦简《繇(徭)律》曰:"岁与繇(徭)徒人为三尺券一,书其厚焉。节(即)发繇(徭),乡啬夫必身与典以券行之。(简244/1241)……节(即)券繇(徭),令典各操其里繇(徭)徒券来以券以畀繇(徭)徒,勿征赘,勿令费日。(简246/1363)"参见陈松长主编:《岳麓书院藏秦简》(肆),上海:上海辞书出版社,2015年,第149页。

② 岳麓秦简载:"郡及襄武、上雒、商、函谷关外人及罢(迁)郡、襄武、上雒、商、函谷关外(简053/2106)男女去,阑亡、将阳,来入之中县、道,无少长,舍人室,室主舍者,智(知)其请(情),以律罢(迁)之。典、伍不告,赀典一甲,伍一盾。不智(知)其(简054/1990)请(情),主舍,赀二甲,典、伍不告,赀一盾。(简055/1940)"参见陈松长主编:《岳麓书院藏秦简》(肆),上海:上海辞书出版社,2015年,第57页。

③ 岳麓秦简《金布律》曰:"十月户赋不入刍而入钱(简119/1230)者,入十六钱。吏先为?印,敛,毋令典、老挟户赋钱。(简120/1280)"又,《金布律》云:"有贩殹(也),旬以上必于市,不者令续〈赎〉罢〈迁〉,没人其所贩及贾钱于县官。典、老、伍人见及或告之(简125/1288)而弗告,赀二甲。(简126/1233)"参见陈松长主编:《岳麓书院藏秦简》(肆),上海:上海辞书出版社,2015年,第109页。

④ 秦"典、老"的作用还有很多,此不一一赘引。

甲。(简311/0357)"① 可见，专门负责"禁钱"的"执法"掌握了大量朝廷的"禁钱"。其在请示"御史"后，可以贷出"禁钱"。

法律还规定，在获得郡太守的准允下，地方机构必须编制"行徭"簿籍，并言明使用徭徒的用途及"徒数"。

二是禁止"擅傅（使）敖童、私属、奴及不从车牛，凡免老及敖童未傅者"。在此，秦《徭律》对下列几类人及车牛之"行徭"进行了严格限制：

（1）"敖童"。前文已分析，此不赘述。

（2）"私属"。何为"私属"？岳麓秦简《亡律》载："免奴为主私属而将阳阑亡者，以将阳阑亡律论之，复为主私属。(简077/1945)"② 可见，"私属"就是"吏士等私人所雇佣的随从，故而又常被称为'私从者'或'私从'。'从者'多以青少年为主，具有户籍，可拥有爵位，是国家的编户民"③。此类"私属"（或曰私从者、从者）在汉简中常见。如《敦煌汉简》简358："始建国二年黍月尽三年二月，候舍私从者私属稟致。"又，《敦煌汉简》简322："私属大男吉，元年八月，食粟二斛少七斗。𠁁十二月己亥，自取。"可见，岳麓秦简中之"私属"（或曰私从者、从者），指的是一种受雇于人并具有著籍"黔首"之身份者。上引三例汉简说明，"私属"（或曰私从者、从者）之称呼一直延续到了两汉时期而未更改。

（3）"奴"。在云梦秦简中，"奴"指的是私人之奴隶。如《法律答问》中简103"父母擅杀、刑、髡子及奴妾"、简141"或捕告人奴妾盗百一十钱"、简20"人奴妾"、简73"人奴擅杀子"以及简74"人奴妾治（笞）子"等皆可为证④。

（4）"车牛"。秦律规定，私人"车牛"及奴婢可以代人"居作"。如《司空》曰："百姓有赀赎责（债）而有一臣若一妾，有一马若一牛，而欲居者，许。(简140)"⑤ 那么，依此律而言，私人"车牛"从事官府的相关劳役，当算"徭"期，故有此之规定。

---

① 陈松长主编：《岳麓书院藏秦简》（肆），上海：上海辞书出版社，2015年，第119-120页。
② 同上书，第64页。
③ 侯宗辉：《肩水金关汉简所见"从者"探析》，《敦煌研究》2014年第2期。
④ 根据上下文意，岳麓秦简157/1294应为私人奴隶，官府的奴隶一般称为"隶臣妾"。
⑤ 睡虎地秦墓竹简整理小组编：《睡虎地秦墓竹简·徭律》，北京：文物出版社，1990年，第51页。

(5)"免老及敖童未傅者"。"免老"指的是因年龄达到免除徭役之人。如《汉旧仪》曰:"秦制二十爵,男子赐爵一级以上,有罪以减,年五十六免。无爵为士伍,年六十乃免老。"所谓"敖童未傅者"乃未达到傅籍年龄之男子。秦《徭律》对这类人有明文规定:"县勿敢傅(使)。"但"敖童年十五岁以上"和"史子未傅先觉(学)觉(学)室"者必须承担转输"粟事"的职责,亦即简文所言之"令与粟事"。但如果存在以下特殊情况,则"勿行":一是"敖童当行粟而寡子独与老父老母居,老如免老"。换言之,"敖童"为独生子且又与"老父老母居",则"敖童"应尽赡养老人之义务而不必行"粟事"。二是"独与庳(癃)病母居者"。其中,"庳(癃)"指的是"罢癃,意为废疾"①。也就是说,因独子"敖童"必须照顾残疾或生病之母,则官府不得令其行"粟事"。

由此可见,秦《徭律》从稳定社会大局出发,对"行徭"的各类人进行了严格规定。从律文内容上看,秦律充分体现了人文关怀。

六、秦律对"委输传送"的规定

例6显示,秦对"委输传送"事宜非常重视,因为这关系到国家政治、经济与军事的正常运行问题。该《徭律》大致反映了如下情况:

一是对"委输传送"每日行程的规定。《徭律》规定,负重之车"日行六十里",空车"八十里",而徒步行走则"百里"。这个规定主要是针对"委输传送"的效率而制定的。因为在"委输传送"中,"乘城卒、隶臣妾、城旦舂、鬼薪白粲、居赀赎责(债)、司寇、隐官、践更县者"等转输者或为徒隶、或为"居赀赎责(债)"者、或为戍卒等②,这些人显然缺乏利益激励,故而存在磨洋工、偷懒等延误"委输传送"期限之情况。如果未能如期"委输传送",则会对经济和军事活动造成严重的后果,故而秦《徭律》有此规定。

二是对转输工具的规定。由于简248/1394和简249/1393有残缺,具

---

① 睡虎地秦墓竹简整理小组编:《睡虎地秦墓竹简》,北京:文物出版社,1990年,第87页。

② 里耶秦简曰:"令曰:'传送委,必先悉行城旦舂、隶臣妾、居赀赎责(债),急事不可留,乃兴繇(徭)。'……嘉、谷、尉各谨案所部县卒、徒隶、居赀赎责(债)、司寇、隐官、践更县者簿,有可令传甲兵,县弗令传之而兴黔首,[兴黔首]可省少弗省少而多兴者,辄劾移县,[县]亟以律令具论。"参见马怡《里耶秦简选校》,载中国社会科学院历史研究所学刊编委会编《中国社会科学院历史研究所学刊》(第4集),北京:商务印书馆,2007年,第143页。

体是什么"傅于计",不得而知。简文中之"令徒善攻间车",在云梦秦简中也曾出现,如"不攻闲车(《司空》简126)"和"攻闲大车一辆(两)(《司空》简130)"等。可见,此处之"攻间"指的是"修缮"之意①。也就是说,徭徒在"委输传送"中,如车辆出现故障,必须妥善加以修缮和维护。"牛"作为转输之动力,也需要妥善喂养,如若"牛瘠(齌)",则"将牛者不得券繇(徭)"。换言之,在这种情况下,法律规定,负责官吏不得将"将牛者"服徭之情况登记于册②。

三是规定了"委输传送"的承担者及其役使之顺序。在上引里耶秦简中,曾有一则令文,其简文载:"令曰:'传送委输,必先悉行城旦舂、隶臣妾、居赀赎责(债),急事不可留,乃兴繇(徭)。'"愚以为,此令文似来自例6之《徭律》。因为此律中就有这方面的记载。如简文载:"尽兴隶臣妾、司寇、居赀赎责(债),县官(简249/1393)□之□传送之,其急事,不可留殹(也)。乃为兴繇(徭)。(简250/1429)"此例即可为证。只不过例6更为详细罢了。

那么,该律对"委输传送"的承担者又有何规定?从秦简来看,这些承担者主要包括"县卒"、"徒隶(亦即隶臣妾、城旦舂和鬼薪白粲)"、"居赀赎责(债)"、"司寇"、"隐官"和"践更县者"等,其中"徒隶"仅指"隶臣妾、城旦舂、鬼薪白粲"等③。如前引《里耶秦简牍校释》(第二卷)载:

……今洞庭兵输内史及巴、南郡、苍梧,【输甲】兵,当传者多。节(即)传之,必先悉行乘城卒、隶臣妾、城旦舂、鬼薪白粲、居赀赎责(债)、司寇、【隐】官、践更县者。田时殹(也),不欲兴黔首。嘉、谷、尉各谨案所部县卒、徒隶、居赀赎责(债)、司寇、隐官、践更县者薄(簿),有可令传甲兵县弗令传之而兴黔首,兴黔首可省少弗省少而多【兴者】,辄劾移县,县丞以律令具论当坐者……④

---

① 参见睡虎地秦墓竹简整理小组编:《睡虎地秦墓竹简》,北京:文物出版社,1990年,第49页。
② 在云梦秦简中亦有"食牛,牛瘠(齌)(《司空》简126)"之语,整理者解释为:"不好好喂牛,使牛瘦瘠。"参见上书。
③ 在秦人之法律用语中,"徒""徒隶"是有区别的。"徒"指的是包括刑徒和隶臣妾等在内的一切人员,如秦律所言之"徭徒";而"徒隶"仅指刑徒和隶臣妾而已。
④ 陈伟主编:《里耶秦简牍校释》(第二卷),武汉:武汉大学出版社,2018年,第447-448页。

据此可知，官府对这几类"委输传送"者皆分别登记造册，计有"县卒"簿、"徒隶（亦即隶臣妾、城旦舂和鬼薪白粲）"簿、"居赀赎责（债）"簿、"司寇"簿、"隐官"簿和"践更县者"簿等 6 类簿籍。这几类人是秦法定承担"委输传送"者。但是，如果在"委输传送"时，"其急事，不可留殹（也）"，则"乃为兴繇（徭）"。换言之，在不得已的情况下，官府才会征发"黔首"转输物资。究其原因，秦官府是为了保证"黔首"有足够的时间从事农业生产，如上引简文中之"田时殹（也），不欲兴黔首"即指此意。

四是对"居赀赎责（债）"者从事"委输传送"工作的规定。律文显示，当有"委输传送"等"繇（徭）戍"任务时，官府应停止其"居作"而"令繇（徭）戍"。但一旦"繇（徭）戍已"，则令其"复居"。

在"繇（徭）戍"期间，其因病不能承担"委输传送"，或居作满一年以上，官府应"除其病岁繇（徭）"，亦即免除其生病期间之"徭"期。后面之简 252/1424，因残缺不全，其意不确。

七、秦律对"兴徭"管理者的规定

例 7 显示，秦《徭律》对"发徭""均徭"等县廷主管及其下属机构制定了严格的法律。

第一，对具体负责编制"发徭"簿籍的"乡啬夫"和"吏主者"的规定。"发徭"必须依各类簿籍（如户版、傅籍等）办理。而直接掌握和编制这些簿籍者就是乡级主管及其属吏。如《岳麓书院藏秦简》（叁）"识劫婉案"载："●卿（乡）唐、佐更曰：沛免婉为庶人，即书户籍曰免妾。"①整理者解释说："乡，乡啬夫；佐，乡佐。"② 可见，秦乡啬夫及其乡佐主管一乡之户籍。秦《徭律》则进一步证明，秦乡级主管还承担依册"发徭"以及登记"行徭"的情况。

法律规定，"乡啬夫、吏主者"必须如实登记"自不更以下"行徭戍者的日期，乃至"一日以上"也要"尽券书"。同时，将服徭戍情况及"将阳信（伸）事者"一并书于"牒"上。简文中之"牒"，云梦秦简已有

---

① 朱汉明、陈松长主编：《岳麓书院藏秦简》（叁），上海：上海辞书出版社，2013 年，第 159 页。

② 同上书，第 165 页。

之，如"到十月牒书数（《仓律》35）"。整理者为此解释说，"牒，薄小的简牍。"①"将阳"指的是"秦代逃亡的一种，即不经批准擅自出走、其逃亡时间在一年以内者"②。如果"乡啬夫、吏主者"不依律办事，或者"繇（徭）不当券书，券书之"，则直接主管者"乡啬夫、吏主者"赀罚一甲，而连带责任者"丞、令、令史各一盾"。

第二，对"均徭"的规定。依此律对相关责任者之排序来看，亦是由乡级主管及其属吏"乡啬夫、吏"直接负责，紧随其后之县级主管"令史、尉史主者"也承担同等责任。简文显示，秦"均徭"主要考核两项内容：行徭人数及服徭日期。如果出现"繇（徭）多员少员"的情况，则必须将之记录于下一个年度，以备合理调配；在分配本乡各里之徭戍日期时，应"足以均繇（徭）日"，到年底仍旧"弗均"，则"乡啬夫、吏及令史、尉史主者赀各二甲"，并对这些责任者予以降职处分。

可见，秦"徭律"对"发徭""均徭"的直接主管者及其连带责任者皆做了详细规定。从该简文推测，监察和考核县级及其下属机构"发徭"和"均徭"者，必为其上级之机关郡守及其相关属吏。

八、"奴徭"与"吏徭"

除了以上分析之外，我们还有必要再探讨一下秦"奴徭"与"吏徭"的问题。有学者认为，秦"奴徭"和"吏徭"是法律意义上之"徭"，其所依据的有如下几条关键性证据：

  1. 仓课志：AⅠ
  畜彘雌狗产子课，AⅡ
  畜彘雌狗死亡课，AⅢ
  徒隶死亡课，AⅣ
  徒隶产子课，AⅤ
  作务产钱课，BⅠ

---

① 睡虎地秦墓竹简整理小组编：《睡虎地秦墓竹简》，北京：文物出版社，1990年，第28页。
② 如岳麓秦简《亡律》曰："郡及襄武、上雒、商、函谷关外人及甉（迁）郡、襄武、上雒、商、函谷关外（简053/2106）男女去，阑亡、将阳，来入之中县、道，无少长，舍人室、室主舍者，智（知）其请（情），以律甉（迁）之。典伍不告，赀典一甲，伍一盾。（简054/1990）"参见陈松长主编：《岳麓书院藏秦简》（肆），上海：上海辞书出版社，2015年，第78页。

徒隶行繇（徭）课，BⅡ
畜雁死亡课，BⅢ
畜雁产子课。BⅣ
●凡囗C（8-495）①

2. ……
●小城旦九人：FⅠ
其一人付少内。FⅡ
六人付田官。FⅢ
一人捕羽：强。FⅣ
一人与吏上计。FⅤ
●小舂五人。FⅥ
其三人付田官。FⅦ
一人徒养：姊。Ⅷ
一人病：囗。FⅨ
囗囗圂敢言之，写上，敢言之。／痤手。8-145背②

3. 行繇奴繇＝役（简1590）③

4. 城旦舂衣赤衣，冒赤巾幨（毡），拘椟欙杕之。仗城旦勿将司；其名将司者，将司之。舂城旦出繇（徭）者，毋敢之市及留舍闟外；当行市中者，（简147）回，勿行（简148）。④

例 1、例 3 和例 4 是有关徒隶行"繇（徭）"的事例，例 2 则是一份有关分配刑徒工作的簿书。很明显，例 1、例 3 和例 4 简文中虽然出现了"徒隶行繇（徭）课"、"舂城旦出繇（徭）者"和"行繇奴繇＝役"等记载，但我们不能仅凭简文中出现的"繇（徭）"之字词，就断然认定其为法律意义上之"徭"。根据上文引述《说文》之解释，"繇（徭）"的基本含义就是"随从"。然此"繇（徭）"有三点必须注意：一是"繇（徭）"者的身份；二是"繇（徭）"者的上级主管部门；三是"繇（徭）"者劳作

---

① 陈伟主编：《里耶秦简牍校释》（第一卷），武汉：武汉大学出版社，2012 年，第 169 页。
② 同上书，第 85—86 页。
③ 朱汉民、陈松长主编：《岳麓书院藏秦简》（壹），上海：上海辞书出版社，2010 年，第 36、142、191 页。
④ 睡虎地秦墓竹简整理小组编：《睡虎地秦墓竹简·司空》，北京：文物出版社，1990 年，第 53 页。

的范围①。

第一,"徒隶"的身份不是著籍之编户民,其所服劳役不是法律意义上之"徭",而是"服刑"。简文中的"行繇(徭)"和"出繇(徭)"等只不过是按秦《徭律》规定来管理罪犯"徒隶"劳作的方式而已。如前引《里耶秦简牍校释》(第二卷)简2283载,对于"传送委输"这种繁重的劳役工作,"必先悉行城旦舂、隶臣妾、居赀赎责(债)";而在农忙时节,为了保障农业生产,秦法还特别规定了"不欲兴黔首"。若有违反此令者,"辄劾移县,县亟以律令具论"。因此,兴"徒隶"与兴"黔首"是明显不同的。

秦简还显示,"徒隶"中的"隶臣妾"的户籍由各级"徒隶"管理部门掌控,待其服役期满后,户籍必须返回原籍。如秦律规定:"隶臣欲以人丁粼者二人赎,许之。其老当免老、小高五尺以下及隶妾欲以丁粼者一人赎,许之。赎(简61)者皆以男子,以其赎为隶臣。女子操敃红及服者,不得赎。边县者,复数其县。(简62)"②此处虽只谈到了有关隶臣妾"赎"的问题,但最后一句"复数其县"至关重要,它是指"隶臣妾"的户籍由服役所在地管理,事后才能返回原籍。

另外,"徒隶"中的"隶臣妾"也必须依律"傅籍"。如云梦简云:"小隶臣妾以八月傅为大隶臣妾,以十月益食。"③但"隶臣妾"并非全是刑徒,只有当"隶臣妾"触犯了法律,且为法律"耐为隶臣"和"当刑隶臣"之时,才能称为"刑徒"④。研究表明,这种傅籍之"隶臣妾"显然不具备立户的可能性,也就是说秦"隶臣妾"并非编户民⑤。

第二,"徒隶"主要由县廷所辖之诸"官"管理,而著籍之编户民则由县廷之列曹负责。上引秦"仓课志"中记录了"徒隶"行徭、作务和牲

---

① 学术界对秦"徒隶"问题有过详细之探讨,如李力:《论"徒隶"的身份——从新出土里耶秦简入手》,载中国文物研究所编《出土文献研究》(第八辑),上海:上海古籍出版社,2007年,第33-42页;高震寰:《从〈里耶秦简〉(壹)"作徒簿"管窥秦代刑徒制度》,载中国文化遗产研究院编《出土文献研究》(第十二辑),上海:中西书局,2013年,第132-143页;贾丽英:《里耶秦简所见徒隶身份及监管官署》,载卜宪群、杨振红主编《简帛研究》(二〇一三),桂林:广西师范大学出版社,2014年,第68-81页;湖南省文物考古研究所:《龙山里耶秦简之徒簿》,载中国文化遗产研究院编《出土文献研究》(第十二辑),上海:中西书局,2013年,第101-131页;沈刚:《〈里耶秦简〉(壹)所见作徒管理问题探讨》,《史学月刊》2015年第2期。

② 睡虎地秦墓竹简整理小组编:《睡虎地秦墓竹简·仓律》,北京:文物出版社,1990年,第35页。

③ 同上书,第33页。

④ 参见拙文《岳麓秦简所见"隶臣妾"问题新证》,《社会科学》2016年第1期。

⑤ 参见拙文《香港中文大学文物馆藏简牍所见西汉"奴婢廪食出入簿"问题探讨》,《中国农史》2015年第5期。

畜等情况，其中"课"指的是考核。如许慎《说文解字》云："课，试也。"① 又，《史记·匈奴传》："课校人畜计。"② 据此，李均明在《里耶秦简"计录"与"课志"解》一文中解释说："'课'侧重主观认识，而'志'包含主观判断的字义相关，两相对应，颇显和谐。"③ 李先生的此种解释是很符合历史事实的。

那么，秦"仓"之下的"徒隶"事务又是如何管理的呢？秦简显示，"仓"属县廷诸"官"之一，孙闻博说："秦代地方徒隶主要由司空、仓管理。其中，司空主城旦舂、鬼薪白粲、居赀赎责（债），而仓主要管理徒隶中的隶臣妾。"④ 事实确实如此，秦县廷列曹和诸官是有严格区分的，当时"以长吏理事之县廷为中心，从内、外的角度来看，列曹处内，无印绶，多称'廷○曹'，与令、丞关系更密切；诸官在外，有印绶，未见称'廷○官'者，具有更多独立性"⑤。可见，"徒隶"主要由诸官中的司空、仓、船官、田官、厩、畜官、库等管理；而著籍之"黔首"则主要由列曹管理。如湘西里耶秦简记载：

卅五年九月丁亥朔乙卯，贰春乡守辨敢言Ⅰ之：上不更以下繇（徭）计二牒。敢言之。Ⅱ（8-1539）

……之入□。五□Ⅰ□□□□千三百八十三日，繇（徭）二日，员三万□Ⅱ

□凡五万六千六百八十四日□Ⅲ（8-1615）

上引材料反映了秦县廷"户曹"对"繇（徭）计"的管理情况。正如王彦辉所说，简8-1539和简8-1615中的"繇（徭）计"属"户曹计录"中的"乡户计"⑥。同时，这些史料也进一步说明，秦著籍之"黔首"的"繇（徭）计"是由基层行政单位"乡"负责制作和统计的。

---

① [汉]许慎：《说文解字》，北京：中华书局，1963年，第52页。
② 《史记》卷一一〇《匈奴传》，第2892页。
③ 李均明：《里耶秦简"计录"与"课志"解》，载武汉大学简帛研究中心主编《简帛》（第八辑），上海：上海古籍出版社，2013年，第157页。
④ 孙闻博：《秦及汉初"徭"的内涵与组织管理——兼论"月为更卒"的性质》，《中国经济史研究》2015年第5期。
⑤ 孙闻博：《秦县的列曹与诸官——从〈洪范五行传〉一则佚文说起》，简帛网，2014年9月17日。
⑥ 王彦辉：《秦汉徭戍制度补论——兼与杨振红、廣瀬熏雄商榷》，《史学月刊》2015年第10期。尽管笔者也认同里耶秦简中简8-1539和简8-1615为"户曹计录"中的"乡户计"，但不知王先生所依何据。

第三，徒隶"行繇（徭）"或"出繇（徭）"，主要是徒隶所属官府按工作的类别分配各种不同的劳役（或曰苦役）。那么，此"繇（徭）"者劳作的范围究竟如何？其实，我们只需了解一下秦县廷下辖之诸官中"徒隶"劳作的情况即可。

（1）从事田作等方面的工作，主要由"田官"负责。简文中有"田官徒薄（簿）"，如"廿九年尽Ⅰ岁田官徒薄（簿）Ⅱ廷。Ⅲ（8-16）"①此处的"田官徒薄（簿）"即是指田官管辖"徒隶"之劳作簿，如"（隶臣妾）廿四人付田官（8-145）"、"（小隶妾）六人付田官（8-444）"、"（小城旦）六人付田官（8-145）"、"（小舂）其三人付田官（8-145）"和"（小城旦）其八人付田官（8-162）"②。田官所辖"徒隶"劳作的情况主要以"计"簿的形式出现，如"田官计（8-481）"，其工作绩效的考课也有专门之簿籍，名曰"田官课志（8-479）"。

（2）从事畜牧业有关的劳作，主要由畜官负责。简文中常见"畜官作徒薄（簿）"，如"畜官、Ⅰ田官作徒薄（簿），□及贰舂Ⅲ廿八年Ⅳ（8-285）"③。有关"徒隶"从事畜牧业的劳作情况也有记载，如"（隶臣妾）其二人付畜官（8-145）"、"（□寇）□作园，□畜官（8-162）"。畜官"作徒薄（簿）"对徒隶所饲养的牛、羊和马等牲畜皆记录在案，简文称之为"畜官牛计，BⅣ马计，CⅠ羊计CⅡ（8-481）"④。同时，在"畜官课志（8-490）"下特别设置了"徒隶牲畜死负、剥卖课（8-490）"和"徒隶牲畜畜死不请课（8-490）"⑤ 两项考课内容。

（3）从事"仓"有关的工作，主要由诸官中的"仓"负责。如"二月辛未，都乡守舍徒薄（簿）□Ⅰ受仓隶妾三人（8-142背）"、"受仓隶妾七人（8-145）"、"受仓隶妾二人□（8-179）"、"受仓隶妾三人□（8-688）"、"受仓隶妾一人□（8-963）"、"受仓隶臣一人（8-973）"、"受仓隶□（8-991）"、"受仓大隶妾三人（8-1278）"、"受仓小隶臣二人（8-1713）"、"受仓小隶臣二人（8-1713）"和"受仓大隶妾三人（8-1759）"。这些典型例子说明秦"仓"主要管理"隶臣妾"，并向其他机构派出"隶妾"或"隶臣"。奇怪的是，简文关于"仓"所管理"徒隶"的记载中均不

---

① 陈伟主编：《里耶秦简牍校释》（第一卷），武汉：武汉大学出版社，2012年，第31页。
② 同上书，第99页。
③ 同上书，第128页。
④ 同上书，第164页。
⑤ 同上书，第168页。

见"耐隶臣妾"、"刑隶臣妾"、"系隶臣妾"、"城旦舂"和"鬼薪白粲"等因触犯法律而沦为刑徒(或曰罪犯)的情况。这种现象进一步说明,"隶臣妾"与"城旦舂"和"鬼薪白粲"等刑徒分属不同部门,其身份也定当有所不同①。毋庸置疑,诸官中之"仓"也有考课记录,亦即"仓课志",其下设有"畜彘雌狗产子课"、"畜彘雌狗死亡课"、"徒隶死亡课"、"徒隶产子课"、"作务产钱课"、"徒隶行繇(徭)课"、"畜鴈死亡课"和"畜鴈产子课"(8-495)。当然,诸官中还有"司空、船官、厩、库"等机构。

除了以上所论"徒隶"劳作之范围外,秦"徒隶"还从事宫苑陵墓建设和道桥修筑等艰苦的劳役工作。至于15岁以上且未傅籍之"黔首"以及"睆老"的服役情况,学界已有研究②,此不赘述。

接下来,我们再来简略分析一下秦"吏繇"的两个问题。一是秦"吏繇"能称之为"服役"吗?如孙闻博指出:"秦及西汉,吏在基本职事之外,常被官府差使从事各种外出工作。这在当时也称'繇','行繇'一称,或反映了'繇'多受差使而外出服役的特征。"③ 二是秦"吏繇"是否能指代"职役"或"厮役"?如王彦辉说:"就吏员的本职与公差来说,低级吏员的本职就包括'繇使'在内,这个'繇'或许称之为'职役''厮役'更为恰当。"事实果真如此吗?据湘西里耶秦简载:

卅四年正月丁卯朔辛未,迁陵守丞巸敢言之:迁陵黔首☐Ⅰ
佐均史佐日有泰(大)抵已备归,居吏被使繇(徭)及☐Ⅱ

---

① 马怡认为,"隶臣妾"是一种贱民身份的称呼。参见马怡:《秦人傅籍标准试探》,《中国史研究》1995年第4期。笔者专门撰文探讨了秦"隶臣妾"问题,结果发现:"秦'隶臣妾'应分为两种:第一种为依附于官府名下之'隶臣妾',这种'隶臣妾'又分为具有行动自由且通过'从事公'或经营产业而获得经济收入之'隶臣妾'和因触犯法律而被处'以为隶臣妾'者;第二种为依附于私人名下之'隶臣妾',他们只有获得户主放免后,才能拥有立户和财产支配权。"参见拙文《岳麓秦简所见"隶臣妾"问题新证》,《社会科学》2016年第1期。沈刚也得出了大致相同的结论,沈先生认为:"仓掌管的徒主要有隶臣、隶妾、大隶臣、大隶妾、小隶臣,也就是说隶臣妾都由仓来管理。司空掌握的刑徒主要有隶妾系舂、城旦、丈城旦、舂、司空居赀、居赀、赎责、鬼薪、白粲、小城旦、隶妾居赀、小舂。这里值得注意的是,隶妾本是归属仓管理的,但如果受到居赀的处罚,则要划归司空管理。"参见沈刚:《〈里耶秦简〉(壹)所见作徒管理问题探讨》,《史学月刊》2015年第2期。因此,愚以为,秦"徒隶"应分为两种类型:"刑徒(或曰罪犯)"和"隶臣妾"。只有如斯,我们才能更全面地把握秦"徒隶"研究中的诸多问题。由此而言,马怡的分析是有一定道理的。

② 参见杨振红:《繇、成为秦汉正卒基本义务说——更卒之役不是"繇"》,《中华文史论丛》2010年第1期。

③ 孙闻博:《秦及汉初"繇"的内涵与组织管理——兼论"月为更卒"的性质》,《中国经济史研究》2015年第5期。

第七章　新出简牍与"徭戍"制度

前后书,至今未得其代,居吏少,不足以给事☐Ⅲ
吏。谒报,署主吏发。敢言之。Ⅳ
二月丙申朔庚戌,迁陵守丞巸敢言之:写上☐Ⅴ
旦,令佐信行。☐(正)Ⅵ8-197

报别臧。Ⅰ
正月辛未旦,居赀枳寿陵左行。☐Ⅱ8-197背①

很显然,这是"迁陵守丞巸"所发出的一份上行文书,其中有"居吏 柀使繇(徭)"的记载。有学者据此认为,这份文书"内容实际涉及吏 徭","地方官府役使而外出服各种供奉、差使类杂役"②。但是,愚以为, 陈松长对秦"吏徭"的研究结论是正确的。陈先生云:"(秦汉时期)官吏 的'繇使'也许就如现在各级行政管理人员出'公差',它并不是一种劳 役或苦役,而只是一份差事而已。"③

不可否认,王彦辉在《秦汉徭戍制度补论——兼与杨振红、廣瀨熏雄 商榷》一文正确界定了"吏徭"的性质:"官吏的'徭'与百姓的'徭'" 绝不能"混为一谈"④。但却又认为,秦之"吏徭"相当于东汉之"职役" "厮役"。如王先生在文中列举了两条佐证材料:一为《后汉书·独行列 传》中之"职役",此乃陈述东汉和帝时期之事⑤;二是《后汉纪·孝灵 皇帝纪》中的"(陈寔)少为县吏,常给厮役"之史料⑥。

我们知道,在官僚制度初创之秦时,"吏"的工作就是治理百姓事务, 而不是所谓的"职役"或"厮役"。但东汉中后期,尤其是汉末,由于基 层"吏"逐渐卑微化,其工作也为世人所鄙视,故此时"充吏"可称之为 "吏役"、"职役"或"厮役"⑦。之所以有如此之说,著名史学家唐长孺给

---

① 陈伟主编:《里耶秦简牍校释》(第一卷),武汉:武汉大学出版社,2012年,第108-109页。
② 孙闻博:《秦及汉初"徭"的内涵与组织管理——兼论"月为更卒"的性质》,《中国经济史研究》2015年第5期。
③ 陈松长:《秦汉时期的繇与繇使》,《湖南大学学报》(社会科学版)2014年第4期。
④ 王彦辉:《秦汉徭戍制度补论——兼与杨振红、廣瀨熏雄商榷》,《史学月刊》2015年第10期。
⑤ 《后汉书》卷八一《独行列传》,第2685页。
⑥ [晋]袁弘:《后汉纪·孝灵皇帝纪》,北京:中华书局,2002年,第454页。
⑦ 这种吏的情况在长沙走马楼吴简中屡见,具体参见凌文超:《走马楼吴简采集簿书整理与研究》,桂林:广西师范大学出版社,2015年;杨振红:《吴简中的吏、吏民与汉魏时期官、吏的分野》,《史学月刊》2012年第1期;黎虎:《"吏户"献疑——从长沙走马楼吴简谈起》,《历史研究》2005年第3期。

出了正确的答案：

> 吏的解释就是官，《说文》："吏，治人者也。"哪怕最低层的吏，本来也都不是役。中央和地方机构中有吏，军中也有吏，我们在史籍中经常见到"吏士"或"吏兵"联称，通常即泛指将士。但是由于低层的吏常被长官驱使奔走，加以职务的繁重，某些劳役又加在他们头上，充吏就逐渐演变为一种吏役，有时还成为别于编户的特殊户口。这种情况大致始于汉末，成于魏晋，而南北朝时期最为显著。①

事实就是如此。秦官吏之工作可以称之为"履职"，但绝不能界定为"职役"、"厮役"或"吏役"。

综上所述，岳麓秦简《繇律》为我们正确理解秦"繇"制中的服役者身份、管理部门和服役范围等问题提供了最为直接的全新证据。可以说，这些新史料填补了秦"繇"制研究的史料空白，进一步开拓了我们的研究视野。

第二节　岳麓秦简所见《戍律》初探

与《繇律》密切相关的就是《戍律》。上个世纪 70 年代，云梦秦简披露了一枚《戍律》简文，仅有寥寥数字，其文曰："●戍律曰：同居毋并行，县啬夫、尉及士吏行戍不以律，赀二甲。(《秦律杂钞》简 39)"② 即便如此，这枚简牍也使学界对秦律及"繇戍"制度有了一个崭新的认识。可喜的是，新近公布的《岳麓书院藏秦简》(肆)又出现了三条全新的《戍律》史料，这为我们重新认识秦律的体系及"繇戍"制度带来了新的契机。如《岳麓书院藏秦简（肆）·戍律》载：

1. ●戍律曰：下爵欲代上爵、上爵代下爵及毋(无)爵欲代有爵者戍，皆许之。以弱代者(耆)及不同县而相代，勿许。(简 182/1414-1)【不当相代】而擅相代，赀二甲；虽当相代而不谒书于吏，

---

① 唐长孺：《魏晋南北朝时期的吏役》，《江汉论坛》1988 年第 8 期。
② 睡虎地秦墓竹简整理小组编：《睡虎地秦墓竹简》，北京：文物出版社，1990 年，第 89 页。

其庸代人者及取代者，赀各一甲。（简 183/1298）①

2. ●戍律曰：戍者月更。君子守官四旬以上为除戍一更∟。遣戍，同居毋并行，不从律，赀二甲。戍在署，父母、妻死（简 184/1299）遣归葬。告县，县令拾日∟。繇（徭）发，亲父母、泰父母、妻、子死，遣归葬。已葬，辄聂（蹑）以平其繇（徭）。（简 185/1238）（缺简）而舍之，缺其更，以书谢于将吏，其疾病有瘳、已葬、劾已而遣往拾日于署，为书以告将吏，所【将】（简 186/1255）疾病有瘳、已葬、劾已而敢弗遣拾日，赀尉、尉史、士吏主者各二甲，丞、令、令史各一甲。（简 187/J46）②

3. ●戍律曰：城塞陛郭多陕（决）坏不修，徒隶少不足治，以闲时岁一兴大夫以下至弟子、复子无复不复，各旬（简 188/1267）以缮之。尽旬不足以索（索）缮之，言不足用积徒数属所尉，毋敢令公士、公卒、士五（伍）为它事，必与缮城塞。（简 189/1273）岁上春城旦、居赀续〈赎〉、隶臣妾缮治城塞数、用徒数及黔首所缮用徒数于属所尉，与计偕，其力足（简 190/1248）以为而弗为及力不足而弗言者，赀县丞、令、令史、尉、尉史、士吏各二甲。离城乡啬夫坐城不治，如城尉。（简 191/1249）③

以上三则史料是我们深入研究秦《戍律》最为鲜活而可靠的第一手材料。大体而言，这些新史料反映了如下历史事实：

例1表明，秦已存在"取庸代戍"制度。我们知道，汉简中存在大量"取庸代戍"方面的记载。为此，谢桂华专门撰写了一篇有关论文，即

---

① 陈松长主编：《岳麓书院藏秦简》（肆），上海：上海辞书出版社，2015年，第128页。陈曼曼认为："此字（'者'）应该是'耆'。从字形上来看，此字下部所从应为旨，与简183'者'字作不同。从文意上来看，'以弱代者'不通，《睡虎地秦简·秦律十八种》简136：'大啬夫、丞及官啬夫有罪。居赀赎责欲代者，耆弱相当，许之。'其中'耆弱相当'可与此句对勘，'耆'即为强之意，以弱代强以及不同县而相代，不许。文意更加通畅。"参见陈曼曼：《读〈岳麓书院藏秦简（肆）〉札记一则》，简帛网站，2018年8月4日。根据上下文意，笔者认同这一解释。

② 陈松长主编：《岳麓书院藏秦简》（肆），上海：上海辞书出版社，2015年，第129-130页。关于"同居毋并行"中的"并"，朱锦程释读为"竝"，且"在简文中'竝'应通'並''并'，作副词，表同时之意。"参见朱锦程：《读〈岳麓书院藏秦简（肆）〉札记（一）》，简帛网站，2016年3月24日。此观点可从。

③ 陈松长主编：《岳麓书院藏秦简》（肆），上海：上海辞书出版社，2015年，第130-131页。何有祖认为，"城塞陛郭"中的"郭"应释读为"郭"。参见何有祖：《读岳麓秦简肆札记（二）》，简帛网站，2016年3月25日。

《汉简和汉代的取庸代戍制度》①。但由于秦史资料的缺乏，谢先生并未论及秦"取庸代戍"的问题。因此，这批简牍就显得尤为弥足珍贵，它们既填补了秦"取庸代戍"制度史研究的史料空白，更加深了我们对汉代戍役制度的认识。

例2说明，秦时已建立了完备的"戍者月更"和"遣戍"制度。以往学术界为了解释"戍者月更"和"遣戍"制度，一般皆以汉制推演秦制。而此批《戍律》简文显然给我们的研究提供了最为原始的第一手资料。这批史料不仅使我们清晰地认识到秦"戍者月更"的存在，更给我们探讨秦"遣戍"的条件、请假缘由以及销假的过程等问题提供了全新的确凿证据。

例3则充实了秦"缮治城塞"制度研究的史料基础。关于这一问题，上个世纪70年代出版的云梦秦简已披露了部分细节。但此次公布的岳麓秦简《戍律》无疑对"缮治城塞"制度的规定更为具体而翔实，这极大地拓展了我们对秦戍役制度研究的视野。

基于以上认识，本节拟利用这批新出史料并结合传世文献和以往出土秦汉简牍，专门对秦"取庸代戍"、"戍者月更"、"遣戍"以及"缮治城塞"等制度问题做一全面而系统的分析。

一、"取庸代戍"制度

在传世文献中，我们常见一些有关"庸（或佣）"的记载，如"臣（范雎）为人庸赁"②、"（儿宽弟子）及时时间行佣赁"③、"（陈涉）尝与人佣耕"④、"（匡）衡佣作以给食饮"⑤ 等。正如谢桂华所言，这些"庸赁"、"佣赁"、"佣耕"以及"佣作"显然指的是雇佣或雇工之意，而非"取庸代戍"中之"庸"。"取庸代戍"中之"庸"的"确切含义，应指取庸代戍，即被雇者代替雇者戍边"⑥。这种"取庸代戍"之制在秦律中被归入了"戍律"，而非"徭律"。这也就证明，"取庸代戍"属于秦"徭戍"制度的一项重要内容。

---

① 谢桂华：《汉简和汉代的取庸代戍制度》，载氏著《汉晋简牍论丛》，桂林：广西师范大学出版社，2014年，第146–168页。
② 《史记》卷七九《范雎传》，第2413页。
③ 《史记》卷一二一《儒林列传》，第3125页。
④ 《史记》卷四八《陈涉世家》，第1949页。
⑤ 《史记》卷九六《申屠嘉传》，第2688页。
⑥ 谢桂华：《汉简和汉代的取庸代戍制度》，载氏著《汉晋简牍论丛》，桂林：广西师范大学出版社，2014年，第157页。

这种制度在传世文献和以往出土秦简牍中极为罕见，但汉简显示，两汉时期确实存在这一制度。如谢桂华就曾依据大量西北汉简中有关"取庸代戍"的简文详细论证和分析了汉代这一制度①。谢先生的研究结论大略有如下几点：一是雇工、雇佣和佣工等与"取庸"不同。在大量"敦煌和居延汉简中的'庸'，显然非指一般的'雇工'、'雇佣'和'佣工'，它的确切含义，应指取庸代戍，即被雇者代替雇者戍边"②。二是"取庸代戍"制度中的籍贯、年龄和爵位问题。谢先生云，汉代之取庸代役，"无论在内地，还是在边郡，雇主和被雇者，均应为同县人"。至于爵位问题，汉代"在通常情况下，被雇者的爵称应与雇主同级，或者爵称低于雇主"③。三是汉代"取庸代役"的情况极少，大多数"戍卒（包括田卒、河渠卒等）为自行戍边"④。很显然，谢桂华以其深厚的简帛学和历史学功底洞察到了秦汉"取庸代役"制度中的主要问题，但对照以上所引《岳麓书院藏秦简》（肆）之简文，愚以为，这种"取庸代役"制度尚有众多问题有待进一步探讨。兹据《岳麓书院藏秦简》（肆）中的《戍律》并结合传世文献和西北汉简对这一问题再做一系统梳理和分析。

---

① 谢桂华：《汉简和汉代的取庸代戍制度》，载氏著《汉晋简牍论丛》，桂林：广西师范大学出版社，2014年，第146-168页。亦可参阅谢桂华：《汉简和汉代的取庸代戍制度》，载甘肃省文物考古研究所编《秦汉简牍论文集》，兰州：甘肃人民出版社，1989年，第77-112页。本书以《汉晋简牍论丛》版本为准，以下皆同。当然，论及该问题的学者还有很多，如翦伯赞：《两汉时期的雇佣劳动》，《北京大学学报》（人文科学）1959年第1期；高敏：《试论汉代的雇佣劳动者》，载氏著《秦汉史论集》，郑州：中州书画社，1982年，第188-212页；陈直：《居延简中所见庸工价值》，载氏著《居延汉简研究》，天津：天津古籍出版社，1986年，第89-91页；朱绍侯：《对居延敦煌汉简中庸的性质浅议》，《中国史研究》1990年第2期；黄今言：《西汉徭役制度简论》，《江西师院学报》（哲学社会科学版）1982年第3期；李树春、梁瑞：《〈居延汉简〉中的戍吏经商、雇佣现象》，《殷都学刊》2009年第1期；臧知非：《从张家山汉简看"月为更卒"的理解问题》，《苏州大学学报》（哲学社会科学版）2004年第6期；杨振红《出土简牍与秦汉社会》（续编）第八章"徭、戍为秦汉正卒基本义务——更卒之役不是'徭'"，桂林：广西师范大学出版社，2015年，第181-209页。

② 谢桂华：《汉简和汉代的取庸代戍制度》，载氏著《汉晋简牍论丛》，桂林：广西师范大学出版社，2014年，第157页。我们钩稽相关史料后发现，秦简中出现了很多有关"庸"的史料。但其意或为庸工，或表示"用"之意，或由于简文残缺，意义不确，如湘西里耶秦简中之简8-43、简8-949、简8-1245、简8-1674以及云梦秦简《封诊式》简18等即可为证。当然，《岳麓书院藏秦简》（叁）也有相关记载，如"芮盗卖公列地案"简064（意为"用"）、"猩、敞知盗分赃案"简050（意为"雇为佣工"）、"同、显盗杀人案"简144（意为"佣工"）、"暨盗杀安、宜等案"简159（意为"佣工"）等。又，《岳麓书院藏秦简》（肆）中也有相关记载，如075/2012（意为"佣工"）、简232/1419（意为"用"）等即是。因此，《岳麓书院藏秦简》（肆）中有关"取庸代戍"的新史料为我们深入了解秦汉戍役制度提供了坚实的史料基础。

③ 同上书，第167页。谢先生还对"取庸代役"制度中的服役期限、庸价和年龄等问题做了阐述和论证，具体情况下文将论及。

④ 同上。

第一，"取庸代戍"的约束条件。正如例1所载，秦在法律上对"取庸代戍"者规定了严格的约束条件。那么，汉代是否也存在这些约束条件呢？答案是肯定的。谢桂华依据西北汉简的记载对两汉"庸代人者"和"取代者"的居住地、年龄和爵称等限制性条件做了一些分析和推测，这为我们进一步深入探讨这一问题奠定了坚实的基础。先让我们回顾一下有关汉代"取庸代戍"的材料：

戍卒上党郡屯留旸石里公乘赵柱，年廿四，庸同县閲里公乘路通，年卅三。有劾（《敦煌汉简》2077）①

☑年廿八，庸同县千乘里公士高祁，年卅一（《合校》7.14）②

☐二，庸同县利里公乘张长☐☑（《合校》8.7）

☑济阴郡定陶徐白大夫蔡守，年卅七，庸同县延陵大夫陈遂成，年廿九。第廿三☐☑（《合校》13.9A）

戍卒南阳郡鲁阳重光里公乘李少子，年廿五，庸同☑（《合校》49.32）

☑子姚德自言，兄破胡，取同县安汉里干少（《合校》67.1）

建平五年十二月丙寅朔乙亥，诚北候长☐充敢言之。官下诏诣☑右☐☐☐☐☐☐募，谨募☐戍卒庸魏☐等☐☐☐☐☐☑（《合校》137.3，224.18）

戍卒庸昭武安汉☑（《合校》146.31）

☑，年廿七，庸同县和☐☑（《合校》212.71）

☑里杜买奴，年廿三，庸北里吉（《合校》221.30）

☑廿四，取固里公士丁积，年廿五，为庸自代③（《合校》508.26，508.27）

☑，年廿三，庸步昌里公乘李毋忧，年卅一，代（E.P.T52：269）

☑庸任作者移名任作不欲为庸☑一编，敢言之（《合校》224.19）

戍卒河东郡北屈务里公乘郭赏，年廿六，庸同县横原里公乘毡彭祖，年卅五（E.P.T51：86）④

---

① 甘肃省文物考古研究所编：《敦煌汉简》，北京：中华书局，1991年。
② 谢桂华、李均明、朱国炤：《居延汉简释文合校》，北京：文物出版社，1987年。以下将之简称为《合校》。
③ 此处按谢先生厘定的简文为准。参见谢桂华：《汉简和汉代的取庸代戍制度》，载氏著《汉晋简牍论丛》，桂林：广西师范大学出版社，2014年，第148页。
④ 甘肃省文物考古研究所等编：《居延新简——甲渠候官与第四燧》，北京：文物出版社，1990年。

第七章　新出简牍与"徭戍"制度　　　　　　　　　　·281·

　　戍卒南阳郡堵阳北舒里公乘李国，庸☒（E. P. T51：305）
　　☒☒候言，戍卒马张，取昭武男子董子真☐。☐☒兼掾临、属霸、书佐音、助府佐☐（E. P. T51：657A，E. P. T51：657B）①
　　戍卒济阴郡定陶堂里张昌，庸定陶东阿里靳奉☐☒（《敦煌汉简》1405）
　　戍卒济阴郡定陶安便里朱宽，庸定陶☐☐里☒（《敦煌汉简》1406）
　　万岁部，居摄元年九月，戍卒受庸钱名籍（E. P. T59：573）
　　以上就是西北汉简中有关"取庸代戍"的简文②。结合前引岳麓秦简可知，这些史料大致反映了如下历史事实：
　　一是禁止"以弱代者（耆）及不同县而相代"③。岳麓秦简《戍律》明文禁止"以弱代者（耆）"，而上引汉简却是以年龄大小来区分"庸代人者"和"取代者"身体之强弱。西北汉简显示，"取代者"大都在二十至四十几岁，这一年龄段正属于青壮年时期。愚以为，"取代者"年龄在五十岁以上者可能就属于"以弱代者"了。如《肩水金关汉简》73EJT23：749云："☒☒五十以下欲为戍庸☒"④。这条材料正好说明了上引西北汉简何以没有超过五十岁以上"取代者"的记录⑤。
　　二是在籍贯问题上，法律规定"庸代人者"和"取代者"必须为同县人。如上引简文中"庸同县闾里公乘路通"、"庸同县千乘里公士高祁"、"庸同县利里公乘张长☐☒"、"庸同县延陵大夫陈遂成"、"庸同县和☐☒"和"庸同县横原里公乘毡彭祖"等皆可为证。这些证据不仅证明了谢桂华关于籍贯问题研究的结论是正确的，更进一步说明了岳麓秦简禁止"不同

---

　　① 此处按谢先生厘定的简文为准。参见谢桂华：《汉简和汉代的取庸代戍制度》，载氏著《汉晋简牍论丛》，桂林：广西师范大学出版社，2014年，第148页。
　　② 谢桂华在《汉简和汉代的取庸代戍制度》一文中共列举了45则汉简材料。为节省篇幅，本文仅列举了19例足以说明"取庸代戍"制度的典型史料，特此说明。
　　③ 此处之"者"应为"耆"，即强壮之意。参见陈曼曼：《读〈岳麓书院藏秦简（肆）〉札记一则》，简帛网站，2018年8月4日。
　　④ 甘肃简牍保护研究中心等编：《肩水金关汉简》（贰），上海：中西书局，2011年，第108页。但"以强代弱"则是合法的。如《肩水金关汉简》73EJT6：93载："戍卒颍川郡定陵遮里公乘秦霸，年五十，庸池里公乘陈宽，年卅四，☒"（参见甘肃简牍保护研究中心等编：《肩水金关汉简》（壹），上海：中西书局，2011年，第70页），此处雇主显然已到五十岁了，但被雇者仅为"年卅四"，当然属于"强"，而非"弱"矣。
　　⑤ 但法律并未规定"庸代人者"年龄不能超过五十，如《肩水金关汉简》73EJT37：993即可为证。

县而相代"的制度规定在两汉时期得到了继承和发展①。

三是在爵位问题上，法律对"庸代人者"和"取代者"并无区别对待。谢桂华根据上引西北汉简曾言："被雇者的爵称应与雇主同级，或者爵称低于雇主。"② 但是，最新刊布的《肩水金关汉简》73EJT5：39 却显示，无爵者也可以雇佣高爵位者服戍役。如该简文曰："戍卒梁国杼秋东平里士伍丁延，年卅四，庸同县敬上里大夫朱定□☑。"③ 在此例中，被雇者"大夫朱定□"（或曰"大夫朱定"）的身份显然比无爵位的雇主"士伍丁延"高。换言之，在秦汉"取庸代戍"制度中，除了谢先生所言情况外，低爵位甚至无爵位者也可以雇佣高爵位者服戍役。这正好符合岳麓秦简《戍律》中有关"下爵欲代上爵、上爵代下爵及毋（无）爵欲代有爵者戍，皆许之"的规定。

可见，岳麓秦简《戍律》对于爵位问题的规定概有如下三种：爵位低者可以代替爵位高者服戍役；爵位高者可以代替爵位低者服戍役；无爵位者可以代替有爵位者服戍役。

第二，"取庸代戍"的管理问题。上引岳麓秦简《戍律》制定的这三条"取庸代戍"的法律条文显然针对的是"庸代人者及取代者"。那么，官府是如何知晓有人违反了这些"取庸代戍"制度呢？这就需要有严格的文书登记和审查制度。可惜的是，秦简中并无此类文书的记载，但汉简中却披露了一些有价值的信息。如《肩水金关汉简》载：

> 戍卒梁国睢阳秋里不更丁姓，年廿四，庸同县驼诏里不更廖亡生，年廿四，☑（73EJT1：81）④
>
> ☑淮阳国围□□里公乘孟汉，年卅一，庸同县朝阳里公乘朱害，年☑（73EJT4：109）⑤
>
> □□□戍里上造薛广，年廿四，庸同县武成里陈外，年卅八丿（73EJT21：105）⑥

---

① 从"取庸代戍"的籍贯上看，谢桂华的研究结论正好与岳麓秦简所记相契合，这也进一步说明，汉代"取庸代戍"制度继承了秦制。
② 谢桂华：《汉简和汉代的取庸代戍制度》，载氏著《汉晋简牍论丛》，桂林：广西师范大学出版社，2014年，第167页。
③ 甘肃简牍保护研究中心等编：《肩水金关汉简》（壹），上海：中西书局，2011年，第55页。
④ 同上书，第6页。
⑤ 同上书，第45页。
⑥ 甘肃简牍保护研究中心等编：《肩水金关汉简》（贰），上海：中西书局，2012年，第18页。

第七章 新出简牍与"徭戍"制度 ·283·

庸同县大昌里簪裹赵可，年卅七（竹简）（73EJT23：147）①

田卒淮阳郡新平景里上造高千秋，年廿六，取宁平驷里上造胡部年廿四为庸丿（73EJT26：9）②

田卒贝丘庄里大夫成常幸，年廿七，庸同县厝期里大夫张收，年卅，长七尺☐（73EJT29：100）③

济阴郡冤句谷里吕福，年廿六，庸同里大夫吕怒士，年廿八，长七尺二寸，黑色「」「」（73EJT37：985）④

魏郡内黄北安乐里大夫程延，年五十五，庸同县同里张后来，年卅二，长七尺二寸，黑色（73EJT37：993）⑤

☐☐，年廿五，庸同☐（73EJC：514）⑥

☐，庸同县☐里不更高☐，年廿一（73EJC：626）⑦

以上就是《肩水金关汉简》中几则有关"取庸代戍"的典型材料⑧。谢桂华曾据前引居延汉简中的"☐庸任作者移名任作不欲为庸☐一编"之记载，归纳了两类"取庸代戍"的文书格式：一类文书是"戍卒（包括田卒等）欲取庸任作名籍"，如"田卒淮阳郡长平高里公士冯宋，年廿五，取西华里公士吕舒，年☐"（《合校》515.50，514.40）和"☐，年廿五，取始工里公☐"（《合校》520.15）"；另一类是"戍卒取庸任作名籍"⑨，如"☐济阴郡定陶徐白大夫蔡守，年卅七，庸同县延陵大夫陈遂成，年廿九。第廿三☐☐（《合校》13.9A）"等。愚以为，谢先生的研究结论是正确的，笔者在此仅对这两类文书做一补充说明。

由上引居延旧简、《肩水金关汉简》和《岳麓书院藏秦简》（肆）可

---

① 甘肃简牍保护研究中心等编：《肩水金关汉简》（贰），上海：中西书局，2012年，第67页。

② 甘肃简牍保护研究中心等编：《肩水金关汉简》（叁），上海：中西书局，2013年，第49页。

③ 同上书，第98页。

④ 甘肃简牍保护研究中心等编：《肩水金关汉简》（肆），上海：中西书局，2015年，第82页。

⑤ 同上书，第83页。

⑥ 甘肃简牍保护研究中心等编：《肩水金关汉简》（伍），上海：中西书局，2016年，第118页。

⑦ 同上书，第125页。

⑧ 这些简文除了上引居延汉简和敦煌汉简外，《肩水金关汉简》中尚有很多，为节省篇幅，本文仅从已披露的金关汉简中各摘录了两条典型材料。

⑨ 谢桂华：《汉简和汉代的取庸代戍制度》，载氏著《汉晋简牍论丛》，桂林：广西师范大学出版社，2014年，第160—162页。

知，"戍卒（包括田卒等）欲取庸任作名籍"的文书格式应包括如下几个部分：第一部分为"取代者"的信息，如戍卒类别、籍贯、爵位、姓名和年龄；第二部分就是用一个词语"取……"；第三部分为"庸代人者"的信息，如籍贯、爵位、姓名、年龄、身高和颜色等。

与此相反，"戍卒取庸任作名籍"文书格式却为以下三个部分：第一部分为"庸代人者"的信息，如戍卒类别、籍贯、爵位、姓名和年龄；第二部分是用一个动宾结构的词语"庸同县……"来表示"取代者"；第三部分则详细记录了"取代者"的信息，如籍贯、爵位、姓名、年龄、身高和颜色等。

以上这两类文书肯定要经过官吏的严格审查，否则就不会有岳麓秦简《戍律》中"虽当相代而不谒书于吏，其庸代人者及取代者，赀各一甲"的规定。此处所言"谒书于吏"，当指"庸代人者"和"取代者"必须如实登记籍贯和年龄，以便相关官吏核查"庸代人者"和"取代者"的身体状况和籍贯等情况。在确定"庸代人者"和"取代者"皆无违反上文所述的三条法律时，则会在文书后面标记"丿"和"亅"等符号。在居延汉简中，还有一枚有关"取庸代戍"制度的简牍明显标记了"卩"符号。如《合校》303.13载："田卒大河郡平富西里公士昭遂，年卅九，庸举里严德，年卅九，卩。"① 李均明等先生对此解释说："简牍钩校符中，√、亅之类多表示人或物见存，而卩多表示某行为已实行，侧重点虽不同，但就其实质而言，皆表示某账（或其他文书）已核校，如吐鲁番文书所云'勾上了'。"② 可见，官府对这类"取庸代戍"文书的管理是非常严格的，在上引简牍中甚至出现了三次审核的情况，如《肩水金关汉简》73EJT37：985中的"亅亅亅"即可为证③。

总之，秦《戍律》在"取庸代戍"方面的规定与其说是对一般黔首的优待，毋宁说是对高爵位者的激励。我们知道，秦民获得爵位愈高，则其经济和政治等待遇亦随之而提高。因此，"取庸代戍"制度的施行极大地激发了秦军功爵制的优越性。但同时也证明，秦实际服戍役者绝大部分为贫苦之人。

---

① 此处按谢先生厘定的简文为准。参见谢桂华：《汉简和汉代的取庸代戍制度》，载《秦汉简牍论文集》，兰州：甘肃人民出版社，1989年，第150页。

② 李均明、刘军：《简牍文书学》，南宁：广西教育出版社，1999年，第87页。

③ 至于《合校》303.13中的"卩"，亦有可能表示"庸价"已取之意，或表示文书审核后，双方雇佣关系已达成的意思。但此处之"卩"具体所指为何，尚待更多出土材料的证实。

二、"戍者月更"和"遣戍"制度

学术界一般认为，云梦秦简中的"《戍律》当为有关征发兵役的法律"①。但在秦官文书中往往又"徭戍"并称，这该如何解释呢？我们认为，秦"徭"和"戍"既有区别，同时又有密切的联系。"徭"是一种纯粹性的劳役。而"戍"既是一种劳役，也是一种兵役②。例2《戍律》表明，秦"月为更卒"是"戍"，而非"徭"，且秦"遣戍"制度极为严格。下面我们具体分析一下例2中的材料。

第一，"戍者月更"与"君子守官"代役问题。例2《戍律》对"戍者"役期做了明确规定。一方面律文规定了"戍者月更"；另一方面则又强调了"守官四旬以上"的"君子"可以抵消"一更"戍期的规定。

秦"戍者月更"指的是"戍者"每月轮番驻守之意③。这一制度为汉代所继承。如《汉书》卷七《昭帝纪》在"三年以前逋更赋未入者，皆勿收"条目下注引如淳曰："更有三品，有卒更，有践更，有过更。古者正卒无常人，皆当迭为之，一月一更，是谓卒更也。贫者欲得顾更钱者，次直者出钱顾之，月二千，是谓践更也。"④ 这里所谓"一月一更"指的就是秦《戍律》中的"月更"。

同时，法律又规定了"君子守官四旬以上"亦可免除相当于"一更"的役期，亦即一月之戍役。享受这种待遇者必须同时满足以下三个条件："君子"、"守官"以及"四旬以上"。何谓"君子"？根据简文意思，此"君子"指的是地位或品行较高且担任一定行政职务的人，如云梦秦简中出现的"署君子"就是指"防守岗位的负责人"⑤。这类人既然社会地位颇高，其极有可能拥有一定的高爵位。"守官"就是在官府任职并从事行政工作之意。其中，"官"指的是官府治事之处所。如《礼记·玉藻》："在官不俟屦，在外不俟车。"郑玄注曰："官，谓朝廷治事

---

① 高恒：《秦律中的徭、戍问题——读云梦秦简札记》，《考古》1980年第6期。
② 参见《岳麓秦简所见"徭"制问题分析》，载陈晓明等主编《黄今言教授八十华诞纪念文集》，南昌：江西人民出版社，2017年，第553—582页。
③ 参见马怡：《秦简所见赀钱与赎钱——以里耶秦简"阳陵卒"文书为中心》，载武汉大学简帛研究中心主办《简帛》（第八辑），上海：上海古籍出版社，2013年，第208页。
④ 《汉书》卷七《昭帝纪》，第230页。如淳又在《汉书》卷二九《沟洫志》"治河卒非受平贾者，为著外繇六月"条目下注云："律说，平贾一月，得钱二千。"（第1690页）
⑤ 睡虎地秦墓竹简整理小组编：《睡虎地秦墓竹简》，北京：文物出版社，1990年，第88页。

处也。"① 因此，据律文可知，但凡"君子"居官满 40 天以上，皆可免除一月之戍役。

第二，"遣戍"制度②。"遣戍"制度同样在云梦秦简《戍律》中出现了。如云梦秦简《秦律杂钞》载："●戍律曰：同居毋并行，县啬夫、尉及士吏行戍不以律，赀二甲。（简 39）"③ 据此可知，岳麓秦简《戍律》相较云梦秦简《戍律》而言要翔实得多，它不但包括"同居毋并行"的内容，更详细记载了秦戍卒请假销假制度的具体情况。

一是"遣戍，同居毋并行"。这些"遣戍"（或曰行戍）的管理者就是"县啬夫、尉及士吏"。然而，有学者认为，秦"戍役由县尉征发"④，恐不确。由云梦秦简《戍律》可知，秦在"遣戍"时，"县啬夫"负主要责任，"尉及士吏"则次之。但处罚是一样的，皆为"赀二甲"。那么，《戍律》中之"同居毋并行"表达的是何种意思呢？《岳麓书院藏秦简》（肆）载：

> 田时先行富（简 244/1241）有贤人，以闲时行贫者，皆月券书其行月及所为日数，而署其都发及县请。其当行而病及不存，（简 245/1242）署于券，后有繇（徭）而聂（蹑）行之。（简 246/1363）⑤

可见，法律规定，农忙时节必须"先行富有贤人"，只在"闲时行贫者"。在文书登记管理上，无论是"富有贤人"，抑或为穷困之"贫者"，官府皆"月券书其行月及所为日数"。官府如此强调行徭的时间，其关键在于保护农业耕作的正常进行。我们发现，即使有黔首"居赀赎责

---

① ［汉］郑玄注、［唐］孔颖达疏：《礼记正义》，载［清］阮元校刻《十三经注疏》（影印版），北京：中华书局，1980 年，第 1482 页。
② 我们发现，上引岳麓秦简《戍律》在制定"遣戍"法律条文时使用了"繇（徭）发"和"平其繇（徭）"等属于《徭律》的词语，难道秦"徭"和"戍"完全一样吗？如是，则秦官府又为什么分别制定了《徭律》和《戍律》呢？愚以为，秦"徭"和"戍"既有区别，又有联系。这两者之间最大的区别在于，"戍"属兵役范畴，而"徭"则非矣。当然，这两者也有着必然的联系，否则秦史文献中也不会出现诸如"徭戍"等合称之词汇了。大体而言，这种联系主要体现在如下几个部分：一是服"徭戍"者为一般民籍之"黔首"；二是这两者皆受秦《傅律》的约束；三是两者"遣戍"制度几乎相同；四是两者必须服劳役。还有一个显著区别就是，行"徭"是以日计算服役时间的，而行"戍"则按月计算，如岳麓秦简《徭律》曰："田时先行富（简 244/1241）有贤人，以闲时行贫者，皆月券书其行月及所为日数，而署其都发及县请（情）。（简 245/1242）"参见陈松长主编：《岳麓书院藏秦简》（肆），上海：上海辞书出版社，2015 年，第 149 页。
③ 睡虎地秦墓竹简整理小组编：《睡虎地秦墓竹简》，北京：文物出版社，1990 年，第 89 页。
④ 高恒：《秦律中的徭、戍问题——读云梦秦简札记》，《考古》1980 年第 6 期。
⑤ 陈松长主编：《岳麓书院藏秦简》（肆），上海：上海辞书出版社，2015 年，第 149 页。

（债）"，也必须保证有一位成丁在家务农。如秦律规定："一室二人以上居（简136）赀赎责（债）而莫见其室者，出其一人，令相为兼居之。居赀赎责（债）者，或欲籍（藉）人与并居之，许之，毋除繇（徭）戍。（简137）"① 因此，例2中《戍律》所规定的"同居毋并行"是秦重农政策的一个重要体现。

二是戍卒请假销假制度。秦律对戍卒实行严格的请假制度。《戍律》规定，如果戍卒在驻守服役时，父母或其妻死亡，署所应"遣归葬"。同时，戍卒在服役期间突发疾病时，署所也会给予一定的假期。那么，秦又是如何具体执行这一制度呢？由于秦史资料阙如，其情况不得而知，但汉简所载更为翔实。据西北汉简可知，戍卒请假回家的主要原因有如下三种情况：一是亲人过世，"以令取宁"；二是亲人病危，回家探视；三是戍卒自己生病。先让我们回顾一下西北汉简的记载：

　　第卅六隧长成父不幸死，当以月廿二日葬，诣官取急。四月乙卯蚤食入。（52.57）

　　元年七月己丑，父死，取宁☐（100.10）

　　☐甲渠候长愿以令取宁。即日遣，书到，日尽遣，如律令。（160.16）

　　☒取宁，☐六十二日不到，官移居延，亟遣。●一事一封☒（185.29）

　　元康四年三月戊子朔庚子，☒始候长置以令取宁，随（232.12）

　　☒☐☐☐不幸死，愿以令取宁。唯府报，敢言之。纪（312.24）

　　☒☐死，取急。官府调（181.11B）

　　第廿一燧长尊母不幸死，诣官取急。三月癸巳食时入。（264.10）

　　月十三日，送省卒食道上。燧长周育子病死，取急，归。卒冯同病（E.P.F22：492）

　　当乘隧。案：骏、谊、业取急，父死。骏等处缺☒（E.P.F22：276）

　　第二十一燧长薛隆父母不幸，诣官取急。●正月☒（E.P.T65：54）

　　令取急。☐莫旦使人蚤持来，行持绳来，毋数往来，使

---

① 睡虎地秦墓竹简整理小组编：《睡虎地秦墓竹简·司空》，北京：文物出版社，1990年，第51页。

(E. P. T59：257)

　　自言父姉（姊）不幸，愿取急，弘遣。顷诣尉卿治所。辞至□□
☑（E. P. T54：3）

　　第十燧长望母不幸死，诣官取急。☑（E. P. T52：213）

　　第廿七燧长宣妻不幸死，诣官取急。六月癸☑（E. P. T48：138）

　　☑视母病□部□☑（E. P. T44：19）

　　☑母病困命在旦夕，愿君以禹故令况乘故鄣宜先（E. P. T44：34）

　　☑□大母淑病欬短气，加番濰，命在旦夕。☑（E. P. T59：428）

　　☑大母业病，不幸（E. P. T59：455）

　　据此可知，戍卒之父母、妻子甚至姊妹一旦死亡，该戍卒即可"以令取宁"（或曰诣官取急）。上引简文中明确记载父母死亡而遣"归葬"的简文有简 52.57、简 100.10、简 264.10、简 E. P. F22：276、简 E. P. T65：54 和简 E. P. T52：213；明确记录戍卒之妻亡故后而被"归葬"的有简 E. P. T48：138 等；简 E. P. F22：492 则详细记载了戍卒之子亡故而遣"归葬"的例子。甚至还有戍卒之亲姊妹因亡故而被遣"归葬"的情况，如简 E. P. T54：3 即可为证。上引后四枚简牍则记录了因母亲或祖母病危，戍卒要求请假回家探视的情况。当然，戍卒请假的原因还有很多，如戍卒自己生病等。另外，在这些西北汉简中，负责准假的是戍卒所在戍所之官吏，如候官等，而级别较高的"候长"等请假则需获得都尉府的准允①。

　　然而，岳麓秦简中却不是"诣尉卿治所"或"诣官"、"取宁"，而是"告县，县令拾日"。这是何故？愚以为，因戍卒"在署（服役处所）"，其"将吏（主管官吏）"并不知道该戍卒之"亲父母、泰父母、妻、子"是否真的已死亡（或生病）。为了核对戍卒请假"归葬"的真实原因，只能"告县"，并由其户籍所在县核查后再"拾日"。当戍卒所在署所接到其县令发来的"拾日"文书后，署所官吏再将之遣"归葬"。

　　那么，秦律对销假制度又有哪些规定？例 2《戍律》曰："其疾病有瘳、已葬，劾已而遣往拾日于署。"可见，与秦请假制度相反，销假时戍卒必须"拾日于署"。但秦有关此类销假制度方面的史料甚为不详，唯汉简有载。如西北汉简载：

---

① 《居延新简》EPF.22.82 即可为证。

五凤三年四月丁未朔甲戌，候史通敢言之官：病有瘳，即日视事。敢言之。(E. P. T53：26)

第十七候史赏，病有瘳，诣官，谒☐ (E. P. T59：119)

五凤二年八月辛巳朔乙酉，甲渠万岁燧长成敢言之：乃七月戊寅夜，随坞陛，伤要，有瘳。即日视事，敢言之。(6.8)

壬寅到官，霸校计十日，癸丑病头痛，戊午有瘳。谨遣霸诣府，☐ (59.37)

甲渠言：士吏孙猛病有瘳，视事，言府。●一事集封。(185.22)

病有瘳，月十三日视事。当☐ (190.3)

遣尉史承禄便七月吏卒病九人饮药有瘳名籍诣府。会八月旦。●一事一封。七月庚子，尉史承禄封。☐ (311.6)

以上简牍中之"瘳"即"瘳"。如《说文》曰："瘳，疾瘉也。"① 可见，简 E. P. T53：26、E. P. T59：119 和简 6.8 说明，戍卒"病有瘳（病愈）"后，须亲自到所属候官销假，并言明"即日视事"（即当天上岗之意）。简 59.37 和简 185.22 是"诣府"报告戍卒"病有瘳"，并可以"视事"的情况。简 311.6 是一份封缄类文书。该文书的收件人为都尉府，封缄人为"尉史承禄"。此"尉史承禄"指的是候官之尉史。这是因为"'令史'和'尉史'既可以作为地方行政系统中县邑侯国的属吏，也可以作为边郡军事系统候官的属吏，这与他们最初是'令'的吏和'尉'的吏有关"②。总之，这份文书有三层意思：一是候官派遣"尉史承禄"呈送七月份九位生病吏卒"饮药有瘳名籍"到都尉府，且文书指明必须于"八月旦"送达；二是记录了封缄数量和方式；三是封缄时间和封缄人。这份文书表明，戍卒"有瘳"销假后，必须按月呈报都尉府③。

与汉简中所反映的销假制度类似，岳麓秦简也有相关记载。但由于岳麓秦简《戍律》中简 186/1255 之前一枚简牍残缺，具体情况不明。笔者从"而舍之，缺其更"一语推测，戍卒返回戍所时，各地应提供相应之住宿，其因病"缺其更"，必须"以书谢于将吏"。如果"其疾病有瘳"或者"已葬"，则必须"遣往拾日于署"，并"为书以告将吏"。换言之，戍卒病愈或亲人葬后，主管者必须遣戍卒前往署所报到，并由署所确定其上岗的

---

① [汉] 许慎：《说文解字》，北京：中华书局，1963 年，第 156 页。
② 李迎春：《汉代的尉史》，简帛网站，2009 年 6 月 16 日。
③ 当然，西北汉简显示，戍卒生病及"有瘳"的簿籍文书也有按日、按年上报的。

日期。与此同时，还必须以书面形式告知戍卒的直接上司。反之，如果"所【将】"戍卒"疾病有瘳"或"（亲人）已葬"，"劾已而敢弗遣拾日"，则主管官吏"尉、尉史、士吏"各赀罚"二甲"，连带责任者"丞、令、令史各（赀）一甲"。因此，秦销假时必须"拾日于署"，而此"署"乃指戍卒服役之署所。

三、"缮治城塞"制度

岳麓秦简《戍律》对"缮治城塞"制度进行了详细规定，这是因为"城塞"在古代战争中具有重要作用。所谓"城塞"，指的是某城之"塞"，如文献中常见的"寇陇西、金城塞"①、"复寇金城塞"②、"出平城塞"、"与邓鸿等追击逢侯于大城塞"③、"鲜卑入马城塞"④ 等记载皆可为证。《说文》曰："塞，隔也。"⑤ 如《战国策》云："昔者齐南破荆，中（东）破宋，西服秦，北破燕，中使韩、魏之君，地广而兵强，战胜攻取，诏令天下，济清河浊（清济浊河），足以为限，长城钜坊，足以为塞。"⑥ 同时，"塞"又指"边塞"。如《广韵》曰："塞，边塞也。"⑦ 在西北汉简中，这种作为军事设施的"塞"也不乏记载，如"持禁物兰越塞（E. P. T68：74）""匈奴人昼入甲渠河南道上塞（E. P. F16：3）""匈奴人入塞（288.7）"等⑧。因此，"城塞"在古代战争中有着巨大的防御功能。正因为如此，秦官府才将之纳入了《戍律》之范畴。

巧合的是，云梦秦简《秦律杂抄》中亦有一则史料与上引例 3 无论在文字抑或在文意上皆大体一致的简文。我们由此可以断定，云梦秦简的这则史料其实应归入《戍律》。如其文曰："戍者城及补城，令姑（嬬）堵一岁，所城有坏者，县司空署君子将者，赀各一甲；县司空（简40）佐主将者，赀一盾。令戍者勉补缮城，署勿令为它事；已补，乃令增塞埤塞。县（简41）循视其攻（功）及所为，敢令为它事，使者赀二甲。

---

① 《后汉书》卷六五《段颎传》，第2146页。
② 《后汉书》卷八七《西羌传》，第2883页。
③ 《后汉书》卷八九《南匈奴列传》，第2956页。
④ 《后汉书》卷九〇《鲜卑传》，第2987页。
⑤ ［汉］许慎：《说文解字》，北京：中华书局，1963年，第288页。
⑥ ［汉］刘向集录、范祥雍笺证、范邦瑾协校：《战国策笺证》，上海：上海古籍出版社，2006年，第172-173页。
⑦ 中华书局编辑部编：《小学名著六种·广韵》（影印版），北京：中华书局，1998年，第99页。
⑧ 关于"塞"，西北汉简中很多，此不赘引。

(《秦律杂钞》简42)"① 结合这两则史料，我们可得出如下几点结论：

第一，秦律规定了"缮治城塞"的人员构成。由于"城塞"在战争中具有重大作用，秦官府非常重视"缮治城塞"的工作。根据岳麓秦简《戍律》中上报"属所尉"的三类簿籍可知，这类工作的具体参与者包括如下几类人员：

一是戍卒。从"戍者城及补城"、"令戍者勉补缮城"和"增塞埤塞"来看，戍卒主要承担筑城、修缮城池和"增塞埤塞"等工作②。这类"缮治城塞"者所形成的簿籍在岳麓秦简中称之为"用徒数"簿籍③。此"徒"显然不是"刑徒"，而是戍卒。

二是"舂城旦、居赀续〈赎〉、隶臣妾"。登记这类筑城者所形成之簿籍，秦律谓之曰"舂城旦、居赀续〈赎〉、隶臣妾缮治城塞数"簿籍。据"徒隶少不足治"可知，"舂城旦、居赀续〈赎〉、隶臣妾"以及戍卒是"缮治城塞"的主要劳作者。

三是"黔首"。从岳麓秦简《戍律》可知，只有当"徒隶少不足治"时，秦官府才会考虑征发"黔首""缮治城塞"。不仅如此，《戍律》还对黔首"缮治城塞"进行了详细规定：首先，法律规定征发黔首服役，必须"闲时岁一兴"，其目的在于不耽误农事，确保国家生产粮食的安全。其次，法律又规定"大夫以下至弟子、复子无复不复，各旬以缮之"④。这些"缮治城塞"者包括公士、上造、簪袅和不更等几个爵称之人。同时，秦《戍律》也规定了对"弟子、复子无复不复"等当享受"复除"之人也一同征发，且规定"各旬以缮之"。就无爵位之"公卒、士五（伍）"而言，一旦兴徭，"缮治城塞"更是应尽之责。

第二，规定了"缮治城塞"的管理机构及其职责。秦简显示，都官系统和县廷皆有"司空"一职，但此处为县廷之"司空"⑤。简文中之"署

---

① 睡虎地秦墓竹简整理小组编：《睡虎地秦墓竹简》，北京：文物出版社，1990年，第90页。

② 当然，戍卒除了戍守、筑城和修缮城池外，也负责"传送委"的工作。参见马怡：《里耶秦简选校》，载中国社会科学院历史研究所学刊编委会编《中国社会科学院历史研究所学刊》（第4集），北京：商务印书馆，2007年，第143页。

③ 此"徒"非无户籍之奴婢，而是卒徒，亦即云梦秦简《秦律杂钞》中之"戍卒"。

④ "复子无复不复"指的是无论免除徭役与否，皆须"缮治城塞"。

⑤ 睡虎地秦墓竹简整理小组编：《睡虎地秦墓竹简》，北京：文物出版社，1990年，第88页。上引《秦律杂钞》中"县司空署君子将者，赀各一甲"当有一标点，整理者将两者连称，恐误！愚以为，正确标点应为："县司空、署君子将者（署所主管）"。如秦简《敦（屯）表律》："署君子、敦（屯）长、仆射不告，赀各一盾。（简34）"

君子"指的是署所中有职位及爵位的官吏。其大意是说，如果戍者筑城和修补城池后未能确保一年而"城有坏者"，则"县司空、署君子将者，赀各一甲"。

具体来讲，秦"城塞"的修筑和维护由"县丞、令、令史、尉、尉史、士吏"及其下辖机构负主要责任，"属所尉"掌握簿书登记和考核工作。而县廷机构下之县司空具体负责"城及补城"工作。

我们知道，司空主要"掌水土事。凡营城起邑、浚沟洫、修坟防之事，则议其利，建其功。凡四方水土功课，岁尽则奏其殿最而行赏罚"[①]。至于具体如何"营城起邑、浚沟洫、修坟防"等工程，司空则需要大量役使人员[②]。那么，有哪些可供司空役使之人员呢？秦简显示，"城旦舂""居赀赎责（债）"等为司空役使的主要劳动力。因为这些已决之触犯法律者不仅在司空监管下从事各种劳作，而且司空还负责追收拖欠官府之债款[③]。如《里耶秦简牍校释》（贰）简9-1载："卅三年四月辛丑朔丙午，司空腾敢言之：阳陵宜居士五（伍）毋死有赀余钱八千六十四。毋死戍洞庭郡，不智（知）何县署，今为钱校券一上，谒言洞庭尉，令毋死署所县责，以受阳陵司空——司空不名计，问何县官计，年为报。已訾其家，家贫弗能入，乃移戍所。报署主责发，敢言之。四月己酉，阳陵守丞厨敢言之：写上，谒报，报署金布发，敢言之。/瞻手。"[④] 诸如此类由县级司空负责追缴"赀钱"的例子还有11例，如简9-2至简9-12等[⑤]。对这些拖欠国家"赀钱"者及其他恶性罪犯，一旦缉捕后，县司空则采取"关入中

---

① 《后汉书》卷二四《百官志》，第3561—3562页。
② 尚有一点必须明确，即秦县司空（或曰司空曹）与都官系统的"司空"是有区别的，如孙闻博说："以长吏理事之县廷为中心，从内、外的角度来看，列曹处内，无印绶，多称'廷○曹'，与令、丞关系更密切；诸官在外，有印绶，未见称'廷○官'者，具有更多独立性。倘若参照现代行政组织形式，列曹大体为县廷的'组成部门'，诸官近似县廷的'直属机构'。即列曹负责领导、管理某方面的行政事务，诸官则是主管某项专门事务的机构。"参见孙闻博：《秦县的列曹与诸官——从〈洪范五行传〉一则佚文说起》，载武汉大学简帛研究中心主办《简帛》（第十一辑），武汉：武汉大学出版社，2015年，第83页。
③ 正如宋杰所言："秦汉县道存在着两套司法系统。《后汉书·百官志五》曰：'丞署文书，典知仓狱。尉主盗贼。凡有贼发，主名不立，则推索行寻，案察奸宄，以起端绪。'县丞掌管普通民事、刑事案件，由属下辞曹、决曹的狱掾、狱史（吏）审理。而县尉所辖尉曹既负责劫盗贼杀等恶性案件，缉拿相关人犯；还因为兼管徭役征发事务，而由其主要机构之一'司空'对士卒'逋亡'等犯罪活动进行起诉和处治，同时办理追缴赀赎钱款、欠负公物等有关案件。"可见，宋杰所言不虚矣。参见宋杰：《汉代监狱制度研究》，北京：中华书局，2013年，第233页。亦可参阅宋杰：《秦汉国家统治机构中的"司空"》，《历史研究》2011年第4期。
④ 陈伟主编：《里耶秦简牍校释》（第二卷），武汉：武汉大学出版社，2018年，第1页。
⑤ 同上书，第9—19页。

央或地方行政长官府寺附设之'狱'"的措施；而对已决之犯罪，则"要除去桎梏，改戴较轻而便于劳作的铁制刑具'钳釱'，或除去刑具为'复作'"①。因此，县司空利用手中掌握的大量"徒隶"就可从事"营城起邑、浚沟洫、修坟防"等工作。其中，"缮治城塞"即为"司空"相当重要之职责。

但《秦律杂钞》中的戍卒"城及补城"则归"署君子将者"具体负责。此处之"署君子将者"是指"尉、尉史、士吏"等主管官吏。又，从岳麓秦简中所记之"县丞、令、令史、尉、尉史、士吏"等总领"缮治城塞"工作来看，征发"黔首"来"缮治城塞"既是县廷行政之要务，也是分管县廷军事工作之"尉、尉史、士吏"的职责。但如果是"别离与郡治和县治的城塞"，则由"离城乡啬夫"具体负责"缮治城塞"②，其职责有如"城尉"。

可见，由于"城塞"在战国秦汉时期具有重要的军事功能，因此"缮治城塞"既是包括司空曹在内之县廷诸曹行政之要务，又是主管军事之县尉的职责。

综合而言，《岳麓书院藏秦简》（肆）所披露的有关秦《戍律》方面的史料，其中绝大部分是首次刊布，为我们深入探讨秦戍役制度提供了鲜活而真实的第一手资料。大体而言，这批新史料反映了如下历史真相：

一是秦存在"取庸代戍"制度。上引《岳麓书院藏秦简（肆）·戍律》表明，秦律对"取庸代戍"者的爵位没有限制，低爵位甚至无爵位者也可以雇佣高爵位者服戍役。不仅如此，秦法律对"庸代人者"和"取代者"的身体强弱和籍贯做了严格的规定，即"以弱代者（者）及不同县而相代，勿许"。这批简牍还显示，秦对"取庸代戍"者的管理也极其严格，如秦官府针对"取庸代戍"者建立了各种严格的文书登记制度，凡【不当相代】而擅相代"以及"不谒书于吏"者，皆处以不同程度的赀罚之罪。

二是《戍律》首次披露了秦"戍者月更"及"君子守官"代役制度。岳麓秦简《戍律》中所说之"戍者月更"，指的是"更戍卒"每月轮番驻守之意。尤为重要的是，这批岳麓秦简不仅证明了云梦秦简《秦律杂钞》

---

① 宋杰：《汉代监狱制度研究》，北京：中华书局，2013年，第225页。
② 至于"离城乡啬夫"，整理者曰："离城，指别离郡治或县治的城塞，相对后文'城'而言。离城不置尉，由其所在乡之啬夫掌治城之事，称之为'离城乡啬夫'。"参见陈松长主编：《岳麓书院藏秦简》（肆），上海：上海辞书出版社，2015年，第170页。

中"同居毋并行"属秦《戍律》，而且还制定了任职于官府的吏员满 40 天以上可以抵消一月之戍期的规定，亦即"君子守官四旬以上为除戍一更"。

三是秦律制定了严格的"遣戍"和请假销假制度。秦律规定，"田时先行富有贤人，以闲时行贫者"。同时，在"遣戍"时，必须严格执行"同居毋并行"的政策。岳麓秦简还显示，秦针对"戍卒"制定了严格的请假和销假制度。如更戍卒在署所，"父母、妻死遣归葬"，必须向其户籍所在县"拾日"。在确定其请假真实原因后，由所在县发文至署所，然后"遣归葬"。一旦"其疾病有瘳、已葬"，必须由所在"将吏"核实，然后"遣往拾日于署"，并由署所之官吏确定其到岗日期。

四是秦律对"缮治城塞"的人员构成、簿籍制作、负责官吏的职责及其连带责任进行了严格的规定。如更戍卒"城及补城"时，必须"姑（婷）堵一岁"，一旦"城有坏者"，则"县司空、署君子将者，赀各一甲"。可见，具体负责官吏有"县司空"和"署君子"。但在维修"城塞陛郫"时，则县级各类行政官吏诸如"县丞、令、令史、尉、尉史、士吏"等都承担相应责任。其中，"属所尉"还负责"缮治城塞"者的簿籍编制、登记和考核工作。根据这些簿籍可知，这些"缮治城塞"者包括"舂城旦"、"居赀续〈赎〉"、"隶臣妾"、"戍卒"及"黔首"等。

总之，岳麓秦简《戍律》既反映了秦"徭戍"制度的完善，更体现了秦民承担了各种繁重的戍役负担。对此，主父偃曾一针见血地指出了秦民的这种悲惨境遇，他说："(秦始皇) 发天下丁男以守北河。暴兵露师十有余年，死者不可胜数……又使天下蜚刍挽粟，起于黄、腄、琅邪负海之郡，转输北河，率三十钟而致一石。男子疾耕不足于粮饷，女子纺绩不足于帷幕。百姓靡敝，孤寡老弱不能相养，道路死者相望。"[1] 可见，主父偃所言，正是当时秦戍卒生活的真实写照。

第三节　岳麓秦简课役年龄"小""大"问题

秦汉编户民之课役年龄的界定是"傅籍"制度中的关键性问题。近几年来，由于新的简牍材料不断披露，学术界对这一问题又掀起了一股新的讨论高潮。如凌文超、张荣强等先生就秦汉课役"小""大"年龄的区分

---

[1]《史记》卷一一二《主父偃传》，第 2954 页。

第七章　新出简牍与"徭戍"制度　　　　　　　　·295·

及相关问题提出了许多令人耳目一新的看法①。秦课役年龄究竟为何？为了弄清楚这一问题，我们首先有必要弄清楚秦律中有关"小""大"年龄的界定问题。

上个世纪70年代云梦秦简刊布以后，学术界同仁结合西北汉简针对其中所披露的以身高和年龄区分"小""大"的问题展开热烈而持久的讨论。一般认为，秦汉时期课役年龄可分为两年龄段：一是1至14岁为"小"，其中又可细分为"未使男（女）"和"使男（女）"；二是15岁以上至免老，亦可细分为"（使）大男（女）"、"睆老"和"免老"三个等级②。令人欣慰的是，陈松长主编的《岳麓书院藏秦简》（肆）最近又披露了一批新简牍③。这批简牍显示，秦律对"小""大"的区分与上述学界传统观点完全不同。为了说明这一问题，先让我们回顾一下《岳麓书院藏秦简》（肆）中的简文：

　　1. 典、老占数小男子年未盈十八岁及（简011/2037）女子。县、道啬夫谇，乡部吏赀一盾，占者赀二甲，莫占吏数者，赀二甲。（简012/2090）④

　　2. ●繇（徭）律曰：发繇（徭），兴有爵以下到人弟子、复子，必先请属所执法，郡各请其守，皆言所为及用积（简156/1295）徒数，勿敢擅兴，及毋敢擅傅（使）敖童、私属、奴及不从车牛，凡免老及敖童未傅者，县勿敢傅（使），节（简157/1294）载粟，乃发敖

---

①　参见凌文超：《秦汉魏晋"丁中制"之衍生》，《历史研究》2010年第2期；凌文超：《走马楼吴简"小""大""老"研究中的若干问题》，《中国国家博物馆馆刊》2013年第11期；张荣强：《〈二年律令〉与汉代课役身分》，《中国史研究》2005年第2期；张荣强：《"小""大"之间——战国至西晋课役身分的演进》，《历史研究》2017年第2期。

②　有关此类问题研究的代表性论著，请参阅耿慧玲：《由居延汉简看大男大女使男使女未使男未使女小男小女的问题》，《简牍学报》1980年第7期，第249-274页；陈明光：《秦朝傅籍标准蠡测》，《中国社会经济史研究》1987年第1期；臧知非：《秦汉"傅籍"制度与社会结构的变迁——以张家山汉简〈二年律令〉为中心》，《人文杂志》2005年第1期；[日]重近启树：《秦汉における徭役の诸形态》，《东洋史研究》12卷31号，1990年，第431-465页；马怡：《秦人傅籍标准试探》，《中国史研究》1995年第4期；彭卫、杨振红：《中国风俗通史·秦汉卷》，上海：上海文艺出版社，2002年，第354页；王子今：《两汉社会的"小男""小女"》，《清华大学学报》（哲学社会科学版）2008年第1期。

③　这批新出简牍大部分反映的是秦统一前后的历史，且律文中直接书年，这显然与云梦秦简有别。正因为如此，我们才有可能确切把握秦课役者身份的几个关键性问题。

④　陈松长主编：《岳麓书院藏秦简》（肆），上海：上海辞书出版社，2015年，第42页。关于"莫占吏数者"，整理者认为："是指不去吏处如实登记年龄超过十八岁的黔首。"（同上书，第74页）笔者认同这种理解。

童年十五岁以上，史子未傅先觉（学）觉（学）室，令与粟事，敖童当行粟而寡子独与老（简158/1236）父老母居，老如免老，若独与廞（癃）病母居者，皆勿行。（简159/1231）①

例1表明，秦官府在登记簿籍时，无论"男子"或"女子"，皆须"书年"。我们以为，秦王政十六年（前231）"初书年"之政策施行后，秦逐渐采取并推广了"书年"制度。何以有如此之说呢？岳麓秦简载有一则新史料，其文曰："爽初书年十三，尽廿六年，年廿三岁。"② 对此，陈伟认为："简文说爽到二十六年二十三岁，那么，他十三岁'初书年'就当在十六年（前231）。《史记·秦始皇本纪》记十六年之事曰：'初令男子书年。'简文正好与之吻合。"③ 更为引人注目的是，该律文明确载明"未盈十八岁"的男子或女子，皆为"小"。

例2中"凡免老及敖童未傅者，县勿敢使（使），节载粟，乃发敖童年十五岁以上"一语则说明，秦"十五岁以上"之敖童亦属未成年人，当为"未傅者"。何谓"敖童"？睡虎地秦墓竹简整理者曰："古时男子十五岁以上未冠者，称为成童。据《编年纪》，秦当时17岁傅籍，年龄还属于成童的范围。"④ 当然，该解释前半部分是正确的，但后半部分所言秦17岁始傅，值得商榷⑤。由上可知，凡因"小"而"未傅者"，秦律皆有一专有名词"小未傅"称之。那么，"小"的年龄段又是如何界定的呢？秦简牍数据表明，秦官府在登记各类簿籍时，皆会区分"小男子（或小女子）"与"大男子（或大女子）"。如秦简载：

卅二年（前215）日酉阳成里小男子☒（8-713）☐广☐☒（8-713背）⑥

卅二年（前215）六月乙巳朔壬申，都乡守武爰书：高里士五（伍）武自言：以大奴幸、甘多、大婢言、子益Ⅰ等，牝马一匹予子小男子产。典私占。初手。Ⅱ8-1443+8-1455 六月壬申，都乡守武敢言：上。敢言之。初手。Ⅰ六月壬申日，佐初以来。欣发。初手。

---

① 陈松长主编：《岳麓书院藏秦简》（肆），上海：上海辞书出版社，2015年，第119-120页。
② 陈松长：《岳麓书院所藏秦简综述》，《文物》2009年第3期。
③ 陈伟：《岳麓书院秦简0552号小考》，简帛网站，2009年4月19日。
④ 睡虎地秦墓竹简整理小组编：《睡虎地秦墓竹简》，北京：文物出版社，1990年，第87页。
⑤ 关于秦汉傅籍的年龄问题，下文将论及。
⑥ 陈伟主编：《里耶秦简牍校释》（第一卷），武汉：武汉大学出版社，2012年，第208页。

第七章　新出简牍与"徭戍"制度

(8-1455)①

　　钱十七。卅四年（前213）八月癸巳朔丙申，仓□、佐却出买白翰羽九□长□□□□之□十七分，□□阳里小女子胡伤Ⅰ□。令佐敬监□□□□。昆手。(8-1549)②

　　径㲋粟三石七斗少半升。●卅一年（前216）十二月甲申，仓妃、史感、禀人窑出禀冗作大女子䤹十月、十一月、十二月食。令史狂视平。感手。Ⅱ　☑8-1239+8-1334③

　　卅五年（前212）七月戊子朔己酉，都乡守沈爰书：高里士五（伍）广自言：谒以大奴良、完、小奴嚃、饶，大婢阑、愿、多、□，Ⅰ禾稼、衣器、钱六万，尽以予子大女子阳里胡，凡十一，物同券齿。Ⅱ典弘占。Ⅲ (8-1554) 七月戊子朔己酉，都乡守沈敢言之：上。敢言之。□手。Ⅰ【七】月己酉日入，沈以来。□□。沈手。Ⅱ (8-1554背)④

　　卅五年（前212）八月丁巳朔，贰春乡兹敢言之：受酉阳盈夷Ⅰ乡户隶计大女子一人，今上其校一牒，谒以从事。敢Ⅱ言之。Ⅲ (8-1565) 如意手。(8-1565背)⑤

　　以上各简皆有明确纪年，可证这些文书是反映秦"书年"时期的各类官文书⑥。这些数据显示，秦官府在书写"爰书"和其他官文书时，不仅特意注明了"小男子"或"小女子"，同时也标注了"大男子"或"大女子"等表示承担课役者年龄大小的信息。

　　那么，秦官府又是如何区分这些"小男子（或小女子）"与"大男子（或大女子）"的呢？上引岳麓秦简例1说明，官吏在"占数"时，若将"未盈十八岁"者登记造册，则"占者赀二甲"，相关吏员诸如"县、道啬夫""乡部吏"等也要负连带责任。秦律为何有如此之规定呢？这是因为未满18岁及年满18岁者所承担的法律责任和义务是不同的。如岳麓秦简载：

　　3. 匿罪人当赀二甲以上到赎死。室人存而年十八岁以上者，赀

---

① 陈伟主编：《里耶秦简牍校释》（第一卷），武汉：武汉大学出版社，2012年，第326页。
② 同上书，第355页。
③ 同上书，第197页。
④ 同上书，第357页。
⑤ 同上书，第362页。
⑥ 秦王政十六年（前231）"初书年"。

各一甲，其奴婢弗坐，典、里典（缺简）（简 001 正/1966）而舍之，皆赀一甲。（简 002/2042）匿亡收、隶臣妾，耐为隶臣妾，其室人存而年十八岁者，各与其疑同法，其奴婢弗坐，典、田（简 003/1965）典、伍不告，赀一盾，其匿□□归里中，赀典、田典一甲，（简 004/2150-1）伍一盾，匿罪人虽弗敝（蔽）狸（埋），智（知）其请（情），舍其室，（简 2150-2）□□□吏遣，及典、伍弗告，赀二甲。（简 005 正/1991）亡律（简 005 背/1991-b）①

4. 盗贼燧（遂）者及诸亡坐所去亡与盗同法者当黥城旦舂以上及命者、亡城旦舂、鬼薪白粲舍人（简 060/2011）室、人舍、官舍，主舍者不智（知）其亡，赎耐。其室人、舍人存而年十八岁者及典、田典不告，赀一甲。伍（简 061/1984）不告，赀一盾。当完为城旦舂以下到耐罪及亡收、司寇、隶臣妾、奴婢阑亡者舍（简 062/1977）人室、人舍、官舍，主舍者不智（知）其亡，赀二甲。其室人、舍人存而年十八岁以上者及典、田典、伍不告（简 063/2040）赀一盾。（简 064/1979）以故捕，除。（简 065/2043）②

5. ●尉卒律曰：黔首将阳及诸亡者，已有奔书及亡毋（无）奔书盈三月者，辄筋〈削〉爵以为士五（伍），（简 135/1234）有爵寡，以为毋（无）爵寡，其小爵及公士以上，子年盈十八岁以上，亦筋〈削〉小爵。爵而傅及公（简 136/1259）士以上子皆籍以为士五（伍）。乡官辄上奔书县廷，廷传臧（藏）狱，狱史月案计日，盈三月即辟问乡（简 137/1258）官，不出者，辄以令论，削其爵，皆校计之。（简 138/1270）③

6. 置吏律曰：县除小佐毋（无）秩者，各除其县中，皆择除不更以下到士五（伍）史者为佐，不足，益除君子子、大夫子、小爵（简 210/1396）及公卒、士五（伍）子年十八岁以上备员，其新黔首勿强，年过六十者勿以为佐。人属弟、人复子欲为佐吏（简 211/1367）（缺简）④

上引例 3 和例 4 属秦《亡律》之规定，它们皆涉及 18 岁及 18 岁以上

---

① 陈松长主编：《岳麓书院藏秦简》（肆），上海：上海辞书出版社，2015 年，第 39—40 页。
② 同上书，第 58—60 页。
③ 同上书，第 112—113 页。
④ 同上书，第 137—138 页。

者所应承担的不同的法律责任。

例 3 包含两层意思：一是隐匿罪犯者，法律当处之以"赀二甲以上到赎死"等刑罚；而同居之人年龄满 18 岁以上者，如果其照顾恤问所匿罪人，则每人"赀一甲"①。二是如果有隐匿"亡收、隶臣妾"者，则隐匿之人"耐为隶臣妾"；而同居之人年龄达 18 岁者，若也照顾体恤这些逃亡者，则与匿人者同罪。

例 4 主要涉及三个方面的内容：一是逃亡之盗贼及诸如逃离劳作署所，且与"盗同法者"皆当"黥城旦舂以上"；而"命者"（秦逃亡者诸多类型中之一种）、逃亡的"城旦舂、鬼薪白粲"藏匿于私人之家、私人旅店、官方旅店，如果室主及旅店主人不知其逃亡身份，则一律"赎耐"。二是同居之人或客店同住之人年龄达 18 岁者照顾了以上这类逃亡罪犯，如果不告官，则"赀一甲"。三是当"完为城旦舂以下到耐罪"者以及"亡收、司寇、隶臣妾、奴婢阑亡②者"居住在私人之家、私人旅店、官方旅店，如果室主、私人店主及官方旅店主人不知其逃亡身份，皆"赀二甲"。如果同居之人及公、私旅店凡年满 18 岁以上者，皆"赀一盾"。由此可见，这两条《亡律》特意提到了一个关键性年龄——18 岁。我们相信，在秦律令体系中，凡年龄达到或超过 18 岁者所应承担的法律责任，与"未盈十八岁"者是有显著区别的。

例 5 属《尉卒律》。该律大意是讲，"将阳"者、有"奔书"及无"奔书"而逃亡"盈三月"者一律削爵为士伍。此处被处罚者凡三类人：第一类人是"将阳"者，亦即"无符传且逃亡时间在一年以上者"③。第二类人是有"奔书"而亡者。何谓"奔"？此"奔书"又为何意？段玉裁解释说："奔，走也……引申之，凡赴急曰奔，凡出亡曰奔。其字古或叚贲、或叚本。"我们据前引"黔首将阳及诸亡者"简文可知，"此"奔"或与黔首"奔命"有关。如云梦秦简《为吏之道》载："魏奔命律（简 29）伍。"④

---

① 此律中之"存"，乃为照顾或体恤问候之意，如《说文》："存，恤问也。从子才声。徂尊切。"（[汉] 许慎：《说文解字》，北京：中华书局，1963 年，第 310 页）《礼记·王制》曰："八十月告存。"孔颖达解释说："每月致膳。"（[汉] 郑玄注、[唐] 孔颖达疏：《礼记正义》，载 [清] 阮元校刻《十三经注疏》（影印版），中华书局，1980 年，第 1346 页）又，《礼记·月令》："养幼少，存诸孤。"（同上书，第 1361 页）

② 此律中"阑亡"，指的是"秦代逃亡的一种，即无符传私越关卡、且逃亡时间在一年以上者"。参见陈松长主编：《岳麓书院藏秦简》（肆），上海：上海辞书出版社，2015 年，第 78 页。

③ 同上。

④ 睡虎地秦墓竹简整理小组编：《睡虎地秦墓竹简》，北京：文物出版社，1990 年，第 175 页。

又,《汉书·昭帝纪》载:"(始元元年,前86)遣水衡都尉吕破胡募吏民及发犍为、蜀郡奔命击益州,大破之。"东汉应劭注曰:"旧时郡国皆有材官骑士以赴急难,今夷反,常兵不足以讨之,故权选取精勇。闻命奔走,故谓之奔命。"① 因此,"奔书"应为登记黔首服役情况的官文书。第三类人是无"奔书"而亡者。顾名思义,此类人系尚未登记服役之人。

值得注意的是,该《尉卒律》又透露了与18岁者相关的几条重要历史信息。如该律规定,以上三类逃亡者如果是继承丈夫爵位的妇人②,一律削其爵位;如果其本身有小爵以及公士以上之子且年龄"盈十八岁以上"者,也一并削夺其"小爵"。所谓"小爵",整理者解释说:"未傅籍而继承爵位者。"③ 因此,从"子年盈十八岁以上,亦筋〈削〉小爵"一语可以看出,年龄"盈十八岁以上"者仍使用"小爵"称之。换言之,年龄"盈十八岁以上"者亦可称为"小",即"未傅"者。法律同时又规定,凡达到法定"爵而傅"者,则一律"籍以为士五(伍)"④。

例6属《置吏律》的内容。其大意是讲,县廷在任命"小佐"无秩禄者时,可以在本县中选择"不更以下到士五(伍)"且经过考核合格者为"佐"。当人数不足时,"县官"可以推举"君子子、大夫子、小爵及公卒、士五(伍)子年十八岁以上"者,以备不虞之需。可见,此《置吏律》对"备员"者身份有如下详细的规定:

一是"君子子"年龄满18岁以上者可以备员。何谓"君子"?有学者指出:"'君子'指的是地位或品行较高且担任一定行政职务的人,如云梦秦简中出现的'署君子'就是指'防守岗位的负责人',这类人既然社会地位颇高,其极有可能拥有一定的高爵位。"⑤ 笔者认为甚是。那么,"君子子"就是指继承了"君子"爵位的人。

二是"大夫子"年满18岁者。顾名思义,"大夫子"即为具有"大夫"爵位者之后代,据《二年律令·置后律》载:"疾死置后者,彻侯后子为彻侯,其毋(无)适(嫡)子,以孺子、良人子。关内侯后子为关内侯,卿侯〈后〉子为公乘,五大夫后子为公大夫,公乘后子为官

---

① 《汉书》卷七《昭帝纪》,第219页。
② 陈松长主编:《岳麓书院藏秦简》(肆),上海:上海辞书出版社,2015年,第164页。
③ 同上书,第165页。
④ 此"爵"显然非指"小爵"。
⑤ 参见拙文《岳麓秦简所见〈戍律〉初探》,《社会科学》2017年第10期。

（简367）大夫，公大夫后子为大夫，官大夫后子为不更，大夫后子为簪袅，不更后子为上造，簪袅后子为公士，其毋（无）适（嫡）子，以下妻子、偏妻子。（简368）"①此律中"后"就是"适（嫡）子"，即爵位的第一顺序继承者。

三是"小爵"满18岁者。前引《二年律令·傅律》："不更以下子年廿岁，大夫以上至五大夫及小爵不更以下至上造年廿二岁，卿以上子及小爵大夫以上年廿四岁，皆傅之。（简364）"可见，凡未傅籍者皆可谓之曰"小爵"②。

四是"公卒、士五（伍）"等无爵位者之子"年十八岁以上"者。

以上四种人年龄达18岁以上者皆可充当"佐"之备员。但法律何以在此特意提及"年十八岁以上"呢？愚以为，秦律令对年龄达18岁者有明确的界定，这与"年未盈十八"者所承担的法律义务与责任明显不同。据此可见，秦律对"小""大"的界定应当是18岁。也就是说，"未盈十八"者为"小"，而"年十八以上"者为"大"。这主要是由这两类人所承担的不同的法律责任及义务所决定的。

然而，汉代官府对百姓"小""大"年龄的界定却与秦完全不同。如西北汉简载：

　　　　　　　　●妻大女君宪年廿四
　　止北隧卒王谊　●子未使女女足年五岁　皆居署廿九日　七月乙
　　卯妻取尸
　　　　　　　　●子小男益有年一岁　　用谷四石少③
　　　　　　　　　　　　　　　　　　　　　E.P.T65：119

　　　　　　　　妻大女弟年卅四用谷二石一斗六升大
　　制虏隧卒张孝　子未使女解事年六用谷一石一斗六升大
　　　　　　　　●凡用谷三石三斗三升少④
　　　　　　　　　　　　　　　　　　　　　55.25

---

① 彭浩、陈伟、[日]工藤元男主编：《二年律令与奏谳书》，上海：上海古籍出版社，2007年，第235页。
② 陈松长主编：《岳麓书院藏秦简》（肆），上海：上海辞书出版社，2015年，第165页。
③ 甘肃省文物考古研究所等编：《居延新简——甲渠候官与第四燧》，北京：文物出版社，1990年。在此仅标注简号，以下皆同。
④ 谢桂华、李均明、朱国炤：《居延汉简释文合校》，北京：文物出版社，1987年。在此仅标注简号，以下皆同。

　　　　　　　　　　弟大男辅年十九
　　第四隧卒张霸　弟使男勋年七　见署用谷七石八升大
　　　　　　　　　　妻大女年十九
　　　　　　　　　　　　　　　　　　　　　　　　133.20

　　　　　　　　　　妻大女君以年廿八用谷二石一斗六升大
　　执胡隧卒富凤　子使女始年七用谷一石六斗六升大
　　　　　　　　　　子未使女寄年三用谷一石一斗六升大
　　　　　　　　　　●凡用谷五石
　　　　　　　　　　　　　　　　　　　　　　　　161.1

　　　　　　　　　　妻大女胥年十五
　　第四隧卒虞护　弟使女自如年十二　见署用谷四石八斗一升少
　　　　　　　　　　子未使女真省年五
　　　　　　　　　　　　　　　　　　　　　　　　194.20

　　以上这些简文说明，汉代"小"包括"使男（女）""未使男（女）"。正如彭卫等先生所言："（汉代）官方对儿童尚有特定指称。简牍文书载录的年龄分层是：大男和大女，年龄在 15 岁以上；使男和使女，年龄在 7 岁至 14 岁；未使男和未使女，年龄在 2 岁至 6 岁。又据《居延新简》收录的简文，汉代尚有'小男'和'小女'概念，分别包括使男、未使男和使女、未使女。"[1] 可见，这种将"小"又分为"使男（女）""未使男（女）"的制度，与秦制相比确有区别。如秦令规定：

　　　　●泰山守言：新黔首不更昌等夫妻盗，耐为鬼薪白粲，子当为收，披（彼）有婴儿未可事，不能自食（简 073/1114）别传输之，恐行死。议：令寄长其父母及亲所，勿庸别输。丞相议：年未盈八岁者令寄长其（简 074/0918）父母、亲所，盈八岁辄输之如令。琅邪（琊）郡比。●十三（简 075/1935）[2]

　　由此可知，秦凡满 8 岁者必须服役，亦即彭浩所云之"使男和使女"。

---

[1] 彭卫、杨振红：《中国风俗通史·秦汉卷》，上海：上海文艺出版社，2002 年，第 354 页。王子今亦认为："两汉未成年人中以'小男''小女'标志的身份，或主动或被动地初步参与了社会生产和其他社会活动。'小男''小女'身份包括'使男''使女'和'未使男''未使女'。"王子今：《两汉社会的"小男""小女"》，《清华大学学报》（哲学社会科学版）2008 年第 1 期。当然，此类研究还有很多，具体情况可参阅上引凌文超及张荣强等先生文中的有关评述。

[2] 陈松长主编：《岳麓书院藏秦简》（伍），上海：上海辞书出版社，2017 年。

而 7 岁以下皆称为"未使男和未使女"。换言之，这种分法在秦已出现了萌芽，只不过文献中未见具体的"使男和使女"等的记载而已。如云梦秦简载：

> 妾未使而衣食公，百姓有欲叚（假）者，叚（假）之，令就衣食焉，吏辄被事之。(《仓律》简 48)①
> 冗隶妾二人当工一人，更隶妾四人当工【一】人，小隶臣妾可使者五人当工一人。(《工人程》简 109)②

可见，"未使""使"等在秦官方律令文书中已然有清晰而明确的记载。因此，愚以为，汉代"使男（女）""未使男（女）"等文书习语实乃承袭了秦制。

简言之，秦汉官府对"小""大"的区分完全不同。岳麓秦简显示，秦"小"的年龄上限为 18 岁以下，而汉代却为 1 至 14 岁。这其中的原因主要是政治环境的变化造成的。汉朝一统天下后，主要的目的在于治理天下，而非"马上打天下"。因此，将"大"的年龄界限降至 15 岁，这极其有利于增加国家的财政收入，稳固政权的经济基础③。而秦统一后，北伐匈奴，南攻诸夷，国家仍"徭戍"不已，因此秦将"小"的年龄界限提升至 18 岁以下④。

第四节 青岛土山屯木牍所见汉代"更赋"新探

在中国古代经济史中，"更赋"是因徭役而产生的，徭役又是古代经济史研究的重要内容。长期以来，中外学术界对秦汉"更赋"制度进行了热烈的讨论，如［日］平中苓次、［日］楠山修作、范文澜、臧知非、崔曙庭、田泽滨、钱剑夫、黄今言和杨际平等先生分别就"更赋"的构成、

---

① 睡虎地秦墓竹简整理小组编：《睡虎地秦墓竹简》，北京：文物出版社，1990 年，第 32 页。
② 同上书，第 45 页。
③ 如卫宏《汉旧仪》曰："算民，年七岁以至十四岁出口钱，人二十三。[二十钱] 以食天子。其三钱者，武帝加口钱，以补车骑马逋税。又令民男女年十五以上至五十六赋钱，人百二十为一筭（算），以给车马。"[汉] 卫宏《汉官旧仪》，载［清］孙星衍等辑《汉官六种》，北京：中华书局，1990 年，第 50 页。
④ 当然，秦男子"年盈十八岁以上"仍可称为"小爵"（即未傅者拥有的爵位），下文将论及，此不赘述。

"更赋"与徭役的关系等问题提出各自不同的意见①。大体说来，有如下三种观点：一是"更赋"即"过更"；二是"更赋"由"卒更""过更"演变而来，由"戍边三日"300 钱与雇人代役一月 2 000 钱构成；三是"更赋"是"月为更卒"的代役金。可喜的是，最近刊布的青岛土山屯西汉木牍所记《元寿二年十一月见钱及逋簿》和《堂邑元寿二年要具簿》两份官文书为解决这一历史悬案提供了最为鲜活而有力的历史证据②。本节拟利用传世文献及出土材料对这两份文书中涉及"更赋"的简文做一系统而全面的分析和考察。

一、"罢癃钱"和"罢癃卒钱"

在青岛土山屯西汉木牍背面下栏有 14 行文字，记录了堂邑县在汉哀帝元寿二年（前1）十一月的赋税征缴情况，彭峪等将之命名为《元寿二年十一月见钱及逋簿》③。从这份《元寿二年十一月见钱及逋簿》的内容上看，它首次向世人展示了一些闻所未闻的财政收入名目：

元寿二年十一月见钱及逋薄●凡逋钱二百卅五万五千七百卅一　(1)

见赋钱三万二千六十二　(2)

见税鱼钱千二百一十　(3)

●凡见钱三万三千二百七十二　(4)

逋二年口钱三万九千七百八十二　(5)

逋二年罢癃卒钱十五万七百五十　(6)

逋二年所收事它郡国民秋赋钱八百　(7)

逋二年所收事它郡国民口钱四百八十三　(8)

---

① 参见［日］平中苓次：《漢書食貨志に見える「更賦」について》，《立命館文學》卷265，1967年，第307-322页；［日］楠山修作：《更賦と軍賦》，《研究紀要（立海南高等學校）》卷2，1968年，第19-37页；崔曙庭：《汉代更赋析辨》，载《中国历史文献研究集刊》（第二集），长沙：湖南人民出版社，1981年，第116-126页；田泽滨：《汉代的"更赋""赀算"与"户赋"》，《东北师大学报》（哲学社会科学版）1984年6期；臧知非：《汉代更赋辨误——兼谈"戍边三日"问题》，《徐州师范学院学报》（哲学社会科学版）1987年2期；钱剑夫：《秦汉赋役制度考略》，武汉：湖北人民出版社，1984年，第142-143页；黄今言：《秦汉赋役制度研究》，南昌：江西教育出版社，1988年，第219页；胡大贵：《汉代更赋考辨》，《四川师范大学学报》（社会科学版）1995年第1期；范文澜等：《中国通史》（第二册），北京：人民出版社，1994年，第60页；杨际平：《秦汉财政史》，长沙：湖南教育出版社，2015年，第583页。

② 参见彭峪等：《山东青岛土山屯墓群四号封土与墓葬的发掘》，《考古学报》2019年第3期。

③ 同上。

逋二年所收事它郡国民更卒钱九千二百	（9）
逋二年所收事它郡国民冬赋钱四百	（10）
逋二年冬赋钱八十四万二千八百六十六	（11）
逋二年过更卒钱五十九万六百	（12）
逋二年罢癃钱千二百	（13）
逋二年戍卒钱八十一万六百五十	（14）

在以上材料中，"罢癃卒钱""罢癃钱""更卒钱""戍卒钱""过更卒钱""冬赋钱"等在传世文献及以往出土材料中均不见记载①。如何理解和阐释这些财政收入名目，就成为摆在我们面前亟待解决的问题。在《元寿二年十一月见钱及逋簿》中，"罢癃钱"和"罢癃卒钱"是单列出来的，它们显然是两种不同的财政收入项目。就目前现存的所有秦汉文献资料来看，关于"罢癃钱"和"罢癃卒钱"，只有班固《汉书·食货志》简略提及："（王莽下令曰）汉氏减轻田租，三十而税一，常有更赋，罢癃咸出，而豪民侵陵，分田劫假，厥名三十，实什税五也。"② 按照东汉班固"常有更赋，罢癃咸出"这一说法，"罢癃钱"和"罢癃卒钱"当归属于"更赋"，是"更赋"下的两个税目。

但问题是，何谓"罢癃钱"和"罢癃卒钱"？它们之间又有何种区别和联系？就目前所见现存的传世文献来看，我们无法获得答案。但庆幸的是，上引青岛土山屯西汉木牍《元寿二年十一月见钱及逋簿》为我们解决这些问题提供了第一手原始资料。为了解决这些问题，我们首先必须弄清楚"罢癃"、"罢癃（癃）筭（算）"和"罢癃卒"在当时历史条件下的真实含义。

（一）"罢癃"

据《二年律令·傅律》记载："当傅，高不盈六尺二寸以下，及天乌者，皆以为罢癃（癃）。（简363）"③ 整理者解释云："乌，疑读为亚。《说

---

① 在以往文献中，学界承袭了三国如淳的说法："天下人皆直戍边三日，亦名为更，律所谓繇戍也。虽丞相子亦在戍边之调。不可人人自行三日戍，又行者当自戍三日，不可往便还，因便住一岁一更。诸不行者，出钱三百入官，官以给戍者，是谓过更也。"（《汉书·昭帝纪》注）尽管该文献提及了"过更"，但并未言明此钱乃"过更卒钱"，故"过更卒钱"亦属首次披露。另外，"冬赋钱"属秦汉"赋算"中的一种，不在本书讨论的范围，此处从略。
② 《汉书》卷二四《食货志》，第1143页。
③ 彭浩、陈伟、[日]工藤元男主编：《二年律令与奏谳书》，上海：上海古籍出版社，2007年，第234页。

文》：'亚，丑也，像人局背之形。'在此当指天生残疾丑恶。"① 我们认为，"天乌"是指因天生残疾或后天疾病而导致身材矮小，"高不盈六尺二寸（大约 1.426 米）"者。在承担国家义务方面，"罢癃"与一般正常人有所区别。如简牍文献记载：

  罢瘁（癃）守官府，亡而得，得比公瘁（癃）不得？得比焉。（《法律答问》简 133）②

  诸当行粟，独与若父母居老如睆老，若其父母罢瘁（癃）者，皆勿行。金痍、有□病，皆以为罢瘁（癃），可事如睆老。（《二年律令·徭律》简 408）③

在《法律答问》中，"罢癃"仍需承担部分劳役，如"守官府"等④。上引《二年律令·徭律》则规定，若父母属"罢瘁（癃）"者，家中男丁可以不"行粟"事，即不需要承担转运粮食的工作。如果因战争或其他原因导致"罢瘁（癃）"的，可按"睆老"规定执行。何谓"睆老"？《二年律令·傅律》载："不更年五十八，簪褭五十九，上造六十，公士六十一，公卒、士五（伍）六十二，皆为睆老。（简 357）"⑤ 这说明，爵位的高低决定了"睆老"年龄。对于无爵位的"士伍"来说，62 岁及以上者皆为"睆老"。另据《二年律令·徭律》载："睆老各半其爵繇（徭）员，入独给邑中事。"也就是说，"睆老"因年老体弱，仅需承担一半的劳役，而不是全役。当然，根据律文，"罢癃"者亦如此。

由于"罢癃"者享有政策优待，"虚占""匿占"现象较为普遍，故法律对此做出了严格的规定："匿敖童，及占罢瘁（癃）不审，典、老赎耐，●百姓不当老，至老时不用请，敢为酢（诈）伪者，赀二甲；典、老弗告，赀各一甲；伍人，户一盾，皆迁（迁）之。（《秦律杂钞》简 32）"⑥

---

① 彭浩、陈伟、[日]工藤元男主编：《二年律令与奏谳书》，上海：上海古籍出版社，2007 年，第 235 页。
② 睡虎地秦墓竹简整理小组编：《睡虎地秦墓竹简》，北京：文物出版社，1990 年，第 124 页。
③ 彭浩、陈伟、[日]工藤元男主编：《二年律令与奏谳书》，上海：上海古籍出版社，2007 年，第 247 页。
④ 该简文大意是说，如果"罢瘁（癃）"在当值的时候逃亡，与因公而"瘁（癃）"者处罚相同。
⑤ 彭浩、陈伟、[日]工藤元男主编：《二年律令与奏谳书》，上海：上海古籍出版社，2007 年，第 232 页。
⑥ 睡虎地秦墓竹简整理小组编：《睡虎地秦墓竹简》，北京：文物出版社，1990 年，第 82 页。

（二）"罢癃（癃）筭（算）"

"算"在汉代有其特定的含义。据《汉书·贡禹传》记载："自禹（贡禹）在位，数言得失，书数十上。禹以为古民亡赋算口钱，起武帝征伐四夷，重赋于民，民产子三岁则出口钱，故民重困，至于生子辄杀，甚可悲痛。宜令儿七岁去齿乃出口钱，年二十乃算。"① 在这里，贡禹建议元帝，凡汉朝小孩"七岁去齿乃出口钱"，至"年二十乃算"。后来，元帝采纳了前一个建议，而"年二十乃算"，元帝并未采纳。我们从《贡禹传》"年二十乃算"可知，"算"与年龄大小密切相关。又，东汉卫宏在《汉官旧仪》中说："算民，年七岁以至十四岁出口钱，人二十三。［二十钱］以食天子。其三钱者，武帝加口钱，以补车骑马逋税。又令民男女年十五以上至五十六赋钱，人百二十为一筭（算），以给车马。"② 也就是说，凡"民男女年十五以上至五十六"者，每人"百二十为一筭（算）"，即为120钱/算。此处之"一筭（算）"，指的就是一个成丁应承担的赋税额度。

那么，汉代官府又是如何界定成丁的呢？根据出土资料记载，汉代凡年龄2岁至6岁者为"未使男（女）"；7岁至14岁者为"使男（女）"；15岁至56岁者为"使大男（女）"或"大男（女）"。如《居延汉简释文合校》③载：

☐ 妻大女止☐，年廿一，用谷二石一斗六升大。
弟使男陵，年十二，用谷二石一斗六升大。凡用谷四石三斗三升少
27.3

妻大女止氏〈耳〉，年廿六，用谷二石一斗六升大。
制虏　卒周贤子使女捐之，年八，用谷一石六斗六升大。
子使男并，年七，用谷二石一斗六升大。凡用谷六石
27.4

妻大女眇，年卅五。
第五　卒徐谊　子使女待，年九。　见署用谷五石三斗一升少
子未使男有，年三。
203.3

---

① 《汉书》卷六〇《贡禹传》，第3075页。
② ［汉］卫宏：《汉官旧仪》，载［清］孙星衍等辑《汉官六种》，北京：中华书局，1990年，第50页。
③ 谢桂华、李均明、朱国炤：《居延汉简释文合校》，北京：文物出版社，1987年。

妻大女待，年廿七。
☑子未使男偃，年三。　省荚用谷五石三斗一升少
子小男霸，年二。

203.23

据此，彭卫、杨振红说："（汉代）简牍文书载录的年龄分层是：大男和大女，年龄在15岁以上；使男和使女，年龄在7岁至14岁；未使男和未使女，年龄在2岁至6岁。又据《居延新简》收录的简文，汉代尚有'小男'和'小女'概念，分别包括使男、未使男和使女、未使女。"① 也就是说，"使大男（女）或曰大男（女）"达到了"算"的条件，即15岁至56岁者。

但"事"的起始年龄为多少呢？为了回答这个问题，让我们先看看青岛土山屯木牍正面《堂邑元寿二年要具簿》的记载：

●堂邑元寿二年要具簿
城一舟（周）二里百廿五步，县东西百卅五里五十步，南北九十一里八十步
户二万五千七，多前二百卅七
口十三万二千一百四其三百卅奴婢，少前千六百八
复口三万三千九十四
定事口九万九千一十，少前五百卅四
凡笇（算）六万八千五百六十八，其千七百七十九奴婢
复除罢癃（癃）笇（算）二万四千五百六十五
定事笇（算）四万四千三多前六百廿二
凡卒二万一千六百廿九，多前五十一
罢癃睆老卒二千九十五
见甲卒万九千五百卅四
卒复除鬻使千四百卅一
定更卒万七千三百八十三
一月更卒千四百卅六
……②

---

① 彭卫、杨振红：《中国风俗通史·秦汉卷》，上海：上海文艺出版社，2002年，第354页。
② 彭峪等：《山东青岛土山屯墓群四号封土与墓葬的发掘》，《考古学报》2019年第3期。

第七章　新出简牍与"徭戍"制度

据此可知，当时堂邑县有人口"十三万二千一百四"，即 132 104 人，其中"复口三万三千九十四"人，即免除"役使"者 33 094 人。最后达到"事"条件者（7 岁以上）凡"口九万九千一十"，即 99 010 人。那么，何谓"事"？三国如淳在《汉书·高帝纪》注曰："事谓役使也。"① 晋灼在《汉书·宣帝纪》"且毋收事"条目下注曰："不给官役也。"② 因此，"事"的起始年龄是秦汉官府依律规定的，是官府的差役。

接下来的问题是，为什么达到"算"条件者（15 岁及以上）才"六万八千五百六十八（68 568）"人呢？其中 30 442 人又属于哪一类人？根据前述，"事"的起始年龄为 7 岁，而"算"的起始年龄为 15 岁。也就是说，这 30 442 人乃为 7 岁至 14 岁者，即"使男（女）"；68 568 人则为年龄 15 岁至 56 岁者，是"使大男（女）"或"大男（女）"。因此，在这 68 568"使大男（女）"中，显然包含年龄达到 15 岁以上且未达到"傅籍"标准之"罢癃（癃）"③。此类"罢癃（癃）"，汉代人称之为"罢癃（癃）筭（算）"。

正是因为存在"罢癃（癃）筭（算）"，所以汉代"事"并不等同于"事算"。从上引《堂邑元寿二年要具簿》可知，"事算"不包括"罢癃（癃）筭（算）"。"事算"等于"算"减去"罢癃（癃）筭（算）"，即 68 568 人－24 565 人＝44 003 人（事算）。

在复除这些"罢癃（癃）筭（算）"后，剩下的当然就是承担劳役的"事算"人数。关于"事算"，汉代设有专门的登记簿书。如天长纪庄西汉木牍《算簿》载：

算簿
●集八月事算二万九复算二千卌五。
都乡八月事算五千卌五。
东乡八月事算三千六百八十九。
垣雍北乡八月事算三千二百八十五。
垣雍东乡八月事算二千九百卌一。
鞠（?）乡八月事算千八百九十。
杨池乡八月事算三千一百六十九。

---

① 《汉书》卷一《高帝纪》，第 54 页。
② 《汉书》卷八《宣帝纪》，第 244 页。
③ 关于"傅籍"问题，下文将论及。

●右八月。

●集九月事算万九千九百八十八复算二千六十五。①

其中"复算二千六十五",可能指的就是"罢癃筭（算）"人数。我们认为,当时"罢癃钱"征缴的对象为年龄达到15岁以上且未达到"傅籍"标准者。更关键的是,这种"罢癃钱"应该是按人头依据一定额度而征收的固定税目,具体征税额度为多少,不得而知。另外,我们从《元寿二年十一月见钱及逋簿》中"逋二年罢癃钱千二百"一句可以推测,当时堂邑县对"罢癃钱"征缴的税率很低。

(三)"罢癃卒钱"

"罢癃卒钱"与汉代"傅籍"制度密切相关。前引《堂邑元寿二年要具簿》,"事筭（算）四万四千三（44 003）"人,但卒为什么才"二万一千六百廿九（21 629）"呢? 其中减去的22 374人为什么被剔除了? 这得从汉代的"傅籍"制度和"卒"的身份谈起。

汉代的"傅籍"制度经历了三次重大变化。在汉初,"傅籍"标准以爵位高低为准。如《二年律令》载:"不更以下子年廿岁,大夫以上至五大夫及小爵不更以下至上造年廿二岁,卿以上子及小爵大夫以上年廿四岁,皆傅之。公士、（简364）公卒及士五（伍）、司寇、隐官子,皆为士五（伍）。（简365）"② 也就是说,在汉初,爵位越高,傅籍的年龄亦越大,这显然是对高爵位者的一种政策优待。至汉景帝二年（前155）,傅籍年龄统一确定为20岁。如《汉书·景帝纪》载:"令天下男子年二十始傅。"③ 第三次傅籍制度的改革发生在汉昭帝时期。据《盐铁论·未通》载:"（御史曰）今陛下（昭帝）哀怜百姓,宽力役之政,二十三始傅,五十六而免,所以辅耆壮而息老艾也。"④ 自此以后,"二十三始傅"的制度可能至汉末也未曾改变。

那么,"傅籍"又有何作用呢? 云梦秦简整理小组指出:"傅,傅籍,男子成年时的登记手续。《汉书·高帝纪》注:'傅,著也。言著名籍,给

---

① 天长市文物管理所、天长市博物馆:《安徽天长西汉墓发掘简报》,《文物》2006年第11期。
② 彭浩、陈伟、[日]工藤元男主编:《二年律令与奏谳书》,上海:上海古籍出版社,2007年,第234页。
③ 《汉书》卷五《景帝纪》,第141页。
④ [汉]桓宽撰、王利器校注:《盐铁论校注·未通》,北京:中华书局,1992年,第192页。

公家徭役也。'据简文，本年喜十七周岁。汉制傅籍在二十或二十三岁。"① 据前引《堂邑元寿二年要具簿》，无论是整理小组的观点还是《汉书·高帝纪》注，皆值得商榷。这是因为秦汉人15岁就已成丁，符合"算"的条件。而《汉书·高帝纪》注所云"给公家徭役"更是宽泛之言，因为秦汉时期即使未傅籍者也必须承担徭役。如《二年律令·徭律》载："䎡（即）载粟，乃发公大夫以下子未傅年十五以上者。（简413）"② 因此，《堂邑元寿二年要具簿》有力地证明，傅籍才是判断"卒"身份的唯一标准。也就是说，汉哀帝元寿二年（前1），傅籍年龄为23岁，只有达到23岁者才可称之为"卒"③。

关键的问题是，"更卒"又是否等同于"甲卒"呢？我们知道，堂邑县总共有"甲卒万九千五百卅四"，在剔除了"繇使千四百卅一（1 431）"人后，剩下的就是服役的"更卒"。这是因为，秦汉"繇（徭）使"是"地方吏员日常工作之一，他们每年约有十分之一的时间徭使在外……（徭使）主要作用是处理文书行政无法解决的具体政务，如校勘律令、地图，处理刑狱等。同时也是了解地方情况，加强社会控制的手段"④。正是由于"繇（徭）使"必须经常巡视各地政务情况，事务缠身，故上引《堂邑元寿二年要具簿》将"徭使"排除在"更卒"之列。所以，"更卒"并非"甲卒"，"更卒"实乃是"甲卒"的主体构成部分。在秦汉时期，"甲卒"既承担作战任务，也是转输工作的主要承担者。如《汉书·翟方进传》载："莽闻之，大惧……（孙建等）将关东甲卒，发奔命以击义（翟义）焉。"⑤ 又，《汉书·王莽传》："募天下囚徒、丁男、甲卒三十万人，转众郡委输五大夫衣裘、兵器、粮食……天下骚动。"⑥

简言之，汉代"卒"不等于"甲卒"，"甲卒"亦非"更卒"。前引《元寿二年十一月见钱及逋簿》中的"罢癃卒钱"，其征缴的对象是23岁至56岁的"罢癃卒"，与"罢癃钱"征缴的对象显然是不同的。也就是说，"罢癃卒"依律缴纳"罢癃卒钱"后，并不需要承担"甲卒"和"更卒"之役。

---

① 睡虎地秦墓竹简整理小组编：《睡虎地秦墓竹简》，北京：文物出版社，1990年，第9页。
② 彭浩、陈伟、[日]工藤元男主编：《二年律令与奏谳书》，上海：上海古籍出版社，2007年，第248页。
③ 《肩水金关汉简》所披露的简文证明，我们的结论是正确的，详见下文。
④ 沈刚：《徭使与秦帝国统治：以简牍资料为中心的探讨》，《社会科学》2019年第5期。
⑤ 《汉书》卷八四《翟方进传》，第3427页。
⑥ 《汉书》卷九九《王莽传》，第4121页。

二、"更卒钱"、"过更卒钱"和"戍卒钱"

在现存所见的传世文献及以往出土材料中，我们均未发现"更卒钱"、"过更卒钱"和"戍卒钱"的任何记载。如何解释这些财政收入名目？这又是一个非常棘手的问题。庆幸的是，三国时期学者如淳的"更有三品"说或许能为我们提供一点历史线索。如《汉书·昭帝纪》载："（昭帝元凤）三年（前78）以前逋更赋未入者，皆勿收。"三国如淳在此注曰：

> 更有三品，有卒更，有践更，有过更。古者正卒无常人，皆当迭为之，一月一更，是谓卒更也。贫者欲得顾更钱者，次直者出钱顾之，月二千，是谓践更也。天下人皆直戍边三日，亦名为更，律所谓繇戍也。虽丞相子亦在戍边之调。不可人人自行三日戍，又行者当自戍三日，不可往便还，因便住一岁一更。诸不行者，出钱三百入官，官以给戍者，是谓过更也。律说，卒践更者，居也，居更县中五月乃更也。后从尉律，卒践更一月，休十一月也。《食货志》曰："月为更卒，已复为正，一岁屯戍，一岁力役，三十倍于古。"此汉初因秦法而行之也。后遂改易，有谪乃戍边一岁耳。逋，未出更钱者也。①

针对如淳以上这段话，历史学家范文澜在解释"更赋"时曾说："更是力役的一种。男子二十三岁至五十六岁，都得服役。每人每年在本郡或本县服役一个月，称为更卒或卒更。每人按一定次序轮流到京师服役一年，称为正卒。雇贫民代本人服役，每月出钱二千，称为践更。每人每年戍边三日，称为繇戍，不能去的人出钱三百，称为过更。"② 但是，长期以来，学术界对如淳"更有三品"说提出了很多疑义。钱剑夫说："践更为正在服行更卒繇役，过更为已经服过更卒繇役……如淳以'卒更''践更''过更'为'三品'，已是一个错误；又混淆更钱、更赋与服役为一，更是一个错误……汉代的更赋实质上是后世的代役金。"③ 在此研究的基础上，黄今言提出了不同的意见。他说："'更赋'是'戍边三日'的代役金，实际上也是按丁征收的一种固定赋目。"④ 但杨际平并不认同这种观点，他撰文指出："'更赋'自然都是指时人视为重负的'月为更卒'的代

---

① 《汉书》卷七《昭帝纪》，第229页。
② 范文澜等：《中国通史》（第二册），北京：人民出版社，1994年，第60页。
③ 钱剑夫：《秦汉赋役制度考略》，武汉：湖北人民出版社，1984年，第142-143页。
④ 黄今言：《秦汉赋役制度研究》，南昌：江西教育出版社，1988年，第219页。

役金，而绝不可能是区区'三日戍'的代役金。"①

那么，"更赋"究竟是什么？是一种固定税目吗？上引《元寿二年十一月见钱及逋簿》为我们解决这一历史疑难问题提供了直接证据：(1)"逋二年所收事它郡国民更卒钱九千二百"；(2)"逋二年过更卒钱五十九万六百"；(3)"逋三年戍卒钱八十一万六百五十"。不难看出，以上"更卒钱"、"过更卒钱"和"戍卒钱"在《见钱及逋簿》中都是单列的，它们属于不同的财政收入项目。

(一)"更卒钱"

上引如淳说："古者正卒无常人，皆当迭为之，一月一更，是谓卒更也。"此"一月一更"之"卒更"指的就是"更卒"。如《汉书·食货志》："又加月为更卒，已复为正，一岁屯戍，一岁力役，三十倍于古。"唐代颜师古注曰："更卒，谓给郡县一月而更者也。"② 也就是说，"更卒"是在本郡县服役的。倘若"更卒"不去服役，必须"出钱顾之，月二千"。此代役金2000钱就是《元寿二年十一月见钱及逋簿》中的"更卒钱"。如淳所言之"践更"，指的是代役者为了获取这笔代役金而亲自去服役的意思。这与"更卒"亲自服役不是一回事。可见，根据《元寿二年十一月见钱及逋簿》记载，如淳所言之"月二千"的"更卒钱"是确实存在的，不容怀疑！

(二)"过更卒钱"

上引《元寿二年十一月见钱及逋簿》中的"逋二年过更卒钱五十九万六百"一句证明，汉代"过更卒钱"也是确实存在的。它应是如淳所说的"戍边三日"的代役金。所谓"戍边三日"，实乃承袭了先秦的劳役制度。如《礼记注疏·王制》记载："用民之力。岁不过三日。"汉代郑玄解释说："治宫室、城郭、道渠。"唐代孔颖达疏曰："三日，谓使民治城郭、道渠。年岁虽丰，不得过三日，自下皆然。"再如：

> 古者税民不过什一，其求易共；使民不过三日，其力易足。③
> 古者宫室有制……任贤使能，什一而税，亡它赋敛豨戍之役，使民岁不过三日，千里之内自给，千里之外各置贡职而已。④

---

① 杨际平：《秦汉财政史》，长沙：湖南教育出版社，2015年，第583页。
② 《汉书》卷二四《食货志》，第1137—1138页。
③ 同上书，第1137页。
④ 《汉书》卷七二《贡禹传》，第3069页。

古之田租，十税其一，一岁役兆庶不过三日也。①

以上材料中的"古者"指的是先秦时期的统治者，"使民"就是役使之意，属徭役范畴。但如淳所言之"三日"，却是戍边。我们知道，《元寿二年十一月见钱及逋簿》中的"堂邑"属当时的临淮郡，即今南京市六合区北部。试想：如果以当时的交通技术，从"堂邑"（今南京六合）到边境"居延"（今内蒙古额济纳旗东南）去服3天的戍役，是一件非常困难的事！正因为如此，如淳才说："不可人人自行三日戍。"

但我们认为，如淳所言"出钱三百入官"确实值得怀疑。据《堂邑元寿二年要具簿》记载，在"甲卒"当中，复除"徭使"人数后，真正服役的就是"更卒"。这些"更卒"不仅要服"一月一更"之役，更是戍边之役的承担者。当时堂邑县有"更卒万七千三百八十三（17 383）"人，如果按"出钱三百入官"计算，堂邑县当时应收 5 214 900 钱。但迄止元寿二年十一月，未征收到的"过更卒钱"为"五十九万六百（590 600）"钱。也就是说，4 624 300 钱已经入库了。但奇怪的是，当时堂邑县全年的财政收入"凡见钱三万三千二百七十二"，即 33 272 钱。那么，这 4 624 300 钱为什么没有体现在簿书中？我们认为存在以下几种可能：一是"出钱三百入官"可能曾一度施行，但在汉哀帝时已改变；二是"出钱三百入官"是汉哀帝以后的制度；三是"过更钱"可能是分批次征收的；四是官府收取"过更卒钱"的标准可能并非 300 钱。

通过以上分析，我们认为"过更卒钱"是汉王朝借用古制而巧立的名目，其实质乃是针对具有"甲卒"（包括"更卒"）身份者征收的一种固定税目②。另据《元寿二年十一月见钱及逋簿》中的"逋二年过更卒钱五十九万六百（590 600）"可知，"过更卒钱"对堂邑县来说是一笔非常大的财政收入。

（三）"戍卒钱"

何谓"戍卒钱"？为了弄清楚这一问题，我们首先必须明确"戍卒"的概念及相关问题。顾名思义，"戍卒"就是戍边的士卒。在秦代，"戍卒"也称为"更戍卒"或"更戍"，如《里耶秦简牍校释》中的"更戍卒

---

① 《汉书》卷二七《五行志》，第 1510 页。
② 黄今言认为，"更赋"就是过更，是一种固定的税目（参见黄今言：《秦汉赋役制度研究》，南昌：江西教育出版社，1988 年，第 219 页）。愚以为，此观点前半部分不正确，但"过更卒钱"是一种固定税目，则是正确的。

城父公士西平贺（9-885）"①、"更戍卒士五（伍）城父成里产（9-757）"②、"更戍士五（伍）城父西章义（9-2215）"③ 等。在秦代，戍者是一月一更换的。如《岳麓书院藏秦简》（肆）载："●《戍律》曰：戍者月更。"④ 但至汉初，这一制度出现了变化。如《史记·汉兴以来将相名臣年表》："（高后五年，前183）令戍卒岁更。"

接下来，我们谈谈"戍卒钱"。"戍卒钱"应该是秦汉"取庸代戍"制度中雇佣者向官府上交的代役金。如《肩水金关汉简》载：

戍卒淮阳郡陈安众里不更舒毕年廿四，庸同县不更夏随来年廿六（73EJT30：12）⑤

戍卒淮阳郡陈高里不更宋福年廿四，庸张过里不更孙唐得年卅（73EJT30：13）⑥

戍卒淮阳郡陈逢卿里不更许阳年廿七，庸进贤里不更□常年卅三（73EJT30：15）⑦

戍卒梁国杼秋东平里士伍丁延年卅四，庸同县敬上里大夫朱定□☑（73EJT5：39）⑧

☑庸同里累干年廿四☑（73EJT24：711）⑨

☑庸荧里黄齐年廿四☑（73EJT24：952）⑩

我们发现，在这些"戍卒"中代为服役的一般都是青壮年，如"夏随来年廿六""孙唐得年卅""□常年卅三""累干年廿四""黄齐年廿四"等。这些人显然都是23岁及以上"傅籍"者。尤为重要的是，这些"戍卒"身高一般在1.6米以上。如《肩水金关汉简》载："济阴郡冤句谷里

---

① 陈伟主编：《里耶秦简牍校释》（第二卷），武汉：武汉大学出版社，2018年，第220页。
② 同上书，第199页。
③ 同上书，第433页。
④ 陈松长主编：《岳麓书院藏秦简》（肆），上海：上海辞书出版社，2015年，第129页。
⑤ 甘肃简牍保护研究中心等编：《肩水金关汉简》（叁），上海：中西书局，2013年，第104页。
⑥ 同上。
⑦ 同上书，第105页。
⑧ 甘肃简牍保护研究中心等编：《肩水金关汉简》（壹），上海：中西书局，2011年，第55页。
⑨ 甘肃简牍保护研究中心等编：《肩水金关汉简》（叁），上海：中西书局，2013年，第14页。
⑩ 同上书，第27页。

吕福年廿六，庸同里大夫吕怒士年廿八 长七尺二寸黑色（73EJT37：985）。"① 又，"魏郡内黄北安乐里大夫程延年五十五，庸同县同里张后来年卅二长七尺二寸黑色。（73EJT37：993）"② 根据以上《肩水金关汉简》之记载，"戍卒钱"就是由"舒毕""宋福""许阳""丁延"等雇佣者向"夏随来""孙唐得""□常""朱定□"等取代者支付的佣金。汉简表明，当时官府设置有专门"戍卒受庸钱名籍"。如《居延新简》载："万岁部居摄元年九月戍卒受庸钱名籍。（E.P.T59：573）"

上引《元寿二年十一月见钱及逋簿》说明，这笔佣金是由堂邑县官府统一收取的，属堂邑县财政收入的一部分③。由于史料阙如，"戍卒钱"所收额度及具体的分配方式，不得而知。另外，由于汉代的戍期是一年，所以"戍卒钱"收取的额度肯定不小。《元寿二年十一月见钱及逋簿》中"逋三年戍卒钱八十一万六百五十"一句正好印证了我们的这一结论。

三、木牍所反映的历史真相

综上所述，青岛土山屯西汉木牍《堂邑元寿二年要具簿》和《元寿二年十一月见钱及逋簿》刊布的这些新的财税收入名目，将彻底颠覆中国财税史学界对"更赋"研究的传统认识。

（1）"更赋"既不是"践更"和"过更"的合称，也不是仅指"过更"。三国时期的如淳在《汉书·昭帝纪》"三年以前逋更赋未入者"条目下注曰："更有三品，有卒更，有践更，有过更。"④ 范文澜依此说认为，汉代"更赋"由"践更"和"过更"两部分构成⑤。但以钱剑夫、高敏和黄今言等为代表的史学家却认为，汉代"更赋"仅指"过更"之钱⑥。上

---

① 甘肃简牍保护研究中心等编：《肩水金关汉简》（肆），上海：中西书局，2015年，第82页。
② 同上书，第83页。我们知道，汉代1尺相当于现今0.23厘米，故身高7.2尺就是1.656米。也就是说，"罢癃卒"（即身高1.426米以下）既不能充当"甲卒"，也不能服戍役。这也进一步证明，上引《堂邑元寿二年要具簿》中"甲卒"及"更卒"不包含"罢癃睆老卒"。其中，堂邑县"更卒万七千三百八十三"人，既是本郡县"一月一更"的服役者，又是戍边的"戍卒"。因此，秦汉的徭役不能划分为"更卒徭役"和"戍卒徭役"两类。
③ 参阅拙文《岳麓秦简所见〈戍律〉初探》，《社会科学》2017年第10期。
④ 《汉书》卷七《昭帝纪》，第229页。
⑤ 参见范文澜等：《中国通史》（第二册），北京：人民出版社，1994年，第60页。
⑥ 参见钱剑夫：《秦汉赋役制度考略》，武汉：湖北人民出版社，1984年，第142—143页；黄今言：《秦汉赋役制度研究》，南昌：江西教育出版社，1988年，第219页。

引《元寿二年十一月见钱及逋簿》证明，以上观点皆不正确。汉代"更赋"实乃由"罢癃钱"、"罢癃卒钱"、"更卒钱"、"戍卒钱"和"过更卒钱"五部分组成。

(2)"罢癃钱"和"罢癃卒钱"是"更赋"下的两个固定税目。以往历史学家根据《汉书·食货志》所载"常有更赋，罢癃咸出"认为，汉代"罢癃"者也必须缴纳"更赋"，但具体为何，不得而知。《元寿二年十一月见钱及逋簿》证明，"罢癃"者纳税后，仅需承担部分徭役；同样，"罢癃卒"纳税后亦不必充当"甲卒"，更不必承担"更卒"之役。我们从《元寿二年十一月见钱及逋簿》中"逋（元寿）二年罢癃卒钱十五万七百五十"一句推测，当时"罢癃卒钱"缴纳的额度是很高的。

(3)从"更卒钱"和"戍卒钱"上看，汉代的徭役不能按"更卒徭役"和"戍卒徭役"划分。青岛土山屯西汉木牍《堂邑元寿二年要具簿》证明，"更卒徭役"和"戍卒徭役"的承担者皆是"更卒"。木牍揭示，堂邑县"更卒"既从事本郡县"一月一更"之劳役，也承担"岁更"的戍边任务。

问题的关键是，青岛土山屯西汉木牍《堂邑元寿二年要具簿》和《元寿二年十一月见钱及逋簿》向世人展示了西汉晚期朝廷陷入了严重财政危机的历史真相。木牍揭示，堂邑县在元寿二年有"户二万五千七（25 007）"，人口"十三万二千一百四（132 104）"人。这在当时算是一个非常大的县。据《汉书·百官公卿表》载："县令、长，皆秦官，掌治其县。万户以上为令，秩千石至六百石。减万户为长，秩五百石至三百石。皆有丞、尉，秩四百石至二百石，是为长吏。"① 如此大的一个县级机构，全年的财政收入才"三万三千二百七十二（33 272）"钱。但拖欠未征缴的钱却达到了2 455 741钱，即"凡逋钱二百卌五万五千七百卌一"。其中"赋钱"占了绝大部分，如"逋二年口钱三万九千七百八十二"、"逋二年冬赋钱八十四万二千八百六十六"、"逋二年过更卒钱五十九万六百"和"逋三年戍卒钱八十一万六百五十"等。那么，为什么当时的堂邑县会拖欠如此多的"更赋"？这么严重的财政危机又是由何种原因造成的呢？愚以为，我们应从自然灾害和政权更迭两方面予以分析。

---

① 《汉书》卷一九《百官公卿表》，第742页。

第一，自然灾害。在《堂邑元寿二年要具簿》中登记了堂邑县元寿二年的"垦田租簿"。据该"垦田租簿"记载：

> ……
> 提封三万五千五百六顷廿七亩
> 其七千七百九十八顷六十六亩邑居不可豤（垦）
> 八千一百廿四顷卅二亩奇卅二步群居不可豤（垦）
> 千七百卅九顷亩奇廿步县官波湖溪十三区
> 可豤（垦）不豤（垦）田六千卅顷九十八亩奇六十八步
> 豤（垦）田万一千七百七十五顷卅一亩
> 它作务田廿三顷九十六亩
> 凡豤（垦）田万一千七百九十九顷卅七亩半
> 其七千一百九十一顷六十亩租六万一千九百五十三石八斗二升　菑害
> 定当收田四千六百七顷七十亩租三万六千七百廿三石七升
> 百四顷五十亩租七百卅一石五升园田
> 民种宿麦七千四百二顷五十九亩，多前百顷
> ……①

也就说，汉哀帝元寿二年（前1），有"豤（垦）田万一千七百七十五顷卅一亩"，但其中有"它作务田廿三顷九十六亩"，即不用于农业耕作之田。剩下的就是实际耕种面积，即"田万一千七百七十五顷卅一亩（1 179 941亩）"。这其中又有"其七千一百九十一顷六十亩（719 160亩）"为"菑害"之田。何谓"菑"？《说文》曰："菑，不耕田也。从艹甾。《易》曰：'不菑畬。'甾，菑或省艹。"《诗经·小雅》载："于此菑亩。"唐代孔颖达疏曰："菑者，灾也，始灾杀其草木也。"从狭义上讲，"菑"田即杂草丛生而无法耕种之田；从广义上讲，"菑"属一种自然灾害，与"灾"同义。青岛木牍中的"菑"即广义上之意。如《史记·平准书》："郡国颇被菑害，贫民无产业者，募徙广饶之地。"②又，《汉书·严助传》："朕奉先帝之休德……是以比年凶菑害众。"唐代颜师古注曰："菑，古灾字。"③总之，当年堂邑县可耕面积为1 179 941亩，其中受灾面积为719 160亩，占总面积的61%。从田租上看，按往年之田租收入，堂

---

① 彭峪等：《山东青岛土山屯墓群四号封土与墓葬的发掘》，《考古学报》2019年第3期。
② 《史记》卷三〇《平准书》，第1430页。
③ 《汉书》卷六四《严助传》，第2786-2787页。

邑县垦田"七千一百九十一顷六十亩",即719 160亩,应征收田租"六万一千九百五十三石八斗二升(61 953.82石)"。但实际征收的田亩面积仅为"四千六百七顷七十亩(460 770亩)",所收田租为"三万六千七百廿三石七升(36 723.07石)"。这说明,堂邑县当年的田租收入仅占往年的59%。田租收入下滑如此之大,这对堂邑县来说,可谓是特大自然灾害。

同时,由于当时堂邑县还存在园田"百四顷五十亩(10 450亩)",因此又必须剔除田租"七百卅一石五升(731.05石)"。那么,为什么必须剔除"园田"之田租呢?据《后汉书·窦融传》载:"(窦)宪恃宫掖声势,遂以贱直请夺沁水公主园田,主逼畏,不敢计。"① 又,《后汉书·黄香传》载:"延平元年(106),迁魏郡太守。郡旧有内外园田,常与人分种,收谷岁数千斛。"② 毋庸置疑,"园田"是指汉代特权阶级所拥有的田产,属免征田租的范围。

可见,百姓在天灾和特权阶级面前,啼饥号寒,饔飧不继,根本无力承担官府的赋敛。这才是导致汉哀帝元寿二年"逋钱二百卅五万五千七百卅一"真实原因之所在。

第二,政权更迭。在汉哀帝元寿二年前后,西汉社会进入了一个多事之秋。《元寿二年十一月见钱及逋簿》中的"元寿",指的是西汉末年哀帝的第2个年号,"元寿二年"即公元前1年。我们知道,汉哀帝在元寿二年六月就已经去世。如《汉书·哀帝纪》载:"六月戊午(16日),帝(哀帝)崩于未央宫。"③ 其实,根据汉制,皇帝驾崩后,新皇即位,一般于次年改元建制。唐代颜师古对此解释说:"(新皇帝,即汉平帝)即位明年乃改元,(哀帝)寿二十六。"据《汉书·平帝纪》记载,在哀帝元寿二年六月以后,王莽采取了一系列总揽朝中大权的措施。如在该年六月,依靠太皇太后王政君的扶持,"新都侯王莽为大司马,领尚书事"。4月,王莽"遣车骑将军王舜、大鸿胪左咸使持节迎中山王";同时,"贬皇太后赵氏为孝成皇后,退居北宫,哀帝皇后傅氏退居桂宫"。8月,废成帝皇后赵飞燕、哀帝傅后,令她俩自杀。10月,"中山王(刘衎,即平帝)即皇帝位,谒高庙,大赦天下"④。由于当时平帝年仅9岁,故"太皇太后

---

① 《后汉书》卷二三《窦融传》,第812页。
② 《后汉书》卷八〇《黄香传》,第2615页。
③ 《汉书》卷一一《哀帝纪》,第344页。
④ 《汉书》卷一二《平帝纪》,第347页。

（王政君）临朝，大司马莽秉政，百官总己以听于莽"①。在这种政权更迭、社会巨变之时，全国政治和经济形势发生了一系列重大变化。青岛土山屯《堂邑元寿二年要具簿》和《元寿二年十一月见钱及逋簿》所反映的地方财政危机，正是这一特定历史时期的真实写照。

---

① 《汉书》卷一二《平帝纪》，第348页。

主要参考书目

一、基本文献

1. 司马迁. 史记. 北京：中华书局，1959.
2. 班固. 汉书. 北京：中华书局，1962.
3. 范晔. 后汉书. 北京：中华书局，1965.
4. 陈寿. 三国志. 北京：中华书局，1962.
5. 房玄龄. 晋书. 北京：中华书局，1974.
6. 国学整理社. 诸子集成. 北京：中华书局，1954.
7. 李昉，等. 太平御览. 北京：中华书局，1960.
8. 吴树平. 东观汉记校注. 郑州：中州古籍出版社，1987.
9. 马端临. 文献通考. 影印版. 北京：中华书局，1986.
10. 阮元. 十三经注疏. 北京：中华书局，1980.
11. 孙星衍，等. 汉官六种. 北京：中华书局，1990.
12. 王先谦. 汉书补注. 北京：中华书局，1983.
13. 王先谦. 后汉书集解. 北京：中华书局，1984.
14. 徐天麟. 西汉会要. 北京：中华书局，1955.
15. 徐天麟. 东汉会要. 北京：中华书局，1955.
16. 徐元诰. 国语集解. 北京：中华书局，2002.
17. 许慎. 说文解字. 北京：中华书局，1963.
18. 荀悦. 两汉纪. 北京：中华书局，2002.
19. 周天游. 八家后汉书辑注. 上海：上海古籍出版社，1986.

二、考古资料

1. 陈松长. 香港中文大学文物馆藏简牍. 香港：香港中文大学出版社，2001.
2. 陈松长. 岳麓书院藏秦简（肆）. 上海：上海辞书出版社，2015.

3. 陈松长. 岳麓书院藏秦简（伍）. 上海：上海辞书出版社，2017.

4. 陈松长. 岳麓书院藏秦简（陆）. 上海：上海辞书出版社，2020.

5. 陈松长. 岳麓书院藏秦简（壹-叁）释文修订本. 上海：上海辞书出版社，2018.

6. 陈伟. 里耶秦简牍校释（第一卷）. 武汉：武汉大学出版社，2012.

7. 陈伟. 里耶秦简牍校释（第二卷）. 武汉：武汉大学出版社，2018.

8. 陈伟. 秦简牍合集（壹-肆）：释文注释修订本. 武汉：武汉大学出版社，2016.

9. 长沙市文物考古研究所，等. 长沙五一广场东汉简牍选释. 上海：中西书局，2015.

10. 长沙市文物考古研究所，等. 长沙五一广场东汉简牍（壹）. 上海：中西书局，2018.

11. 长沙市文物考古研究所，等. 长沙五一广场东汉简牍（贰）. 上海：中西书局，2018.

12. 长沙市文物考古研究所，等. 长沙五一广场东汉简牍（叁）. 上海：中西书局，2019.

13. 长沙市文物考古研究所，等. 长沙五一广场东汉简牍（肆）. 上海：中西书局，2019.

14. 甘肃简牍保护研究中心，等. 肩水金关汉简（壹）. 上海：中西书局，2011.

15. 甘肃简牍保护研究中心，等. 肩水金关汉简（贰）. 上海：中西书局，2012.

16. 甘肃简牍保护研究中心，等. 肩水金关汉简（叁）. 上海：中西书局，2013.

17. 甘肃简牍保护研究中心，等. 肩水金关汉简（肆）. 上海：中西书局，2015.

18. 甘肃简牍保护研究中心，等. 肩水金关汉简（伍）. 上海：中西书局，2016.

19. 甘肃简牍博物馆，等. 地湾汉简. 上海：中西书局，2017.

20. 甘肃省文物考古研究所，甘肃省博物馆，文化部古文献研究室，中国社会科学院历史研究所. 居延新简. 北京：文物出版社，1990.

21. 甘肃省文物考古研究所. 敦煌汉简. 北京：中华书局，1991.

22. 甘肃省文物考古研究所. 居延新简释粹. 兰州：兰州大学出版社，1988.

23. 高文. 汉碑集释（修订本）. 开封：河南大学出版社，1997.

24. 湖南省文物考古研究所. 里耶秦简（壹）. 北京：文物出版社，2012.

25. 湖南省文物考古研究所. 里耶秦简（贰）. 北京：文物出版社，2017.

26. 洪适. 隶释·隶续. 北京：中华书局，1985.

27. 胡平生，张德芳. 敦煌悬泉汉简释粹. 上海：上海古籍出版社，2001.

28. 简牍整理小组. 居延汉简（壹）. 台北："中研院"历史语言研究所，2014.

29. 简牍整理小组. 居延汉简（贰）. 台北："中研院"历史语言研究所，2015.

30. 简牍整理小组. 居延汉简（叁）. 台北："中研院"历史语言研究所，2016.

31. 简牍整理小组. 居延汉简（肆）. 台北："中研院"历史语言研究所，2017.

32. 劳榦. 居延汉简考释. 北京：中研院历史语言研究所，1943.

33. 李天虹. 居延汉简簿籍分类研究. 北京：科学出版社，2003.

34. 李均明，何双全. 散见简牍合辑. 北京：文物出版社，1990.

35. 李均明，刘军. 简牍文书学. 南宁：广西教育出版社，1999.

36. 李均明. 居延汉简编年——居延编. 台北：新文丰出版公司，2004.

37. 林梅村，李均明. 疏勒河流域出土汉简. 北京：文物出版社，1984.

38. 李振宏，孙英民. 居延汉简人名编年. 北京：中国社会科学出版社，1997.

39. 连云港市博物馆，等. 尹湾汉墓简牍. 北京：中华书局，1997.

40. 刘志远，等. 四川画像砖与汉代社会. 北京：文物出版社，1983.

41. 罗福颐. 汉印文字征. 北京：文物出版社，1978.

42. 罗振玉, 王国维. 流沙坠简. 北京: 中华书局, 1993.
43. 马怡, 张荣强. 居延新简释校. 天津: 天津古籍出版社, 2013.
44. 彭浩. 张家山汉简《算数书》注释. 北京: 科学出版社, 2001.
45. 彭浩, 陈伟, 工藤元男. 二年律令与奏谳书. 上海: 上海古籍出版社, 2007.
46. 孙家洲. 额济纳汉简释文校本. 北京: 文物出版社, 2007.
47. 睡虎地秦墓竹简整理小组. 睡虎地秦墓竹简. 北京: 文物出版社, 1990.
48. 孙慰祖, 徐谷甫. 秦汉金文汇编. 上海: 上海书店出版社, 1997.
49. 王子今. 睡虎地秦简《日书》甲种疏证. 武汉: 湖北教育出版社, 2003.
50. 谢桂华, 李均明, 朱国炤. 居延汉简释文合校. 北京: 文物出版社, 1987.
51. 张家山二四七号汉墓竹简整理小组. 张家山汉墓竹简（二四七号墓）. 北京: 文物出版社, 2001.
52. 张家山二四七号汉墓竹简整理小组. 张家山汉墓竹简（二四七号墓）: 释文修订本. 北京: 文物出版社, 2006.
53. 周晓陆, 路东之. 陕西金石文献汇集: 秦封泥集. 西安: 三秦出版社, 2000.
54. 朱汉明, 陈松长. 岳麓书院藏秦简（壹）. 上海: 上海辞书出版社, 2010.
55. 朱汉明, 陈松长. 岳麓书院藏秦简（贰）. 上海: 上海辞书出版社, 2011.
56. 朱汉明, 陈松长. 岳麓书院藏秦简（叁）. 上海: 上海辞书出版社, 2013.

三、近人著作

1. 安作璋, 熊铁基. 秦汉官制史稿（上册）. 济南: 齐鲁书社, 1984.
2. 安作璋, 熊铁基. 秦汉官制史稿（下册）. 济南: 齐鲁书社, 1985.
3. 陈梦家. 汉简缀述. 北京: 中华书局, 1980.
4. 陈明光. 汉唐财政史论. 长沙: 岳麓书社, 2003.
5. 陈明光. 中国古代的纳税与应役. 北京: 商务印书馆, 2013.
6. 陈明光. 寸薪集——陈明光中国古代史论集. 厦门: 厦门大学出

版社，2017.

7. 陈锋. 中国财政经济史论. 武汉：武汉大学出版社，2013.

8. 陈锋. 中国经济与社会史评论（2020卷）.北京：中国社会科学出版社，2020.

9. 陈伟. 简帛文献复原与解读. 北京：中国社会科学出版社，2014.

10. 陈伟. 放马滩秦简及岳麓秦简《梦书》研究. 武汉：武汉大学出版社，2017.

11. 陈伟. 秦简牍校读及所见制度考察. 武汉：武汉大学出版社，2017.

12. 陈苏镇.《春秋》与"汉道"：两汉政治与政治文化研究. 北京：中华书局，2011.

13. 陈松长. 简帛研究文稿. 北京：线装书局，2008.

14. 陈松长，等. 岳麓书院藏秦简的整理与研究. 上海：中西书局，2014.

15. 陈松长，等. 秦代官制考论. 上海：中西书局，2018.

16. 陈松长，等. 岳麓秦简与秦代法律制度研究. 北京：经济科学出版社，2019.

17. 陈晓鸣，温乐平. 黄今言教授八十华诞纪念文集. 南昌：江西人民出版社，2017.

18. 曹旅宁. 秦律新探. 北京：中国社会科学出版社，2002.

19. 曹旅宁. 张家山汉律研究. 北京：中华书局，2005.

20. 蔡万进. 尹湾汉墓简牍论考. 台北：台湾古籍出版有限公司，2002.

21. 蔡万进. 张家山汉简《奏谳书》研究. 桂林：广西师范大学出版社，2006.

22. 蔡万进. 秦国粮食经济研究（增订本）. 郑州：大象出版社，2009.

23. 董恩林，赵国华. 中国古代历史文化研究论集——熊铁基先生七十华诞纪念. 武汉：华中师范大学出版社，2002.

24. 杜常顺，杨振红：汉晋时期国家与社会. 桂林：广西师范大学出版社，2016.

25. 高敏. 秦汉史论集. 郑州：中州书画社，1982.

26. 高敏. 云梦秦简初探. 郑州：河南人民出版社，1979.

27. 高敏. 秦汉魏晋南北朝史论考. 北京：中国社会科学出版社，2004.
28. 高凯. 汉魏史探微. 郑州：大象出版社，2014.
29. 谷霁光. 中国古代经济史论文集. 南昌：江西人民出版社，1980.
30. 胡平生. 胡平生简牍文物论稿. 上海：中西书局，2012.
31. 黄今言. 秦汉赋役制度研究. 南昌：江西教育出版社，1988.
32. 黄今言. 东汉军事史. 北京：军事科学出版社，1998.
33. 黄今言. 秦汉经济史论考. 北京：中国社会科学出版社，2000.
34. 黄今言. 秦汉商品经济研究. 北京：人民出版社，2005.
35. 黄今言. 秦汉史丛考. 北京：经济日报出版社，2008.
36. 黄今言. 秦汉史文存. 南昌：江西人民出版社，2016.
37. 侯旭东. 宠信——任型君臣关系与西汉历史的展开. 北京：北京师范大学出版社，2018.
38. 韩树峰. 汉魏法律与社会——以简牍、文书为中心的考察. 北京：社会科学文献出版社，2011.
39. 李均明. 秦汉简牍文书分类辑解. 北京：文物出版社，2009.
40. 李均明. 简牍法制论稿. 桂林：广西师范大学出版社，2011.
41. 李恒全. 战国秦汉经济问题考论. 南京：江苏人民出版社，2012.
42. 林甘泉. 中国封建土地制度史（第一卷）. 北京：中国社会科学出版社，1990.
43. 林甘泉. 中国经济通史·秦汉经济卷. 北京：经济日报出版社，1999.
44. 凌文超. 秦汉魏晋丁中制衍生史论. 郑州：河南人民出版社，2019.
45. 凌文超. 走马楼吴简采集簿书整理与研究. 桂林：广西师范大学出版社，2015.
46. 刘俊文. 日本中青年学者论中国史（上古秦汉卷）. 上海：上海古籍出版社，1995.
47. 柳春藩. 秦汉封国食邑赐爵制. 沈阳：辽宁人民出版社，1984.
48. 晋文. 以经治国与汉代社会. 广州：广州出版社，2001.
49. 晋文. 桑弘羊评传. 南京：南京大学出版社，2005.

50. 贾丽英. 秦汉家族犯罪研究. 北京：人民出版社，2010.

51. 贾丽英. 秦汉家庭法研究——以出土简牍为中心. 北京：中国社会科学出版社，2015.

52. 马大英. 汉代财政史. 北京：中国财政经济出版社，1983.

53. 马怡，唐宗瑜. 秦汉赋役资料辑录. 太原：山西人民出版社，1990.

54. 马金华. 中国赋税史. 北京：对外经济贸易大学出版社，2012.

55. 彭卫. 历史的心镜：心态史学. 郑州. 河南人民出版社，1992.

56. 卜宪群. 秦汉官僚制度. 北京：社会科学文献出版社，2002.

57. 钱剑夫. 秦汉赋役制度考略. 武汉：湖北人民出版社，1984.

58. 孙翊刚，王文素. 中国财政史. 北京：中国社会科学出版社，2013.

59. 孙翊刚，王文素. 中国古代财政史论. 北京：中国财政经济出版社，2016.

60. 孙翊刚. 中国财政问题源流考. 北京：中国社会科学出版社，2001.

61. 孙家洲. 秦汉法律文化研究. 北京：中国人民大学出版社，2007.

62. 孙闻博. 秦汉军制演变史稿. 北京：中国社会科学出版社，2016.

63. 史卫. 人类财政文明的起源与演进. 北京：中国财政经济出版社，2013.

64. 沈刚. 居延汉简语词汇释. 北京：科学出版社，2008.

65. 沈刚. 秦汉魏晋简帛论文目录（1955—2014）——集刊、论文集之部. 上海：中西书局，2017.

66. 苏卫国. 秦汉乡亭制度研究——以乡亭格局的重释为中心. 哈尔滨：黑龙江人民出版社，2010.

67. 孙闻博. 秦汉军制演变史稿. 北京：中国社会科学出版社，2016.

68. 王子今. 秦汉社会史论考. 北京：商务印书馆，2006.

69. 王子今. 秦汉交通史稿（增订版）. 北京：中国人民大学出版社，2013.

70. 王子今. 王子今学术经典文集. 太原：山西人民出版社，2014.

71. 王子今. 秦汉称谓研究. 北京：中国社会科学出版社，2014.
72. 王子今. 秦汉名物丛考. 北京：东方出版社，2016.
73. 王子今. 汉简河西社会史料研究. 北京：商务印书馆，2017.
74. 王子今. 秦统一的进程与意义. 北京：中国社会科学出版社，2017.
75. 王子今. 秦始皇直道考察与研究. 西安：陕西师范大学出版社，2018.
76. 王彦辉. 汉代豪民研究. 长春：东北师范大学出版社，2001.
77. 王彦辉. 张家山汉简《二年律令》与汉代社会研究. 北京：中华书局，2010.
78. 王彦辉. 秦汉户籍管理与赋役制度研究. 北京：中华书局，2016.
79. 王勇. 中国古代农官制度. 北京：中国三峡出版社，2009.
80. 汪桂海. 汉代官文书制度. 南宁：广西教育出版社，1999.
81. 汪桂海. 秦汉简牍探研. 北京：文津出版社，2009.
82. 温乐平. 战国秦汉消费经济研究. 北京：中国农业出版社，2013.
83. 熊铁基. 熊铁基学术论著选. 武汉：华中师范大学出版社，2012.
84. 徐卫民. 秦汉历史文化研究. 北京：中国社会科学出版社，2010.
85. 萧灿. 岳麓书院藏秦简《数》研究. 北京：中国社会科学出版社，2015.
86. 邢义田. 天下一家：皇帝、官僚与社会. 北京：中华书局，2011.
87. 邢义田. 地不爱宝：汉代的简牍. 北京：中华书局，2011.
88. 邢义田. 治国安邦：法制、行政与军事. 北京：中华书局，2011.
89. 李均明，等. 当代中国简帛学研究（1949—2009）. 北京：中国社会科学出版社，2011.
90. 严耕望. 秦汉地方行政制度. 台北："中研院"历史语言研究所，1997.
91. 阎步克. 从爵本位到官本位（增补本）. 上海：三联书店，2017.

92. 阎步克. 察举制度变迁史稿. 沈阳：辽宁大学出版社，1991.

93. 杨际平. 中国财政通史：第二卷：秦汉财政史. 长沙：湖南人民出版社，2015.

94. 杨际平. 杨际平中国社会经济史论集（第1～3卷）. 厦门：厦门大学出版社，2016.

95. 杨振红. 出土简牍与秦汉社会. 桂林：广西师范大学出版社，2009.

96. 杨振红. 出土简牍与秦汉社会（续编）. 桂林：广西师范大学出版社，2015.

97. 杨宽. 战国史. 上海：上海人民出版社，1998.

98. 岳庆平. 中国人的家国观. 北京：中华书局，1989.

99. 岳庆平. 家国结构与中国人. 香港：中华书局（香港）有限公司，1989.

100. 岳庆平. 中国的家与国. 长春：吉林文史出版社，1990.

101. 袁延胜. 秦汉简牍户籍资料研究. 北京：人民出版社，2018.

102. 袁延胜. 中国人口通史（东汉卷）. 北京：人民出版社，2007.

103. 于振波. 秦汉法律与社会. 长沙：湖南人民出版社，2000.

104. 于振波. 简牍与秦汉社会. 长沙：湖南大学出版社，2012.

105. 赵国华. 东汉史研究. 武汉：湖北人民出版社，2016.

106. 臧知非. 秦汉赋役与社会控制. 西安：三秦出版社，2012.

107. 臧知非. 土地、赋役与秦汉农民命运. 苏州：苏州大学出版社，2014.

108. 臧知非. 秦汉土地赋役制度研究. 北京：中央编译出版社，2017.

109. 臧知非. 战国秦汉行政、兵制与边防. 苏州：苏州大学出版社，2017.

110. 邹水杰. 两汉县行政研究. 长沙：湖南人民出版社，2008.

111. 邹水杰，等. 国家与社会视角下的秦汉乡里秩序. 长沙：湖南师范大学出版社，2014.

112. 张继海. 汉代城市社会. 北京：社会科学文献出版社，2006.

113. 张荣强. 汉唐籍帐制度研究. 北京：商务印书馆，2010.

114. 张俊民. 敦煌悬泉置出土文书研究. 兰州：甘肃教育出版社，2015.

115. 张传玺. 秦汉问题研究（增订本）. 北京：北京大学出版社，1995.

116. 张金光. 秦制研究. 上海：上海古籍出版社，2004.

117. 朱德贵. 汉简与财政管理新证. 北京：中国财政经济出版社，2006.

118. 朱红林. 张家山汉简《二年律令》集释. 北京：社会科学文献出版社，2005.

119. 朱红林. 张家山汉简《二年律令》研究. 哈尔滨：黑龙江人民出版社，2008.

四、日文著作

1. 池田温. 中國古代籍帳研究：概觀・錄文. 東京：東京大學東洋文化研究所，1979.

2. 渡邊信一郎. 中國古代の財政と國家. 東京：汲古書院，2010.

3. 平中苓次. 中國古代の田制と稅法——秦漢經濟史研究. 東京：東洋史研究會，1967.

4. 吉田虎雄. 両漢租税の研究. 大阪：大阪屋號，1942.

5. 佐藤武敏. 中国古代書簡集. 東京：講談社，2006.

6. 山田勝芳. 秦漢財政收入の研究. 東京：汲古書院，1993.

7. 永田英正. 居延漢簡の研究. 東京：同朋舍，1989.

8. 大庭脩. 秦漢法制史の研究. 東京：創文社，1982.

9. 大庭脩. 漢簡の基礎的研究. 東京：思文閣出版社，1999.

10. 大庭脩. 木片に残った文字——大庭脩遺稿集. 京都：柳原出版社，2007.

11. 大庭脩. 木簡——古代からのメッセージ. 東京：大修館書店，1998.

12. 工藤元男. 睡虎地秦簡よりみた秦代の國家と社會. 東京：創文社，1998.

13. 工藤元男. 中国古代文明の形成と展開. 東京：早稲田大学文学部，2003.

14. 木村正雄. 中國古代帝國の形成——特にその成立の基礎條件. 東京：不昧堂，1965.

15. 佐原康夫. 漢代都市機構の研究. 東京：汲古書院，2002.

16. 紙屋正和. 漢時代における郡縣制の展開. 東京：朋友書

店，2009.
17. 加藤繁. 中国經濟史考證. 東京：東洋文庫，1952.
18. 加藤繁. 中国經濟史. 東京：日本評論社，1948.
19. 加藤繁. 中国古田制の研究. 京都：京都法學會，1916.

后　记

　　自上个世纪 90 年代，我先后师从于著名秦汉史专家黄今言先生和岳庆平先生研习秦汉史和简牍学。在北大就读期间，我也聆听过朱凤瀚、谢桂华、阎步克、王子今、邢文和陈苏镇等先生对简牍学的精辟解读。自此以后，我对简牍学产生了浓厚的兴趣，并决定从秦汉简牍入手，确定博士论文的研究方向。但当时所见大部分为旧简，尽管前辈学者已有了深入研究，有些问题仍然得不到圆满的解决。可喜的是，近些年来秦汉简牍资料的陆续披露和刊布，为我们进一步深化秦汉赋役制度史研究提供了崭新的史料，如《里耶秦简》（壹-贰）、《岳麓书院藏秦简》、（壹-陆）、《肩水金关汉简》（壹-伍）、《地湾汉简》、《长沙东牌楼东汉简牍》、《长沙五一广场东汉简牍》（壹-肆）、《长沙尚德街东汉简牍》等。这些新出简牍突破了传统史料的局限，极大地拓展了人们对秦汉赋役制度研究的视野。本书正是在利用这些新出简牍的基础上，初步分析和探讨了一些赋役制度史上的疑难问题，但因本人学识浅薄，所获结论仅为一家之言，有些问题尚待大家进一步探讨。

　　必须说明的是，本书第一章曾以《秦汉简牍中的〈田律〉及其立法宗旨》为题发表在《出土文献研究》2016 年第十五辑上，在该文写作当中，我的研究生刘威威同学帮忙查找和整理了大量简牍文献，付出了辛勤的劳动，所以发表时署上了她的名字。同时，中国社会科学院历史研究所的庄小霞博士和我校齐丹丹博士也参与了本课题的研究，在此一并致谢！

　　最后，在本书即将付梓出版之际，我要特别感谢哈尔滨商业大学各级领导对本人工作的大力支持，同时也要感谢中国人民大学出版社王琬莹女士和夏贵根先生的辛勤劳动和付出。

2020 年 10 月 18 日星期日

于松花江畔寓所

朱德贵

图书在版编目（CIP）数据

新出简牍与秦汉赋役制度研究/朱德贵著．--北京：中国人民大学出版社，2021.8
国家社科基金后期资助项目
ISBN 978-7-300-29511-4

Ⅰ.①新… Ⅱ.①朱… Ⅲ.①简（考古）-研究-中国②赋税制度-研究-中国-秦汉时代③徭役-研究-中国-秦汉时代 Ⅳ.①K877.5②F812.932

中国版本图书馆 CIP 数据核字（2021）第 123313 号

国家社科基金后期资助项目
新出简牍与秦汉赋役制度研究
朱德贵 著
Xinchu Jiandu Yu Qin-han Fuyi Zhidu Yanjiu

出版发行	中国人民大学出版社		
社　　址	北京中关村大街 31 号	邮政编码	100080
电　　话	010-62511242（总编室）	010-62511770（质管部）	
	010-82501766（邮购部）	010-62514148（门市部）	
	010-62515195（发行公司）	010-62515275（盗版举报）	
网　　址	http://www.crup.com.cn		
经　　销	新华书店		
印　　刷	唐山玺诚印务有限公司		
规　　格	165mm×238mm　16 开本	版　次	2021 年 8 月第 1 版
印　　张	21.25 插页 2	印　次	2021 年 8 月第 1 次印刷
字　　数	355 000	定　价	69.00 元

版权所有　侵权必究　印装差错　负责调换